匡亚明 主编

中国思想家评传丛书

薛福成评传

丁凤麟 著

南京大学中国思想家研究中心

南京大学出版社

中国思想家评传丛书

薛福成像

應變論

世運三十年而小變，百年五百年而大變，至一二千年而益大變。三代以後之世變，秦為大；秦以後之世變，今為大。秦之變，三千中國之變也；今之變，三千外夷之變也。洞洞之初，吾不知已。自堯舜三代以封建井田治天下，至秦一掃滅之，并焚其書，宇宙之局盡改古轍，是其變之在中國也。秦以後之天下，雖治亂分合不常，然論其禦夷之大，曰匈奴，曰突厥，曰吐蕃、回紇，曰契丹、蒙古，總之不離乎西北二邊。其他禦羌、禦蠻、禦苗、禦倭，皆小變，于大局無損益。今則西北二邊盡隸版圖，北方之蒙古，自古獷悍難服者，以黃教籠柔之，永無侵叛，然天地自然之運，非盡人力所能為，以中國可高枕而無患者，幾及百年。泰西驟入，論其國則繞大地一周，已無不通，皆記載以來所未及也，前古聖人所未知也。是非洋煙入而內民之財半趨頹廢，而血氣之廢一變。洋燉入而戰陣之事廢，金用火而五行之用一變。相隔數十萬里可款至，則以盜垣為虛設；漕糧數百萬石可海運也，航運河為可廢，自是而天下之大勢又非漢唐宋明之舊矣。是其變之在外夷也。吾故曰三代以後之世變秦為大，秦以後之世變今為大。雖然，洋人既來以後，亘古不能限隔中國之外者勢也。然今之事，識者論不能[illegible]言驅除者，亦勢也。然則為今之計宜如何？曰：洋人之來，有利有害。其利于中國者什一，其害于中國者什九，而異日反覆之變不與焉。善籌世變者，莫若且陰收其利而豫遠其害。言其利，則互市可抽稅也，礦礬可珍寵也，輪船可濟運，以及[illegible]也。今欲盡仿之，[illegible]言大害，則有三端之害。有未

薛福成手迹

（南京博物院提供）

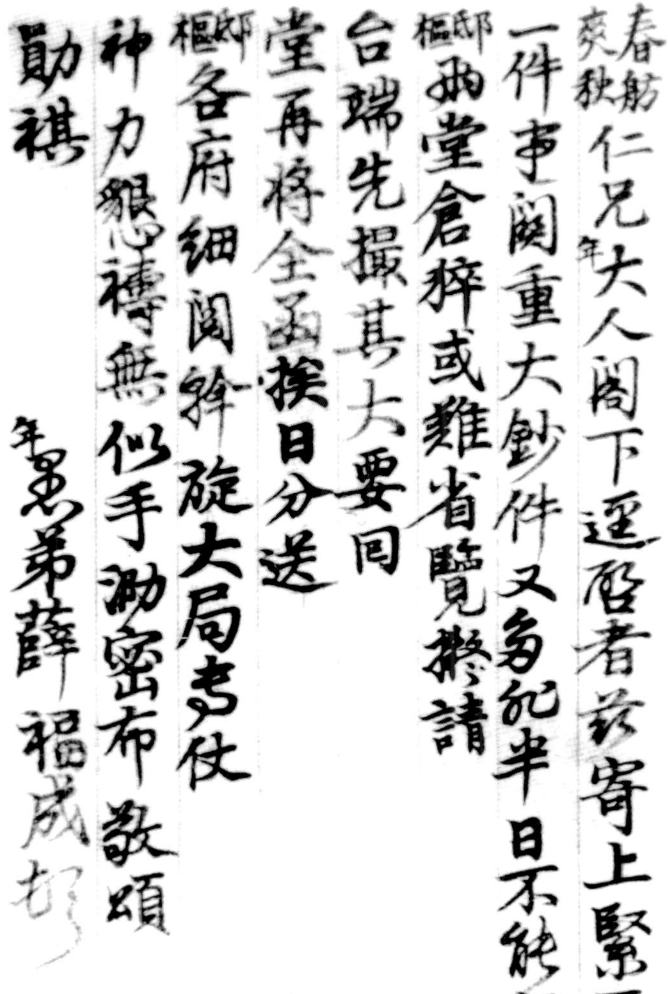
春舫爽秋仁兄年大人閣下逕啓者茲寄上緊要公函
一件事關重大鈔件又多紀半日不能閱畢
邸樞兩堂倉猝或難省覽擬請
台端先撮其大要同
堂再將全函擇日分送
邸樞各府細閱斡旋大局是仗
神力懇禱無似手泐密布敬頌
勛祺　年愚弟薛福成頓首

薛福成手迹　（原件藏上海图书馆）

庸盦全集十種

庸盦文編四卷
續編二卷
外編四卷
海外文編四卷
籌洋芻議一卷
浙東籌防錄四卷
出使奏疏二卷
出使公牘十卷
出使日記六卷
日記續刻十卷

书影

籌洋芻議

光緒甲申孟秋開雕

《筹洋刍议》书影

《庸盦文编》书影

《中国思想家评传丛书》序

匡亚明

伟大的中华民族在长达五千年连绵不断的曲折发展过程中，像滚滚东流的长江那样，以磅礴之势，冲破了重重险阻，奔腾向前，现在更以崭新面貌，雄姿英发，屹立于世界民族之林。这是人类历史上的一个奇迹。产生这一奇迹有诸多原因，其中十分重要的一点，就是我们勤劳、勇敢、智慧的各族人民，在长期的生产活动、社会活动、思维活动和对外交往以及抗击外来侵略过程中，逐渐创造、积累、发展了具有以生生不息的内在思想活力为核心的优秀传统思想文化。这是一种伟大、坚强的精神支柱，是我们民族凝聚力和生命力之所在，是历史留给我们所有海内外炎黄子孙引以自豪的无价之宝。

当然，和各国各种不同传统思想文化一样，在中华民族的思想文化传统中，也是既有精华，又有糟粕，因而全盘肯定或全盘否定，不对；一知半解、信口开河或裹足不前、漠然置之，也不对。郑重而严肃的态度应该是对它进行实事求是的科学的研究和分析，取其精华，弃其糟粕，继承和弘扬这份瑰宝，振兴中华，造福人类。人类历史发展的连续性，就是在不断去粗取精、继往开来和改革创新过程中实现的。继往是为了开来，开来不能离开继往。民族虚无主义和复古主义，都是违背历史发展的辩证规律的。

现在我们国家正处在一个新的继往开来迈向四化的关键时刻。继往就是继民族优秀传统之往，开来就是开社会主义现代化建设之来。对中国传统思想文化从广度和深度上进行系统研究，实现去粗取精的要求，正是继往开来必须完成的紧迫任务。我认为这是中国各族人民，首先是文化界、学术界、理论界义不容辞的光荣职责。但面对这一时间上长达五千年，内容上涉及人文科学、自然科学等各个领域的传统思想文化，将从何着手呢？毛泽东同志早在1938年就说过："从孔夫子到孙中山，我们应当给以总结，承继这一份珍贵的遗产。"① 这是很有远见而又切合实际的英明建议。从孔子到孙中山这两千余年是中国历史上思想文化最丰富的时期，如果总结了这段历史，也就基本上总结了五千年传统思想文化的主要内容。当然，基本上不等于全部。孔子以前和孙中山以后的情况，可以另行研究。因此，我认为首先最好是在时间上从孔子开始到孙中山为止，方法上采取《中国思想家评传丛书》的形式作为实现这一任务的开端。这就是从这段历史的各个时期、各个领域和各个

---

① 毛泽东：《中国共产党在民族战争中的地位》，《毛泽东选集》第2卷，人民出版社1952年版，第522页。

学科(包括文、史、哲、经、教、农、工、医、政治等等)有杰出成就的人物中,遴选二百余人作为传主(一般为一人一传,少数为二人或二人以上合传),通过对每个传主的评述,从各个侧面展现那些在不同时期、不同领域中有代表性人物的思想活力和业绩,从而以微见著、由具体到一般地勾勒出这段历史中中国传统思想文化的总体面貌,揭示其积极因素和消极因素的主要内涵,以利于开门见山、引人入胜地批判继承、古为今用,也为进一步全面系统地总结中国传统思想文化打下基础。自从毛泽东同志提出上引建议后,半个世纪以来,不少专家学者已从各个方面作了许多工作,但对全面完成这个任务来说还远远不够,还要在深度和广度上继续努力。作为"抛砖引玉",本《丛书》只是这个继续努力所应完成的工作的一部分。《丛书》凡二百部,约四千万言,自 1990 年开始陆续出版,争取十到十五年全部出齐。

《丛书》所以用"中国思想家评传"命名,主要是考虑到中国传统思想文化中的核心是生生不息的内在思想活力,而历史事实也反复证明,凡是在各个不同时代不同领域和学科中取得成就者,大多是那些在当时历史条件下自觉或不自觉地认识和掌握了该领域事物发展规律的具有敏锐思想的人。他们取得成就的大小,取决于思想上认识和反映这些规律的程度如何。思想并非先验之物,它所以能反映和掌握这些规律,主要是通过社会实践和对前人思想成果的借鉴和继承。思想一旦形成,反过来在一定程度上又对实践起决定性指导作用。

韩愈说的“行成于思，毁于随”[1]，列宁说的“没有革命的理论就不会有革命的运动”[2]，这些话，虽所处时代和所持立场不同，所要解决的问题的性质也不同，但就认识论中思与行、理论（思想的高度概括）与实践的关系而言，确有相通之处，即都强调思想对实践的指导意义和作用。因此我们以“中国思想家评传”命名，就是力图抓住问题的核心，高屋建瓴地从思想角度去评述历史人物，以便对每个传主在他所处时代的具体情况下，如何在他所从事的领域中，克服困难，施展才华，取得成功，做出贡献，从思想深处洞察其底蕴。历史上各个时代富有思想因而能在有关方面取得成就的人，直接阐述自己思想观点的论著虽亦不少，但大量的则是其思想既来自实践（包括对前人、他人实践经验的吸取）、又渗透在自己创造性实践之中，集中凝聚在他自己的业绩和事功上，而没有留下论著。另一些人却只留下著作而无其他功绩，对这些人来说，他那些有价值的著作就理所当然地是他的伟大业绩和事功。如果论述一个人的思想而不联系他的业绩（包括著作），必将流于空洞的抽象；同样，如果只讲一个人的具体业绩而不结合他的思想活动，又必将成为现象的罗列。评价思想和评价业绩，两者不应偏废。而不断在实践中丰富和深化的思想活力则是经常起主导作用的因素，强调这个因素，引起人们的正视和反思，正是我们的主旨和目的。当然，思想和思想家，思想家和实践家，都是既有区别又有联系的不同概念，忽视这一点是不对的。《丛

---

① 韩愈：《进学解》，中华书局《四部备要》东雅堂本《韩昌黎全集》卷十二第3页。

② 列宁《怎么办》，《列宁选集》第1卷，人民出版社1976年版，第241页。

书》的重点则是放在两者的联系和结合上。至于如何使两者很好联系和结合而又着意于剖析其思想活力，各占多少篇幅或以何种方式表达，则自当由作者根据传主的具体情况创造性地作出妥善安排。

自从人类历史上产生了马克思主义，不仅全人类解放和发展有了划时代的明确方向，学术研究也有了更严密的科学方法，即辩证唯物主义和历史唯物主义的世界观和方法论。根据这一科学方法，在研究和总结中国传统思想文化，特别是联系到《丛书》的撰著时，我认为下列几点应特别引起重视。

一、坚持实事求是的原则。实事求是是贯串在马克思实际活动和理论研究中的主线，离开了它也就离开了马克思主义。只有切实掌握了客观情况，才能得出正确的认识和判断。前者为“实事”，后者为“求是”，二者相结合，就叫实事求是。事不实则非夸即诬。为了弄清情况，就必须对情况的本质与现象、整体与局部、真与伪、精与粗，作出区别、梳理和取舍，这样才能掌握情况的实质，达到“实事”的要求；然后进一步加以分析研究，找出事物本身固有的真相而非主观臆测的假象，并验证其是否符合人民利益和人类历史前进方向，是否反映科学、技术、文化、艺术的发展规律，这样才能得出正确的认识和判断，达到“求是”的要求。实事求是是治学的基本功夫，是对每个传主的功、过、是、非作出公正评价的必要前提。不论古今中外，对历史人物过高或过低的不公正评价，大都由于未能认真坚持实事求是原则的缘故。

二、坚持批判继承的原则。马克思主义学说就是批判的学说，而批判是为了继承、发展和创新。这就需要我们在实事求是的基础上，既要继承发扬传主业绩和思想中的积极因素，又要批判清除其消极因素。凡传主业绩和思想中体现了诸如爱国主义、民主意识、科学见解、艺术创造和艰苦奋斗、克己奉公、追求真理的精神,即在符合历史前进要求的“立德”、“立功”、“立言”诸方面有显著成就等积极因素者,必须满腔热情地加以继承和弘扬,并紧密结合当前社会主义建设实际,使之深入人心,蔚然成风;凡反映有诸如封建迷信、专制独裁、愚昧落后、丧失民族尊严和违背科学进步等消极因素者,必须以历史唯物主义的观点加以批判,清除其一定程度上至今尚起作用的消极影响,而消极因素经过彻底批判后可转化为有益的教训;凡积极因素和消极因素相混者,更当加以认真清理和扬弃,既发扬其积极因素又摒弃其消极因素。我们力求一点一滴、切实认真地探索各个传主思想和业绩中珍贵的积极因素,使之成为全国各族人民正在从事的继往开来伟大历史工程的组成部分。

三、坚持“百花齐放”、“百家争鸣”的原则。“百花齐放”和“百家争鸣”,是发扬学术民主、促进学术繁荣的正确原则和巨大动力。前者强调一个“齐”字,后者强调一个“争”字,是表示学术上平等、民主和自由的两种不同状态;前者突出的是统一与和谐,后者突出的是区别与争论;两种状态又统一于不断地相互促进和相互补充、转化的持续发展提高过程之中。“百花齐放”、“百家争鸣”的原则体现在撰著评传时,应从“齐放”和“争鸣”出发,综合中外各个时期对有关传主的不同评价,吸取符合客观存在的对的东西,摒弃其违反客观存在的不实的东西,然后创造性地提出经过自己独立思考的、赶前人或超前人的一家之言。同时,对整个《丛书》而言,也有个共性、个性又统一又区别的问题。这就是一方面作者应把“实事求是”、“批判继承"和"百花齐放"、"百家争鸣"这几点作为大家的共性(统一与共识);另一方面,对每部评传的立意、结构和行文(文体、文风和文采等),则主要是作者的创造性思维劳动和雅俗共赏的文字表达艺术的成果,是彼此的个性(区别),不宜也不应强求一律。评传作者都有充分自由去发扬这一个性,力求在对每一传主的评述中探索和展示其积极因素,使之和正在变革中国面貌的伟大社会主义建设实践融为一体,丰富其内容,促进其发展,而不是仅仅停留在对传主思想业绩的一般性诠释上。

我认为,以上三点大体上可以表达《丛书》所遵循的主要指导思想,但也不排除用其他思想和方法得出的有价值的研究成果。

感谢所有关心和支持《丛书》工作的单位和个人,特别感谢《丛书》的名誉顾问和学术顾问。他们的热情关心、支持和指教,使《丛书》工作得以顺利进行。更要感谢所有承担评传撰著任务的老中青学者,他们都以严谨的治学态度,作出了或正在作出对学术,对民族,对历史负责的研究成果。没有他们的积极合作,《丛书》工作的开展是不可能的。《丛书》副主编和中国思想家研究中心、南京大学出版社,在制定《丛书》规划,约请和联系国内外学者,审定书稿以及筹划编辑出版等方面,克服重重困难,做了大量工作,他们的辛勤劳动是《丛书》能按预定计划出版的必要前提。

现在《丛书》开始出版了,我作为年逾八旬的老人,看到自己迫于使命感而酝酿已久的设想终于在大家支持合作下实现,心情怡然感奋,好象回到了青年时代一样,体会到"不知老之将至"的愉悦,并以这种愉悦心情等待着《丛书》最后一部的问世;特别盼望看到它在继承中华民族传统思想文化的珍贵遗产方面，在激励人心、提高民族自尊心和爱国主义思想方面，在促进当前建设有中国特色的继往开来的社会主义现代化物质文明和精神文明的历史性伟大事业中，能起到应有的作用。我以一颗耄耋童心，默默地祝愿这一由一批老中青优秀学者经长年累月紧张思维劳动而作出的集体性学术成果能发出无私的熠熠之光，紧紧伴照着全民族、全人类排除前进道路上的各种障碍，走向和平、发展、繁荣、幸福的明天！

热诚欢迎国内外同仁和各界人士不吝赐教，以匡不逮。是为序。

1990 年 10 月 7 日

内 容 提 要

本书对晚清著名思想家和杰出外交家薛福成的生平和思想进行了深入研究。作者采取按传主生平事迹为主线的写实手法，将薛福成的生平事迹及其思想划分为几个主要发展阶段，并结合当时的历史背景和时代特点，进行分章阐述。既论列传主在近代中国社会变迁过程中的历史作用和阶段性贡献，更充分揭示其思想发展和变化的脉络。鉴于薛福成系近代中国直接跨出国门、向西方世界寻求救国真理的代表人物之一，故作者用较大的篇幅，对传主晚年出使西欧的历史实践及其对西方世界的认识和思考，对西方社会物质文明和精神文明的考察，对中西文化的比较，对如何改造中国、使其由贫弱走向富强的探索，都作了较为详尽的论述。在具体肯定其开风气的启蒙作用的同时，又如实指出其历史的局限性，力求使读者能具体领悟到：薛福成在近代中国社会新陈代谢过程中，是一位有着多侧面贡献的、承前启后的爱国思想家。

A Brief Introduction

This book is a major research into the life and thoughts of Xue Fucheng, a renowned thinker and distinguished diplomat of the late Qing China. Xue's life story is approached chronologically and divided, along with the development of his thoughts, into several phases and elaborated against the historical and ideological environment of his age. While setting forth the historical influences Xue effected on and the contributions he made to modern China's social transformation in its different stages, the author emphasizes the development and changes of Xue's thoughts.

As Xue was one of the representative figures of the first group of Chinese who went abroad in search of truths that would help to rescue their country, the author goes to great lengths to discuss Xue's diplomatic practices in his later years, his cognition of and reflections upon the experiences of the West, his examination of Western material and spiritual civilization, his comparison of the Chinese and Western cultures, and the efforts he made to search for ways to turn his poor and weak country into a wealthy and powerful one. By affirming the role Xue played as an enlightener and pointing out the limitations history imposed upon him, the author evaluates Xue as a patriotic thinker with multiple contributions, a figure who inherited the past and helped to usher in the future to China when he was going through a series of radical political and social transformations.

目　次

《中国思想家评传丛书》序 …………………………… 匡亚明
导论……………………………………………………………（ 1 ）
第一章　封建末世的青年学子……………………………（ 5 ）
　　一、寒窗苦读 …………………………………………（ 6 ）
　　二、研习“经世实学”…………………………………（ 9 ）
　　三、誓志“济时艰而匡世运”…………………………（ 12 ）
第二章　曾国藩的“门下晚学生”…………………………（ 19 ）
　　一、上书曾国藩 ………………………………………（ 19 ）
　　二、曾门四弟子 ………………………………………（ 38 ）
　　三、探求“御变之道”…………………………………（ 49 ）
　　四、笔耕苏州 …………………………………………（ 55 ）
第三章　“应诏陈言”名震朝野……………………………（ 60 ）
　　一、借机挥笔抒胸臆 …………………………………（ 61 ）
　　二、言人之所不敢言 …………………………………（ 64 ）
　　三、议论一播，鼓动中外 ……………………………（ 75 ）
第四章　李鸿章的智囊……………………………………（ 78 ）
　　一、参与处理“马嘉理案”和烟台谈判 ……………（ 79 ）

二、鼓吹“创开中国铁路”…………………………（84）
三、挫败赫德窃取中国海防大权的阴谋…………（93）
四、计定朝鲜内乱…………………………………（101）
第五章 《筹洋刍议》倡言变法…………………………（108）
一、为应敌而作……………………………………（108）
二、对中外约章进行“补偏救弊”……………………（110）
三、精求自强之术…………………………………（117）
四、寓强于富，振兴工商…………………………（123）
五、保护关税，反对列强“挠我自主之权”………（131）
六、首倡“变法”……………………………………（137）
七、巨大的思想震荡………………………………（141）
第六章 中法战争中的薛福成…………………………（144）
一、积极倡言援越抗法……………………………（144）
二、筹防浙东，周密备战…………………………（159）
三、震惊中外的镇海保卫战………………………（178）
四、为浙防图久长之策……………………………（186）
五、笔耕不辍，辛勤编纂…………………………（194）
第七章 奉使泰西的“美使才”（上）…………………（201）
一、入京陛见………………………………………（201）
二、奔赴欧罗巴……………………………………（207）
三、恪恭使职………………………………………（212）
四、争设领事保护侨胞……………………………（222）
五、呼吁朝廷革除海禁……………………………（240）
六、交涉“中华书院”的产权纠葛…………………（246）
七、关于长江教案和案犯梅生问题的对英交涉……（251）
第八章 奉使泰西的“美使才”（下）…………………（268）

一、滇缅界务和商务谈判 …………………… (268)
二、奉召返国，魂归故土 …………………… (301)
三、丰硕的精神遗产 …………………… (312)
四、绵远的思想影响 …………………… (321)
第九章　对“天圆地方”世界观念的新诠释 …………………… (330)
一、天圆乎，地方乎？ …………………… (331)
二、重新诠释邹衍的九州说 …………………… (341)
第十章　对西方文明的全方位考察（上） …………………… (348)
一、富国强兵，全藉于商 …………………… (350)
二、智创巧述，日异月新 …………………… (356)
三、尊卑泯其等差，选举凭以声望 …………………… (375)
第十一章　对西方文明的全方位考察（下） …………………… (395)
一、西洋各国教民之法，莫盛于今日 …………………… (395)
二、对中西文化的比较辨析 …………………… (405)
三、凡兹西学，实本东来 …………………… (433)
第十二章　他山之石，何以攻玉 …………………… (445)
一、通变方能持久 …………………… (446)
二、用机器殖财养民 …………………… (454)
三、倚厥专长，各尽所用 …………………… (464)
四、苟无新法以养之，则必有人满之患 …………………… (473)
五、曷若以公法为依归 …………………… (480)
六、考旧知新 …………………… (486)

附　录
一、主要参考文献 …………………… (496)
二、薛福成年谱 …………………… (500)

索 引
人名索引……………………………………………………（507）
后 记……………………………………………………（515）

A CRITICAL BIOGRAPHY OF XUE FUCHENG

CONTENTS

Introduction

Chapter Ⅰ An Assiduous Student in the Last Years of China's Feudalism

Chapter Ⅱ A Disciple of Zeng Guofan

Chapter Ⅲ Stating Reformative Ideas by Imperial Edicts

Chapter Ⅳ Li Hongzhang's Brain Truster

Chapter Ⅴ The Author of *On Foreign Matters*

Chapter Ⅵ Xue in the Sino-French War

Chapter Ⅶ A Competent Envoy to Europe (Part Ⅰ)

Chapter Ⅷ A Competent Envoy to Europe (Part Ⅱ)

Chapter Ⅸ New Interpretations of the "Flat Earth Under the Domed Sky" Cosmology

Chapter Ⅹ Omnibearing Studies of Western Civilization (Part Ⅰ)

Chapter Ⅺ Omnibearing Studies of Western Civilization (Part Ⅱ)

Chapter XⅡ “How to Use Stones from Other Hills to Polish the Jade of this Mountain”

Appendixes

Index

导　论

历史的本质总是深深藏匿在扑朔迷离、气象万千的诸多历史现象之中。作为历史创造者的人，由于受到主观和客观条件的限制，比如人的出身、秉性、教养、才智，尤其是环境、经历和遭际等诸多主客观因素的影响或制约，因而其表现、活动乃至成效也会色彩斑斓、各具特色。但其历史价值，只能以满足当时社会需求的实际贡献的大小来作判断，舍此别无标尺。诚如先哲有言："判断历史的功绩，不是根据历史活动家没有提供现代所要求的东西，而是根据他们比他们的前辈提供了新的东西。"① 这句至理名言，为我们评判历代思想家的成就及其历史地位提供了一条可供观照的准则。倘若从历史发展的锁链或环节中权衡晚清思想家薛福成，可以得出这样一个结论：在群星璀璨的近代中国思想家行列中，薛福成不失为一名承前启后的杰出思想家。

何以见得？

知人必先论世。只有把历史人物及其活动置于特定的时代和社会环境中予以通盘考察，才能实事求是，得出比较确凿

① 《列宁全集》第二卷，人民出版社 1955 年版，第 150 页。

的价值判断。薛福成(1838～1894),诞生在鸦片战争前夕,逝世于中日甲午战火燃起之际,这是中国历史发生巨变的半个多世纪——这是一个古老的封建帝国在西方列强侵略炮火的连番冲击之下向半殖民地半封建社会逐步沉沦的屈辱年代,也是中华民族的优秀儿女为救亡图存而上下求索的奋斗年代。一方面,中国社会剧烈动荡,民族矛盾和阶级矛盾空前尖锐,充满着血与火的搏斗;另一方面,中西文化急遽撞击,权力冲突和利益抗争异常活跃,致使整个社会充斥着爱国与卖国、革新与守旧、启蒙与愚昧的反复较量。在国家危亡和民族灾难极其深重的岁月中,中华民族的子孙能否以国家和民族利益为重,在立场上坚持爱国反对卖国,在政治上坚持革新反对守旧,在思想上坚持启蒙反对愚昧,便成为辨正邪、别美丑、区分先进与落后的试金石。

薛福成正是这一时代的弄潮儿。同近代那些叱咤风云的英雄人物相比,他作为一介书生,在统治集团中充当一名并不十分抢眼的角色,更缺乏指点江山的大手笔。但他亲历战乱,目睹丧权辱国之痛,为晚清社会的兴利除弊,为维护国家的利权和民族的前途而苦苦探求、积极进取,以自己的智慧和心血,在近代中国政治、外交和思想史上留下了不可磨灭的印迹,不失为一名集爱国者、改革者和启蒙者于一身的有志之士,堪称在近代中国新陈代谢历史进程中承前启后的杰出思想家。

云其承前,因为薛福成的思想,孕育于鸦片战争后国人面临“千古未有之奇变”而思想发生剧烈震撼的时代,他直接受益于近代第一代呼唤变革的仁人志士——林则徐、魏源、徐继畬等人思想和人格的熏陶和感召。他承继了林、魏、徐等前辈

"师夷长技以制夷"① 的变革思想,并依据近代化的步伐和时代的需求,在理性认识上将这批前辈倡导的这条变革之路,开拓得更加深广。不可忽略的是,他还怀抱"匡时济世"的抱负,以门生和幕僚的身份,直接投身于曾国藩、李鸿章等人倡导的洋务运动。从1865年师事曾国藩开始直至1894年不幸病逝的三十年,是薛福成置身于社会实践、实现毕生抱负的年代,也正是以"同光新政"为标榜的晚清洋务运动最具光泽的时代。在这三十年中,薛福成始终同"洋务"二字结下不解之缘,对"办洋务"的是是非非、成败利钝体认至深。他在为办好洋务而积极出谋划策、身体力行的同时,既承继了曾国藩、李鸿章的"经世"思想,又将"师夷长技以制夷"的方略从理性认识上总结得更加周全、更加深湛,实现了"出于洋务"又"高于洋务"的转变,使之成为独步一时、善于政论的改革思想家。

云其启后,在于薛福成的思想和论著,还启迪着随之而叱咤风云的一代维新志士。薛福成的政治生涯虽然是从追随洋务巨擘曾国藩起步的,但他对社会问题的认识和思考,提出的兴利除弊、挽救时变的方略闪烁出更加耀眼的光泽,更符合时代前进的步伐,冲破了寻常洋务官员的固有思想框架。尤其是他晚年奉节出使西欧,得以跨出国门放眼世界,在努力外争国权的同时,更悉心考察西方社会的方方面面,加深了对资本主义先进文明的认识,进而围绕晚清中国社会向何处去这一时代命题,写下了许多反映时代脉搏跳动、推动社会进步的论著,为国人提供了大批宝贵的精神遗产,直接感召着维新志

① 魏源:《海国图志叙》,《中国哲学史资料选辑·近代之部》,第19页。

士。不但梁启超将薛福成论著列为近代中国“言西事之书”中的“佳作”,杰出维新志士谭嗣同更从薛氏遗著中获益良多。甚至到了二十世纪初年清廷被迫实行“新政”时,薛福成的《出使日记》还被列为“新政应试必读”的参考书。不可否认,薛福成倡导的“返本开新”和康有为领导的“托古改制”之间,有着不可忽略的内在联系。

近代中国思想变迁历史证实,薛福成是一名晚清涉足政界并在新旧斗争中勇于探索进取的杰出思想家,他的思想反映出一名办洋务学人向维新志士转化的倾向,在思想界具有承前启后的历史作用。诚如徐崇立在为《庸盦内外编》所作序中说,薛福成是一位处在“风气略开以后,异学未兴以前”的思想家,这就是薛福成为自己造就的在中国近代思想变迁史上的位置,也就是我们因何要为其立传的理由所在。

第一章　封建末世的青年学子

人们常说，逆境成才。这是不少人的经验之谈，虽然不能视作带有普遍意义的定律，但也不无道理，它直观地揭示了环境在人才成长过程中的重要影响。当然，环境也是多维的。就大环境而言，倘若一个国家和民族处于存亡继绝的紧要关头，国家的危亡，民族的灾难，往往产生一种危机感，激励着热血儿女们毅然奋起，去肩负起历史的重任，为国家、为民族而努力抗争；再就小环境而言，家庭的不幸，个人遭际的挫折，也常常会激起人们的奋发和追求，为摆脱困境而积极进取。这条人才成长的直观规律，在近代中国前赴后继的志士仁人群中，似乎得到了有力的验证。如果说，1840年鸦片战争的无情炮火作为中华民族由中世纪跨入近代社会的界标，在中国历史上起着振聋发聩的划时代作用，激励着一批又一批有志之士，为摆脱落后挨打的贫弱局面而上下求索，积极寻觅种种救国方略，并为之艰苦奋斗，那么，近代著名思想家薛福成，就是其中令人瞩目的一员。

一、寒窗苦读

薛福成在鸦片战争的炮火声中开始学步的。清宣宗道光十八年三月十八日(1838年4月12日)，薛福成(字叔耘，亦作叔芸；号庸盦，或庸庵)诞生在江苏省无锡县宾雁里一个并不富裕的封建知识分子家庭里。

道光十八年是中国历史上值得注意的年份。这一年是英国为首的西方资本主义侵略者用走私鸦片的罪恶行径坑害中国最为猖獗的一年。当年西方列强的对华鸦片输入达40200箱，不仅掠夺了中国的大量白银，更严重地摧残着中国人民的身心健康。目睹烟毒泛滥的"黑潮"，清廷鸿胪寺卿黄爵滋奏上《请严塞漏卮以培国本折》，呼吁朝廷严禁鸦片；湖广总督林则徐在奏议中更向朝廷提出严重警告："若犹泄泄视之，是使数十年后，中原几无可以御敌之兵，且无可以充饷之银。"① 在朝野上下禁烟浪潮的推动下，道光皇帝认识到鸦片流毒中国所带来的无穷祸害，终于下决心禁烟，任命林则徐为钦差大臣，前往广东查禁鸦片。于是，一场由鸦片侵略而引发的中英战争揭开了序幕。从1840年开始，在西方资本主义列强坚船利炮的轰击下，中国封建社会的传统秩序被打乱了，在传统秩序下生活的中国士民也经受着前所未有的震撼。严酷的现实，迫使

① 《林则徐集》(奏稿)，中华书局1985年版，第601页。

人们在震撼中思考，开拓探求摆脱民族危机的出路。

然而，1840年前后的中国仍然是个闭塞而又辽阔的封建帝国。1841年6月鸦片战争的炮火虽然波及上海进而沿江焚烧到南京，但是无锡尚未真切感受到这股前所未有的外来冲击。少年薛福成，仍然在世代延袭的封建传统规范中学步、成长。薛福成的父祖先辈都是皓首穷经、以诗礼传家的封建士子，世世代代苦读寒窗，向往踏上“学而优则仕”的功名坦途。然而，薛氏家族在科举道路上却并不走运。薛福成的曾祖父薛世琛，只是个未入庠的童生；祖父薛锦堂，虽然学识根底并不浅，也只考上个秀才，以“郡学生”而终老其生；父亲薛湘，更加发愤努力，饱读诗书，起初也是个依靠教授蒙童养家活口的一介书生，后来苦读中举，充任官学教谕，使寒素的门庭稍有转机，直到道光二十五年(1845)，才以其精美的八股文章，考中恩科进士，被委派到镇江担任府学教授，算是开始踏上了仕途。这时，薛福成兄弟六人[①]和长姊一起随父母到了镇江。薛湘对子女课读甚严，他常对薛福成兄弟们说：“学有根柢，则枝叶自茂。”为此，他谆谆教导诸子“温经读史，兼览百子，熟玩朱子《近思录》，涵而操之，务俾理博才赡；又综考有明以来制艺之卓然者，而撷其华，师其意，由是沿流溯源，学乃大进。”[②]这是薛湘从自己治学过程中悟出的经验之谈。正是通过父亲的谆谆教诲和严格训练，薛氏兄弟“学乃大进”，打下了扎实的经史和制艺根底。

薛福成的成长，还同其母亲给予的童年教育密切相关。其

---

① 薛氏六兄弟排列为：福辰、福同、福成、福保、福初、福庚。

② 《庸盦文别集》，上海古籍出版社1985年版，第240页。

母顾氏，出身于无锡县西溪乡的一个名门望族。外祖父顾钧曾为国子监监生。但顾氏五岁时不幸丧父，家道中落，由此孤女寡母相依为命，“作苦茹澹，衣食仅自给”①，饱尝生活之艰难。顾氏从 18 岁嫁到薛家后，孝事翁姑，相夫教子，扶老赡幼，是个知书达理的贤妻良母。由于家境清贫，薛湘必须常常外出“授徒养亲”，家务重担由顾氏只身负担。她在“裁冗缉匮”之余，还得“佐以女红”，靠十指收入贴补家用。她还省吃俭用，“延师课子”，负责对六子一女的教养。她对子女的教育十分认真严格，每天晚上，总是亲自督促子女努力研习功课。据薛福成日后回忆：“先妣于福成兄弟，未尝加以疾言遽色，然教诫不少倦。每归自塾中，必亲理其余课。寒暑风雨之夕，一灯荧然，诵声至夜分乃罢。”② 薛福成更忘却不了课余之暇慈母对他的谆谆教诲：“某能读书，身享令名，荣及父母。某不能读书，污贱危辱，濒于死亡。”③ 这类正反两方面的劝诫，虽然只是“万般皆下品，唯有读书高”之类的传统封建说教，但出诸慈母之口，却深深拨动着薛福成兄弟们的稚嫩心弦，每每使他们“耸听汗下，罔敢自逸”。于是，为了不辜负母亲的教诲与企望，薛福成兄弟们发愤读书，矢志按照父祖辈的老路塑造自己，埋头钻研八股，苦读经书，不至夜半，决不罢休。顾氏教子有方，使常年在外“授徒养亲”的薛湘也为之动容，曾经放心地推重贤妻说：“虽吾自教，不过是也。”④

---

① 《薛福成选集》，上海人民出版社 1987 年版，第 105 页。

② 《薛福成选集》，第 105 页。

③ 《薛福成选集》，第 105 页。

④ 《薛福成选集》，第 106 页。

然而，严酷的社会现实，终究给薛福成的成长道路带来了巨大的影响。

二、研习“经世实学”

咸丰元年(1851)，正当少年薛福成埋首于四书五经和八股章句之间，矻矻以求，为攀登封建科举阶梯而奋发努力之际，风雷激荡的太平天国革命运动在广西金田村爆发了。

农民起义的熊熊烈火冲破了清王朝设置的重重障碍，由南向北，所向披靡，很快燃遍了大江南北，封建统治秩序遭到了空前强烈的震撼。这时的大清王朝，早已从“康乾盛世”的顶端跌落下来，江河日下，步履维艰；更兼十多年前的鸦片战争，使之愈加内外交困，百弊丛生，国内哀鸿遍野，呈现出一派衰败景象。如今，再经洪秀全等率领的太平军对之施以“武器的批判”，使大清王朝更加显得进退维谷，气息奄奄。

这场农民起义所产生的巨大冲击波，对中国社会的影响远远超过了鸦片战争。它不但强烈动摇着大清朝廷的统治地位，也使全国各地直接感受到剧烈动荡，刺激着当时的有识之士重新思考国家的前途和命运。面对这风狂雨骤的“乱世”，连开始知事的十三岁少年薛福成，也开始对“专以八股六韵，徒事空谈，抛弃事实”的科举致仕道路产生了疑问，并试探着改弦易辙，向往沿着前辈思想家龚自珍、魏源所倡导的“经世致用”的方向摸索前进，决心把自己塑造成为有真才实学的“经世”之才。

关于薛福成成长过程中这一改弦易辙的变化，在他日后写就的《上曾侯相书》中有过一段重要陈述：

> 福成于学人中，志意最劣下，往在十二三岁时，强寇窃发岭外（按：指1851年太平军起义于金田），慨然欲为经世实学，以备国家一日之用，乃屏弃一切而专力于是。始考之二千年成败兴坏之局，用兵战阵变化曲折之机，旁及天文、阴阳、奇门、卜筮之崖略，九州厄塞山川险要之统纪，靡不切究。盖穷其说者数年，而觉要领所在，初不止此。因推本姚江王氏之学，以收敛身心为主，然后浩然若有得也。既又知为学之功，居敬穷理，不可偏废，而溯其源不出六经四子之说。盖术凡三变而确然得所归宿处，所惧知识梼昧，师心独学于穷乡之中，固陋不足以应世。窃自私念，必得今世巨公如节下者（按：指曾国藩）以为依归，而磨砺以事，始能略有成就。①

这段自白写于1865年，反映了这位学业已有所成的二十七岁青年急于建功立业的急迫心情，但字里行间却深刻表述了薛福成成长道路的重大转折：他从攻读“八股六韵”转为研习“经世实学”，系直接受到“强寇窃发岭外”的刺激，也就是太平天国革命的巨大冲击而引发的。严酷的现实是，太平军起义后，居然“遻王师，一岁间猋驰行省六，辚名城数百”，“众暴至数十百万”，②而清廷从科举制度中选拔的文武大臣们却显得极端无能，“坐视寇之燎原而莫之遏”。“若是者何哉？承平既久，人

① 《薛福成选集》，第10页。

② 《薛福成选集》，第33页。

即晏安，贤才日以衰息，当事者既莫之能倡，才稍稍出，而又莫之能用故也。”① 现实斗争暴露出八股取士的严重缺陷，启迪着年轻的学子们必须正视现实，关心时势的发展，注重学习一些“有裨世用”的实实在在的学问。正是在现实的教育和启迪下，薛福成逐渐确立了“经世致用”的抱负，开始鄙弃那些空洞乏味、无裨世用的时文，不再拘泥于八股章句，悉心致力于“经世实学”，博览群书，认真总结历代王朝成败兴亡的历史教训，上自天文，下至地理，旁及陆王“心学”，乃至阴阳、卜筮，无不专心研究。

在刻苦攻读的过程中，薛福成很注意同弟兄们“风雨一灯”，享受“群聚讲习之乐”，② 彼此相互切磋辩难，取长补短，共同上进。在兄弟六人中，排行第三的薛福成同排行第四的薛福保（字季怀，故薛福成称其为“季弟”）年岁相近，志趣相投，手足情谊也尤加深厚，“自髫丱以至成人，读书同塾，应试同时”③。起初，薛福保“好攻古文辞，潭思不辍”，兴趣极浓。薛福成对此却不以为然，曾诘问福保说：“时变方殷，士无论遇不遇，当蕲以有用之学表见于时，胡为矻矻于文艺之末？”可是，福保却振振有词地回答说：“不然。夫文之至者通乎道，古文于文体最尊，且自古夷觏泽世之伟人，无文不行。如贾谊之疏，董仲舒之策，诸葛武侯出师表，陆宣公奉天改元大赦制，其所以斡旋世运，鼓动伦类者，独非文章之力耶？”④ 此番答问，可谓

① 《薛福成选集》，第 36 页。

② 《薛福成选集》，第 182 页。

③ 《薛福成选集》，第 161 页。

④ 《薛福成选集》，第 181 页。

各有见地,兄弟俩都受到了对方的启发。从这以后,薛福保开始注重对经世实学的钻研,凡薛福成读过的书,无不认真研读,后追随薛福成进入曾国藩戎幕,磨炼多年,最终成为洋务大吏丁宝桢的得力心腹,为之执掌文案多年,以学博行高饮誉当时;薛福成也学习季弟的长处,认识到"文章之力"的重要性,在研习经世实学的同时,注意摹习历代名家的代表作,在古文辞上狠下了一番功夫,练就一手出类拔萃的古体散文,不但称名当世,对其日后事业发展和文字造就,皆有莫大裨益。

三、誓志"济时艰而匡世运"

年轻人在成长道路上往往会遇到某些曲折。当薛福成一心研习"经世实学"的时刻,又摆脱不了来自传统"致仕"道路的诱惑。

咸丰五年(1855),长兄薛福辰在顺天乡试考中第二名举人,一时声名大振,还援例当上了工部员外郎。长兄的年轻得志,又激起薛福成沿科举之路获取功名的强烈渴望。

咸丰八年(1858)春天,年方二十的薛福成偕同四弟福保一起参加了无锡县的童生考试。这次应考的包括无锡、金匮两县的童生,不下千余人,但录取名额有限,只能有三十名考生侥幸考中秀才。可是,令乡人惊异的是,薛福成及其四弟福保却以杰出的才华,双双告捷,同补县学生,踏上了科举道路的第一层阶梯。据说,薛氏昆仲的双双告捷,还有一段极富偶然性的背景故事:按照常规,科举考试是很注重小楷的,可薛福成的楷书写得并不出色;薛福保又是个"外呐而中莹"的人,虚龄十八,并不擅长临场发挥,故在初选的录取考卷中,薛福成弟兄双双落选。恰逢主持这次童生考试的学使为李联琇，是位“学故闳邃”的学者，“其相士悬格尤峻”，十分尽职，不但爱惜人才，而且把关极严。在录取一批试卷后，又特地将落选试卷重新拣起，一一过目，终于在“遗卷”中发见薛氏兄弟学识超群，于是大笔一挥，将薛氏兄弟双双圈定，“同补县学生”①。

当年夏天，英姿勃勃的新秀才薛福成，陪同由京城回乡省亲的长兄薛福辰，一起奔赴湖南探望其父薛湘。这时，正在湖南新宁县担任县令的薛湘，因在对抗太平军过程中不遗余力，屡建战功，刚刚接到擢升为广西浔州知府的委任状。由于他多年操劳，积劳成疾，还未走马上任，便于当年盛夏七月间病逝于新宁。薛氏兄弟二人只得强忍悲恸，代表亲属协助办理父亲的丧事。据说薛湘生前同曾国藩颇有文学之交，又追随曾氏抵抗太平军，故曾国藩特地委派专人前来“辱垂吊赙”，为薛湘的丧仪增添了不少风光。

薛湘“不幸中道即世”，给薛氏家族带来深重影响。丧事办完后，因薛湘在新宁县令任内的帐目不清，有待查清，故薛氏兄弟在将薛湘灵柩托人运回故乡后，只得“身留湖南，清理官逋”②，协助当地清理薛湘身后的未了事宜。

1860年春，薛氏兄弟在湖南新宁县将“清理官逋”事宜办理完毕后，决定双双返回无锡省母。这时，早已定都天京的太平天国已经摧毁了清军围困天京的江南大营，并派遣太平军精锐挥戈东向，进攻苏、锡、常地区。薛氏兄弟还未及赶回故

---

① 《薛福成选集》，第279页。

② 《庸盦文别集》，上海古籍出版社1985年版，第240页。官逋：指拖欠国家租税。

乡,太平军已攻陷无锡,薛氏家族也同当地的官宦人家一样,受到战火的无情冲击,家产荡然无存,薛福成的伯母、堂兄等等不少亲属也都罹难于兵燹。薛福成兄弟二人乔装改扮潜回无锡,已是有家难归,经四处打探,方知母亲顾氏在战乱中挈带家小匆匆逃往苏北。于是,兄弟二人微服北行,“屡濒于危,航海涉江”①,历经转折,终于在苏北宝应东乡找到了离散的亲人,开始了长达数年侨居异乡、“奉母乡居”的生活。

此时此际,薛福成的心境是极其复杂的,诚如他日后在《先妣事略》中所言:“百感交集”。一方面,他作为官宦子弟,对太平天国农民起义给薛氏家族造成的“田庐毁废,亲故凋亡”的无情打击,对“转徙异乡”、“母老家贫”的严酷现实,不能不对农民起义抱有刻骨的仇恨。于是,他在喟叹“天降祸于福成兄弟,何酷也”② 的同时,曾经在宝应东乡积极勾画《灭贼方略》,准备写成后向朝廷献策,希望尽早置农民起义军于死地,以报家仇;另一方面,他作为一名有抱负的青年学子,又目睹当时中国在第二次鸦片战争中再次受到更加惨重的失败,英、法侵略军兵临北京,焚掠圆明园,咸丰皇帝蒙尘北逃,最终与列强订立更加屈辱的城下之盟,在割地赔款之余,列强攫夺了更多的侵略特权。国家的危难、民族的耻辱,同样令薛福成触目惊心,促使他在读书奉亲之余,不能不考虑身为中华民族的子孙,如何才能挽救西方侵略者给祖国造成的深重民族灾难。

正是这种国恨与家仇交织在一起的复杂心境,促使薛福成立下“济时艰而匡世运”的宏大抱负。虽然身居“卑洼多湿”

---

① 《庸盦文别集》,第240页。

② 《薛福成选集》,第106页。

的穷乡，生活清贫，但他“罔敢自逸”，心忧天下，更加刻苦地研读“经世实学”，注意了解民间疾苦，考察社会积弊，积极构思挽救“时变”的蓝图。

曾经出现过康乾盛世辉煌业绩的大清王朝，一百多年后何以贫弱至此，处于内忧外患的交困之中？薛福成作为青年学子，经过调查研究和缜密思考，首先从清朝统治集团自身寻求原因，将批判的矛头指向了八股取士制度。1864年，侨居宝应的薛福成在穷乡写就了两篇政论文章——《选举论上》、《选举论中》，从朝廷的任官制度入手，痛斥科举制度坑害人才，为提倡“经世实学”而呐喊。

他在《选举论上》篇写道：

方今人才之进，取诸制艺。制艺之术，果可以尽人才乎？明初设科，始尊制艺，谓其能阐发圣贤意也，谓其根柢经史，足征学问器识也。迁流既久，文日积日多，法日讲日新，一变趋机局，再变修格调，三变尚辞华。浸淫至今，驱天下数十百万操觚之士，敝精惫神于制艺之中，不研经术，不考史事，辨性理之微言，则惊为河汉，讲经世之要务，则诧若望洋。每岁掇巍科，登显第者，大抵取近科程墨，转相剽袭，同其文，不必同其题，有其辞，不必有其意。苟有舍是而别抒心得，高古绝俗者，有司往往摈不录。……先儒亭林顾氏有言：“八股盛而六经微，十八房兴而廿一史废。”易堂诸子，遂创谓秦皇以不读书愚黔首，明祖以读书愚黔首，殆有为言之也。且时文至今日，非独其文之谫陋，无足尚也。今即有一能文之士于此，一旦登要职，握事权，其经世宰物，未必稍异于恒人也。是何也？试之以素所不习也。彼其平居所熟习者，不过曰孰为天崇国初，孰为名家大家而已。[1]

在这里，薛福成以历史的眼光，剖析了从明初开始的科举制度的历史变化，深刻揭示了拘泥于僵死程式的八股取士所导致的流弊：按此制度所识拔的人才，只能囿于僵死的形式之中，欲其"经世宰物"，实际处理政务未必比寻常人高明多少。据此，薛福成对顾炎武等先辈思想家批判八股取士制度的激烈言论表示赞赏和认同，认为这是"明祖以读书愚黔首"的政治手段，公然将明、清两朝推行数百年的八股取士制度等同于秦始皇的焚书坑儒！这种大胆的表态，充分体现出一个血气方刚的年青学子敢于批判朝廷奉行的旧传统、敢于对父祖辈走过的老路予以大胆否定的理论勇气。难能可贵的是，薛福成在批判八股取士制度时并非凭借年轻人常有的偏激情绪，而是以历史的眼光审慎考察了八股取士制度的前后演变，指出："是故明初以制艺取士，征实学于制艺之中；今世以制艺取士，别制艺于实学之外，积重之势然也。"[2] 经他如此一剖析，使其对八股取士制度的批判更加具有说服力和感召力。

既然八股取士制度是个坑害"聪明才杰之资"的腐朽制度，那么，当今的朝廷应该如何识拔人才呢？薛福成根据自己的观感与认识，进而提出以下建议：

---

① 《薛福成选集》，第1页。

② 《薛福成选集》，第2页。

> 然则如何而可得人才乎？曰：制艺之盛，已五百年，至今日而穷矣。穷则变，变则通，通则久。为今之计，其必取之以征辟，而试之以策论乎。黜浮靡，崇实学，奖荐贤，去一切防闲，破累朝积习，则庶乎可以得人矣。①

“去一切防闲，破累朝积习”，这更是一条充满虎虎生气的勇敢口号，比当年龚自珍前辈在《病梅馆记》中提出的“斫”去对人才束缚的呐喊更加铿锵有力，简直有后起维新志士谭嗣同疾呼“冲决网罗”的咄咄气势。

应该看到，薛福成对八股取士制度的批判是建立在一定理论基石之上的。他以古代进步思想家的变易思想为自己的立论依据，提出八股取士制度既然已走到了日暮途穷的尽头，就得按照“穷则变，变则通，通则久”的事物发展规律予以大胆变革，首先破除历朝历代的“积习”，排除阻碍人才成长的“一切防闲”，进而以“黜浮靡，崇实学，奖荐贤”的原则，采取古代采用过的“征辟”和考核“策论”等有效办法来取代现行的任官制度。即使限于条件尚需继续推行科举考试制度，也应该在“常科之外，宜开特科”②。“常科”试以策论，注重实学；“特科”识拔那些有真才实学的“隐逸之士，不羁之士，及才行素著，久困场屋之士”③；他还强调指出：“勿以一节之长而遽取，必统观其实学；勿以一句之疵而遽黜，必合校其三场。”④ 他认为只

① 《薛福成选集》，第2页。
② 《薛福成选集》，第4页。
③ 《薛福成选集》，第4页。
④ 《薛福成选集》，第4页。

有这样，才能保证有真才实学的匡时济世之才不会被“遗逸”埋没。

由于这时的薛福成，还是一位徜徉在传统文化的氛围中考察兴亡成败的年轻学人，更未接触多少域外新知。他在选拔人才问题上所提出的种种建策，虽然并没有也不可能有多少令人注目的新鲜内容，仍囿于龚自珍那种“药方只贩古时丹”的水平，但这些方策，却充分显现出一名青年学子从关心国家前途出发为改变衰败时局而敢于对“祖宗成法”予以否定的咄咄逼人的锐气；尤其是他坚持以“穷则变，变则通，通则久”的变易思想立论，更表明他已继承并初步形成了变革的哲学观，促使他日后随着阅历的增加、知识的丰富和体验的积累，继续用变易思想考察晚清的内政外交，针砭时弊，施展才智，寻求振兴祖国、“匡时济世”的良方，从而成为一名承前启后的近代爱国思想家。

第二章　曾国藩的“门下晚学生”

历史，也常常为有志者提供某种难得的机遇。人们如果敏捷地捕捉到这种偶然的机遇，便可有缘充分施展自己的聪明才智，进而实现其追求的目标。1865年间，两江总督曾国藩一张极其寻常的招贤榜，居然为青年学子薛福成提供了一个真正踏上仕途、施展才能的机遇。从此，薛福成在曾国藩幕府维恭维谨地师事曾国藩，努力汲取各种知识，学养大进，见识提高，社会阅历更日趋丰富，为其日后施展“匡时济世”抱负奠定了坚实基础。

一、上书曾国藩

在薛氏家族侨居苏北宝应东乡的五六年中，中国的政局又发生了急遽的变化。1860年清廷在第二次鸦片战争中遭到惨重失败后,英、法侵略者分别通过《北京条约》从中国攫夺了大量侵略特权;当年11月,狡猾的沙俄又以"调停"有功,强迫清政府签订《中俄北京条约》十五款,强将乌苏里江以东的大片中国领土划归俄国;美国、德国、葡萄牙、丹麦、比利时、西班牙等列强,也不甘落后,趁火打劫,强迫清廷分别签订了不平等条约。以英、法为首的西方侵略者,为了维护和扩大已取得的侵略权益,开始支持清政府,共同剿杀中国的农民起义,从而出现中外反动势力公开勾结起来镇压中国人民反抗的局面。同时,清政府内部也产生了激烈争斗。1861年,以西太后、奕䜣为首的对外妥协势力通过"祺祥政变"掌握了朝廷实权。他们为了维系清廷统治,在对外屈辱求和的同时,重用曾国藩、李鸿章为首的湘、淮军,集中力量镇压太平天国为代表的农民起义。在中外反动势力的联合剿杀下,困守长江下游的太平军浴血奋战。虽然陈玉成、李秀成等杰出将领也曾取得不少战役性胜利,但终究难挽颓势,1864年7月19日天京陷落,标志着太平天国的失败。此后,长江南岸的太平军余部在李世贤、汪海洋等将领领导下继续战斗,长江北岸的太平军余部在赖文光等将领领导下,联合捻军继续进行着反清斗争。

面对这样一个风云变幻的国内形势,青年学子薛福成纵然忧心如焚,但此时此际,他僻居乡村,身无显职,报国无门,只能与兄弟们一起,"益以读书求志相砥镞"。正如他在《母弟季怀事状》一文中说:"避粤寇之难,举家侨徙宝应之东乡,兄弟数人,益以读书求志相砥镞。聚居斗室中,昼则纵观经史,质问疑义;夜则一灯围坐,互论圣贤立教微旨,古今理乱得失之要最。有不合,则断断辩难,欢声与僮仆鼾声相应。俄而鸟鸣日出，余亦颓然欲卧，季怀方启户至宅后，观田禾滴露以为乐，徜徉而归，归乃高卧，日中方起。如是者五六年。”①

然而，道是无情却有情的历史，终于为身处穷乡僻壤、慨叹报国无门的薛福成，提供了一个施展才智的机遇。

1865年，在家“读书奉亲”的薛福成在寒窗下苦读了二十余年，并已娶妻生子，他时时期盼尽早“立业”，以自己的学识去实现“匡时济世”的宏愿。就在这时，变幻的形势为他提供了一次难得的机遇。原来，太平天国起义失败后，北方捻军仍在黄河两岸与清军进行顽强的抗争。1865年春夏之交，捻军在山东曹州一带击毙了为朝廷主持剿捻事宜的蒙古科尔沁亲王僧格林沁。清廷惊恐万状，连下三道上谕，命令两江总督曾国藩携带钦差大臣关防，统领所部各军，星夜出省，前赴山东，主持“督剿”捻军。盘踞南京的曾国藩虽然对朝廷的旨令颇感“万难”，因为他已被太平军搅得心力交瘁。倘若这次以疲惫的步兵，去对付“战马极多，驰骤平原，其锋甚锐”②的捻军，后果肯定不妙；但碍于王命，经不起朝廷的再三敦促，曾国藩只得硬着头皮，率领湘军余部，由水路北行，奉旨北上“剿捻”。为了壮大自己的声势与实力，曾国藩下令在沿途张榜郡县，招致贤才。

当曾国藩的座船行至江苏宝应时，侨居东乡的薛福成闻讯，赶紧抓住机会，连夜起草了一篇洋洋万言的《上曾侯相书》，以“门下晚学生”的身份口称“太老夫子”，火速面呈曾国藩。

---

① 《薛福成选集》，第279页。

② 《曾文正公年谱》，第146页。

曾国藩曾同薛福成之父薛湘有过不少交往，早就听说薛湘的几个儿子都擅长读书作文。如今见到薛福成的万言书，细加品阅，不禁频频点头，大加赞赏，兴奋地对身边幕僚李申甫说："吾此行得一学人，他日当有造就！"① 语毕，命令手下将这自称"门下晚学生"的青年学子薛福成请到座船叙话。

晤谈之间，曾国藩目睹薛福成举止端庄，谈吐不凡，不但晓于国家大事，且国学根底深厚，是个难得的"经世"之才。当场要求薛福成留在他的左右，充当幕僚，并对薛福成说："子文长于论事，年少加功，可冀成一家言。即与伯常、莼斋同舟，互相切劘可也！"② 接着，曾国藩又问薛福成，久居江北交游中是否还有其他贤良之士。薛福成当即推荐了季弟薛福保，赞其"学识峣然特出，所知殆无其俦。"③ 曾国藩表示，可带薛福保一齐来。于是，薛福成、薛福保兄弟俩同一天投身曾国藩戎幕，以幕僚身份揭开了他们"匡时济世"的生涯。

曾国藩在接纳了薛氏兄弟的当天晚上，还在自己日记中郑重记下这么一笔："故友薛晓帆之子福成，递条陈约万余言，阅毕，嘉赏无已。"④

薛福成的《上曾侯相书》因何引起曾国藩"嘉赏无已"？这篇万言书所显示出的典雅畅达的文字固然是个因素，但更为

---

① 《薛福成选集》，第27页。

② 《薛福成选集》，第27页。伯常系向师棣之字，莼斋系黎庶昌之字，二人当时同为曾国藩幕友。

③ 《薛福成选集》，第279页。

④ 《庸盦文外编》卷三。曾氏《求阙斋日记》刊本曾误为薛福辰，但薛福成当年在幕府亲见曾国藩日记手稿，却系"福成"二字。

重要的是其中所表述的内容，尤其是执笔者提出的识见，深深地叩动了曾国藩的心扉。

这篇《上曾侯相书》集中表达了薛福成在踏上仕途之前对社会现状、国计民生和国家前景的认识与思考，以及本人矢志钻研"经世实学"，向往投靠曾国藩以建功立业的急迫心情。尤其是信末所附《治捻寇》一文，以"养人才，广垦田，兴屯政，治捻寇，澄吏治，厚民生，筹海防，挽时变"为目，综述了青年薛福成对"当今要务"的系统政见。这些政见中，有如下几条颇值得注意：

(1) 改革科举。在"养人才"一节中，薛福成依据隋、唐以来朝廷选拔人才制度的演变，列举了科举制度在晚清所呈现的种种弊端。他说："科举行之既久，其法不能无敝。盖学士大夫以制艺相切劘，余五百年，至于今陈文委积，剿说相仍，而真意浙汩。取士者束以程式，工拙不甚相远。夫以工拙不甚相远之文，取决于有司一时之爱憎，加以贪常嗜琐，意见各异，而黜陟益以难凭。遂使世之慕速化者，置经史实学于不问，竟务为浇劾浮疵之习以弋科第。魁硕之儒，皓首而不遇者，比比是也。"① 在这里，薛福成以历史变化的眼光，考察了科举考试制度已蜕变成以"程式"束缚士子的形式主义的"成格"，妨害青年对"经史实学"的钻研，更不能识拔那些德才兼备的贤良之士。这种大胆否定数百年来知识分子赖以安身立命的科举制度的言论，出于一位青年学子之口，不能不使倡导"经世致用"的曾国藩为之感到欣然。

如何才能"救科举之敝"呢？这时的薛福成当然提不出更

① 《薛福成选集》，第12页。

新的办法，只能拿出"莫如征辟与科举并用"的主张，沿用老祖宗曾经使用过的"征辟"方法，去"博访"、"慎择"那些有真才实学的贤德之士，荐之于朝，量才录用，"如是，则贤才无遗逸之患，可以辅科举所不及"①。薛福成所以提出这种折中办法，也有他的难言之隐，因为他深知，"夫科举虽敝，其法因难变革也"②。看来，薛福成希图用"征辟"制对"科举"制予以"补苴罅漏"，也显示一种时代的局限。

(2) 垦殖荒田。这是针对太平天国失败后清政府面临的严重社会问题而提出的重要建策。多年的战乱，导致平民百姓流离失所，大批土地荒芜，造成了严重的社会危机。忧国忧民的薛福成，依据自已对江南地区的悉心考察，切身感受到这一社会危机的严重性，以沉痛的心情作如下陈述：

> 江南衍沃称天下，顷更丧乱，民死者不可胜数。其颠沛饥羸仅存之民，或无以为耕，耕亦不获。然则事势至此，虽天时大和，灾祲不作，而甘雨下注，常委为沧海之波，民固且拱手待尽于沟壑之间，而莫之拯也。时事之可忧，孰甚于此？③

面对"沃野千里，旷弃不耕"的严重局面，薛福成建议朝廷学步古人的"良法美意"，抓紧"修明开垦之政"，并具体化为如下建策：

---

① 《薛福成选集》，第12页。

② 《薛福成选集》，第12页。

③ 《薛福成选集》，第12页。

一曰民垦。对有地而无力耕种的农民，政府贷给籽种和牛具；将荒地作为"永业"田分给无地农民耕种，三年免缴赋税。

二曰官垦。"籍无主之田，官自募民耕之，定其租，视民间租岁减什一二，数岁之后，当有成绪。"[①] 这是薛福成仿效古代禄田之法，以公田给州县，以代其俸廉。既可为国家减少一笔可观的经费开支，又可节省官吏挥霍、盘剥所造成的大量"浮费"。

三曰兴屯政。仿古代屯田制，将无主荒地分给各省勇丁，每丁给田数十亩，寓兵于农，且耕且守。薛福成已敏锐地看到，清政府在镇压太平天国的十几年所募集的数十百万勇丁，一旦离开战场，将是一个很沉重的包袱，也是一个不安定的因素，若不妥为安置，后果颇为严重。为此，他提出一个兴屯政的"善全之策"，并满怀信心地说："此制一定，国无转运之费，而骤获胜兵，民无供给之劳，而藉资扞御，营伍不以屯聚而滋他衅，地方不以备弱而召他虞。又以位置此无业之勇丁，而为天下多垦数十百万之田，则每岁增天下之谷，无虑数十百万石，所入之租，兼足以赡国用。国家数百年富强之业，实基于此。"[②] 这一方案，虽然表明了薛福成目光的敏锐，用心的良苦，然而充其量也只能视之为纸上谈兵的书生之见。因为当时在中央和地方之间，各个军事集团之间，乃至每支军事力量内部，都存在着错综复杂的矛盾。日暮途穷的清政府，是不可能也无力量借助古代的屯田制来解决数十百万勇丁这一沉重包

① 《薛福成选集》，第13页。

② 《薛福成选集》，第14～15页。

袱的。

(3) 整饬吏治。吏治腐败，是晚清封建统治的一大弊端。薛福成根据自己对地方吏治的考察，尖锐地指出："欲举天下创残疲敝之民而致之休和，曷先乎？曰：先之州县。今州县有大弊二：曰捐班广也，门丁横也。有大要一：曰考课行也。二弊不去，一要不审，虽伊葛不治。"① 接着，薛福成分别陈述了这些社会弊端误国害民的种种劣迹以及他的整治方案。

捐班，指的是向朝廷捐纳一定资财而获取官位的官员。这是清政府在鸦片战争之后为了解决财政的极端拮据而开辟的一条生财之道。清政府沿用秦、汉以来封建王朝为弥补国用不足而推行纳赀补官的措施，广开捐例，规定京官自郎中以下，外官自道台以下，均可以捐纳得官。结果产生大量残民以逞的贪官污吏，闹得民怨沸腾。多年生活在民间的薛福成，对朝廷的这一举措当然深恶痛绝，他尖锐地指出："今之由捐例进者，推其本意，不过以官为市而已。夫至以官为市，则剥民以自奉，损国以肥己，固其所也。"② 值得珍视的是，薛福成凭借年轻人的正直和胆识，不仅揭示了这群剥民自奉、损国肥己的贪官污吏，更将批判的锋芒由表及里地直指封建朝廷，严正指出："彼以捐进，庸陋固非其咎，若纳其赀而考黜之，是欺天下以罔利也。"③ 为此，他进而驳斥了捐例于国用有济的荒谬的理由，摆出"捐例益广而国用益亏"的事实，建议曾国藩："稽之治道既如彼，筹之国计又如此，是又何苦而不罢之哉！伏望奏减捐例

① 《薛福成选集》，第17页。

② 《薛福成选集》，第17～18页。

③ 《薛福成选集》，第18页。

以为停捐之渐，权定限制；捐杂职，许实任；捐正印，止虚衔。杂职中能称职者，亦许随例升转；其前已捐而在官者，亦严为考察而去留之。一二年后，军务稍平，度支稍足，然后决然停止。”① 对捐纳制度既看得真切，又提出颇为切实的纠正措施，充分表现出年轻学子对国家的一片赤诚之心。

门丁，系封建官衙中为虎作伥的爪牙与帮凶，薛福成对其更加不齿。他指出：“若夫门丁之设，尤为州县巨蠹。今州县官一莅任，则僮仆什伯为群，无不褕衣甘食，肆为奸偷。其举财赋狱讼而悉归之者，名曰‘门丁’，自丞尉杂职，皆仰鼻息而食。把持诞谩，玩其官于股掌之上。”② 气指颐使、为非作歹的门丁固然可恶，但薛福成更深一层挖掘出门丁的座主，也就是任用门丁的官僚，对这一祸害有不可推卸的责任，有狼狈为奸的实质。他严厉斥责那些倚赖门丁的封建官僚：“其偷者不事事，则举官事尽委之，可以安而尸厥职；其尤不肖者，倚为奸利，外使张其爪牙，而肉实与为首尾，一旦发露，则托门丁为解，而已可以免于戾。积习相循，末流益甚。”③ 对封建官场的昏聩与腐败，揭露得入木三分。为了澄清这一腐败现象，薛福成建议：“宜严禁两司以下，毋得以门丁为荐，州县毋得辄用；用而被控者，该丁以法论，官罢黜，著为令。”④ 这一建议简洁明快，倘若果真付诸实施，门丁之害便能祛除。但靠腐朽的封建统治集团

① 《薛福成选集》，第 18 页。

② 《薛福成选集》，第 18～19 页。

③ 《薛福成选集》，第 19 页。

④ 《薛福成选集》，第 19 页。

清除自身的毒瘤,等于与虎谋皮,谈何容易!

然而,薛福成的建策是极端真诚的。他又认真地提出“二弊既去,乃严考课”的观点,进一步寻求澄清吏治的良法。如何对现职官员进行考课呢?薛福成认为:“考课之行于州县,始在慎其选,继在养其廉,究在尽其才,三者备而后考课之法,不劳而立。”①

如何“慎其选”? 薛福成依据自己心目中“张官置吏,所以为民”的原则,揭露了晚清选拔人才问题上的种种流弊:“今州县选补,吏部拘之以资格,大府私之以爱憎,不能为地择人久矣。软美巧滑,工于趋避者,则举世以为明白公事。其翘然名能吏,通省不一二数者,虽凡事勤敏,往往可观。至于利源所在,征取无艺,亦不后于他人,尚安望其抚循民瘼,变化风俗哉。”② 为了克服这一弊端,他提出:“今宜先择悃愊无华,有实心及民者畀之县,有干略者次之。”③ 薛福成本着儒家的传统观点,在识拔人才标准上首先重德,其次重才。他深知德才兼备者难得,与其选拔才高于德者,毋宁选拔德高于才者,因为能官干吏倘若缺德,不能“实心及民”,对民众的危害则更为深重。

因何“养其廉”?清朝后期,民间虽有“三年清知府,十万雪花银”的讽喻,但实际上朝廷颁发给地方官员的俸禄并不十分丰厚。地方官员既要支撑门面,又要牟取资财,便在手中的权字上动脑筋,想方设法搜刮民脂民膏,从而显现出无官不贪的

① 《薛福成选集》,第19页。

② 《薛福成选集》,第19页。

③ 《薛福成选集》,第19页。

腐败局面。于是,朝廷将官员俸禄称之为“养廉”,反而成为颇具讽刺意味的名词,不能不引起薛福成的重视。他指出:“虽然,州县之俸廉,大者无过千两,而所谓杂款陋规,及幕友修脯,与一切办公费,奚翅倍蓰。如是而欲其不妄取于民,不可得也。”① 在这里,薛福成将朝廷命官操守的廉洁程度归之于薪俸的大小,虽有一定的局限性,但也在一定程度上反映了当时的社会现实。为此,他有的放矢地指出:“方今之务,莫如严饬司道以下,革陋规,除杂派,限幕友修脯之制。其办公费,令各县筹经费之羡,渐置公田。俾长民者,不拮据于财用,而州县始有清廉之吏。”② 他的这一建策能否保证官员们廉而不贪,实在是个很大的问号,但他提出“革陋规,除杂派”等主张,却道出了薛福成关心民瘼的赤诚之心。

如何“尽其才”?薛福成认为,当时的任官制度不能保证官员“尽其才”,这是因为“上下以空文相束,虽贤者亦奉法救过之不赡,而不肖者反得以容其弊。又或以燕齐之人仕滇黔,瓯闽之人仕秦陇,语言不谐,土风人情不悉,孑身万里之外,叹息而思归,甚者疾病攻之,尚安望其能修职业哉?比其稍习而安之,则迁调而去矣。”③ 封建官场“上下以空文相束”,为防止官员营私而频繁迁调至异乡任职,确实不易为官员提供一个充分发挥才智的环境。为此,薛福成明确提出:“欲尽州县之才,则必重其职任,涤去烦文,务持大体。”这些措施,对加强官员的职责,提高办事效率,应该是积极的。

① 《薛福成选集》,第19～20页。

② 《薛福成选集》,第20页。

③ 《薛福成选集》,第20页。

薛福成对自己提出的这几条“整饬吏治”的方案是持乐观态度的。他满怀信心地认为:“考课之行于州县者如此,而又无捐班以参之,门丁以蔽之,则贤才孰不劝?不肖孰不诫?吏治蒸蒸,百废具举,凡所以复创痍为富庶,化凋敝为敦朴者,不外是矣。”① 他的整饬吏治的建策虽然切中时弊,也渗透着真知灼见,但遗憾的是,日暮途穷的清王朝统治集团,包括拥有实力的地方大吏曾国藩在内,根本不可能扭转晚清吏治腐败的局面。

(4) 裁汰绿营。在“厚民生”一节中,薛福成明确提出将裁绿营和减厘金作为“复苏民困”的两大措施,将批判的矛头指向了晚清王朝赖以生存的军队及其饷源。

绿营,是清朝入关后募编的汉族地主武装,以绿旗为标识,以营为建制,分驻京师和全国各地,与满清八旗兵相表里,成为维护清朝统治的重要武装力量。但自清朝中叶开始,绿营兵日渐腐败,战斗力涣散,不仅不能起到为朝廷镇压人民的作用,六十万人的兵额开支,反而成为清政府巨大的财政负担。薛福成清楚地看到:绿营“为额至六十余万人,约支俸饷二千万两,去天下岁入之半。迁流既久,积习益深,乾隆以后,日形窳敝。虽叠降明旨,饬所司实力整顿,而地广势散,颇难著效。”② 他根据绿营在镇压太平军战斗中望风披靡、节节败退的事实,严正指出:“绿营不足恃,而兵额仍未稍减,坐糜二千万金之岁饷,病民病国,莫此为甚。”③ 为此,他提出:“普减天

① 《薛福成选集》,第20页。
② 《薛福成选集》,第21页。
③ 《薛福成选集》,第22页。

下绿营十分之四,可省岁饷八百万金”① 的建议,并提出将所留的六成绿营兵“以供守汛护饷解犯之用”,不作为拱卫疆土的基干力量。

厘金,系清政府在镇压太平天国起义期间为了解决日益庞大的军费开支而对运销商品设卡抽取百分之一税金以助军饷的临时性筹款措施。1857年开始推向全国。这是一种不算正税的变相捐输,深深加重了百姓负担,阻碍了经济发展。虽曰临时,但太平天国失败后,清政府并未撤销,仍作为搜刮民脂的重要手段。薛福成对清政府采用厘金制进行了实事求是的评析。他认为,厘金初创时,为曾国藩、李鸿章等人“倡募乡勇”,组织湘、淮军,提供了饷银,起到了“搘持全局,弥缝阙乏”的效用。但他又根据自己耳闻目睹的事实,严正揭露了官吏们乘机巧立名目,大肆搜刮民间钱财的内幕。他说:“夫厘金每百分而取其一,征诸商者,似不为多。然以福成所亲见者论之,即如江北淮扬等处,自江宁藩司所设厘局外,有漕捐、河捐、抚捐、粮台捐,及清淮筹防、各府筹防、各县镇团练之捐,收数混淆,名目诡寄。三四百里间,卡局不下数十。是殆征其十之二也,而吏役之勒措,司事之需索不与焉。彼为商者工于牟利,则仍昂其价于货物,而小民之生计日艰。”② 为了解决关卡林立、层层盘剥、官吏侵蠹致使平民百姓“生计日艰”的局面,薛福成大胆提出了裁汰厘金的呼吁:“然则天下当有事之时,国计之不能不借资于厘金者,势也。虽然昔之创为此法,不过济变一时而已。若军事稍纾,

① 《薛福成选集》,第22页。

② 《薛福成选集》,第21页。

循是不革，非所以厚民生而培元气也。今巨患削平，跳梁之寇，非复前日比，似可斟酌盈虚，先减厘金，渐减渐少，以至于尽裁，蕲以濯痍嘘枯，稍苏民困。”① 应该承认，薛福成对厘金制所持态度，还是极其现实的。他既清醒地看到清政府当年推行厘金制乃大势所趋，否则不能“济变一时”，但又敏锐地看到，厘金制确实给平民百姓增加了极其沉重的负担，导致了“民困”，在“巨患削平”之后，倘不及时裁减，给社会带来的负面影响是不言而喻的。然而，薛福成这一关心民瘼的呼吁与建策，并未引起朝廷的正视，即便曾国藩等大吏也不愿在自家军队赖以生存的饷源上采取高姿态。为此，搜刮民财的厘金制不仅清政府继续推行到自己的灭亡，继之而起的北洋军阀政府也视之为利薮，直至 1931 年方才开始裁撤。

（5）加强海防。这是薛福成面对鸦片战争后中外关系出现的新局面，为抵御外患而提出的重要建策。

如何看待鸦片战争后西方列强纷纷染指中国而清政府在中外冲突中频频丧师辱国的新格局？薛福成凭借自己对中外大势的探求和思考，敏锐地提出：“方今中外之势，古今之变局也。”② 他依据天地风气日久渐开、人类活动不断拓展的原理，认为英、俄、法、美等西洋诸国航海通商，“颉颃并至乎中国”，乃是历史的必然：“是其所以然者，天也，非人之所能为也。”③ 这一识见，将十九世纪中叶出现的中西冲突，置于世界文明发展的总体格局下予以认识，确实比当年的封建士大夫远远高

① 《薛福成选集》，第 21 页。
② 《薛福成选集》，第 22 页。
③ 《薛福成选集》，第 23 页。

出一筹。既然"地球几无不通之国",那么西方列强航海东来,争先恐后地将目标指向中国,也就成了不以某个人的意志为转移的历史必然趋势。

至于在鸦片战争揭开的历次中西冲突之中,何以出现西方侵略者"索地索币之师,纷然狎至",而清王朝却"战则丧师,和则辱国"的局面,薛福成则认为:"是其所以然者,人也,不可尽委之天也。"① 他列举清政府在两次鸦片战争中"忽而罢兵弛禁,巨偿其货以骄之;继而倏战倏和,茫无成议"的事实,得出了由于清政府的应敌措施不当,也就是"人"的主观因素,造成了一再失败的后果。

那么,在"中外之大防"已破裂的十九世纪六十年代,中国应如何对付"狡焉以逞"的西方列强呢?薛福成提出了他所勾画的原则:"居今之世,事之在天者,宜有术以处之,然后不为气数所穷;事之在人者,必有术以挽之,然后不为邻敌所侮。窃尝默审乎天时人事之交,其道历久不敝者,要在知和之不可常恃,一日勿弛其防而已。"② 在这里,薛福成运用了我国古代"天"与"人"的传统概念,对如何对付西方列强的侵略作出了自己的解释。他认为,"天时",也就是时代条件,并不是决定一切的,关键在于采取何种策略——"术"来妥善地予以处置;倘若是"人事",也就是人为因素导致了战争的失败,那么,同样可以运用正确的方略予以挽救。他根据人的主观因素可以决定战局成败的观点,进而提出中国要在中外争端中立于不败之地,既要在思想上保持高度的警觉,"知和之不可常恃",又

① 《薛福成选集》,第23页。

② 《薛福成选集》,第23页。

要在行动中积极进取,"一日勿弛其防而已"。

如何才能做到"勿弛其防"?薛福成提出:"防之之策,有体有用。言其体,则必修政刑、厚风俗、植贤才、变旧法、祛积弊、养民练兵、通商惠工,俾中兴之治业,蒸蒸日上,彼自俯首帖耳,罔敢恃叫呶之故态以螫我中国。言其用,则筹之不可不豫也。筹之豫而确有成效可睹者,莫如夺其所长,而乘其所短。西人所恃,其长有二:一则火器猛利也,一则轮船飞驶也。"① 在这里,他所说的"体",主要指的国家的内政。只要中国人首先将自己国家治理好,使之蒸蒸日上,那么,西方列强也就望而却步,不敢"螫我中国"了。在他开列的修内政的诸端举措之中,虽然不少是古代贤明君主治理国家的传统办法,但其中有两条是具有时代特点的新鲜内容。一条是"变旧法",强调变革,改变那些不合时宜的祖宗成法;另一条是"通商惠工",大力发展被以往封建王朝视之为"末业"的工商业。

薛福成所说的"用",其核心是"夺其所长而乘其所短",也就是大胆学习和引进西方列强的长处以弥补自己的不足,再抓住对方的短处战而胜之。这一方略,是当年林则徐、魏源提出的"师夷之长技以制夷"在新时期的延续。至于薛福成对西方列强长处的认识,仍然局限在坚船利炮的范围之内,并不比同时代人有多少新鲜内容。因为在六十年代初期,洋务大僚奕䜣、曾国藩、李鸿章等人,已倡议并着手兴办"洋务",购求坚船利炮,用先进武器为代表的西方科学技术武装自己,将林则徐、魏源的"师夷长技"口号付诸实践,不但用西洋军火练兵,而且办起了安庆内军械所、上海洋炮局、苏州洋炮局,开始制

① 《薛福成选集》,第23页。

造洋枪洋船。平心而论,薛福成对西方长处的认识虽未超出洋务官僚们的认识范围,但也不能苛求,因为人的认识总会受到时代条件的限制。长期僻居穷乡的薛福成,不可能像久居上海这类通商口岸的冯桂芬那样开始认识到西方政治和社会制度方面的某些长处。可喜的是,这位青年学子已看到西方列强的"火器猛利"和"轮船飞驶",并主张将这些长处"夺"来为己所用,这对那些视西方先进科学为"奇技淫巧"而拒之门外的顽固官僚,无异是猛烈的呵斥。这一认识,更为薛福成日后"由表及里"地认识和学习西方资本主义的先进文明,打开了一道闸门。尤其可贵的是,薛福成对如何将西方之长处"夺而用之"的建策中,不但提出了购其"利器",学其"技艺",强调"广设巨厂,多购西洋制器之器;聘西人为教习,遴募巧匠,精习制造枪炮之法",还呼吁"仿俄人国子监读书之例,招后生之敏慧者,俾适各国,习其语言文字,考其学问机器。其杰出者,旌以爵赏",① 较早地提出了派遣留学生的主张。

为了驳斥守旧封建士大夫对西方先进科技采取"深闭固拒"的顽固排外态度,薛福成针锋相对地辩驳道:"世之议者,或愤中国积弱,以效法西人为耻。不知工之巧,器之良,乃造化日辟之灵机,非西人所得而私也。夫巫臣教吴以弱楚国,武灵胡服而灭中山。安知中国人之才力,不能驾而上之乎?"② 科学技术是人类智慧的结晶,向来不分国界,并不是哪个国家所私有的,学习别国长处更是中国的固有传统,只要善于学习,凭借中华民族的智慧,安知当前积弱的中国将来不会凌驾于西

① 《薛福成选集》,第 23 页。
② 《薛福成选集》,第 24 页。

方之上呢？哲理性的语汇，赶超先进的雄心，始终激励着近代中国仁人志士振兴、图强的信念。

薛福成提出的“乘其所短”，是有别于同时代人的富有个性的建策。他就此提出了“合并”、“分离”、“牵制”等三种方法。具体内容也无非因袭古代合纵、连横术，主张利用列强之间的矛盾，联络那些“非有大憾于我”的列强，孤立来犯者，“使之彼此怨尤，上下乖迕”，从而达到“以各国牵制一国”的目的。这种联结邦交，利用列强之间“仇隙”，防止他们“协以谋我”的策略，显示了薛福成的外交思想，也是日后支配他处理外交事务的基本方略。

（6）挽救时变。这是薛福成就如何挽救不平等条约给中国造成的祸害所提出的重要建策。

如何估量鸦片战争以来中外签订的不平等条约给中国带来的社会影响？薛福成对此进行了具体评析，他认为：“自泰西诸国立约以来，大抵于中国有利有害。利则通有无以裕税饷，得利器以剿强寇，此中国之大益也。害则洋烟不禁，渐染日广，传教通行，许其保护，此中国之大损也。窃尝较其轻重，要其始终，则所谓益者什一二，损者什八九，其利害之不能相抵也明甚。”① 这一估量说明，薛福成既清醒地看到中外立约促使商品流通，为中国增加了关税收入，带来了洋枪洋炮，是有益的一面；又尖锐地看到鸦片弛禁流毒日广、洋教通行给中国社会带来无穷的祸害，从而得出害远大于利的结论，亟待挽救。

他进而论述道：“盖洋烟盛，则挠我养民之权，洋教行，则挠我教民之权，教养无所施，而国不可为国矣。此时局之变之

① 《薛福成选集》，第25页。

尤可忧者也。”① 薛福成从丧失“养民”、“教民”之权的角度剖析不平等条约造成的危害，比之仅看到割地赔款，似乎有了更深层次的认识。将不平等条约的不利影响由统治阶层的感受推向了社会底层对士民身心的戕害，确实是独具慧眼的。

当然，他也清醒地看到，这些条约签订之后是不可能“轻议更张”的，洋烟洋教也不可能立刻严绝于国门之外，当前只有一条路：“默揆时变而善挽之”。

对“其害过于洪水猛兽远甚”的洋烟，他认为虽然不能禁其进口，但“严禁吾民，乃中国自主之权”。于是，他提出严禁中国士民吸食鸦片，首先明文规定禁止“大小文武各官”吸食鸦片，如是，“则嗜之者渐减，是又不禁之禁也”。

洋人传教，给中国造成了民教纠纷，“教士动辄干预讼事，偏护教民，挟制州县”，而中国地方官却“莫不曲意迁就，苟求无事而止”。薛福成对此局面深表忧虑。他认为，虽然不能禁止传教，但约章仅规定“安分传教习教之人，不得刻待禁阻”，至于那些“不安分者”，理应行使中国的主权，由地方官照例惩办，“凡教民之倚势犯法者惩之，教士之妄问公事者拒之”，“但求政平讼理”。②

应当承认，薛福成对洋教、洋烟两大祸害，力求立足于国内，坚持运用主权与国法予以挽救的建策还是比较实际的，也体现了他对民族身心素质的关心。

青年薛福成向曾国藩提出的种种“变旧法”、“除积弊”的建策，虽然承袭了历代封建王朝若干成功经验，但他对经世实

① 《薛福成选集》，第25页。

② 以上引文见《薛福成选集》，第26、27页。

学的探求，对社会积弊的认识，对国家前途的思考，对富强之术的追求，尤其是对西方列强“夺其所长而乘其所短”的阐述，不能不使正在着手洋务建设、力主“经世致用”的曾国藩对这位青年学子刮目相看，引为心腹，从而开始结下深厚的师生之缘。

二、曾门四弟子

1865 年夏天，薛福成从宝应入参曾国藩戎幕，成为他人生道路上的重要转折点。从此，他得以将研习多年的“经世实学”付诸实践，在风云变幻、戎马倥偬的政治生涯中增长才干，继续探求“匡时济世”的真谛。

起初，薛福成遵照曾国藩的嘱咐，与曾幕另外两位幕僚向师棣(伯常)、黎庶昌(莼斋)同乘一条船，“互相切劘”经世之学。向、黎二人都是学识根底深厚而且颇有抱负的年青学人。向师棣意气豪爽、才华横溢，立志做个“用世之才”；黎庶昌则生性儒雅、忧国忧民，也向往干出一番轰轰烈烈的事业。三位年青学子聚在一起，可谓情投意合，经常研讨国计民生，评析历代文章，总结古今兴废得失，抒发各人志向，相互取长补短，彼此结下了深厚友情。令薛福成抱憾的是，数月之后向师棣不幸病逝于徐州军营，时年三十有一，薛福成写就《向伯常哀辞》，以志哀悼之情。黎庶昌日后却成为薛福成志同道合、心心相印的挚友，不仅在思想上相互激励，而且在事业中相互支持和提携，都在外交上作出了贡献。

入幕数月后，薛福成追随曾国藩的“剿捻”大军驻扎徐州，参与策划镇压捻军。1866 年初，薛福成又随军移驻山东邹县和曲阜，随曾国藩分别拜谒了孔孟后裔。接着，曾国藩率军移驻济宁，为巡阅河防，纡道泰安。当年四月十六日，曾国藩率领薛福成、黎庶昌等一行，乘山轿盘曲上阶，攀登东岳泰山，饱览祖国的大好河山。

当年孔夫子“登泰山而小天下”，如今，薛福成沿着先哲的足迹，也登上了这一令他神往已久的“天下瑰夐之境”，情不自禁地发出了“襟怀超旷，与天无穷，虽极天下之大，不足以撄吾虑也”① 的感叹。于是，他神思泉涌，信手写就了一篇《登泰山记》，抒发了自己此次壮游的实地感受。文中写道：

> ……方余未至南天门时，级道陡耸，巍矗天半。仰晞岩隙，白云孤翱，历阶可升，不知所极。俯视则一线危磴，窈深莫测，目眩神骇，趑趄却顾。屏息释虑，鼓勇复前。俄登天门，道忽坦夷，异境顿辟，睹所未睹，方自幸向之不遽止也。乃趋岱顶，极目四眺，诸峰起伏环列，相背相倚，若拱若蹲，皆如培塿。汶水东来，蜿蜒似带；徂徕杰峙其上，高出群岫，其巅仿佛可及山半。而郡城踞原野，殆如方罫，遥睇穹碧，渺若无外，俯视云烟，瞬息变灭。然后知不登泰山之巅，不知众山之非高也。人之自立，何独不然。出埃壒之表，扫拘墟之见，斯万物不能为吾蔽，而物之殊形诡趣，莫遁于吾之所瞩。盖有形之高，不能常居；无形之高，不可斯须去也。②

① 《薛福成选集》，第28页。

② 《薛福成选集》，第28～29页。

中国文学史上，桐城派大师姚鼐写下的千古名篇《登泰山记》，曾令后人叹为观止，不敢贸然动笔再写泰山。可年轻的薛福成却不顾这位老前辈“专美于前”，凭借初生牛犊的勇气，毅然以同样题目写就一篇新作。在这篇新作里，他机智地采用避宽就紧的笔法，从“登”字上着意，既叙景，更抒情，发出了人应有自立、不断向上攀登的远大抱负，从而推陈出新，为中国文学史增添一篇同样脍炙人口的佳作。无怪薛氏的文章知音方存之曾对此文作出如下品评：“熟玩此文，于姚记之外，别有发挥，寄旨深远，一切浮辞，刊落殆尽。惟其简切，所以不磨。作文要诀，不过如是。”①

曾国藩主持的“剿捻”军务并不顺利。曾国藩虽然指挥各营湘军、彭玉麟和部分淮军东堵西围，但顽强的捻军在张宗禹和任柱、赖文光的率领下，兵分两路，在中原大地上东奔西突，摧毁了清军的层层防线，搅得曾国藩损兵折将，疾病缠身，毫无建树。曾国藩“剿捻”无功，引起了言路的弹劾，几位御史纷纷上疏，斥责曾国藩“督师日久无功，请量加谴责”。曾国藩自感愧疚，于同治五年十月，以“病难速痊”为辞，奏请朝廷另简钦差大臣接办军务，并自认“剿捻无效”，恳请朝廷将其“所得封爵暂行注销，以明自贬之义”。②十一月初六日，清廷命令江苏巡抚李鸿章为钦差大臣，专办剿捻事宜；曾国藩着回两江总督本任，筹办接济剿捻军饷。于是，薛福成跟随曾国藩，于同治六年(1867)三月初六日，回到了南京，继续在曾国藩幕府充当门生兼幕僚。这段军旅生涯虽然并不顺利，但对刚踏上社会不

① 《薛福成选集》，第29页。

② 《曾文正公年谱》，第158页。

久的薛福成来说，确实获益不少。通过曲折的戎幕生活，登泰山，拜孔庙，越运河，跨黄河，辗转中原数省，不但饱览了祖国大好河山，更了解到不少政俗民情，乃至军国大计。视野的开拓，阅历的增加，为他日后事业的发展、思想的日趋成熟，提供了营养。

人的思想，总会受到现实条件的制约。同治六年秋天，忽逢秋闱大比。薛福成这位“进学”已近十年的秀才，虽曾痛斥过科举制度的诸种弊端，但他毕竟是封建士大夫行列中的一员，向往着功名利禄，更深知科举制毕竟是当时步入政界的重要阶梯，当然不愿放弃三年一遇的中举机会。可是，经过“乡试”，薛福成只中了一名不能进京参加会试的“副贡生”。这次科场失意，“累试累摈于有司”的挫折，使薛福成深受刺激，彻底打消了沿着科举“正途”向上高升的幻想。就在这次秋试期间，他对一起参加“乡试”的同乡好友王莘钮陈述了自己对科举制的看法：“是时海内多故，余悯夫沉溺声病小楷之学者，迷不知返，辄举时务所宜施行者，以语人人，同坐者或引去，或桥舌愕眙，莘钮独倾听叹服，谓非笃于俗学者所及见也。”① 从此之后，薛福成便戴着“副贡生”这顶平生最高的功名头衔，“橐笔游戎幕”，继续沿着充当幕僚这条“他途”，摸索进取，实现其“匡时济世”的抱负。

当然，薛福成才识的增长，离不开“中兴名臣”曾国藩对他的栽培和影响。随着岁月的流逝，薛福成同曾国藩的师承关系愈来愈深，几乎朝夕相从。由于薛福成早年曾向迷恋围棋几乎“起居失时”的长兄薛福辰学得一手好棋，而曾国藩酷爱下围

① 《庸盦文编》卷四《诰授奉直大夫户部云南司主事王君墓志铭》。

棋，于是，每日清晨，曾国藩都要找薛福成与之对弈，相互切磋棋艺。这样，薛福成比之其他幕僚，与曾国藩又多了一层更加亲密的关系。在晚清官僚群中，曾国藩位居“中兴名臣”之首，不仅在政治上为挽救清王朝于农民起义烈焰之中立下了头功，而且在思想文化领域也以一代宗师自诩；治军临官，不废书史，毕生讲求程朱的“义理之学”，认为义理、词章、考据、经济“四者阙一不可”，强调以经世济民的手段治理国家，达到维护封建统治秩序和三纲五常的目的。当时，曾国藩颇有“知人之鉴”的声名。在他“督师开府”的二十年中，对社会上的各种文武干才，曾经“致力延揽，广包兼容”，力求发挥各人的才智，使曾国藩幕府成为一个藏龙卧虎之地，为晚清培养出一大批文臣武将。薛福成经过切身体验，将曾幕比之为“众流之汇”和“播种之区”①，并不算过分。

曾国藩在文化上竭力维护封建道统，但他强调“文章与世变相因”，将“经世致用”纳进了封建道统，从而在师承“桐城派”章法的同时，又冲破了“桐城派”的迂腐樊篱，建立了以曾氏为核心的“湘乡派”，在文学上取代了气息奄奄的“桐城派”的正统地位。而薛福成作为他得意的“门下晚学生”，也成了“湘乡派”的骨干成员之一，同名噪晚清的张裕钊、吴汝纶和黎庶昌一起，并称为“曾门四弟子”。

在曾氏戎幕中，“曾门四弟子”都以擅长治古文辞称名当世。武昌张裕钊以“思力精深”独步一时，桐城吴汝纶以“天资高隽”享誉后世，遵义黎庶昌则以“行文颇得坚强之气”② 而称

① 《庸盦文编》卷四《叙曾文正公幕府宾僚》。

② 《薛福成选集》，第510页。

名朝野。至于薛福成，曾国藩在刚晤面时便称许其“有论事才”，企望他“锲而不舍”，以便将来“可成一家言”。

曾国藩在公务之暇，“时时以文事奖勉僚属”，对这曾门四弟子尤其课教甚严，寄予厚望。薛福成日后曾对“恩师”的教诲作如下追记：

> 居常诲人以为将相者，天下公器，时来则为之，虽旋乾转坤之功，邂逅建树，无异浮云变幻于太虚，怒涛起灭于沧海，不宜婴以成心。文者，道德之钥，经济之舆也。自古文周孔孟之圣，周程张朱之贤，葛陆范马之才，鲜不借文以传。苟能探厥奥妙，足以自淑淑世，舍此则又何求？①

显而易见，曾国藩阐述的文章章法已摒弃了桐城派一味讲究“义法”，追求语言“雅洁”的内容贫乏而又空洞的传统，强调文章是“道德之钥，经济之舆”，并以历代圣贤为楷模，通过文章“探厥奥妙”，“自淑淑世”，达到留芳后世之目的。

薛福成对恩师的指点心领神会，奉为圭臬。他赞叹曾国藩亲笔书写的奏疏“实为六七百年来奏疏绝调”，并将其汇抄成册，当作范文，“私资揣摩”，时加览观，以便“服膺弗失者也”。② 曾国藩是个“自谓身心一日不能闲”③ 的人，治军阶段，不论公牍私函，往往亲自动笔，不以假人。晚年体弱多病，多令

① 《薛福成选集》，第510页。
② 《薛福成选集》，第512页。
③ 《曾文正公年谱》，第181页。

幕僚拟稿，本人再予以核改。即使如此，薛福成还时而为其捉刀代笔，现尚存五篇:《代曾侯相江南昭忠祠记》(同治四年)、《代曾侯相复丁封翁书》(同治十年)、《代曾侯相复彭大令书》(同治十年)、《代曾侯相忠孝录序》(同治十年)和《代曾侯相丹阳束氏族谱序》(同治十年)。前篇为薛福成初入幕之作，代曾国藩表彰湘军围攻金陵而战死的二万六千多名将吏士卒;后四篇为曾幕后期之作，系代曾国藩同友人探究学理与文体之作以及两篇宣扬忠孝节义的序文。其中表述了曾国藩主张对历代学理兼收并蓄，反对“分别汉宋，党同妬异，判若水火”的偏执，又表明了曾国藩鄙视历代“墓碑墓志”和“送行赠序”之类文体，斥之为“体至卑”的“谀颂之辞”，甚至讥弹桐城派大师姚鼐好为“赠序”之类文体，将其特立为文体之一个门类，乃“不免为俗所囿”①。这些识见，都有其独到之处，也反映了湘乡派的文章风格。

在投入曾幕的数年岁月中，薛福成以“门下晚学生”自居，忠实地追随并师事曾国藩，不但擅长“论事”的文章日趋成熟，而且在其他方面的知识与才能都得到了锻炼与提高。在南京曾幕度过两年后，薛福成又于1869年夏初因曾国藩调任直隶总督而随之抵达保定。在幕府内，曾国藩在经常和僚属晨夕晤谈文章学理的同时，还常常切磋经世要务乃至军国大计，“尝以兵事、饷事、吏事、文事四端，训勉僚属，实已囊括世务，无所不赅”。因此，即使像薛福成这般“专司文事”的幕僚兼门生，也能“克揽其全”，得到比较全面的锻炼。这类文职幕僚，一旦碰到机缘，“出而膺兵事、饷事、吏事之责者，罔不起为时栋，声绩

① 《庸盦文别集》卷五，页二〇一。

隆然”①。苍天不负有心人，随着彼此关系的日益紧密，薛福成也得到了曾国藩的提携，以劳绩被保举为“同知”，在“剿平西捻”后又叙功为“直隶州知州”，并赏加“知府衔”。此时的薛福成虽身为幕僚，但已成为可以身穿八蟒五爪袍褂的五品官员。

1869年夏初，薛福成北上保定，途经山东济南，还极其偶然地参与策划了一件震惊朝野的行动。由于薛氏兄弟随曾国藩当年驻扎济宁时，山东巡抚阎敬铭赶来向曾国藩“求士”，鉴于阎敬铭早年和薛湘是同年进士，私交不浅，于是曾国藩顺水推舟，推荐薛福保入参阎敬铭幕府。阎敬铭不久因病开缺后，又将薛福保推荐给继任山东巡抚的丁宝桢。薛福保就此成为丁宝桢“为掌笺奏以佐之”②的重要文案。这次途经济南，薛福成顺道探望四弟，乘便拜谒四弟座主丁宝桢。岂料这次拜见却引发了一段公案。

清帝咸丰于1861年病死热河行宫后，年仅六岁的同治帝继承了皇位，并由东宫皇太后慈安和同治帝生母——西宫皇太后慈禧共同“垂帘听政”，处理朝政。慈安太后为人谦和忠厚，对慈禧太后也非常尊重，遇事礼让。可慈禧太后为人“机警”，颇有政治野心。为了实现自己的擅权野心，首先在贴身太监中物色心腹，为其奔走。这时，正巧有个小太监安得海被安排在慈禧身旁，侍候起居。此人生得乖巧伶俐，对慈禧百般巴结，很快博得慈禧欢心，被昵称为“小安子”，引为心腹。不久，安得海被慈禧赏赐为“六品蓝翎”的宦官。由于慈禧对他的宠

① 《庸盦文编》卷四《叙曾文正公幕府宾僚》。

② 《薛福成选集》，第280页。

爱和放纵，安得海也就狐假虎威，日益作威作福，进而肆无忌惮地纳贿专权，干预政事。凡是想从慈禧手中讨得一点好处的，都得走安得海的门路，没有他从中穿针引线，即使官职再大，也无济于事。有一次，恭亲王奕䜣来找慈禧太后议论政事，由于事先未同安得海打好招呼，结果这位权倾朝野的六王爷在慈禧面前竟碰了个软钉子。于是，朝野上下对安得海更是刮目相看。有些寡廉鲜耻的士大夫，甚至拜倒在安得海的门下，奉献财货，打躬作揖。安得海的为非作歹，引起日渐懂事的同治帝的忿恨。有一天，同治从旁人口中得知安得海"干预政事，纳贿招权"的劣迹，悄悄禀告慈安太后，请求予以制裁。慈安太后对这些情况虽有风闻，但她过于宽厚软弱，碍于宫廷体面以及慈禧的关系，反而规劝同治帝暂勿声张。同治八年(1869)春夏之交，正巧慈禧打算指派安得海赴广东采办"龙衣"。按清朝惯例，太监是不准跨出都门的。慈禧欺同治帝年幼无知，特地来找同治帝商量，同治也就佯为赞成。慈禧一走，他立刻将此事悄悄禀告慈安，说："安得海必出都门，出都门一步即可斩！"并征询委派谁去完成这一棘手任务。慈安太后虽对此举后果仍然忧心忡忡，但也对慈禧如此放纵安得海胡为十分反感，回答说："汝欲求有肝胆之人，唯山东巡抚丁宝桢尚可恃。"于是，同治帝请求慈安太后密令丁宝桢，俟机诛除权阉安得海。

山东巡抚丁宝桢是个阅历较深的老练官僚，虽对朝廷忠心耿耿，但接到慈安太后的密令却左右犯难。在他看来，太监安得海怙权作恶，扰乱朝政，劣迹昭彰，理应处治，不能辜负慈安太后对自己的信赖与厚望；但他又深知慈禧太后是个冒犯不得的人物，倘若万一弄巧成拙，后果不堪设想。为此，丁宝桢进退维谷，寝馈难安。

就在这个当口，他的心腹幕僚薛福保陪同其兄长薛福成前来拜谒。丁宝桢早就风闻薛福成是曾国藩手下的干才，经过数天畅谈，更对薛福成才智与为人有了深切的了解。有一天，丁宝桢便对薛氏兄弟叹息说：“方今两宫垂帘，朝政清明，内外大臣，各职其职，中兴之隆，轶唐迈宋。惟太监安得海稍稍用事，往岁恭亲王去议政权，颇为所中。近日士大夫渐有凑其门者，当奈何？”① 停顿片刻，又说道：“吾闻安得海将往广东，必过山东境，过则执而杀之，以其罪奏闻，何如？”② 薛福成兄弟听到丁宝桢推心置腹地向他们道出了内心隐秘，异常感动。他们也对慈禧太后放纵权阉的举动十分反感，便一起为之谋划说：“审如是，不世之业也！其难如平一剧寇，功尤高，然布置欲豫，审机欲密、欲断，否则不惟贾祸，亦恐转益其焰而贻天下患。”③ 薛氏兄弟从关心国家盛衰出发，自然十分支持丁宝桢为朝廷除害，认为这是“不世之业”，但他们又为丁宝桢设计了一个周密的除奸计划：措施要周密，必须看准时机，下手更要果断，当断不断，反受其乱。

丁宝桢听了薛氏兄弟的一番建策后，信心陡增，决心按此计策行事。几天之后，密令德州知州赵新：严密注意安得海行踪，“如见其有不法情事，可一面擒捕，一面禀闻”④。

同治八年七月，安得海果然带领大批随从，乘坐两艘“太

① 《薛福成选集》，第128页。
② 《薛福成选集》，第128页。
③ 《薛福成选集》，第128页。
④ 《庸盦笔记》卷三《太监安得海伏法》。

平船”，船上高悬龙凤大旗，沿运河南下，浩浩荡荡来到山东境内。赵新的“眼线”打探到，七月二十一日正逢安得海生辰，为了庆祝，安得海竟然在船上“中设龙衣，男女罗拜”，简直不可一世。赵新将安行踪用“夹单”密禀丁宝桢。丁宝桢立刻将安得海的种种不法情事向朝廷奏报，声称太监安得海“在外招摇煽惑”，并说自己“已饬东昌、济宁各府州县，跟踪追捕”，以此试探朝廷的态度。

这时，负责处理朝政的慈禧太后首先看到了丁宝桢的奏折，虽然既震惊又恼怒，但碍于安得海是自家贴身太监又不便发作，只得将奏折转给慈安太后批阅。慈安太后机智地召集恭亲王、军机大臣及内务府大臣，共商此事的处理办法。王大臣们见慈安出面干预，一致叩头表示：“祖制：太监不得出都门，擅出者死无赦。请令就地诛之。”①慈安见王大臣们众口一词，皆曰当斩，立刻断然下令草拟谕旨，将安得海“就地正法，以符祖制”②。

慈禧不愧是个工于心计的人物，她虽然不敢公开违抗“祖制”，却利用签发谕旨的特权，命令将此谕旨“留中”，即暂不下发，以便日后再设法转圜。岂料，偏偏又跳出个醇郡王奕譞（即慈禧妹婿），出来“复诤之”，呼吁将此旨颁发。

这样，丁宝桢终于盼来了朝廷谕旨：“……该太监私自擅出，并有种种不法情事，若不从严惩办，何以肃宫禁而儆效尤？著山东、江苏、直隶各督抚迅派干员，于所属地方，将六品蓝翎安姓太监严密查拿，令随从人等指证确实，毋庸审讯，即行就

① 《薛福成选集》，第129页。

② 《清朝野史大观·清宫遗闻》卷一《安得海》。

地正法，不准任其狡饰。倘有疏纵，惟该督抚是问。”①

其实，丁宝桢在谕旨未到之前，已命令总兵王正起在泰安境内堵住安得海，并将安“请”到了济南，予以软禁。如今接到了谕旨这柄“尚方宝剑”，丁宝桢便于八月七日夜间，下令将权阉安得海斩首于济南，陈尸街头示众，还派人将“太平船”上查抄来的大批金银财宝，送交内务府。

丁宝桢智斩权阉之举，赢得朝野的交口称赞，诚如薛福成所言：“天下皆服丁公之胆，而颂太后之明。”② 据说，李鸿章在邸报上看到这条消息后，矍然而起，口呼丁宝桢的字大叫：“稚璜成名矣！”曾国藩也高兴地对薛福成说：“吾目疾已数月，闻是事，积翳为之一开。稚璜，豪杰士也！”③ 慈禧对此事当然悲愤交加，她直觉地认为这是慈安太后和丁宝桢存心同她过不去，可她怎么也未想到，还有薛福成及其兄弟在背后为丁宝桢出谋划策，薛福成并在十多年后还将此事的详细经过写成《书太监安得海伏法事》和《太监安得海伏法》两篇文字，公诸于世，并扬言：“以俟后世之安天下国家者取则焉。”这就告诫人们：警惕权阉干政乱国。

三、探求“御变之道”

追随曾国藩长达八年的幕僚生涯，开拓了薛福成的视野，增长了识见。尤其是清廷视之为“心腹之患”的太平天国革命

---

① 《庸盦笔记》卷三，《太监安得海伏法》。

② 《庸盦笔记》卷二，《慈安皇太后圣德》。

③ 《薛福成选集》，第129页。

和捻军起义被先后镇压之后，西方列强加强了对中国的侵略和渗透，更促使薛福成密切注视外患频仍所造成的种种社会危机，积极筹划“御变之道”。

同治六年(1867)，鸦片祸水的泛滥引起朝野的争论，但意见颇为分歧。有的主张“不必禁”，有的虽主张禁鸦片，但具体方法也不尽相同，比如左宗棠、阎敬铭等大吏则提出禁止在中国本土种植罂粟的建议。薛福成对上述意见却不以为然。他在《答友人论禁洋烟书》中，首先对这位友人主张鸦片“既成风俗，亦自不必禁”的观点表示十分惊讶，他明确指出：“五十年来，洋人布此鸩毒于中国，杀人之身，复杀人之心，其害过于洪水猛兽远甚”[①]；“不知此事不禁，则养痈蓄蠹，生事之端，将有不胜言者”[②]。在痛切控诉鸦片祸害无穷的同时，薛福成进而指出鸦片之所以在中国如水之源源东向而无穷期，“此其故由于上不之禁。上不之禁，则民不以为诟病，而转视为适俗怡情之具。不及百年，势将胥天下而入之矣。”[③]将导致鸦片泛滥的祸根直指“上”，关键在于上层统治集团，并提出长此以往将导致“胥天下”的结局，充分显现出薛福成的胆与识。那么，如何禁绝鸦片呢？薛福成认为，“不必先与洋人校，而当自中国始。”就是说，首先从自己国内抓起，当务之急，“在上者，宜饬州县严禁民不得种罂粟”；“而治其源者，尤在绝人之嗜。嗜之无人，彼之烟自无所售，而种者益寡，即来者亦寡矣”[④]。为此，他提

① 《薛福成选集》，第30～31页。

② 《薛福成选集》，第30页。

③ 《薛福成选集》，第31页。

④ 《薛福成选集》，第31页。

出首先在“荣富之区与秀良之士”中采取严厉措施禁止吸食鸦片。应该承认，薛福成对鸦片泛滥的危害及其根源乃至禁烟措施的认识，比之数年之前，有了更深一层的认识，其识见，也比当时一般人的认识高出了一筹。

同治八年(1869)，目睹全国各地教案不断发生而地方官吏对此束手无策往往袒教抑民的现象，薛福成对此关切备至，草就一份《上李伯相论西人传教书》，呈递给对自己颇为赏识且正在负责处理洋务的李鸿章，陈述自己对这一社会问题的看法。他在上书中提出，在西方列强的武力要挟下，朝廷所以允许西人传教，乃是“与时变通，以释近患，非得已也，势也”；而十几年来，面对层出不穷的教案，朝廷所以“含诟捐忿，弥缝瑕衅，非得已也，亦势也”。[①] 他认为，教案的发生，关键在于外国教堂招诱愚民入教，致使许多“变天性、背人伦”的不逞之徒将教堂“倚为藏身之窟”，百般欺压平民百姓，而外国教士又“惟其徒是庇”；善良百姓“受教民之虐而无所诉”，“忮气积愤，强与之抗”，[②] 从而酿成了“仇杀教民兼及教士”[③] 的教案。如何处理教案？薛福成也清醒地看到，在现实条件下中国官府处于“进退交疐”的境地：“斯时欲右民而抑教，则洋人持约而责其后，恐因此召兵而误大局，且启内民玩法之渐。其或扶教而惩民，则民谁不气沮心慑，以从洋人之教，是驱吾民以归敌也。”[④] 倘若清朝官员“委曲经营”，“不得不调停客主之间，为

① 《薛福成选集》，第 42 页。

② 《薛福成选集》，第 42 页。

③ 《薛福成选集》，第 43 页。

④ 《薛福成选集》，第 43 页。

之治其狱，偿其室"，只能导致"各省攻教之狱，复纷然起矣"的结局。为此，薛福成发出了"中国之衅，何时而弭"的慨叹。但他更清醒地认识到，教案的层出不穷，对中国并非全是坏事，"犹中国之幸也"，因为它证明中国平民百姓"未尽变于夷也"。① 他担心的是数十年后，这一局面不加改变，"彼洋人敛中国之财，啖中国之民，即率中国之民，启中国之变"②，这一后果，即使圣人也无可奈何。为了防微杜渐，扭转这日益恶化的局面，薛福成提出了标本兼治的主张："为今之计宜如何？曰：尼洋人之传教，则变速而祸小；徇之畏之，则变迟而祸大；与其坐而待莫大之变，何如先事而制其小变。"③ 如何达到"坚拒洋人之传教"呢？薛福成又勇敢地提出积极备战与列强抗衡的主张："今内寇将略平矣，诚令豫讲战守，广储人才，察诸国之可与者，厚约结之，以携其交而披其党。一旦有事，则闭关绝市，扼其牟利之源，然后确持定谋，据险逆击，未睹洋人之必得志也。夫苟操是数者，则洋人虽欲为变，固不足为中国病，且适以自速其病。夫苟操是数者，则洋人一有桀谛，暴其罪状而击之可也。否则重与之议约，许其通商而罢其传教可也；否则严立条约，俾吾有司得致法于教民可也。不然，则坐受其困矣。"④ 这些主见，充分反映出薛福成在教案问题上改变了原先不敢触动中外约章的保守观点，大胆提出了更改不平等条约，甚至不惜发动民族自卫战争以维护中国民族主权的主张。

---

① 《薛福成选集》，第 43 页。

② 《薛福成选集》，第 43 页。

③ 《薛福成选集》，第 43 页。

④ 《薛福成选集》，第 44 页。

它说明十九世纪六十年代末,当威胁大清王朝生存的主要危险由“内忧”变为“外患”后,薛福成已将注意力集中到如何抵御外侮这一时代的主导面上来,并将其视为后半生所竭力追求的课题。

同治十一年（1872）春，曾国藩、李鸿章根据发展洋务建设的需要,奏请朝廷委派刑部主事陈兰彬率领数十名幼童,赴美国“究习西学”。陈兰彬也曾是曾国藩幕府的宾僚之一,薛福成与之过从甚密，将陈视为“硕德”一类的师辈人物，如今史无前例地率领中国第一批留学生远涉重洋，不能不使薛福成为之高兴，特作《赠陈主事序》一文，以表惜别赠言。这是薛福成萌发变法思想、呼吁向西方学习的早期代表作。他开宗明义地指出：“天地之变，递出而不穷者也。有大智者烛幽阐微，与时推移，以御厥变，则天下被其休。否则瞢无适从，敝敝焉执故常之见，以与世变相遌，而变乃环起而不可止。”[1] 这就是说，天地处于无穷无尽的变化之中，聪明的人只有认识、顺应这一变化趋势，想方设法予以疏导，才能造福于人类，如果一味墨守成规，违抗历史潮流，只能使事态变得更加不可收拾。接着，他进而根据“势之所至，变且随之”的规律，指出西方列强“竞智争雄，器数之学，日新月异”，在取得科技进步之后，进而“恃其猋锐，逴数万里，瞰我中国”，“得势益逞，征求无厌”，迫使中国“议立约章，岁益加增。濒海之冲，设关互市，通都下邑，广传彼教”。[2] 如何看待西方列强“牵率以至”的历史现象？薛福成明智地指

① 《薛福成选集》,第45页。

② 以上引文见《薛福成选集》,第45页。

出："此殆天地自然之势，虽天地不能自为主也。变之骤至，圣人所不能防也。"① 这就是说，具有"制御水火，驱驾风电"本领的西方列强，"乘时逐利"东侵中国，同样是"天地自然之势"，不以人的主观意志为转移的必然趋势。那么，堂堂中国是否就此忍气吞声地听任"征求无厌"的西方列强恣意宰割呢？薛福成以为："中国之变已亟矣，为政者将谋善其后，则不可无御变之道。"② 他既反对那些遵循"春秋攘夷之说"的封建士大夫以为闭关自守便可拒洋人于国门之外的臆想，更反对那些夜郎自大、讳疾忌医者，明确提出："夫变已深而抗之过激以偾事者，躁也；坐视而不豫为之谋者，玩也；欲求御变之道，而不务知彼知己者，瞽也。"③ 接着，他分析了中西的短长，认为西方列强的长处在于"炮械之精，轮舰之捷"，而中国之长处则在"秉礼守义，三纲五常"。据此，他提出了如下"御变之道"："为今之计，莫若勤修政教，而辅之以自强之术。其要在夺彼所长，益吾之短，并审彼所短，用吾之长。中国之变，庶几稍有瘳乎。"④ 他将纲常礼教视为中国的长处，而西方所长也仅仅局限于坚船利炮，并未超出曾国藩、李鸿章等人的洋务观点，"夺彼所长，益吾之短"的主张也未超出魏源、林则徐等前辈"师夷之长技以制夷"的观点。但在倡导中国近代化前奏的洋务建设招致封建士大夫激烈反对的十九世纪七十年代初，薛福成积极主张学习西方的长处，竭力

① 《薛福成选集》，第 46 页。

② 《薛福成选集》，第 46 页。

③ 《薛福成选集》，第 46 页。

④ 《薛福成选集》，第 46 页。

拥护派遣留学生赴美国学习，仍有其积极的现实意义。当然，他在对留学生“究习西学”怀抱极大期待的同时，又劝诫陈兰彬对这些年青学童严加管束，“逆睹其弊而善为防闲”①。因为在薛福成当时的心目中，“童子志识未定，去中国礼义之乡，远适海外饕利朋淫腥膻之地，岁月渐渍，将与俱化。归而挟其所有以夸耀中国，则弊博而用鲜。”② 这是一百多年前首次提出的提防年青学子“全盘西化”的告诫，可谓老人心肠，但这批留学生学成归国后的建树，恰恰说明薛福成的告诫未免过于多虑。即便如此，但薛福成对陈兰彬一行出国提出“务毕究洋人之所长，更善察洋人之所短可也”③ 的希望，在命题上是辩证的。西方国家未必一切都好，既有所长，也有所短，不应盲目迷信，但它们到底“长”在哪里，“短”在何处？都是包括薛福成在内中华民族爱国志士有待于反复探究的时代课题。

四、笔耕苏州

同治十一年二月初四(1872 年 3 月 12 日)，曾国藩病故于南京两江总督衙署，随侍左右的薛福成也即将结束他在曾国藩幕府的政治生涯。他怀着极其沉痛的心情，协助曾国藩长子曾纪泽办理这位“中兴第一功臣”的隆重丧礼。

这时，直隶总督李鸿章因早年同曾国藩有过师生之谊，受到曾的器重与特荐，为了报答识拔之恩，特地致信薛福成，恳

① 《薛福成选集》，第 46～47 页。
② 《薛福成选集》，第 46 页。
③ 《薛福成选集》，第 47 页。

请代他草拟一份表彰曾国藩“忠勋事实”[1] 的奏稿以便上奏朝廷。于是，薛福成接受李鸿章的书面约请，为李捉刀代笔，起草了《代李伯相拟陈督臣忠勋事实疏》。在疏稿中，薛福成以洗炼的文笔，翔实扼要地阐述了曾国藩毕生的“生平战功政绩”及其“知人之鉴”和“自强之道”，委婉地陈述了曾国藩“前后所历困苦艰难之境，隐微曲折之情，与其夙昔志行之所在”[2]，并将曾国藩喻之为高出汉臣诸葛亮、唐臣陆贽、宋臣司马光的“超轶古今”的一代伟人，恭请朝廷将曾国藩的“忠勋卓越”事迹，“宣付史馆”以为“后世人臣之法”。由于这份疏稿在路途上辗转稽延了两个多月，而署两江总督何璟、湖广总督李瀚章和安徽巡抚英翰早已抢先将曾国藩的业绩具疏上奏，李鸿章怕担“烦渎”之名，未将此疏稿上呈，只得惋惜地表示：“此等大文，其光气终自不磨灭也。”[3]

当年六月二十四日，薛福成在南京下关外的江边码头上挥泪送走了恩师曾国藩的灵柩，顿感怅然若失。这种“怅然若失”的情怀，既包含对政治靠山曾国藩的眷恋，更包含对自己前途的担忧。这时的薛福成，虽以酣畅典雅的文笔和洞达干练的才识见称于曾幕，对他颇为赏识的山东巡抚丁宝桢虽在数月之前曾向朝廷密保，称赞薛福成“纯粹果确，志趣超迈，在知府中极为杰出”，呈请朝廷将其简任山东巡海道府要缺，“必能不负任使”。[4] 然而，薛福成这时毕竟仅仅是曾国藩幕府中一

---

① 《李文忠公全集·朋僚函稿》卷一二《致钱子密吏部薛叔耘副贡》。

② 《薛福成选集》，第48页。

③ 《薛福成选集》，第54页。

④ 《丁文诚公奏稿》卷八《密保京外各员片》。

名没有实缺的五品候补同知，在“人才非资格不进”的晚清社会中，仍然是一个不引人注目的“微官”而已，丁宝桢的保荐并未引起朝廷的多少重视。于是，薛福成只能怀着一股“报国无门”的失落感，离开两江总督衙署，另谋出路。

此时此际，如何去实现“匡时济世”的抱负呢？薛福成暂时选择了自己擅长的笔耕生涯。离开南京后，他来到“书肆之盛，比于京师”① 的苏州，在苏州书局谋得一职务，从事编辑和写作。供职之余，他十分关注江南地区民众生计，思考着社会的种种问题，写下了不少值得注意的作品。

他继续针砭时弊，于同治十二年（1873）写就《选举论下》，进一步斥责八股取士制度的流弊，指出那些“连掇科第”，位居“清要之选”者，已不是全凭“制艺”，而是以“小楷与试帖”为准绳，进而公开以晚清沿着科举道路爬上高位的几位腐败无能大官僚为反面教员，痛心地说：“不此之务，而尚詹詹之小技，近世如陆建瀛、叶名琛、何桂清等．皆专精小楷试帖者也，一出而殃民辱国，为世大僇，岂不哀哉！”② 据此，他再次发出呼吁：“为今之计，宜变更一切成法”，③ 改革那种“隳人志气，锢人聪明”的八股取士制度，“保荐贤才”，识拔“真才”。

他仍继续关心民瘼，又于当年写就名曰《治河》的政论文，本着“两害相形，取其轻者”的原则，对如何治理黄河水患的问题提出建策，批驳了当时有人“但见河之为患于北．颇欲徙河

① 叶德辉：《吴门书坊之盛衰》。

② 《薛福成选集》，第7页。

③ 《薛福成选集》，第8页。

使南”的荒唐主张，警告说：“今如挽河使南，其故道既不能受，势必挟淮水由运河南入于江。数百年后，江之下流，自金山、焦山以下，亦当淤为平地。江淮河济四渎尽亡，而中国必有洪水之患，虽神禹复生，不能治矣。”① 为此，他提出数省协助，在北方数省“因其自然”，就地解决黄河水患的既减省又稳妥的办法。

他还凭借渊博的学识，本着“务求戛戛独造，不拾前人牙慧”② 的原则，于同治十二年写下诸如《海瑞论》、《叶向高论》和多篇读《汉书》札记等史论文章，借古喻今，曲折地针砭时弊，希图“挽回世道人心”。比如，在《海瑞论》中，他称赞“刚气劲节”的海瑞“以鲠直事君，以果敢任事”，更对海瑞“遇非其主，忠谏获罪，始终不挠，孑立孤行，无所依附”③ 的境遇，洒下了同情的泪水；在《叶向高论》中，他称赞明朝末叶“忠清练达”的阁臣叶向高，坦诚地向明神宗陈述了“天下危乱之道”，呼吁“奋然振作”，“可谓切中时弊之言”，然而，明神宗“知其忠爱而不能用”，终于导致“明事遂不可为”的悲惨结局。据此，薛福成发出了“人才既敝，祸败随之”④ 的警世名句。

同一年，他还本着“诛奸谀于既死，发潜德之幽光”⑤ 的初衷，别具一格地撰写出诸如《狐仙谈历代丽人》、《汉宫老婢》、《山东某生梦游地狱》、《江南某生神游兜率天宫》等多篇笔记小品，文中巧妙地通过鬼狐之口，惩恶扬善，阐发自己的是非

① 《薛福成选集》，第 64 页。
② 《庸盦笔记·凡例》。
③ 《薛福成选集》，第 57 页。
④ 《薛福成选集》，第 55 页。
⑤ 《庸盦笔记·凡例》。

标准。这些“随时涉笔”而成的笔记小品，曾被结集成《庸盦笔记》公诸于世，其中不乏脍炙人口的佳作。比如，在《狐仙谈历代丽人》一文中，他通过一位狐仙之口，对历朝历代美妇的容德作出评判。其中，既称赞汉代孝惠张皇后“容德兼美”，堪称“出类拔萃”，还一反偏见，大胆肯定了王昭君的历史功绩，指出：“夫昭君遭遇非时，陷身匈奴，世人多惋惜之，不知其寝两国之兵，厥功甚大。”① 他还指斥了元微之的行为不端，为崔莺莺辩诬：“崔莺莺许字郑恒，从一而终，元微之谋娶莺莺而不可得，乃作《会真记》以诬之，亦见微之心术之不端。”② 就是这篇脍炙人口的笔记小品，曾被薛福成的友人携寄上海申报馆，刊刻在该报出版的《瀛环琐记》中，广为传布，饮誉一时。

---

① 《庸盦笔记》，第182页。

② 《庸盦笔记》，第182页。

第三章 “应诏陈言”名震朝野

报国无门的处境，对年富力强的有志者来说，可谓莫大的悲哀。薛福成在曾国藩的幕府中经受了整整七年的锻炼，增长了见识，开拓了视野，也积累了丰富的从政经验。一旦离开曾幕，蜗居苏州埋首于编书，对怀抱“匡时济世”的薛福成来说，心境总是难以平复。何况，时局的日益恶化，使他对晚清的内政外交萌发出许多更为成熟的见解和建策。为此，他多么想寻找一个恰当的时机，直接向朝廷敞开心扉，一吐为快。说来也巧，1875 年，薛福成终于又极其偶然地觅到了一个“匡时济世”的天赐良机，得以向朝廷呈述其挽救时弊、变通陈法的思想，并且获得了巨大的成功。

一、借机挥笔抒胸臆

十九世纪七十年代的中华神州，可谓疮痍满目，内外交困。在边陲之地，沙俄在攫夺了我国黑龙江以北、乌苏里江以东的大片领土后，又在西面侵占我新疆伊犁之地，更虎视眈眈地窥视我北方边境线；法国侵略者正疯狂地吞并越南，于1874年春通过《法越媾和同盟条约》，使越南沦为法国的保护国，进而觊觎我国西南边疆；英国于1875年初以“马嘉理事件”为口实，对中国大肆要挟；东邻岛国日本，虽然崛起才几个寒暑，也居然野心勃勃地于1874年出兵侵犯台湾，并索得五十万两白银的“补偿”，还企图侵占朝鲜。至于国内，清政府在镇压了太平天国和捻军的反抗浪潮后，并未带来一丝光明，天灾人祸，层出不穷，亿万黎民百姓生活更加困苦不堪。这一切，使薛福成更加寝馈难安。他身在苏州，心忧天下。回想多年以来，自己为了实现“匡时济世”的宏愿，悉心考察国计民生，“渊渊夜思”，孜孜不倦地度过了多少个春秋；为了探求历朝兴废盛衰的原因，也曾熬过了无数个不眠之夜。而今，他目睹国难的日益加深，尤其是外国侵略者对中华大地得寸进尺的蚕食侵吞，终于从心底里发出呐喊：“乌乎！中国不图自强，何以善其后。”① 他再也不能屏声静气地蜗居苏州过安逸的笔耕生涯了。

历史又给“鳃鳃过虑”国家前途的薛福成提供了一次难得

① 《薛福成选集》，第93页。

的机遇。1875年初，同治皇帝载淳病故，年方四岁的载湉被他的大姨妈慈禧太后扶上了龙座，建元光绪，史称光绪皇帝。按清廷礼仪，新皇帝接位，文武百官理应分批朝见致贺。薛福成虽无实际职位，但终究顶着五品文职官员的虚衔，光绪元年又恰逢赴吏部引见之时，薛福成当然不会放过这次直接朝见圣上的大好时机。于是，他赶忙由苏州启程，希冀到京城谋求新的出路。

北上途中，他打算中途先在山东济南逗留数日，一则向山东巡抚丁宝桢当面致谢，感谢他对自己的赏识和保荐之恩；二则和家人团聚。因为这时，不但四弟福保仍在丁宝桢抚衙供职，而且大哥薛福辰因治理黄河有功绩，正好被朝廷擢升为山东济东泰武临道，并把老母顾氏从江苏老家接到山东官舍奉养。在这远离故乡的黄河之滨，阔别多年的母子相逢，手足促膝抒怀，也实在难得。

薛福成抵达济南的第三天，当他在丁宝桢抚衙内信手翻阅近期邸报时，忽然看到有份邸报上刊载着同治十三年十二月十九日(1875年1月26日)由两宫皇太后颁发的一道"懿旨"，其中写道："方今皇帝绍承大统，尚在冲龄，时事艰难，不得已而有垂帘之举，万几综理，宵旰不遑。因思人之聪明智虑有所未周，必兼听并观以通上下之情，措施方期悉当。矧当民生多蹙，各省水旱频仍，允宜博采谠言，用资治理。内外大小臣工，均当竭诚抒悃，共济时艰。用特谕知中外臣工九卿科道有言事之责者，于用人行政一切事宜，皆当据实直陈，务期各抒所见，与时事有裨而又实能见诸施行者，详细敷奏，不得徒托空言。……"①既然朝廷决心"博采谠言，用资治理"，号召内外

① 《光绪朝东华录》同治十三年十二月(总第8~9页)。

大小臣工“各抒所见”，“据实直陈”，自己何不抓住这一时机，“竭诚抒悃，共济时艰”？于是，思想锐敏的薛福成，果断地抓住这一天赐良机，来个“应诏陈言”。他挥笔疾书，把近几年在脑海中深思熟虑过的各项整顿内政、改革时弊的种种设想，整理成《治平六策》——“养贤才”、“肃吏治”、“恤民隐”、“筹漕运”、“练军实”、“裕财用”；同时，又将自己多年来关于讲求洋务、筹划自强之道的心得，草拟成“择交宜审”、“储才宜豫”、“制器宜精”、“造船宜讲”、“商情宜恤”、“茶政宜理”、“开矿宜筹”、“水师宜练”、“铁甲船宜购”和“条约诸书宜颁发州县”等十条建议，一气呵成，冠之以题曰《海防密议十条》。

由《治平六策》和《海防密议十条》两方面内容构成的《应诏陈言疏》，一鼓作气地写成了，可薛福成毕竟是名五品文官，还没有资格直接向朝廷呈递奏疏。他踌躇再三，决定将这份奏疏上呈对薛氏兄弟颇有知遇之恩的山东巡抚丁宝桢，企盼能得到丁抚台的首肯与支持。丁宝桢是位注意讲求时务且以“政尚威猛”① 称名晚清的开明官吏，当他见到薛福成这份“洋洋洒洒，浩浩落落，有千岩万壑之观，有清庙明堂之概”的万言书时，不禁为之击节叫好，火速代为转呈朝廷。

朝廷于光绪元年四月十八日（1875 年 5 月 22 日）收到这份《应诏陈言疏》后，执掌朝政的两宫皇太后十分重视，立刻批示：“寻交军机大臣发各衙门议奏”②。就是说，敦促朝廷各个部门对《应诏陈言疏》进行一番议论。

① 《清史稿》，第 12511 页。

② 《光绪朝东华录》光绪元年四月（总第 70 页）。

二、言人之所不敢言

薛福成这份《应诏陈言疏》为何引起朝廷如此重视？因为在这份万言疏中，薛福成对清政府内政外交两大侧面存在的问题予以精辟入里的剖析，提出了不少很有见地的解决办法。而这些问题，正是同光之交的清廷统治者所面临的既棘手而又回避不了的难题。尤其是薛福成敢于以"激烈迫切"的文字锋芒，将批评的矛头直指时人不敢触及的朝廷积弊，更使当轴者"惊为异事"。诚如时人朱亮生评析此疏时所说："若京员因谋食不遑，未能讲求治道，及科目求速化，置经史于不问，尤能言人之所不敢言。"①

在这份万言疏中，《治平六策》的主要内容系整治内政。由"养贤才"、"肃吏治"、"恤民隐"、"筹漕运"、"练军实"和"裕财用"所构成的六条建策，虽则薛福成近几年来已经再三陈述过，但不同于以往的是，这次是直接向朝廷郑重呼吁，而且又增加了不少更加切合当时社会现实的新内容和新见解。比如，在"养贤才"建策中，薛福成虽然继续坚持其"世运"之"隆替"取决于"人才之消长"的人才观点，但他在培养人才的方法上，提出了一些新的建议："盖重京秩，则贤才奋于内矣；设幕职，则贤才练于外矣；开特科，则举世贤才无遗逸之虞矣。"② 其中，"重京秩"系指对京官进行高薪养廉。由于清朝承袭明朝重外轻内的薪俸政策，"外官有养廉，而京员无养廉"，"京员俸

① 《薛福成选集》，第83页。

② 《薛福成选集》，第67～68页。

薄，不逮汉唐十分之一”，① 从而导致京官“恒以困于资斧”，不安于位，纷纷“盼慕外放”，到地方上去谋个肥缺。清代民间有句民谚：“三年清知府，十万雪花银。”意谓即使较为清廉的五品地方官，三年任内尚有十万两白银的收入。这对于无条件直接向百姓搜刮的京官而言，确实是个极大的诱惑。至于那些“困于资斧”的京官如何内外勾结、贪赃纳贿的不廉洁行为，薛福成在此就不便也不敢细说了。为改变这种内外悬殊的状况，使京官勤于职守，薛福成提出了“普加京员养廉”的建议，主张提取地方“所节饷需”，“以备京员养廉之用”。晚清的京官是否像薛福成所说已到了“衣食不赡，竭蹶经营”② 的穷困地步，颇值得怀疑；享受“养廉”金的封建官员，是否能恪守廉洁奉公，更是个极大的问号。但薛福成提出的京官收入远不及地方官，“人情益重外轻内”的现象是符合事实的。就此提出高薪养廉的建议，至少可以平息京官内心的不平衡，敦促他们安于职守，为朝廷效力。至于“设幕职”，系建议朝廷“准令各督抚奏辟幕僚”，“如有才守出群者，许即专疏保荐。视其本职，计资论俸，一体升转，无职者量加录用”。③ 薛福成认为这是造就贤才的一条重要渠道。确实，晚清名臣如林则徐、李鸿章、左宗棠等人早年皆有过一段“托迹幕僚”的经历，这段经历使他们“洞悉中外利病，故能卓著忠勋”。④ 这一建议虽然难免夹杂着薛福成寄人篱下当幕僚所积累的牢骚，但对打破封建王朝八股取

① 《薛福成选集》，第 66 页。

② 《薛福成选集》，第 66 页。

③ 《薛福成选集》，第 67 页。

④ 《薛福成选集》，第 67 页。

士的任官制度，注意在从政实践中识拔有实际经验的能员干吏，多渠道鼓励和发掘“闳骏之士”，无疑是一帖良方。

又比如，在《筹漕运》建策中，薛福成剖析了元、明以来漕运变化及其利弊，明确提出了“河运不如海运，海运不如商运”①的论断，为发展民营运输业大声疾呼。他认为，清代委派大量旗丁将漕粮由东南沿运河运至京师，其始法非不善，但时间一久，弊端百出：旗丁不能运，募水手以运，从而出现“积耗多而游手繁，旗丁诛求于州县，州县暴敛于平民”的现象，上下交征，使百姓们负担“往往三四倍于正赋”②；河运费用浩繁，层层盘剥，浮费大增，嘉庆年间便出现南漕北运每石米需费十八两白银的记录，国家支漕四百万石之米，上下浮费竟高达七千余万两之巨！同治年间，开始改用海运，既便捷，又减省了不少浮费。但有人却提出“规复河运”的建议，对此，薛福成斥之曰：“苟非狃于故见，则必有所利于其中者也。启中饱而便私图，孰甚于是”③。可谓一语中的，入木三分。在倡导“河运不如海运”的同时，薛福成还进一步提出，漕米运到京师是当作发给八旗兵丁口粮与官俸用的，而八旗兵丁不惯米食，往往领米易钱，每石合银一两有奇；而官员领到漕米，则卖给米铺或糖坊换银钱使用。据此，薛福成叹息说：“盖涉途远则侵蠹必多，经时久则折耗自易。以漕运无穷之劳费，而每石仅获一金之用，亦可慨矣。”④ 据此，薛福

① 《薛福成选集》，第71页。

② 《薛福成选集》，第71页。

③ 《薛福成选集》，第71页。

④ 《薛福成选集》，第71～72页。

成提出将南漕抵仓之米折价由各省直接解交部库的改革措施，以及“每岁部发巨帑，慎选廉干之员，于天津、通州、京仓三处，招商运米”① 的建议。他认为，“商人惟利是骛”，“招商运米”，必将使天下之米，云集京师，给国家和社会带来七便：“米色精洁，一便也；部库充裕，二便也；民力久纾，三便也；内外支销漕项，节省至千万两以外，四便也；甲米官俸，所得有丰于前，五便也；都门内外，米商奔赴，百货流通，六便也；畿民见米之易售，多种稻田，渐兴水利，七便也。有此七便，上下交益，是海运之不如商运明矣。”② 这七便中，除了利国利民之外，尚有值得珍视的一“便”：“都门内外，米商奔赴，百货流通”。这说明，薛福成想通过打开由朝廷统制而又百弊丛生的南漕北运这一闸门，通过“招商运米”，将漕米推向市场，带动商品经济的发展，使壁垒森严的京城内外，也能呈现出“米商奔赴，百货流通”的繁华景象。这一思路，在当时来说，可谓既大胆而又富有远见。

《海防密议十条》主要是筹划抵御外侮、讲求自强之道的内容。他首先站在时代的高度，论述了西方列强入侵中国的历史必然性。他指出：“今则西人于数万里重洋之外，飙至中华，联翩而通商者，不下数十国。其轮船之捷，火器之精，为亘古所未有。恃其诈力，要挟多端，违一言而瑕衅迭生，牵一发而全神俱动，智勇有时而并困，刚柔有时而两穷。彼又设馆京师，分驻要口，广传西教，引诱愚民。此固天地适然之气运，亦开辟以来之变局也。”③ 在这段论述中，薛福成既清醒地看到，西方列强

① 《薛福成选集》，第 72 页。

② 《薛福成选集》，第 72 页。

③ 《薛福成选集》，第 76 页。

联翩入侵中华，不仅凭借亘古未有的坚船利炮，而且采取欺诈、要挟等阴险手段，从而取得了一系列侵略特权；他还更为明智地看到，中国所面临的是有史以来未曾有过的一大变局，这一变局不是偶然发生的，而是“天地适然之气运”，也就是说，有其必然的规律性。数十年前，主张“变古愈尽，便民愈甚”的近代改革先驱魏源在《默觚》中提出了“乘气运而生”的观点，以求推动现实的变革。如今，薛福成又以“气运”分析鸦片战争以来中国时局的变化，比那些盲目恪守“夷夏之大防”，以“天朝上国”自居，鄙夷西方列强只会玩弄“奇技淫巧”的封建士大夫们，确实显得高明而又现实。而且，薛福成在变革观上又起了承前启后的中介作用。甲午战争之后崛起的维新思想家们，又打起“运会”这一口号，推动变法运动的勃兴。比如严复在《论世变之亟》中即提出，世界历史的变化，就是一种“运会”在客观支配着，“运会既成，虽圣人无所为力，盖圣人亦运会中之一物，既为其中之一物，谓能取运会而转移之，无是理也。”① 前后相较，可谓异曲同工，一脉相承。

既然西方列强入侵中国有其历史的必然性，那么，不愿任人宰割的中国应采取何种对策呢？薛福成接着提出：“欲御外侮，先图自强；欲图自强，先求自治。”② 他所精心筹划的“自强之道”，就体现在《海防密议十条》之中。具体说来，有如下几条闪现时代光泽的建议：

（一）讲求外交策略，择交宜审，多树外援，改变中国孤立无助、四面受敌的状况。

---

① 《戊戌变法》（中国近代史资料丛刊）第三册，第71页。

② 《薛福成选集》，第76页。

薛福成冷静地分析了清政府所面临的国际形势，总结了鸦片战争以来西方列强相互勾结、联合侵略中国的历史教训："洋人之至我中国，专恃合从连横，而我以孤立无助，受其钳制，含忍至今。"[1] 为了摆脱这一受钳制的困境，必须通过外交手段，"多树外援"。他认为，在同中国签约的英、法、俄、美、德五个西方强国中，英人险谲，法人慓悍，对我窥伺衅隙，隐图占踞，"此中国之深仇，不可忘也"；俄国地广兵强，今且西守伊犁，东割黑龙江以北，据最胜之地以扼我后路，"此中国之强敌，不可忽也"，对其必须"严为之备，而婉与之和"；德国新破法国，国势方长，眼下虽同中国的交涉不多，但"此亦中国他日之强敌，不可恃为援，亦未至骤为患也"；只有美国处于万里之外，"与中国最无嫌隙"，在蒲安臣条约中明示愿助中国，因担心欧洲列强在华势力强大对它构成威胁，"故中国与美国，宜推诚相与，略弃小嫌，此中国之强援，不可失也"。[2] 薛福成对西方列强在华角逐及其态度的分析是否得当，当然很值得推敲，但他能将目光射向西方列强内部，从它们的利害冲突中找出矛盾，寻求化仇敌为外援的外交策略，应当承认还是颇有识见的。尤其是他提出："盖择交之道得，则仇敌可为外援；择交之道不得，则邻援皆为仇敌。"[3] 从理性上讲，这一择交观还是很有点辩证思想的：仇敌和外援，是可以相互转化的，关键取决于主观上的举措是否正确、合理。

为了提高国内地方政府对外交涉的水平，薛福成还提出

---

① 《薛福成选集》，第76～77页。

② 以上引文见《薛福成选集》，第77页。

③ 《薛福成选集》，第77页。

"条约诸书宜颁发州县"的建议。这一建议表面上看似乎具体而又琐细,但确实是切合当时国情的重要建议。因为清政府虽然同西方侵略者历年签订了不少条约,但由于上情未能下达,地方官员对条约的具体内容懵然无知,结果闹出了不少纠葛和笑话。薛福成对此是颇有感触的,说道:"方今海疆州县,商船之络绎,传教之纷繁,事事与洋人交涉。乃当其任者,往往以未见条约,茫然不知所措,刚柔两失其宜。其偏于刚者,既以违约而滋事端;其偏于柔者,亦以忘约而失体统。启衅召侮,职此之由。"① 在一个行政机制运转正常的国度里,决策是中央政府的事,地方政府的职能是不折不扣地贯彻执行中央政府的决策。国家与他国签订条约,地方政府在处理对外事务时,理应按条约内容办事,才能产生"非信不行,非约不济"的效应。为了产生这一积极效应,避免地方官吏因对条约懵然无知而导致"启衅召侮",薛福成及时提出"似宜将万国公法、通商条约等书,多为刊印,由各省藩司颁发州县"② 的建议。应当承认,在中国被迫打开国门、接受资本主义文明浪潮的冲击时,薛福成强调在处理对外事务过程中,以万国公法为凭,依通商条约办事,自有其理智的一面,至少比那些对公法条规茫然无知而在行动中不知所措的糊涂官吏,显得高明而又机智。

(二)转移风气,大力提拔洞达洋务的才杰之士。

鸦片战争之后,中国能否培养造就一批适应时代需求的新型人才,这是保证中国社会在近代化过程中健康发展的关

① 《薛福成选集》,第 81 页。

② 《薛福成选集》,第 81 页。

键问题，而清政府恰恰在这个问题上出现了人才的危机。这时，薛福成痛感熟悉洋务的人才奇绌。他说：“自中外交涉以来，中国士大夫拘于成见，往往高谈气节，鄙弃洋务而不屑道，一临事变，如瞽者之无所适从。其号为熟习洋务者，则又惟通事之流，与市井之雄，声色货利之外，不知其他。此异才所以难得也。”①这一分析，是切合实际的。那些担负对外交涉重任的官员，都是些“拘于成见”的封建士大夫，明明不懂洋务还要“鄙弃洋务而不屑道”，在交涉过程中势必弄巧成拙，“如瞽者之无所适从”；那些号称熟悉洋务者，其实不过是些粗通几句洋文的翻译和同洋人做点小买卖的市井商贾，这些人根本称不上是真正懂得洋务的“异才”。鉴于这一现状，薛福成向朝廷呼吁：“今欲人才之奋起，必使聪明才杰之士，研求时务而后可。”② 就是说，要转变风气，将聪明才杰之士的追求目标和注意力，从研习时文八股转移到“研求时务”上来，根据时代需求培养新型人才。他进而建议：朝廷应饬令内外大臣保荐“洞达洋务”的人才，据其所长，分别录用，“如胆识兼优、才辩锋生者，宜出使；熟谙条约、操守廉洁者，宜税务；才猷练达、风骨峻整者，宜海疆州县”③。薛福成以为，只要朝廷注意将“洞达洋务”的人才安排到合适的位置上，便可使士大夫“转移风气，不务空谈”，这样，适合时代需求的“奇杰”便可人才辈出，朝廷亦可“用之不穷”④ 了。

---

① 《薛福成选集》，第77页。

② 《薛福成选集》，第77页。

③ 《薛福成选集》，第78页。

④ 《薛福成选集》，第78页。

在注重选拔“洞达洋务”、擅长处理对外交涉事务的“奇杰之才”的同时，薛福成还强调大力培养掌握西方先进科学技术的专门人才。形而下者谓之器。薛福成在《制器宜精》的建策中首先将中西对“器数之学”的态度进行了对比：“西人器数之学，日新月异。岂其智巧独胜中国哉？彼国以制器为要务，有能独创新法者，即令世守其业，世食其利。由是人争自奋，往往有积数世之精能，创一艺而成名者。中国则不然，凡百工技艺，视为鄙事，聪明之士，不肯留意于其间，此所以少专家也。”① 所谓“器数之学”，也就是体现生产力水平的科学技术。通过鸦片战争以来的历次较量，中西之间在“器数之学”方面的悬殊已是有目共睹的事实。如何看待这一悬殊？薛福成由表及里地进行了深层次的剖析：不是西方人比中国人聪明机智，而是西方重视“器数之学”，运用技术专利权保护和激励科学发明和技术创新，从而使技术人才不断涌现；而中国则崇尚空谈，视“百工技艺”为“鄙事”，如此这般，怎能涌现研求“器数之学”的技术专家？为了改变中国科学技术落后、技术人才奇缺的状况，薛福成提出了三条措施：第一，“今欲鼓舞人心，似宜访中国之巧匠，给之虚衔以风励之”；第二，“随时派员带赴外洋，遍游各厂以窥其奥窔”；第三，“有能于洋人成法之外，自出心裁者，优给奖叙；或仿西人之法，俾获世享其利”。他认为，采取以上措施，便可达到“庶巧工日出，足与西国争长矣”。② 在这里，薛福成呼吁重视科学技术，提出派遣留学生学习西方先进科学技术，

---

① 《薛福成选集》,第78页。

② 以上引文见《薛福成选集》,第78页。

利用保护专利权等措施鼓励国人发明创造，对当时的中国来说都有十分积极的进步意义。尤其是他期待“庶巧工日出，足与西国争长”，更渗透着浓厚的爱国主义精神。

（三）注重发展民族工商业，“隐收洋人之利”，“收中国之利权”。

薛福成筹划的“自强之道”，是以“求富”为前提的，而“求富”乃是“御外”的重要内涵。他指出：“夫欲筹御外之规，必先操裕财之本；欲勿累吾民而财足，莫若仍取诸外洋。”[1]如何才能达此目的？他提出以下具体建议：一是造船宜精。闽、沪两地的造船厂应务求“专精仿造”，“如有商民愿缴造价，公置轮船者，准其赴局专造商船”[2]。二是恤商情。对华商应“曲加调护，务使有利可获，官吏毋许需索，关津不得稽留”，并建议派兵船保护华商“驶往西洋诸埠，隐分洋商之利”[3]。三是理茶政。按“榷其什二之税”的标准，清理各省隐漏的茶捐茶税，便可每年增加六百万两白银的收入，以补国用之不足，“茶税暗增，则茶价亦昂，显取诸内地之民，实隐收洋人之利”[4]。四是开采矿藏。中国矿藏丰富，列强“垂涎”已久，“似不妨用彼国开挖之器，兴中国永远之利”[5]。其开采之法有二：一曰官采，由官府酌拨款项，雇洋人，买机器，随宜办理；二曰商采，仿淮盐招商之法，准许殷实华商集资领贴设厂，置备机器，自行开采，官府按章程收税，如是则一举三得，“不失中国饶富之权，不启

① 《薛福成选集》，第79页。

② 《薛福成选集》，第78页。

③ 《薛福成选集》，第79页。

④ 《薛福成选集》，第79页。

⑤ 《薛福成选集》，第80页。

彼族觊觎之渐,似亦筹饷之一助也"[①]。值得珍视的是,薛福成所精心筹划的几条发展民族工商业的措施,都是以"隐收洋人之利"、杜"彼族觊觎之渐"、"兴中国永远之利"为目的,这些洋溢着爱国情肠的建议,在当时的中国起着为推进近代化浪潮而呼风唤雨的积极作用。

(四)练水师,购船舰,建设一支现代化的海军。

薛福成本着实事求是的原则,将中西海军及其配备进行了对比,找出差距。他认为,西方舰队以船主(舰长)"为全船纲领",上下分工既明且细,"职司有定位,作息有定时,习之既专且久,所以能纵横无敌。今中国轮船,亦颇仿效西法,参用洋人,究未造其深际。无他,学习不如阅历之精,而所用洋人无上选也。"[②] 为弥补这一差距,他建议朝廷"借才异国",重金聘请"挟高才"洋将教练中国海军,并选派沿海勤敏青年"送入西船,俾习各司",数年后回国效力。他在装备方面尤其推重西洋的铁甲船,建议朝廷不惜重资向外国定购,"似未可以需费稍巨,而失此远图也"[③]。在他看来,中国只要建设一支强大的海军,"庶几将才益练,水师益精,而外侮无虞矣。"[④] 近代战争的关键在于海上的较量。应该承认,薛福成提出建设一支强大海军的建议,乃是总结了鸦片战争以来历次中外冲突中国之所以失败的一条经验之谈。

① 《薛福成选集》,第80页。
② 《薛福成选集》,第80页。
③ 《薛福成选集》,第81页。
④ 《薛福成选集》,第74页。

三、议论一播，鼓动中外

薛福成的这份《应诏陈言疏》，以其深邃的眼光、切中时弊的言辞，乃至合乎情理的建策，引起了朝野上下的普遍关注和强烈反响。当时，军机处根据慈安、慈禧两宫皇太后的面谕，将《应诏陈言疏》分发中央各有关部门议复：负责办理洋务事宜的总理各国事务衙门及各行省大吏重点核议《海防密议十条》；《治平六策》则提交吏、户、礼、兵四部分别议复。在此后的一年多时间里，薛福成这份万言书，“传播一时”，成为清廷大员们关注和议论的重要话题。在议复过程中，总理各国事务衙门的意见认为，《海防密议十条》中的“择交宜审”、“储才宜豫”两条内容，至关重要，且与当时南北洋大臣的看法“大意相同”，应立即考虑付诸实行。此时，清廷正为遣使出洋问题而犹豫未决，而《应诏陈言疏》恰好大力阐述了遣使出洋具有“联与国而练人才”的重要意义，主张保荐那些“胆识兼优，才辩锋生者”担任出洋使节，促使朝廷终于作出了正式遣使往驻西洋各国的重要决策，于光绪元年五月十四日认可总理衙门提出的陈兰彬、李凤苞、何如璋、徐建寅、许钤身、叶源濬、许景澄、区谔良、徐同善等九人堪任“出使绝域”的建议，并于光绪二年八月正式派遣郭嵩焘、许钤身和陈兰彬、容闳为常驻英、美等国使臣。光绪元年九月十一日，清廷批准总理衙门“申明各国条约请旨饬令各省查照俾有遵循而免歧异”的建议，谕令“嗣后各省督抚，务当通饬所属地方官细核条约本意，遇有各国执持护照之人入境，必须照约妥为分别办理，以安中外而杜衅端"[1]，最终采纳了薛福成提出的"条约诸书宜颁发各关道、各行省，分行州县"的倡议。此外，清廷对《治平六策》中的不少具体兴革建议，如汰减绿营，添设练军；停止捐例，津贴京员；蠲免米商厘税等等，也陆续予以重视和采纳。

至于薛福成在《应诏陈言疏》中提出的"体恤商情，曲加调护"，以保护并发展民族工商业，以及发展科学技术、培养新式人才等等为培育新兴资本主义而呼唤的具有启蒙意义的激进主张，当时虽然还没有引起朝廷权贵们的应有重视，也未付诸实施，但的确体现着时代的进步。到了时隔二十多年的甲午战争之后，在决心变法图强的光绪皇帝的支持下，终于陆续付诸实行。比如，光绪皇帝 1896 年发布的《因时制宜》上谕中，明确要求各省督抚就"开矿产"问题予以讨论，各地纷纷表示"准商试办"、"集款劝办"、"招商开采"。湖南巡抚陈宝箴在湖南设立矿务总局；四川省也颁布了《四川官商合办矿务章程》。光绪皇帝在百日维新期间还颁布了《振兴工艺给奖章程》，设立矿务铁路总局和农工商总局，大力发展民族工商业。浙江巡抚廖寿丰贯彻朝廷"讲求商务"谕旨，力求创新，在《通饬鼓励商人制造新器札》中明确宣布：对能创造新器者予以嘉奖："并仿照泰西各国，将该商所出新物，听其一家售卖，俾享独揽之利，以示优异。"[2] 廖寿丰还具体奖励仿织洋布的鄞县商人王承淮以五品顶戴，以示倡导。薛福成二十多年前播下的发展资本主义的种子，终于在维新运动中开出了绚丽的花朵。

《应诏陈言疏》以其切合时代脉搏的丰富内容，终于在晚

---

① 《光绪朝东华录》光绪元年九月（总第 135 页）。

② 《时务报》，第 48 册。

清政局中激起了浪花。时人议论道:“当此疏初上时,京师颇多传诵者。议论一播,鼓动中外,建言者往往响应而起。”①《应诏陈言疏》的广为传诵,使五品微员薛福成声名鹊起,很快名满都下,成为一位令人瞩目的新闻人物。对薛氏兄弟才识颇为赞赏的山东巡抚丁宝桢,见到上疏成功,按捺不住内心喜悦,于光绪元年八月初二日上疏朝廷,保荐薛福成“学堪致用,识略闳深”,堪任使事;识人颇具慧眼的郭嵩焘也于光绪二年五月向朝廷举荐薛福成“博学多通,精习西洋地势制度”,“可胜任公使”。可是,权倾朝野的北洋大臣、直隶总督李鸿章,早就赏识薛福成的学识与才干,如今从《应诏陈言疏》及其在朝野上下引起的强烈反响之中更切实感受到薛福成果然不同凡响,是个不可多得的办洋务的奇才。于是,李鸿章凭借自己的声威和权势,立刻礼聘薛福成为自己的幕宾,入参北洋戎幕。

在薛福成心目中,李鸿章不仅以讲求“时务”著称朝野,而且以曾国藩未竟事业继承人的地位称名当世,如今对自己如此礼遇,也就不便推辞。1875 年下半年,他在济南辞别了老母和兄弟,北上保定,投奔李鸿章,又开始了一段新的幕僚生活。与十年前初入曾幕不同的是,如今的薛福成已是一位颇有声名、思想成熟、阅历丰富的智囊型人物了。

① 《薛福成选集》,第 82 页。

第四章　李鸿章的智囊

自1865年入参曾国藩幕府以来，整整十年的笔墨生涯，不但锻炼了薛福成的文字水平，使他由一介书生成为颇得曾国藩文章要诀的“湘乡派”骨干，“曾门四弟子”之一；而且更增长了薛福成的社会阅历和政治才干，使他思想日趋成熟，处事更加练达，终于以一篇“笔达而圆，意新而确”的《应诏陈言疏》名震朝野，享誉一时，成为一位令人瞩目的天下名士。于是，从1875年秋入参北洋戎幕后，薛福成以自己杰出的才能，很快得到李鸿章的器重，引为心腹，并以主要文案的身份，成为北洋智囊团的核心人物。每遇国内外发生重大事件，李鸿章总少不了征询薛福成的意见；薛福成也总是尽其才智，竭力运筹。

从薛福成的《庸盦全集十种》以及《庸盦文别集》中可以看出，不但李鸿章在1875年至1882年之间的许多重要奏疏、咨札、书信都由薛福成代为草拟，甚至李同亲朋之间的不少酬酢文字，也大都出自薛福成的手笔。诚如其子薛莹中所说："李公尤倚重，无巨细一以咨，奏议、书牍多出先公手。"① 即以搜集《庸盦全集十种》未收文稿的薛福成《庸盦文别集》为例，共六卷计118篇，其中，代李鸿章所拟之文稿就占了计94篇之巨，约占全书的六分之五，由此可见李鸿章对薛福成的倚重之隆。

在赞襄李鸿章戎幕的近八年时间里，薛福成经手的事务数不胜数，可令世人难以忘却的是在以下几件重大政治事件的处理过程中，所显示出的薛福成杰出的政治才干、独到的思想火花和强烈的爱国立场。

一、参与处理"马嘉理案"和烟台谈判

所谓"马嘉理案"，亦称"滇案"，纯粹是英国侵略者蓄意挑起的一宗外事争端。同治十三年(1874)，英国为侵入我国云南，派遣军官柏郎率领武装"探路队"近二百人从缅甸出发，由陆路潜入我国云南边境，以窥探打开缅滇的"通路"。英国驻华使馆为配合柏郎的入侵行动，特委派翻译官马嘉理由云南入缅接应。次年二月，马嘉理擅引柏郎为首的武装"探路队"，以"游历"为名，由缅甸侵入云南边境，事先也不通知清朝政府和云南地方当局，到处乱闯。这支侵略武装，在蛮允附近遭到当地百姓的忿然狙击，马嘉理被击毙，柏郎及其"探路队"也被逐回缅甸境内。

---

① 《庸盦文别集·薛莹中跋》。

本来，这一事端的是非曲直是十分清楚的，也不难妥善解决。但是，英国政府却借机扩大事端，对清政府大肆要挟，恣意讹诈。英使威妥玛在奉命同中国政府谈判过程中，向总理衙门提出六条要求，其中除向中国勒索"偿款十五万两"白银外，还要挟清政府答应英国"可再一次派探测队去云南"和"派员赴云南'观审'"，甚至还强迫清政府"优待"英国公使、"免除英商正税及半税以外的各种负担"。鉴于英国提出了大量与马嘉理案本身无关的无理要求，清政府开始谈判时断然拒绝。威妥玛则以断绝外交关系进行威吓，迫使清政府让步，同意英国对中国内地涉及英人案件的调查与审讯的干预权。

然而，事端并未就此了结。当年八月间，英国政府又得寸进尺地指令威妥玛，在天津向直隶总督兼北洋通商事务大臣李鸿章提出新的要求，其中包括：清政府在通商口岸撤去厘卡；内地多开商埠；派一二品实任大员亲往英国就滇案表示歉意；朝廷应降旨责问云贵总督岑毓英等对滇案"失察"之咎；清廷谕旨中凡遇"英国"二字必须抬写，"如不抬写，即为轻慢英国"等等七条内容，并以撤使、绝交、动武相威胁。1876 年 2 月，威妥玛又将英国侵略要求具体化为八条，其中包括沿海沿江增开通商口岸九个，从辽宁的大孤山一直到广西的北海，使中国大门更加洞开。由于英国层层加码，不断增添新的侵略条件，致使主张"外须和戎"的李鸿章也不敢贸然同意，造成谈判一再中断。

忧国忧民的薛福成，对滇案所引发的中英交涉非常关注。他对英使威妥玛的贪婪要求和蛮横态度十分鄙视，但又显得忧心忡忡，曾在代李鸿章草拟的书信中表白自己心情说："威使未满所欲，大肆咆哮，其所要挟，多在本案以外，总署百方羁縻，仍形决裂，刻已出都，将来兴波作浪，不知何时乃能妥结，焦愤莫名。”①

如何才能切实有效地对付英国这个“得步进步，狡狯叵测”的侵略者呢？薛福成为之精心筹划。他根据“自古两国相持，必先审彼己情势，情势了然，而后应敌之方裕如矣”②的原则，首先缜密地研究了当时英国面临的国际形势。他认为，英国虽然在军事上远比中国强大，但其口口声声的断交、撤使、动武，也只是一种迫使清政府就范的外交恫吓手段。因为英国在欧洲的日子也不好过，一方面，它正在受到德俄联盟的威胁，处于“惴惴自顾”的困境之中；另一方面，贪婪的英国还垂涎着与沙俄争夺中的土耳其这块肥肉，眼下更不会轻易对华用兵。至于英使威妥玛的多方要挟，也抱有“见可而进，知难而退”的两重性。因此人在华已数十年，即将离任返国，“欲乘此时迫胁中国，大得便利，以见好商人，为归老之荣耳”。但他也不敢一意孤行，“设因此兵连祸结，牵掣大局，彼将内为国主所尤，外为商人所怨，实非其所深愿”③。

鉴于以上对英国政府处境和威妥玛矛盾心态的精当分析，薛福成果断地草拟一份《上李伯相论与英使议约事宜书》，郑重向李鸿章提出建议：“不妨以距为迎，先加驳斥，然后徐徐因势利导，可以保其必不决裂，而转圜必速。”④ 假如侵略者一旦狗急跳墙，悍然挑起战端，怎么办呢？薛福成也就此设想了对策：

① 《庸盦文别集》卷二，页五九。
② 《薛福成选集》，第 96 页。
③ 《薛福成选集》，第 97 页。
④ 《薛福成选集》，第 96 页。

（1）“洋人之性，以强弱为是非。”西方侵略者是欺软怕硬的，中国只要切实加强防务，作好开战准备，“严兵以待”，便能保全和局。他认为，“自古两国相持，备愈严则和愈速”①。为此，他还就如何加强战备，提出一系列具体措施：“劲旅宜调”、“饷项宜裕”、“团练宜倡”、“密告各省设防”。他认为，只要中国“密速调兵，节节布置，俾人心固而声援厚，隐然有虎豹在山之威”，② 即可有备无患，坐到谈判桌上，在“诎伸损益”的口舌较量之中，也可收到迥然不同的积极效果。

（2）鉴于英使威妥玛在对华滇案交涉中一直把各国公使撇在一边，他的专断独行已引起各国公使的猜忌和不满，薛福成机智地提出将“滇案本末，宜布告各国公使”③ 的建议，将威妥玛及其政府在处理滇案中提出的种种苛刻要求和玩弄的讹诈伎俩，通过公函和报纸，统统公之于众，“咨明各国驻京公使，请其秉公评论”④，以争取国际舆论的同情和支持；同时迅速派遣使臣赴德、俄联络，展开外交攻势，以便牵制英国。薛福成也清醒地认识到，列强在侵略中国这一点上是同声相应、同气相求的，但也存在着可以利用的矛盾。中国展开外交攻势至少可以取得如下效果：“收外助则不足，布疑阵则有余”⑤，使英国有所顾忌，不敢冒险行事。

在这篇上书中，薛福成还对英国提出的八条无理要求进行了无情批驳。他首先揭示了英国提出的多项要求与马嘉理

① 《薛福成选集》，第 97 页。

② 《薛福成选集》，第 97 页。

③ 《薛福成选集》，第 99 页。

④ 《薛福成选集》，第 99 页。

⑤ 《薛福成选集》，第 102 页。

案本身毫无关系，目的在于干犯中国主权，乘机攫取更多的侵略权益。他更尖锐地指出，在这八条要求中，“惟商务尤关紧要，尤其全力所注”①，威妥玛“怫然出都，故作决裂之势，盖为洋货免厘一事而发也”②。因为“洋人所重者莫如利”，而洋货免厘一事在滇案交涉中纯属节外生枝、干犯中国自主之权的无理行为，故威妥玛对此条必然全神关注。薛福成也深知，洋货免厘一节事关重大，倘若贸然认可，中国将每年至少损失白银一千万两，直接影响清政府的军饷和海防建设，后果不堪设想。所以，他坚决主张对洋货免厘一项，“彼以全力争，我当以全力拒”，甚至可以不惜一战，以维护中国的固有权益。即便中国万一战败，不过赔偿军费，少者数百万两，多者千万两，仅仅是一年的厘税收入而已。

李鸿章见到这篇《上李伯相论与英使议约事宜书》后，十分赞赏，尤其佩服薛福成对问题的精当分析和种种有益的建议。当李鸿章不久奉命前往烟台与威妥玛展开具体谈判时，特地奏调薛福成随行襄理，充当协助谈判的智囊。在谈判过程中，李鸿章从薛福成的上书中得到启发，也采纳了其中的不少建议，尤其在洋货免厘和增开口岸等重大问题上据理力争，誓不相让。但是，由于清朝政府对这次交涉抱着息事宁人的妥协态度，谈判代表李鸿章也惧怕“若与西洋用兵，其祸患更有不可测者”。于是，在英国以武力威胁的情势下，李鸿章不惜作出重大让步，于1876年9月13日签订了《中英烟台条约》，基本上同意了英国提出的侵略条款。但薛福成上书中力主“当以全

① 《薛福成选集》，第100页。
② 《薛福成选集》，第100页。

力拒"的有关洋货免厘的内容,威妥玛原提出在各通商口岸豁免洋货厘税,在条约中改为"在租界内豁免洋货厘税",总算打了一个不小的折扣。另外还规定增收鸦片税收以作为对清政府的财税弥补,可谓达成一条折中意见。

对于这样一个和谈结局,薛福成还是基本满意的,他认为在当时的具体条件下,《烟台条约》起到了"暂以释外憾而戢戎心"①的作用。至于条约内容和薛福成本人意见之间的不小差距,薛福成也只能现实地表示认同。诚如他日后谈及《烟台条约》时说:"一切相机措注大略,与此书(指《上李伯相论与英使议约事宜书》)吻合者十之七八,盖非必专用余言也。谋议之佥同,时势之相迫,有欲不如此而不可得者。"② 尽管薛福成叹息"时势之相迫",但他在这篇上书中对中英形势的剖析,对威妥玛谈判心理的刻画,尤其是他力主备战以反抗外来侵略、维护祖国利权的可贵民族气节,更赢得了国人的赞扬。诚如丁宝桢在读了这份上书后所评说:"识微鉴远,洞中机宜。其体国之忱,匡时之略,应机之敏,料敌之明,超越寻常万万。"③

经过这番谈判经历,薛福成也因"随办洋务出力",因功升任知府。

二、鼓吹"创开中国铁路"

铁路的建造和火车的运行,是近代文明的重要标志,也是

① 《薛福成选集》,第103页。
② 《薛福成选集》,第102页。
③ 《薛福成选集》,第102页。

促使近代化建设的有力工具。然而，正如一切新生事物的成长总要经过一番艰难曲折一样，铁路和火车在中国的出现并被人们所接受，同样经历过一番复杂而激烈的斗争。

鸦片战争之后，中国第一批睁眼看世界的先进知识分子已开始认识到铁路这项西方先进技术的重要性。如：1840年林则徐主持编译的《四洲志》中，已介绍美国“用火烟车陆运货物，一点钟可行二三十里”；魏源在《海国图志》中也曾记述美国“火轮车可住千人，一时能行百八十里”，书中还附有铁路火车图，使国人首次见到了“火龙”的模样。但首次提出要将西方这一新生事物引进中国者当推太平天国领导人洪仁玕，他在1859年写的《资政新篇》中充分肯定火车是“有夺造化之巧”的宝物，并具体提出：“倘有能造如外邦火轮车，一日夜能行七八千里者，准自专其利，限满准他人仿做，……先于二十一省通二十一条大路，以为全国之脉络，通则国家无病焉。”洪仁玕的愿望虽未实现，但他却力主在中国自建铁路的先导。

然而，国人对建造铁路的激烈争议，却是由西方列强觊觎中国铁路修建权所引发的。1863年，英、法、美三国二十七家洋行正式向江苏巡抚李鸿章提出修筑上海至苏州间铁路权的要求，李予以回绝，总理衙门更明确表示“万难允许”。1864年，英商怡和洋行又请英国铁路工程师斯蒂文生制定在中国的“综合铁路计划”，总理衙门对此计划置之不理。1865年，英商又提出在上海建筑淞沪铁路的要求，上海关道应宝时以“七不可”加以拒绝。接着，1865年总税务司赫德的《局外旁观论》和1866年英国公使馆参赞的《新议略论》中，都提出修筑铁路应是清政府“应学应办”的重要事情之一。西方列强更企图在1868年“修约”期届之时，将铁路修建权塞进“修约”条款之内，从而引起清廷的震惊，饬令各有关督抚大臣就此“共商”对策。于是，在1867年10月到1868年1月的三个多月内，清廷18位督抚大臣先后陈述了各自意见，从不同角度提出必须警惕和反对洋人掠夺中国铁路修建权。如李瀚章强调以“民情不便”相抵制，说：“凿我山川，害我田庐，碍我风水，占我商民生计，百姓必群起抗争拆毁，官不能治其罪，亦不能责令赔偿，致激民变。”① 曾国藩则提出“就小民生计与之理论”，他说，若听其创办铁路，“则车驴任辇旅店脚夫之生路穷矣。……自洋人行之，则以外国而占内地之利，自华人之附和洋人者行之，亦以豪强而占夺贫民之利，皆不可行”②。而李鸿章、沈葆桢等人在反对洋人修筑铁路的同时，则提出了铁路于民有利可由中国自办的新观点。如李鸿章说：“或谓用洋法雇洋人，自我兴办，彼所得之利，我先得之。但公家无此财力，华商无此巨资。官与商情易隔阂，势尤涣散，一时断难成议，或待承平数十年以后。然与其任洋人在内地开设铁路电线，又不若中国自行仿办，权自我操，彼亦无可置喙耳。”③ 显而易见，以李鸿章为代表的部分洋务官僚，在六十年代末已看到铁路之“利”，已萌发出抵制洋人办铁路而由中国“自行仿办”这项先进交通技术的设想。

到了十九世纪七十年代，由于日本侵略台湾而引起“海防议起”。在如何加强国防的争论中，李鸿章等人更明确提出了为加强防务而自筑铁路的主张。他不仅将铁路视作调兵驰援

① 同治朝《筹办夷务始末》卷五五，页一三。

② 同治朝《筹办夷务始末》卷五四，页二。

③ 同治朝《筹办夷务始末》卷五五，页一三～一四。

的重要制敌手段，而且明确提出“必筹造铁路而后能富能强”① 的政见。可是在中国开始海防争论不久，英国侵略者却不顾中国当局的反对，于 1876 年在上海擅自修筑了淞沪铁路，强创了在中国行驶火车的先例，引起轰动，上海道冯焌光坚决予以禁止。中英谈判结果，由中国以白银 28.5 万两买回拆除了事。洋务官僚在同英国交涉淞沪铁路的同时，自己于 1876 年秋也在台湾基隆建造了一条轻便铁道。福建巡抚丁日昌乘机拟订了一个发展台湾铁路的宏伟规划，并向朝廷提出兴办轮路矿务有“十利”，指出台湾“必须办轮路、电线、矿务，而后始能一劳永逸”②。总理衙门同意了丁日昌在台湾“举办轮路”的举措，还计划调拨财政经费，以表支持。然而，在海防争论中，李鸿章等人“电线铁路必应仿设”的主张，却遭到众多大臣的抵制与反对，“廷臣会议皆不置可”，有些大臣还“痛诋之”；清廷同意各省抽调部分洋税与厘金给丁日昌修铁路，可各省根本不按规定交兑，致使工程根本无法进行，丁日昌也只能徒唤奈何。

就在清政府接纳李鸿章等人的呼吁，倾向在台湾自筑铁路而遭守旧势力普遍反对和抵制的关键时刻，薛福成于 1878 年写下一篇《创开中国铁路议》，为中国创办铁路这一新生事物大声呐喊。

首先，他根据“惟政莫先于利用，功莫大于因时”的古训，论证了泰西诸国“创为火轮舟车”，标志着人类文明的进步，更是“人心由拙而巧，器用由朴而精”的具体体现。接着，他运用

① 李鸿章：《复醇邸论铁路》，光绪七年正月初四日。

② 《洋务运动》(二)，第 346 页。

摆事实讲道理的方法,从英国于"道光十年,造成铁路,始以火轮车载客载货"开始,具体介绍了欧美各国创建铁路"获利不赀"的历史情况,主要从铁路带来的经济效益着眼,得出了"今泰西诸国,竞富争强,其兴勃焉,所恃者火轮舟车耳"的结论。①

既然创为火轮舟车是促使欧美富强的成功经验,那么中国应何以处之呢?薛福成的答案是:"轮舟之制,中国既仿而用之,有明效矣。窃谓轮车之制不行,则中国终不能富且强也。"② 他还罗列出美国新近 40 年中建造铁路 21 万里,从而促进国家繁荣昌盛、事业开拓的事实,指出:"中国而仿行铁路,则遐者可迩,滞者可通,费者可省,散者可聚。"③ 接着,他结合中国的具体情况,论证了铁路将给中国带来几大便利:

1. 便于商务。他认为,交通是促进"百货得以流通"的关键,"铁路既成,譬如人之一身,血脉贯通,则百病尽去","诚能于西北诸省多造铁路,俾如江南之河渠,经纬相错,则贫者可变为富。即东南诸省,得铁路以通水道所不达,则富者可以益富,厘税之旺,必且数倍曩时。"基于铁路促进商务发展,既利国又利民,他响亮地提出了"不如招商股以开铁路"的口号④。

2. 便于转运。他根据由于交通运输的艰难,造成"昔日西征之师,转运费逾千万;今年晋豫荐饥,山西米价腾踊,每石需

① 以上引文见《薛福成选集》,第 107 页。
② 《薛福成选集》,第 107 页。
③ 《薛福成选集》,第 108 页。
④ 以上引文见《薛福成选集》,第 108 页。

银至四十余两”的情况，算了一笔细账，山西米价之所以比天津价昂逾七倍，原因在于“转运无路”，进而指出：“设令轮车盛行，则漕运也，赈粮也，军饷也，皆不劳而理，不费而捷矣。”①

3. 便于调兵。他根据清政府“曩者海氛不靖，动辄调兵远省，经年累月，仅乃成行”②，结果造成被动挨打的惨痛教训，认为关键在于“无轮车以利征调”，进而指出：“诚令及时兴造，一旦有事，虽云贵、甘肃之兵，半月可集。然则中国而有铁路，即令每省养兵一万，合十八行省计之，无异处处有十八万之兵也。”③ 从拱卫国防的角度，申述了铁路的重要意义。

4. 铁路还可促进轮船、矿务、邮政、机器等行业的发展，对国民经济各个门类的兴衰，起到相互促进、纲举目张的重要作用。

基于铁路对国计民生具有如此广泛的意义，薛福成又针锋相对地对那些反对建造铁路的种种“异议”，进行了无情的批驳。他严正指出，有些人认为建造铁路恐引敌入室、恐夺小民生计、恐毁坏冢墓、恐熏灼禾稼，如此等等，都是些“揣摹影响而不审于事实”的“拘墟之臆说”。④ 他列举事实，剖明铁路可以“征兵御敌，而不能为敌用”，所谓“引敌入室”乃无稽之谈；铁路若成，将吸收大量劳力从事修路、驾驶、巡瞭、搬运及为旅客服务等工作，沿路还可以增设旅店，广开就业门路，有

---

① 以上引文见《薛福成选集》，第108页。

② 《薛福成选集》，第108页。

③ 《薛福成选集》，第109页。

④ 《薛福成选集》，第110页。

钱的人还可向铁路公司“广买股分,坐权子母”。如此等等,都可达到“扩民生计”的积极效果。至于“迁冢墓、熏稼禾”之说,只要在建造时适当处置,完全可以避免,更无足虑。

难能可贵的是,薛福成还就事论理,从“振兴”中国的高度论述创辟铁路的重要意义,将它视为贫弱的中国赶上西方发达国家的重大举措。他果断地说:“此事不为,则永无创辟之机。何也?成见终难遽融也。为之,则必有振兴之日。何也?习俗可以渐化也。”① 他还说:“西洋诸国,五十年前,亦犹今日之中国。为今之计,宜有以稍倡其端,以新中国人之耳目,则数十百年后,不患不如今日之西洋也。”②

在积极倡导建造铁路的同时,薛福成还根据“渐推渐广,渐续渐远”的原则,设计出在全国建造铁路的构想:“自京师而西,可为路以达太原,南可为路以达汴梁,东南可为路以达清江浦。由太原而西,可接而达于西安,于兰州,于蜀滇黔。汴梁而南,可接而达于汉口,于长沙,于桂林。清江浦而南,可接而达于苏皖,于江西,于浙闽广。由是再极于四周,错综交互,无远弗届。如是而不联遐僻于呼吸,变贫弱为富强者,未之有也。”③ 这一以政治中心北京为始点,由近及远向四周扩散的筑路计划,为日后中国铁路的建造网络,提供了一个粗略的框架。这些设想与识见,不仅反映出薛福成对铁路知识的了解,更说明他善于追求新知,勇于抨击守旧观念、为新生事物呐喊的胆识。

---

① 《薛福成选集》,第110页。

② 《薛福成选集》,第110页。

③ 《薛福成选集》,第111页。

薛福成的这篇极有说服力的论文，虽然赢得了不少开明人士的喝彩，然而在关于中国自己要不要建造铁路问题上的争论，仍然在激烈的较量之中。光绪六年十一月初二日(1880年12月3日)奉召进京的淮军宿将刘铭传呈递了一份请速修铁路以自强的奏折，针对沙俄侵占伊犁、抢修西伯利亚铁路对中国造成威胁的形势，提出："失今不图自强，后虽欲图恐无及矣！"如何才能自强？刘铭传说："机括则在于急造铁路"；"铁路之利于漕务、赈务、商务、矿务、厘捐、行旅者不可殚述，而于用兵一道尤为不可缓之图"。① 他在奏折中还提出了建造国内铁路干线的设想：南路二条，一由清江经山东，一由汉口经河南，均达北京；北路由北京东至沈阳，西通甘肃；先办清江至京一条，以与议设之电线相表里。

显而易见，刘铭传这篇请速修铁路以自强的奏折内容，不论在铁路的重要意义、迫切性，乃至干线构想诸方面，都与薛福成二年前《创开中国铁路议》的内容基本一致，可谓所见略同。朝廷接到这篇奏折的当天，即下达上谕，"着李鸿章、刘坤一北洋、南洋大臣尽心筹商，妥议具奏"。

然而，刘铭传的意见却遭到了顽固派的反对。翰林院侍读学士张家骧抢先表态，提出造铁路有三大弊端：(1) 恐洋人从旁觊觎，借端要求；(2) 恐于田庐、坟墓、桥梁有碍，徒滋骚扰；(3) 若以铁路夺轮船之利，恐招商局数百万款项，一旦无著。张家骧的结论是：建造铁路乃"耗费巨资以求不可必得之利"，"未可轻议施行"。② 张家骧的奏折呈于光绪六年十一月二十

① 《洋务运动》(六)，第137～138页。

② 《洋务运动》(六)，第140页。

一日，清廷当天即将此反对意见批转李鸿章、刘坤一，命令他们连同刘铭传奏折一并复议具奏。

李鸿章于张家骧上奏后十天，即嘱薛福成代为起草了一篇《代李伯相议请试办铁路疏》，经李本人认可后作为《妥筹铁路事宜折》呈报朝廷。薛福成代为起草的这份奏折，基本思路与主要观点皆脱胎于他二年前撰写的《创开中国铁路议》，不同点仅在于比过去的更有条理，在论点辩驳过程中更有针对性，增添了直接驳斥张家骧谬论的段落。比如，奏折首先列举欧美各国之所以"日臻富强"的原因，是"有轮船以通海道，复有铁路以便陆行"，并阐述了铁路有"便于国计"、"便于军政"、"便于京师"、"便于民生"、"便于转运"、"便于邮政"、"便于矿务"、"便于招商轮船"、"便于行旅"等九大"利"。他还指出："西洋诸国所以勃焉兴起者，罔不慎操此术，而国计、军谋两事，尤属富强切要之图。"① 至于中国建造铁路的计划，这篇奏折完全赞同刘铭传的设想及其先修清江一路的意见，并提出"招商集股"以筹集浩繁工费的建议。在奏折的后半部分，薛福成用一千多字针对张家骧提出的"三弊"，指名道姓地逐一予以驳斥，明确指出"不甚确凿"，并发表如下感慨："士大夫见外侮日迫，颇有发愤自强之议。然欲自强，必先理财，而议者辄指为言利；欲自强必图振作，而议者辄斥为喜事；至稍涉洋务，则更有鄙夷不屑之见，横亘胸中。不知外患如此其多，时艰如此其棘，断非空谈所能有济。我朝处数千年未有之奇局，自应建数千年未有之奇业。若事必拘守成法，恐日即于危弱，而终无以自强。"② 这段有感而发的议

① 《薛福成选集》，第137页。

② 《薛福成选集》，第142页。

论，将守旧士大夫反对建造铁路的意见引伸到对所有洋务新政的抵制和反对的高度，有力地鞭挞了当时一批自鸣清高的清议派（清流派）口头上空谈发愤自强以御外侮，实际上拘守祖宗成法反对一切更张，其结果，根本无救危败，只能导致空谈误国的可悲结局。

薛福成代李鸿章立言，在这篇奏疏中就建造铁路所陈述的虽然虚实相济，言之成理，有极强的说服力，但在当时风气未开的条件下，仍然遭到守旧士大夫的围攻。诚如薛福成回忆说："于是都中议论汹汹，若大敌之将至者。"① 但人类文明总是不断进步的，历史前进的步伐是不可阻挡的，薛福成在"创开中国铁路"这一新生事物问题上的呼吁，终究是顺应中国近代文明建设潮流的进步思潮，中国铁路建设也在顽固派的激烈反对声中"渐推渐广"。随着"风气年开一年"，连当时对刘铭传、李鸿章"请开铁路"的正确意见闭口不表赞同的清流健将张之洞，九年之后也成了倡开芦汉铁路的带头人。

历史毕竟是公正的。薛福成在创开中国铁路问题上确实起到了开风气的积极作用。

三、挫败赫德窃取中国海防大权的阴谋

在海上竞争十分激烈的十九世纪，建设近代化的海防，对一个国家的生死存亡显得尤其迫切和重要。晚清时代，海防的

① 《薛福成选集》，第143页。

近代化也是一项重大的变革，但这项变革的主宰权是操在自己手中还是失落在西方侵略者手里，这是个关系到国家主权与安危的重要问题，也是中国近代化进程中斗争的焦点之一。在这个重要问题上，身为北洋幕宾的薛福成，曾为祖国立下一桩不可遗忘的功绩。

1879年春，薛福成在故乡为亡母服阕期限将满，突然接到“赶早北来”的指令，要他尽快到北洋戎幕供职。薛福成奉命迅速北上，刚返回北洋戎幕，就看到总理衙门下达的决定任命英人赫德兼任总海防司的公文。李鸿章也正为此事犯愁，整天焦躁不安，苦无良策。

总理衙门为何出此委任状，李鸿章又因何为此犯愁？事情的起因是这样的：

中国海防的近代化，是在西方列强凭借“坚船利炮”轰开中国封建大门之后被动起步的。当时，一些军政要员从中西海防力量的悬殊对比中，萌发了“借法自强”，向西方引进新式船舰的意图。英国人赫德于1863年担任中国海关总税务司后，更兼任为清廷向西方购买海防物资的任务。赫德是个精明强干又颇具野心的侵略分子，他于1865年向总署呈递了名曰《局外旁观论》的说帖，劝说清政府整顿财政、吏治和兵制，兴办“水陆舟车、工织器具、寄信电机、银钱式样、军火兵器”等近代化事业，接受外国公使觐见，派遣使臣出洋。这些意见和建议获得总理衙门的赏识和接纳，有些举措（如购买船炮等）也就委托赫德办理。1874年，总理衙门委托赫德通过由他设立的“大清海关总税务司署驻伦敦办事处”代购四艘船舰——“龙骧”、“虎威”、“策电”、“正霆”，从而成为中国海军创建时的最早一批舰艇。在这笔交易中，赫德及其助手金登干以弄虚作假的卑劣手法从中捞取了不少钱财，但赫德凭借他的圆滑手腕，继续垄断着为清政府向西方订购船舰的特权。1879年，赫德在为清政府购买和预订了十多艘船舰后，自以为篡夺中国海军指挥大权的时机已经成熟。于是，他一方面向总理衙门提出一个试办海防章程的条例，建议继续添购炮艇和巡洋舰，成立南北两洋海军；① 另一方面又向李鸿章暗示，总司中国南北海防者非赫德莫属，必须由他担任总海防司"始肯出力"②。

为了实现这一阴谋计划，他敦促金登干物色人员，以便组成海防舰艇上的军官队伍，并由他亲自挑选舰长指挥炮艇、训练水兵、检验船炮。他在自己设计的蓝图中，还规定南北洋舰队各由南北洋大臣派监司一员会同赫德所选海防司进行领导，"他们在我所管辖的一所新衙门当差"，这个新衙门称作"海防总署"，"我的官衔简称为总海防司，我的上司是总理衙门和负责海岸防务的总督"。③ 为了配合这一阴谋计划，赫德不让中国派遣人员去接管和驶回他所订购的舰艇，而由他物色的英国海军军官负责运回中国并继续承担舰艇的管理工作；他还阻挠中国派往英国受训的海军留学生到这些舰艇上实习。他以为，只要中国人掌握不了海军的近代化管理技术，"总海防司"的桂冠迟早会戴在他的头上。

果然不出赫德所料，1879年夏天，总理衙门居然作出了关于委派赫德兼任总海防司的决定，规定：将以赫德总司南北

---

① 《李文忠公全集》(译署函稿)卷十，页五。

② 《李文忠公全集》卷九，页三八。

③ 1879年9月4日《赫德致金登干信》，《中国海关密档》第2卷，第230～231页。

洋海防,添购快船蚊船,分驻大连湾、南关两处,由南北洋各派监司大员,与赫德所选洋将会同督操。

当然,这份委任状的出台,还有其特定的政治背景。清廷于光绪元年(1875)命令李鸿章和沈葆桢分别督办南北洋海防,具体负责中国海防事务。可1879年春,野心勃勃的日本居然正式吞并了清朝藩属琉球王国,欺侮到了大清王朝的头上。为此,朝野上下在震惊之余,对负责创建海军尚无成效的李鸿章深表不满。总理衙门内部也对李鸿章颇有微词,见到赫德对中国海防建设如此"热心",便以"借材异国"为名,趁机抬出赫德来排斥李鸿章。总理衙门这一将中国海防大权拱手让于外人的招数十分拙劣,尤其是首当其冲的李鸿章和沈葆桢对此深表不满。李鸿章曾责问:"中国政府购置的舰艇,何以不能雇佣中国的军官?"沈葆桢也曾因赫德所购舰艇的质量有问题,奏请朝廷查处。他们对总理衙门的错误决定虽然恼怒,但因直接牵涉自己的职责范围,进退两难,敢怒而不敢言。

就在李鸿章为此事一筹莫展之际,薛福成应召重返北洋戎幕。薛福成将总理衙门这份公文琢磨再三,更仔细了解了它的出笼背景,便赶紧草拟一篇呈文:《上李伯相论赫德不宜总司海防书》,利用上书形式于当年六月二十三日上呈李鸿章,剖析赫德总司海防的种种危害,并设计一条由赫德本人打退堂鼓的妙着。

其实薛福成当年跟随李鸿章同英国进行《烟台条约》谈判时,便同赫德有所接触,凭借敏锐的洞察力,对赫德的为人看得颇为透彻。在这篇上书中,薛福成虽然承认总理衙门抬出赫德总司海防系在"外侮日迫"的情势下,"亟图借才异国,迅速集事,殆有不得已之苦衷"①。但他认定这一举措是错误的:"窃见其患,未见其益"②。其故安在?因为在薛福成的心目中,赫德毕竟是个不可依赖的异国分子。他认为:"夫赫德之为人,阴鸷而专利,怙势而自尊,虽食厚禄,受高职,其意仍内西人而外中国。彼既总司江海各关税务,利柄在其掌握,已有尾大不掉之势。若复授为总海防司,则中国兵权饷权,皆入赫德一人之手。……彼将朝建一议,暮陈一策,以眩总理衙门。既借总理衙门之权,牵制南北洋,复借南北洋海防之权,牵制总理衙门,南北洋不能难也,总理衙门不敢违也。数年之后,恐赫德不复如今日之可驭也。"③薛福成这段对赫德为人及其窃踞总海防司所导致的恶劣后果的剖析,是颇具洞察力的。"内西人而外中国",对赫德在华的所作所为的本质可谓是入木三分的透视。此人作为英国侵略利益的代表者,既已牢牢控制了中国海关税务的大权,就等于执掌了中国的财政大权;如果在国与国之间靠海上逐鹿争雄的十九世纪后半叶,中国再将海防大权拱手让给赫德,其后果当然是不堪设想的:此人势必倚仗手中的兵权与饷权进一步干预朝政,岂不成了凌驾于总理衙门之上的特权人物,朝廷也对他难以驾驭了。这一鞭辟入里的剖析,当然具有极强的说服力。

为了使自己的立论更具有雄辩性,薛福成进而驳斥了各种糊涂观念:

也许有人会提出如下责难:"赫德以治兵为荣,非以揽权

① 《薛福成选集》,第125页。

② 《薛福成选集》,第125页。

③ 《薛福成选集》,第125页。

为事，即以权论，亦不过十余号炮船耳。夫奚足为重轻？”① 薛福成对此谬说嗤之以鼻：“噫，何言之易也！”他的回答是：“中国创办海防，以全力经营者，原只此十余号炮船。乃举以畀之赫德，彼得是为嚆矢，渐拓规模，中外魁柄，潜移于不觉。此履霜坚冰之渐，不可不慎也。”②

人们或又提出如下理由：“借才异国，古有明效，何独于赫德而虑之？”薛福成的回答是：“赫德长于理财，本不以知兵名。中国初振武备，所倚惟一赫德，恐为东西洋各国所窃笑。如欲延揽洋将以供任使，宜致书出使大臣，访求专门名家，而又能受南北洋调遣者，酌量订募，庶免太阿倒持之患”③。这段答辞包含两重意思：“借材异国”乃是根据实际需要出发，聘请对口的异国人才，而不是盲目乱聘，倘若请不懂“兵事”的赫德来掌管海防建设，反而遭人耻笑；“借材异国”乃是礼聘外国的“专门名家”为我所用，而不是请洋人来主宰自已，将主权拱手让给外人，从而导致“太阿倒持”的后果。应当承认，薛福成在“借材异国”问题上的认识，是审慎的、清醒的，更从理念上否定了赫德兼任总海防司的正确性。

薛福成的难点是：既然赫德兼任总海防司会给中国造成无穷祸害，可是事实上总理衙门已作出决定，碍于体面，又不便收回成命，如何才能妥善地收拾这一尴尬局面呢？薛福成凭借对赫德为人的深切了解，机智地设想出一条妙着：“与其使赫德掣肘于异日，而酿无穷之患，不如使赫德觖望于一时，而

① 《薛福成选集》，第125页。
② 《薛福成选集》，第125页。
③ 《薛福成选集》，第126页。

葆固有之权。”[①] 怎样才能使赫德“觖望于一时”呢？薛福成机智地设计了如下方策：由总理衙门出面行文于赫德，“宜告赫德以兵事非可遥制，须令亲赴海滨，专司练兵，其总税务司一职，则别举人代之。赫德贪恋利权，必不肯舍此而就彼也。则此议不罢而罢矣。”[②]

为了打消李鸿章因创办水师无成效而遭到指责所产生的疑虑，激励李出面斡旋和力争，薛福成进而规劝说：“从前南北洋谋创水师，所以久无成功者，良由中外视为缓图，饷不裕而权不壹也。今若以畀赫德之权畀南北洋，供赫德之饷供南北洋，添制船械，广罗将材，精心训练，提倡风气，将何功之不可成？是在中堂力任之，与总理衙门密商之而已。”[③]

李鸿章是名工于心计的洋务官僚，虽然薛福成的呈文句句言之成理，说到他的心坎上，更处处维护他的权势和声誉，但在接到薛福成这篇上书后，仍然踌躇再三，反复权衡，足足考虑了十天，方才下定决心，将薛福成呈文中的重要内容改写成封文书，用自己的名义函达总理衙门，就委任赫德为总海防司的利害得失及其解决办法提出看法。总理衙门几位大臣阅后，一个个被这封函件所剖析的种种道理所折服，那些原先想借此压一下李鸿章权势的颟顸官僚们也犹如大梦初醒，认识到此举的失当。于是，总理衙门便按照李鸿章（实际上是薛福成）提出的策略，以专司练兵、开去总税务司一缺之说正式函告赫德。

---

① 《薛福成选集》，第126页。

② 《薛福成选集》，第126页。

③ 《薛福成选集》，第126页。

果然不出薛福成所料，赫德确实是个“阴鸷而专利”的政客，在接到总理衙门这封函件后，思考再三，在两利相权只能取其一的条件下，他委实不愿舍弃“总司江海各关税务”这一“利柄”，而去屈就眼下仅辖管“十余号炮船”、还要奔赴海滨实地操练水师的“总海防司”一职。最后，囿于熊掌与鱼不可兼得的心境，只得忍痛表态：不愿担任总海防司。至此，赫德处心积虑窃取中国海防大权的阴谋，终于在薛福成的精心擘画和积极干预之下，未能得逞。事后，赫德为此事失利而大为恼火，在给其亲信金登干的信中发泄内心的愤懑，大叫：“英国人在中国正在失去参与内部机密的机会！”他还曾经因此而大为沮丧地打起退堂鼓，私下对金登干发泄道：“我不能永远坚持在这里，在一段长期的生涯结束的时候，看到自己如此精心维护的机构到处被驱逐和放任自流，又被移交给会把它造成破坏的人手里，我真无法告诉你我是多么怒不可遏。”①

赫德是名机警圆滑的政客，通过这次窃取总海防司大权受挫的较量，他真正意识到李鸿章的主要文案薛福成是位不可低估的对手。日后，对薛福成更加怀有戒心，伺机攻讦、中伤。一方面，他不得不承认薛福成“是个聪慧的开明人物”，“很有头脑”；另一方面，他又攻讦薛福成“不是一个举止优雅的人物，我敢说宫廷生活的环境对他的熏陶适足以使他日益自负”。当薛福成出任驻英、法、意、比四国公使时，赫德暗地里通过金登干向国内介绍道：“新公使是李（鸿章）的幕僚，有头脑，希望进步……但没有风度，没有拥戴者，没有影响，他不是

① 1881年10月16日《赫德致金登干信》，《中国海关密档》第2卷，第640页。

我会选作出任此职的人物。”他甚至还恶意中伤说：“可笑的是，他宣称要成为‘曾侯的后继者’只是在曾侯对此语不能怒目相向的时候。”① 公开暴露出对薛福成忌恨不已的阴暗心理。

赫德的沮丧和愤怒，乃至对薛福成的忌恨，更从反面证实，在这场维护国家主权、粉碎西方侵略分子攫夺中国海防大权的斗争中，薛福成曾就此做出不可低估的贡献。历史有时是会捉弄人的。当时，京城政界人士都以为是李鸿章的妙着制服了觊觎中国海防大权的赫德，捍卫了国家主权。殊不知，在李鸿章背后，真正出谋献计的却是其幕僚薛福成。囿于一己私利的李鸿章在这个问题上，仅仅是自觉或不自觉地充当了一个穿针引线的角色而已。

四、计定朝鲜内乱

1881 年冬，薛福成作为候补知府，因“赞襄洋务”有功，奉旨署理直隶宣化府。“署理”乃暂时代理之意，上任四个月后，实任知府履任，薛福成便又重新回到北洋戎幕执掌文案。这时，由于李鸿章正回乡丁母忧，朝廷决定直隶总督、北洋大臣一职暂由张树声署理。薛福成又成了张树声幕府的主要文案。

这时，由于日本对朝鲜的不断渗透和干预，使朝鲜政权内部产生剧烈争斗，进而掀起一场流血动乱。原先，因朝鲜国王无嗣，王后决定将大院君李昰应之子李熙召进王宫入承大统，

① 转引自卢汉超著：《赫德传》，上海人民出版社 1986 年版，第 154～155 页。按：曾侯系指曾纪泽，曾任清廷驻英、法、俄公使，当时已逝世。

由中国皇帝册封为朝鲜国主，李昰应以“摄政”身份揽权。李熙年长后，在王妃闵氏集团的支持下总揽朝纲，逐渐剥夺了大院君的权势，而闵氏集团的背后则受到日本的支持。大院君李昰应为了夺权，便于1882年7月23日利用士兵“起义”（史称“壬午兵变”）策动了一场政变，向亲日的闵氏集团夺权：幽闭国王，劫杀闵妃，焚烧日本驻朝使馆。日本驻朝公使花房义质闻变，仓皇逃回日本。

野心勃勃的日本早就企图将朝鲜变为它的殖民地，得悉花房义质的报告，立刻决定抓住这一天赐良机，“大集兵舰，莅朝查办”。以平定“壬午兵变”为借口，于光绪八年六月十七日（1882年7月30日）派遣饶于谋略的外务相井上馨督率陆海军，偕同花房义质开赴朝鲜兴师问罪。这时，清廷出使日本大臣黎庶昌获悉这一消息，十分警觉，火速将日本出兵动向密电北洋大臣张树声，并吁请清廷立刻采取对策：“请派员酌带兵轮至汉江观变”①。

由于朝鲜自古以来与中国有着唇齿相依的密切关系，更兼毗邻朝鲜的东北地区又是清朝统治集团的发祥地，因此，清政府对朝鲜的局势十分关注，更警惕日本对朝鲜的染指。张树声深知朝鲜局势的恶化直接关系到中国边境的安危，当他接到黎庶昌的告急密电后，立即召集幕僚紧急磋商。

张树声作为摄理北洋海防与对外交涉事务的朝廷命官，建议朝廷作出重大举措按例皆由总理衙门承转。他虽对朝鲜局势十分焦急，更对日本的出兵干涉异常警惕，但他不敢违例行事，采用的方法是：火速致函总理衙门，提请总署奏请朝廷

① 马建忠：《东行三录》，第55页。

发兵援护朝鲜。

薛福成虽然赞同张树声火速出兵驰援朝鲜的主张，但他更深知朝廷办事的拖拉作风，朝鲜形势迫在眉睫，倘按正常手续呈请朝廷发兵，几经周折，必将贻误大局。于是，他向张树声提出如下建议："辗转筹商，往反之间已五六日，若倭兵先到朝鲜，彼且虏其王而踞其都，如琉球故事。事机得失，间不容发，请发超勇、扬威、威远三兵轮，即日东驶，仍函商总理衙门续发陆军前往。"①

这是一个十分大胆的建议，等于要张树声打破常规，来个"先发兵后请示"，势必带有相当的风险。但事机紧迫，舍此不能达到先声夺人的成效。张树声非常欣赏薛福成的胆识和魄力，果断采纳了他的建议，立刻下令北洋海军提督丁汝昌、道员马建忠督带超勇、扬威、威远三艘兵轮，于六月二十五日(8月8日)由烟台起碇东渡，又调集南洋和招商局轮船，准备运送陆军开赴朝鲜。

时不我待。丁汝昌率领的兵轮于二十七日辰刻抢先抵达朝鲜仁川港口，而日本舰队的先头部队也于当天未刻到达，仅仅比中国舰队晚了三个时辰。

一着领先步步领先。日本舰队的先头部队见中国舰队早已威武地排列在仁川港口，"为之夺气，遂不敢动"，只得与丁汝昌等人"以礼相见"②。

二十八日，日本主力部队到达朝鲜，共有海陆军一千数百名。花房义质率领五百名官兵进驻汉城，"与朝鲜议约，开列多

① 《薛福成选集》，第179页。

② 《薛福成选集》，第179页。

款，百端要挟”[①]。

这时，总理衙门已根据张树声的书面建议，奏明朝廷派遣提督吴长庆率领六营淮军火速开赴朝鲜声援。中国军队到了朝鲜之后应该如何行动为妥？薛福成于二十九日起草了一篇《上张尚书论援护朝鲜机宜书》，提出了中国军队“援护朝鲜”的具体行动方策。张树声一见，十分赞赏，立刻派人送往朝鲜，要求中国军队“酌度遵办”。吴长庆接到薛福成的上书后，“阅之大喜，与丁提督、马道密商，意见相同，决计遵行”[②]。

薛福成在这封上书中究竟提出了什么令人折服的锦囊妙计呢？

他首先肯定，中国出兵援护朝鲜是正义行动，“此举以顺讨逆，以强制弱，必可迅速成功。”[③] 但他也清醒地看到，日本对朝鲜久有吞并之心，“万一此次乘朝鲜内乱，逞其狡谋以与中国为难，甚属可虞，不能不豫为之防也。”[④] 为此，中国必须抓紧时机，先发制人，粉碎日本的阴谋：“中国宜于此时飙驰电发，为朝鲜速定内变，内变定而日本无能为矣。”[⑤]

接着，他又为中国军队精心设计了以疾雷不及掩耳之势“为朝鲜速定内变”的行动方案：“王师既到，宜为书声明专讨乱党违命启衅之罪，檄召李昰应赴兵船问状。彼如挺身来前，或归罪他人，或饰辞狡辩，宜一概勿理，不动声色，暂予羁留。先以威远一船载送来华，致之京师，听候朝命。其大队官兵暂

---

① 《薛福成选集》，第 179 页。

② 《薛福成选集》，第 179 页。

③ 《薛福成选集》，第 176 页。

④ 《薛福成选集》，第 176 页。

⑤ 《薛福成选集》，第 176 页。

驻朝鲜，为之捕诛乱党，不数日而大事可立定，此善之善者也。"① 根据这一行动方案，薛福成还估计朝鲜局势的种种变化，在李昰应或许"伏匿不出"，或许"挟王出走"，或许"力与我抗"，或许日本军队中途"邀截"的情况下，拟订出中国军队应如何"便宜行事"的具体对策，力求"定计宜密，措注宜速"，迅速稳定朝鲜局势，使日本侵略军队无机可乘。

最后，他还提出了如何堵住日本口实、防止日本军队趁火打劫的办法："若日本出而排解，告以中国属藩之事，不愿他国与闻"，"搜除乱党之事，当由中国任之"。② 如日本理论使馆被毁之事，"中国宜遣使以温语抚绥倭人，许以乱平之后，诸事可代为清理"，"日本馆人被杀，必索抵偿。自不妨以捕斩乱党为抵偿人命之用，所谓一举两得者也。"③

薛福成满怀信心地认为，如果按照他所设计的"相机利导之方"行事，便可以"化后著为先著"，使中国牢牢掌握这次对外交涉的主动权。

局势的发展果然不出薛福成的预料。吴长庆率领大军于七月初八日（8 月 21 日）抵达朝鲜南阳府。当吴长庆接到张树声寄来的这份薛福成上书后，"阅之大喜"，立刻与丁汝昌、马建忠等人紧急磋商，决计按照薛福成的建策行事。这时，虽然日本使臣对朝鲜大员多次提出交涉，百端要挟，但朝鲜当局见到清军抢先赶到为自己撑腰，便有恃无恐，对"颇肆咆哮"的日本所提出的无理苛求，"拒之益坚"。日本也不甘示弱，花房义

① 《薛福成选集》，第 176～177 页。

② 《薛福成选集》，第 178 页。

③ 《薛福成选集》，第 178 页。

质于七月初十日率众悻悻然退出王京,表示将同朝鲜"决裂"。但吴长庆决定先发制人,于七月十二日亲率大军疾驰到朝鲜王京扎下营垒。日本公使花房义质未料到吴长庆大军居然如此快速进驻王京,且人多势众,日本反而处于"兵少而势孤"的逆境,于是,"深悔出京之失计",在无可奈何之中,"遂与朝鲜成约,寻盟而退"①。

日本的威胁暂时缓解,但李昰应尚率领乱党数千继续盘踞王宫,"日夜营造兵器,内外勾结,祸且不测"②。为了尽快稳定朝鲜政局,吴长庆、丁汝昌、马建忠三人密定机宜,决定按照薛福成的锦囊妙计,于七月十七日(8月30日)巳刻,三人联合入宫拜会李昰应,"以礼周旋"。当天下午,当李昰应率领随从前来清军营帐回拜时,吴长庆等人故意与之寒暄,拖延至傍晚,设计遣返其随从,再由丁汝昌亲率小队人马,"以肩舆拥李昰应就道,冒雨夜驰百二十里"③,于次日赶到南阳海口,再挟持李昰应登上"瀛洲"号兵轮,"鼓轮疾驶",将李昰应解送天津,听候清廷发落。李昰应被软禁后,吴长庆则督率淮军,配合朝鲜王军在京城内外扫除李昰应党羽,"尽歼其渠",使朝鲜的局势最终得以平定。

清廷这次"赴机迅捷"的军事行动,在当时特定的历史条件下总算暂时稳定了朝鲜政局,尤其是挫败了日本企图利用"壬午兵变"吞并朝鲜的阴谋,使日本不能再像昔日并吞琉球那般恣意妄为,也增长了清王朝的体面和威风。为此,张树声

---

① 《薛福成选集》,第179页。
② 《薛福成选集》,第179页。
③ 《薛福成选集》,第180页。

被清廷嘉赏太子少保头衔，薛福成也因运筹策划有功，晋升为四品道员。可是，张树声在保奏这次援护朝鲜军事行动的褒奖名单中，未曾提及驻日使臣黎庶昌火速呈递密电的贡献。事后，薛福成为此鸣不平，极力推重黎庶昌在这场军事行动中"侦得确音，急递密电"，理应推为"首功"，"奏事匆促"的张树声"未及特笔为之表章"①，实在令人"惜乎"！

十九世纪八十年代是中国遭受资本主义列强四面蚕食侵吞的艰难岁月。在日本侵略东邻朝鲜的同时，法国正在加紧侵吞中国南方邻邦越南，将矛头指向中国西南边疆。这一险恶政局，又将薛福成的视线引向了筹思抗法援越的时代课题。

---

① 《薛福成选集》，第180页。

第五章 《筹洋刍议》倡言变法

实践出真知。入参北洋戎幕的多年政治生涯，不但为薛福成提供了施展聪明才智的舞台，更使他有条件深入地洞悉晚清的社会现实，根据时代的需求，缜密构思变革中国社会现实的方略，撰写出洋溢着爱国情怀的洋务政论集——《筹洋刍议》，为研究中国近代社会的新陈代谢提供了一份重要的思想成果，更确立了他在近代思想史上的重要地位。

一、为应敌而作

任何一部传世之作，都强烈地反映着时代脉搏的跳动。光绪五年(1879)，当薛福成由故乡重返北洋戎幕，贫弱的中国正面临着外国侵略者接二连三的胁迫、欺凌。这一年春天，日本公然侵占原对清王朝有朝贡关系的琉球，废除清廷册封的琉球国王，改置为冲绳县，悍然将其纳入日本版图，并进而窥视中国海疆；夏天，沙俄在侵占我国伊犁后，又逼迫清朝使臣崇厚在丧权辱国的《里瓦几亚条约》上签字画押，妄图攫取中国的大片领土和侵略特权；秋天，以德国公使为首的西洋各国公使，则抓住修订双边条约的机会，胁迫中国尽免洋货行销中国内地的厘税，并以策动战争为要挟……

目睹列强对中国施加的频仍外患，薛福成忧心如焚，寝馈难安，陷入了痛苦的思索：在这多事之秋，一个有良心的中国人，岂能坐视列强对祖国的蚕食欺凌？他痛切地感到，外敌当前，形势险恶，为了祖国的安危，必须及时筹划相应的对策："应之得其道，敌虽强不足虑；不得其道，则无事而有事，后患且不可言。"① 正是这种时代的责任感和形势的紧迫感，驱使着薛福成将自己近几年来积累的所见所闻，以及反复筹划、思考的有关内政外交的国家大计，挥笔疾书，写成长达二万余字的书面文字，呈交李鸿章上达，供朝廷"采择"。这就是系统反映薛福成"经世致用"政见的代表作——《筹洋刍议》。

《筹洋刍议》，顾名思义，就是筹划如何对付外洋侵略所提出的政见。围绕这一主题，共写出《约章》、《边防》、《邻交》、《利器》、《敌情》、《藩邦》、《商政》、《船政》、《矿政》、《利权》（一至四）以及《变法》等十四个篇章。在这些系统反映薛福成对"时事"见解的十四个篇章中，虽然不少内容重复了自己或他人对办理洋务的已有建议，但更主要的是大胆阐述了若干切中时弊的深邃见解，提出了通过"变法"的途径，希图在中国发展资

① 《薛福成选集》，第526页。

本主义的不少宝贵意见。其中不少建策,既富有时代气息,更反映出薛福成思想和认识的不断深化。

二、对中外约章进行“补偏救弊”

薛福成在《筹洋刍议》中,首先依据中外约章应该“期于两国有益无损”的原则,公开提出对不平等条约进行“补偏救弊”。

这部著作是在西方列强抓住“修约”机会大肆讹诈,妄图攫夺新的侵略特权的困境中写就的,故薛福成首先考虑的是如何看待中外约章、如何对付列强就此对中国施加的“多方挟制”。

在开宗明义的《约章》一节中,薛福成根据对世界各国政情的了解,首先阐明了中外缔结约章应该遵行的原则:“两国议和,不能无约。约章行之既久,恐有畸重畸轻之事,以致两国之有偏损也,不得不订期修改,以剂其平,此中外通行之例也。然修约之举,期于两国有益无损。损一国以益一国,不行也。一国允而一国不允,不行也。”① 显而易见,中外缔约的原则就是四个字:平等互利。缔约如此,修约亦然,就是为了纠其“偏损”,“以剂其平”,最终达到平等互利。

在平等互利的原则下,双方在修约过程中都应持友好而又积极的态度,相互磋商。“惟其如是,则存自利之见者,不得恣睢以从事;有自护之权者,不妨从容以徐商。”② 可是在现实

① 《薛福成选集》,第527页。

② 《薛福成选集》,第527页。

政治生活中，西方列强并未按照这一理想原则和友善态度同中国打交道。薛福成清醒地看到，在处理马嘉理事件过程中，中国面对英国方面的“多方挟制”，在谈判过程中“不得不量予变通”，也就是适当予以让步，在《烟台条约》中满足了英国的部分侵略条件。但英国侵略者并未真正满意，英使威妥玛暗中挑唆德国公使巴德诺出面，“借修约之事，多所要求。要求不得，旋肆恫喝”①。

面对列强的胁迫和挑衅，薛福成提出如下关于“修约”的谈判原则与立场：“即令佯示决裂之形，中国惟当静以待之。其万不能允者，始终坚执一辞，而彼固无如我何也。如其可允，而有大损于中国者，宜取大益以抵之；有小损于中国者，宜取小益以抵之。损益适足相当”②。不受侵略者的“恫喝”，“惟当静以待之”，镇静自若，处变不惊，这是原则；但在具体条款洽谈中又有灵活性，有损有益，互补互让，务求“损益适足相当”。

当然，薛福成为朝廷拟订的关于修约的谈判原则与策略，是他凭借爱国者的良知，冷静地思考和总结了鸦片战争以来中外缔结的不平等条约及其灾难性后果的沉痛教训的成果。十几年前，当他以草野书生投入曾国藩门下时，曾认定洋烟和洋教是不平等条约给中国造成的两大社会祸害，指出：“盖洋烟盛，则挠我养民之权，洋教行，则挠我教民之权，教养无所施，而国不可为国矣。此时局之变之尤可忧者也。”③就当时来

① 《薛福成选集》，第527页。

② 《薛福成选集》，第527页。

③ 《薛福成选集》，第25页。

说，薛福成的这些认识触及了社会流弊，不为无见。然而，经过十几年的从政实践，尤其是西方列强对中国侵略的不断加深，使薛福成对不平等条约给中国造成的危害有了新的更深层次的认识。在《约章》中，他明确指出：

中国立约之初，有视若寻常而贻患于无穷者，大要有二：一则曰一国获利，各国均沾也。西人始来不过一二国，中国不知其牵率而至者，如是其众也。既因有此约，一国所得，诸国安坐而享之；一国所求，诸国群起而助之。是不啻驱西洋诸国，使之协以谋我也。失计莫甚于此。……（德国）今复以修约而诛求无已，而英人亦乘间而导之，合力以谋之，此皆"利益均沾"一语阶之厉也。……一则曰洋人居中国，不归中国官管理也。夫商民居何国何地，即受治于此地之有司，亦地球各国通行之法。独中国初定约时，洋人以中西律法迥殊，始议华人治以华法，归华官管理；洋人治以洋法，归洋官管理。然居此地而不受治于有司，则诸事为之掣肘。①

这段论述说明，薛福成对不平等条约给中国带来"贻患"的认识，确实比以往有了长足的进步，其视觉更切进西方列强侵略、奴役贫弱国家的政治实质。

所谓"一国获利，各国均沾"，系指西方资本主义列强在中国攫取的片面最惠国待遇。早在1843年10月8日中英《虎门

① 《薛福成选集》，第528页。

条约》第8条中就规定:"设将来大皇帝有新恩施及各国,亦应准英人一体均沾,用示平允。"这就是说,今后其他国家只要在中国得到任何权益,英国就可以同样享有,但中国并不能在英国享受这种待遇,故称片面最惠国待遇。这条规定,开创了一条恶劣的先例,刺激了列强在侵略中国时纷纷谋求利益均沾的野心。如1844年7月3日中美《望厦条约》第2条规定:"如另有利益及于各国,合众国人应一体均沾,用昭平允",并据此得到了中英《南京条约》中英国得到的各项侵略特权。1844年10月24日中法《黄埔条约》第35条也同样规定:"惟中国将来如有特恩、旷典、优免保佑,别国得之,佛兰西亦与焉。"连1847年3月20日瑞典、挪威同中国签订的《广州条约》中也明确规定:"如另有利益及于各国,瑞典国、挪威国等民人应一体均沾,用昭平允。"至于沙俄于1858年6月13日与清政府签订的《天津条约》中更明确写上:"日后大清国若有重待外国通商等事,凡有利益之处,毋庸再议,即与俄国一律办理施行。"(第12条)1861年9月2日中德《通商条约》第40条同样明确规定:"中国大皇帝今后所有恩渥、利益施于别国,布国及德意志通商税务公会和约各国无不一体均沾实惠。"① 如此等等的中外约章,异曲同工地写明西方列强一个个将"利益均沾"的侵略特权强加在中国头上,攫夺了片面的最惠国待遇,给中国造成了极其惨重的损失。薛福成十分痛心地看到,这条"利益均沾"的侵略条款造成了西方侵略者"协以谋我"的惨痛事实。当年,德国正是根据"利益均沾"的原则规定,得到了中英《烟台条约》中的种种权益,如今,"雄长欧洲"的德国又抓住

① 以上条文均见王铁崖编:《中外旧约章汇编》第一册。

“修约”对中国进行勒索,英国也就“乘间而导之,合力以谋之”,妄图进一步扩大在华的侵略权益。倘若中国对此不能采取对策予以挽救,后果更是不堪设想。

所谓“洋人居中国,不归中国官管理也”,系指中国司法主权遭到践踏,西方侵略者在中国攫取了领事裁判权。当年,中英《南京条约》规定英国在通商五口设领事,1843 年《五口通商章程》第 13 条进一步规定:“倘遇有交涉词讼”,英国领事有权“查察”、“听讼”,“其英人如何科罪,由英国议定章程、法律,发给管事官照办。”① 这就是说,英国侨民、商人同中国人发生冲突,犯了法或成为被告,只能由英国驻中国的管事官——领事裁判,中国政府无权过问。英国首先得逞后,美国紧紧跟上,在中美《望厦条约》中进一步扩大了领事裁判权的范围。其中规定不仅在中国的美国侨民与中国人之间的或美国侨民之间的民刑案件要由美国领事审讯,甚至美国侨民与其他外国侨民在中国发生诉讼,也“应听两造查照各本国所立条约办理,中国官员均不得过问”②。此后,法国、俄国、德国、日本等国援英、美先例,相继取得了这项特权。1854 年小刀会起义占领上海县城后,英、美、法等驻上海领事又乘机攫取了对租界内纯属中国人诉讼案件的审判权。此外,英、美、法等国还强迫清政府建立了中外会审制度。1858 年中英《天津条约》规定,中国人和英国人发生争执,各到被告所属国家的官员处控告,如不能调解,“即由中国地方官与领事官会同审办”。1864 年清政府与英、美、法三国驻上海领事协议在租界内设立会审公廨,

---

① 王铁崖编:《中外旧约章汇编》第一册,第 42 页。

② 王铁崖编:《中外旧约章汇编》第一册,第 55 页。

以后又在汉口、哈尔滨、厦门鼓浪屿等地设立了会审机关，规定纯属外国人的案件，只由外国领事审理；原告为中国人，被告为外国人的案件，由外国领事“主审”，中国会审官“观审”；其余案件由外国领事和中国会审官会审。实际上，会审机关完全由外国领事把持，中国会审官仅仅是个陪衬而已。领事裁判权制度的建立，是中国司法独立主权丧失的重要标志，也是清朝司法制度半殖民地化的具体体现。它直接助长了外国侵略者在中国肆无忌惮地为非作歹，加深了中国人民的苦难。对此，薛福成不能不痛心疾首，表示极大的愤慨。他曾以人命案件为实例，作出如下强烈对比：“华人犯法，必议抵偿，议抚恤，无有能幸免者；洋人犯法，从无抵偿之事，洋官又必多方庇护，纵之回国，是不特轻法所未施，而直无法以治之矣。此无他，有司无权之故也。”①

“利益均沾”导致中国“失计莫甚于此”，领事裁判权又造成中国“有司无权”、“诸事为之掣肘”。那么，中国能否补救，挽回自主之利权呢？

薛福成的观点极其鲜明：“往者不可救，来者犹可追。”当然，他也清醒地估量到，以往的中外约章中国是不能片面撕毁的，“今欲顿弃前约，彼必不肯从也”②。为此，他从现实情势出发，提出一套“于无形之中潜寓转移”的方策：

一曰“莫如存其名而去其实，使彼相忘于不觉”③。这是针对“利益均沾”而发的。他认为，1869 年 10 月中英签定的《新

① 《薛福成选集》，第 529 页。

② 《薛福成选集》，第 528 页。

③ 《薛福成选集》，第 528 页。

定条约》第一条中，有可用来牵制列强在"利益均沾"口实下扩大侵略权益的内容，"用意甚善"。因为该条文写明："中国允，凡与通商各国所定条约章程内有益于各国者，英国商民亦得一体均沾。英国允，凡英国商民欲援中国与各国所定条约章程之益一体均沾，即应照中国与各国所定条约章程之款一体遵守。"① 在他看来，任何一个列强对中外约章"有益于各国"的内容，既有"一体均沾"的权利，又有"一体遵守"的义务。这样，只要中国"拟订各国通行约本"，彼此"一体遵守"，照章办事，"利益均沾"也就成为有名无实的空话。以后修订新约时，更以"一体均沾"之语作为挡箭牌，要求对方不可"稍有参差"，以免"一事两歧"。如此这般，便可达到使列强"互相牵制"的目的，大大减少侵略者"无端之喧聒"。显然，薛福成设想以"通行约本"使各国在华权益"会归于一"，仅仅是承认与遵行西方列强已经取得的侵略权益，是一种极其软弱的努力，根本无补于中国受侵略、遭奴役的地位。

二曰"补偏救弊"，这是希冀挽回领事裁判权的方策。他得悉美国与日本议立的新约中，同意恢复日本的"内治之权"，决定"外人皆归地方官管辖"，不胜羡慕，决心借助这块它山之石，谋求中国的自主之权。他提出："中国亦宜于此时商之各国，议定条约：凡通商口岸，设立理案衙门，由各省大吏遴选干员，及聘外国律师各一人主其事；凡有华洋讼件，均归此衙门审办。其通行之法，宜参用中西律例，详细酌核；如犹不能行，而专用洋法亦可。何也？治华洋交涉之事，本与中国自治之法不同。以洋法治华人，所以使华人避重就轻也。以洋法治洋人，

① 王铁崖编：《中外旧约章汇编》第一册，第308页。

所以使洋人难逃法外也。补偏救弊，舍是无他术矣。”①薛福成的这一建策，具有两层含义：一是中国掌执司法主权，设立理案衙门，审理华洋交涉，避免大权旁落于洋官的状况；二是用同一尺寸量刑执法，以求在法律面前华洋平等。鉴于中西法律量刑上有重轻之差异，不能强西人以就中法，故不惜“专用洋法”以处理华洋诉讼，可达到“使洋人难逃法外”的效果。应该承认，薛福成为挽回领事裁判权、维护中国的司法自主权，进行了积极的努力。但日本的经验并不等于在中国也能成功，薛福成由中国成立“理案衙门”来处理华洋交涉的构想并未实现，只能为近代法制史留下一点可供研究的宝贵资料。

三、精求自强之术

薛福成撰写《筹洋刍议》的宗旨，决定了他必须将思绪紧扣如何抵御和防范西方列强对中国“相侵”、“相迫”的时代课题而展开。于是，他在《边防》、《邻交》、《利器》、《敌情》、《藩邦》诸章节中，以大量篇幅仔细探究如何“精求自强之术”。

“精求自强”，首先必须“筹边”，也就是切实加强边防，巩固边疆的安全。在《边防》一章中，他认真分析了俄国在西方列强中的位置与国力，“固天下莫强之国”，连泰西诸国皆“畏俄忌俄”。由于中俄之间边境横亘二万里，薛福成尖锐指出：“俄之忧在欧洲者显而缓，俄之忧在中国者隐而重”②，从而成为中国东北、西北边境安危的最大威胁。为了防范俄国的侵犯，

① 《薛福成选集》，第529页。

② 《薛福成选集》，第530页。

他提出如下对策:"为中国今日计,宜因其机而导之,师老子'善胜不争'之训,守孙武'知彼知己'之谋,略细故而昭大信,使之无隙可乘,中国乃得以其暇讲求一切富强之具,事固大可为也,时亦大可乘也。若夫目前自固之策所最宜注意者,在东三省,其次则新疆,其次则内外盟蒙古。"① 并具体提出委重臣实力经营东三省,募练骑兵;屯劲旅捍御新疆,广兴屯田,以裕军食;扶持培护蒙古,建设北方藩卫等方略。薛福成再三强调:"中国筹边之要,在中外上下戮力一心,精求自强之术而勉行之,则不言防边而边自固矣。"②

"精求自强",还必须"树援以自固",以对付"外侮之交侵"。薛福成清醒地看到,对中国边防构成直接威胁的,除俄罗斯外,还有"人性桀黠,蔑视中国"的东邻日本。他认为,日本自十几年前"大开互市,宗尚西法"以来,"气焰益张"。近几年来,采用远交近攻之术,"一入台湾,再议朝鲜,三废琉球。今其兵船且游历至福建,隐有耀武之意"③,其根本目的在于染指"民物之丰"的中国。因此,中国必须对"日本相侵之志"保持高度的警惕并采取相应的对策。为了做到知己知彼,薛福成还将当时的日本与中国进行"絜长校短"的对比:"日本仿行西法,颇能力排众议,凡火轮、舟车、电报及一切制造贸易之法,稍有规模,又得西人之助,此其自谓胜于中国者也。"④ 但在具体国力方面,日本比之中国,又存在"其饷不足恃"、"其械不足恃"、

① 《薛福成选集》,第 531 页。
② 《薛福成选集》,第 531 页。
③ 《薛福成选集》,第 532 页。
④ 《薛福成选集》,第 533 页。

“其众不足恃”等三大弱点。至于在军事力量方面，日本以西法练兵仅逾十年，未经战阵，虽也购得战舰十五只，大炮数十尊，但“核其实当与中国相等”，且又处于“北畏俄人，西防中国”的情势之中。因此，中国对日本的威胁应采取如下对策：“自强之权在中国，即所以慑伏日本之权，亦在中国。彼可购而得者，我亦可购而求，彼可学而能者，我亦可学而至，而况中国之才力物力，十倍于日本哉。”① 薛福成将中日两国“絜长校短”的结果，既看到日本的长处在于坚决“仿行西法”，又看到它的弱点与不足，并从中得出一个重要结论：只要中国认真学习对手的长处，也能通过“购而得”、“学而能”的途径，“力排众议”地“仿行西法”，凭借中国的才力物力，切实掌握“自强之权”，那么，也就掌握了“慑伏日本之权”。当然，他也看到中国在“仿行西法”过程中的艰难与曲折，要真正取得实效并不那么简单。为此，他大声呼吁：“中国于自强之术，不宜仅托空言，不可阻于浮议。诚能一日奋然有为，而决之以果，误之以实，国旋至而立有效者也。是故为今日计，御俄人之道利用柔，非柔也，化其争竞之气也；御日本之道利用刚，非刚也，示以振作之机也。”② 中国自强必须切切实实、讲求实效，抵御沙俄和日本的侵扰理应刚柔相济、区别对待，可谓掷地有声，既抓住了清政府在“仿行西法”过程中的弊端，又为中国“精求自强”指明了方略。

薛福成的“御日本之道”，除呼吁在内政方面朝野上下应切实把握“自强之权”奋然有为，还强调在外交方面“树援以自

① 《薛福成选集》，第533页。

② 《薛福成选集》，第533～534页。

固”。他认为:“联泰西各邦以谋中国,其势可虞;分附近邻邦以合西人,其势更可虞。”[1] 在他的心目中,中国面临的国际形势是相当严峻的,一方面,日本“素恃西人为党援”,依附西人以觊觎中国;而西方列强“又知中国之可以势迫也”,“辄思伺中国有事以图利也”[2],故在中日争端中扮演着一个不光彩的角色:“彼必虚张日本之声势,以胁持中国;彼必代日本护其短,而故评中国为非;彼必稍损中国以益日本,因以市恩于日本;彼必反谓损中国者为助中国,因以责报于中国”[3]。为了改变日本联络西方列强“以胁持中国”的局面,薛福成提出,中国应改变对西方列强“猜防之,蔑视之”的盲目自傲态度,效法日本“恃西人为党援”的策略,根据各国的对华态度施展外交手段,“释怨修好”,以改变中国孤立的局面。“中国与美有相助之约,则美可亲;与俄为最旧之交,则俄可亲;其他若英若德若法,苟可结约,均宜因势而导之,迎机而赴之,而此中得失,则以识彼性情为枢纽。”[4] 应该指出的是,薛福成这套“树援以自固”的构想并非无原则地媚外求援。一方面,他主张“让以虚而不让以实”,坚决反对以出卖国家利权博得列强的亲厚,指出:“今中国让之以利,彼且谓恫喝而得之也,必有得步进步之心,是让之仍无益也”[5];另一方面,他再三强调对外交涉必须牢牢建立在自己国力强盛的基石之上:“中国能自强,即邻邦启衅,各国出而调停,未尝无小益;中国未能自强,而狡寇争雄,各国

① 《薛福成选集》,第536页。
② 《薛福成选集》,第536页。
③ 《薛福成选集》,第536页。
④ 《薛福成选集》,第537页。
⑤ 《薛福成选集》,第537页。

因之玩侮,必致有大损。"[①] 在外国侵略者"蹈瑕伺间,诡谋百出"图谋中华的逆境中,欲求得民族的生存和国家的稳固,中华民族只有在"上下戮力一心,精求自强之术"的基础上切实讲求自强之道,再辅以灵活的外交策略"树援以自固",才能改变"联泰西各邦以谋中国,其势可虞"的困难局面。这就是薛福成当年构想的"精求自强"方案。

当然,现代战争的胜负还取决于武器和装备的优劣。薛福成设想的"御日本之道"中,还依据"以有器与无器校,则有器胜;以利器与不利之器校,则利器胜"[②] 的原则,极力强调"讲求制敌之利器"的重要性。他在《利器》一章中,仔细分析了中日之间制敌利器上的差异。薛福成认为,近几年来,中国向西方购得大小洋炮不下数百尊,洋枪不下数万杆,尚有水雷及师丹式炮船。这些新式武器,"御西人虽不足,御东人则有余矣","日本所挟以傲中国者,则彼有铁甲船而我无之也"。[③] 鉴于日本已定购铁甲船三艘,中国亟须采取相应对策。他提出:"夫日本三船之价,不满百万,今中国诚能筹银三百万两,则视日本已三倍有余矣。就中国口岸相需之船,大小参用,少则可购四号,多或至五六号。非必用之以摧敌也,但使得此利器,坐建无形之威,……不待两阵交锋,可以潜消邻衅,已省无穷之费。"[④] 这段论述闪烁着薛福成民族自卫的爱国思想:订购铁甲船装备自己,不是为了"摧敌",主动去进攻它国,而是为了

① 《薛福成选集》,第537页。
② 《薛福成选集》,第534页。
③ 《薛福成选集》,第534页。
④ 《薛福成选集》,第534～535页。

"坐建无形之威",威慑来犯者,"潜消邻衅"。

对"经费支绌"、"日不暇给"的清政府来说,如何筹措这三百万两的额外巨款呢?薛福成不赞成"筹借洋债"的主张。他审慎总结了世界上其他国家的沉痛教训,列举"如土耳其之颠危,西班牙之贫弱,日本之困匮,皆为国债所累,甚者罄岁入之款,不足以供息银,于是苛敛横征,而内变迭作。"① 一个国家倘若不顾国力,盲目地大借外债,势必加强对国内人民的榨取,其结局是十分危险的,将导致"内变迭作"。这是一个多么严重且又可怕的后果。他接着又指出清政府目前所借洋债虽刚超过一千万两,不要说是还债,仅一分二厘的借息已不堪负担,如今倘若辗转加借,"十年之后,积累益巨,利不胜害,不可不慎也。"② 既然国内外的经验教训都不允许借洋债,那么如何筹措这笔订购铁甲船的款项呢?薛福成提出一个"转移之妙术"。他根据光绪二年"部拨西征饷银二百万两,由库存四成洋税提出批解"的成功先例,主张在"库储重款"上挖掘潜力。提出:"今邻国之侮,甚于回寇,海防之棘,重于边疆。可否援照成案,拨发部库存银二百万两,以为创制利器之用,仍以沪关二成洋税,及粤、潮、闽、浙、山海五关四成洋税之半,分年划补。如此一转移间,则以海防之费,用之海防,不待筹拨于各省,而帑项无亏缺之虞,不受盘剥于外人,而器械有克期之举。"③ 薛福成设想以库拨海防经费订购铁甲船的"转移之妙术"得到了朝野上下的正视。光绪六年春,朝廷指令李鸿章预筹专款购办

① 《薛福成选集》,第 535 页。

② 《薛福成选集》,第 535 页。

③ 《薛福成选集》,第 535 页。

铁甲船,以部拨库银和各海关解银嘱驻德公使李凤苞向德国订制“定远”、“镇远”和“济远”三艘铁甲舰,于光绪十一年九月同时运到中国,大大加强了中国海军的实力。事实证明,薛福成反对盲目借洋债、凭借国内财源加强近代化海防建设的构想,有着十分积极的意义。

四、寓强于富,振兴工商

薛福成强调学习西方国家“以工商为先”的富强经验,大力发展资本主义工商业,以求得“寓强于富”的实效。

一个国家要求得强盛,必须有丰富的物质基础作后盾,倘若离开了这个基础,就是“富”,所谓“自强”,势必成为沙滩上的楼宇,经不起风吹雨打。薛福成似乎看到了“富”和“强”之间的内在联系,在《筹洋刍议》的后半部分,系统阐述了振兴国家的经济方针,提出了“寓强于富”的思路.竭力倡导大力发展资本主义工商业,将他心目中的“自强之道”落实在创建近代化经济体制的基石之上。

在《商政》篇中,他首先认真比较并总结了中西在“富强”问题上的经验和差异,开宗明义地指出:“昔商君之论富强也,以耕战为务。而西人之谋富强也,以工商为先,耕战植其基,工商扩其用也。然论西人致富之术,非工不足以开商之源,则工又为其基而商为其用。”① 一个是中国恪守传统的“以耕战为务”.一个是西方各国奉行的“以工商为先”,其结果,导致了现

① 《薛福成选集》,第540页。

实中的巨大反差：以“工商之务，蒸蒸日上”的英国为首的西方国家呈现的“强盛之势，遂为亘古所未有”；而中国面临的却是“近日民穷财尽，有岌岌不终日之势矣”。中西之间何以出现如此令人震惊的巨大反差？薛福成寻觅出一个答案：“夫商务未兴之时，各国闭关而治，享其地利而有余；及天下既以此为务，设或此衰彼旺，则此国之利，源源而往；彼国之利，不能源源而来，无久而不贫之理。所以地球各国，居今日而竞事通商，亦势有不得已也。”① 原来，是商品流通打破了“闭关而治”的旧格局，造成了各国都被卷入“竞事通商”而相互争雄斗富的、不可抗拒的世界洪流。面对这样一个不可抗拒的“势”，中国何去何从？薛福成毕竟具有顺应历史潮流的意识，得出如下结论：“然则为中国计者，既不能禁各国之通商，惟有自理其商务而已。”②

那么，晚清时代的中国如何振兴自己的商务呢？薛福成进而论述道：“商务之兴，厥要有三”：

“一曰贩运之利”。也就是大力发展交通运输业。他已敏锐地看到，自五口通商以来洋商以轮船贩运华货，“不特擅中西交易之利，抑且夺内地懋迁之利”③；中国自设立轮船招商局后，虽然洋商以降低运价的手段与中国展开竞争，但轮船招商局已收回了五分之三的利权，七八年间所得运费已达白银二千万两之巨，还兼并了美国的旗昌洋行，效益不可谓不显著。然而，由于官办，陋习太多，致使招商局中的商息“未见赢

① 《薛福成选集》，第541页。
② 《薛福成选集》，第541页。
③ 《薛福成选集》，第541页。

余”，流弊颇多。可是，朝廷的当政者们囿于重农抑商的传统偏见，只见到市井商贾“人人之欲济其私”的逐利一面，对商办企业视若异端，严加防范。薛福成不赞成这一传统偏见，他对商办企业和国家利益之间的关系作了辩证剖析：“惟人人欲济其私，则无损公家之帑项，而终为公家之大利。”[①] 追逐利润是商人的本性，也是他们投身于企业经营的原动力，只要他们在经营中不损害国家的利益和正当的收益，那么，创造的利润愈多，社会财富也就愈加丰裕，到头来，也就成了国家的“大利”。基于上述观点，薛福成勇敢提出对官办招商局进行大胆“变通”、大力发展商办运输业的主张：“或即用局中任事之商，兼招殷实明练者，量其才力资本，俾各分任若干埠.无论盈亏得失，公家不过问焉。此外商人有能租置轮船一二号，或十余号，或数十号者，均听其报名于官，自成一局。又恐商情之相轧也，则督以大员而齐其政令；恐商利之未饶也，则酌拨漕粮而弥其阙乏。但使商船渐多，然后由中国口岸，推之东南洋各岛，又推之西洋诸国。经商之术日益精，始步西人后尘，终必与西人抗衡矣。其利岂不溥哉？！”[②]这一发展商办运输业的鸿图大略确实令人鼓舞。国家对商办交通运输业不仅大力提倡，放手让他们经营，还要精心培育、保护，既要“齐其政令”以防止彼此“相轧”，必要时还应“酌拨漕粮”以弥补“商利”。其最终目的在于培育、创建出一支支强大的船队，由近及远，走向世界，“与西人抗衡”。这一构想，充分显现出一位有远见的爱国志士，不但希图夺回已丧失的国家利权，更要通过民间集结经济实力，掌

① 《薛福成选集》，第541页。

② 《薛福成选集》，第541～542页。

握近代先进技术设备，勇敢地在世界范围内同发达资本主义国家展开竞争的急迫心志。

“一曰艺植之利”。也就是大力发展和保护丝茶为主体的传统农副产品出口创利。中国出口货物素以丝茶两项为大宗，并享誉世界，但薛福成已觉察到中国这两项特产的出口优势已面临着危机：由于日本、印度和意大利等国相继“遍植桑茶”，与中国“争利”，印度茶品几乎胜于中国，而意大利蚕丝也纷纷出口，数量几乎与中国相等。薛福成据此大声呼吁：“数年以来，华货滞而不流，统计外洋所用丝茶，出于各国者，几及三分之二。若并此利源而尽为所夺，中国将奚以自立？”① 于是，他建议朝廷赶快采取措施，振兴丝茶，以维护中国的传统利源。如何维护呢？他在建议朝廷“宜令郡县有司劝民栽植桑茶”、“宜激劝而奖进”民间刻意讲求缫丝和制茶之法的同时，还根据西洋各国“往往重税外来之货，而减免本国货税”的经验，呼吁朝廷千万不可再增加丝茶的出口税，切实保护丝茶的出口优势，“为民兴利”。

“一曰制造之利”。也就是大力发展中国的加工制造工业。这是薛福成学习西方成功经验过程中提出的另一条重要建策。他认为：“英人用机器织造洋布，一夫可抵百夫之力，故工省价廉，虽棉花必购之他国，而获利固已不赀，每岁货价之出中国者数千万两。”② 资本主义的英国用机器织造洋布，确实比封建中国用手工织造土布要先进得多，大大提高了劳动生产率，使产品“工省价廉”，取得了可观的经济效益。英国洋布

① 《薛福成选集》，第542页。

② 《薛福成选集》，第542页。

每年仅倾销到中国，便达数千万两白银之巨。反观中国，沿海地区多种棉花，“若购备机器，纺花织布，既省往返运费，其获利宜胜于洋人。”① 开埠以来，土布与洋布的差异早已为世人所注目，也有人提出中国应引进机器织造洋布的建议。但薛福成思考的是：“然中国虽有此议而尚无成效者，何也？”对于这个问号，他已找到了一个答案：“创造一事，人情每多疑沮，其才足以办此者，苦于资本难集，而一二殷商，又以非所素习而不为，此大利所以尽归洋人也。”② 在这个答案中，薛福成用“人情”二字，可谓抓住了中国社会内部难以接受新事物的传统阻力。长期在封建制度束缚下的中国士民，习惯于在传统框架中按部就班地生活，对新事物每多“疑沮”，要开拓创新更加疑虑重重、踌步不前，这正是封建中国生产力发展滞缓的一个重要社会原因。因此，即便有人呼吁以机器织布业取代手工纺织业，但真正响应者寥寥，有志者苦于手中无资本，有钱者更因无经验而不为。薛福成正是不甘于国家大利“尽归洋人”的现状，再次发出招商集股、创办民族工业的呼喊。他建议：“窃谓经始之际，有能招商股自成公司者，宜察其才而假以事权，课其效而加之优奖，创办三年之内，酌减税额以示招徕，商民知有利可获，则相率而竞趋之。迨其事渐熟，利渐兴，再为厘定税章，则于国课必有所裨，推之织毡、织绒、织呢羽，莫不皆然。”③ 呼吁国家采取“优奖”、“酌减税额”等优惠政策，鼓励、培育商民集资创办近代民族纺织工业，在当时近代工业尚刚

① 《薛福成选集》，第 542 页。

② 《薛福成选集》，第 542 页。

③ 《薛福成选集》，第 542～543 页。

起步的中国，封建士大夫拘守传统的贱商观念，而清朝政府包括洋务派官僚还热衷搞官办企业的情势下，薛福成的倡议与呼喊无疑是站在时代潮流的前沿，为推进中国近代化建设起着启蒙的作用。

鉴于朝野上下对发展近代化机器大生产尚有重重疑虑，担心机器代替人力会导致手工业者的失业，薛福成又站在国家与民族的高度，审视了发展近代民族工业给国家带来的效益。他明确指出："夫用机器以代工作，嫌于夺小民之利。若洋布以及毡绒呢羽，本非出自中国，中国多出一分之货，则外洋少获一分之利，而吾民得自食一分之力，夺外利以润吾民，无逾于此矣。是故中国之于商政也，彼此可共获之利，则从而分之；中国所自有之利，则从而扩之；外洋所独擅之利，则从而夺之。三要既得，而中国之富可期，中国富而后诸务可次第修举。如是而犹受制于邻敌者，未之有也。"①"夺外利以润吾民"，这正是薛福成竭力呼吁发展近代民族工商业的基本出发点，也是他爱国主义思想的理论展现。在他构思的发展民族工商业的框架中，只要坚持瓜分中外可共获之利，扩充中国所自有之利，夺取外洋所独擅之利，便可达到既富民又富国的现实目的。国家富裕了，才能真正地加强国防建设，国家也就随之强盛，至此，整个国家方能摆脱"受制于邻敌"的困境。富强，富强，以富求强。没有先进的生产力作基础，没有强大的经济作后盾，一个国家要摆脱贫弱、被欺凌的局面，是根本不可能的。这就是薛福成当年所再三阐述的一条历史经验。

为了创建中国近代化的经济体制，薛福成还在《船政》与

① 《薛福成选集》，第543页。

《矿政》篇中，进一步提出了“藏富于商民”、“寓强于富”的口号，将近代中国的由弱变强，寄希望于“商民”，也就是发展资本主义民族工商业的理想之中。

在《船政》篇中，他明确指出：“今将乘时势，规远图，修利器，上之固我藩篱，成军于海峤，次之兴我贸易，藏富于商民，则整理船政，其急务矣。”① 近代资本主义的竞争，取决于海上力量的角逐。一个国家能否建成强大的船队，不仅关系到拱卫海疆，固我藩篱，更直接影响到海上贸易的盛衰。“整理船政”既然同国家的富强如此息息相关，可在当时中国的洋务建设中，虽然在福建、上海先后设厂仿造轮船，且已取得一定成效，由于“经费支绌”，致使局外人发出了“工厂可撤，轮船可废”的议论。薛福成对此议论颇不以为然，他认为：“先难后获，凡事皆然。夫为之而旋辍，不如其勿为。掷千百万之巨款，忽弃已成之功，灰志士之心，长敌人之气，失策莫甚于此矣。”② 那么，处于“经费支绌”困境中的中国船政如何才能振兴呢？薛福成的建策是：首先必须振兴“商务”，大力扶植与发展商船。他说：“然则中国之船政，欲广招徕，莫如研求厂务，俾船价与外洋相等，必无舍近图远之人。欲谋持久，莫如经营商务，俾用船与外洋相等，必有日新月盛之象。”③ 一是加强造船厂的经营管理，不断降低船价；二是发展商贸，不断提高轮船的运输量。在他看来，只要从事商贸的船队扩大了，船厂造船、修船的任务增加了，船厂的经费也就有了依靠，“商船既盛，而兵船不患无养

① 《薛福成选集》，第543页。
② 《薛福成选集》，第543页。
③ 《薛福成选集》，第543页。

之之资。是论今日之船政，舍振兴商务，无他术矣。”① 为了振兴商务，确保中国商船能“远适他邦”，他进一步提出国家派遣兵船巡历外埠，保护商船，扬威海外，保护海外侨胞利权的建议，并指出：“夫如是，船厂无养船之费，而获捍御之资；兵船无坐食之名，而有历练之实；商贾佣工，飌费不多，颇沾利益；公使领事，权力虽弱，亦倚声援。盖一举而数善备焉。”②

在《矿政》篇中，他进一步指出了“矿政未修”是中国积贫的一个重要根源。他说：“今天下日趋于贫之故，大端有二：一则商务不盛，利输于外，犹水之渐泄而人不知也；一则矿政未修，货弃于地，犹水之渐涸而人不知也。”③ 在他的心目中，中国矿藏资源丰富，甚至“甲于地球各国”，而煤铁五金更是人们生活中一日不可缺少的货物。中国古代是重视矿产开采的，但从明代后叶起，官府“厚敛”矿税，“宦竖四出，征求无艺，有司因之苛派百姓，海内骚然”④。后世的统治者又对民间私自开采者采取“封闭矿洞”的厉禁政策，造成中国的矿政不修，造成晚清时期铜铁五金“皆仰给外洋”的现状，直接导致如下后果：“通商以来，仅三十年，而外国日富，中国日贫；复数十年，则益不可支矣。是可不筹所以振之哉？”⑤ 如何振兴中国的采矿业？薛福成的意见是：中国矿产资源并不比外洋贫乏，只要“善取而善用之”，是能够大有作为的。“而论采取之道，则官商分办

① 《薛福成选集》，第544页。
② 《薛福成选集》，第545页。
③ 《薛福成选集》，第545页。
④ 《薛福成选集》，第545页。
⑤ 《薛福成选集》，第546页。

之外，惟矿屯一法为最善。”① 所谓矿屯，即组织那些“无事坐食，既縻巨饷”的绿营、防营军队就地开采五金矿产。切实执行，便可达到“撙节财用、酌剂盈虚”的实际效益，还可解决“官商开矿，筹本最难”的难题，更可丰富中国的金银铜铁，使“外洋之来者渐少”。为此，他得出了“则矿屯之举，尤胜于官商之经营”，不但是“寓强于富之术”，还可以“足以寓富于强”。② 薛福成从晚清巨额冗兵坐縻巨饷、骄惰成性、骚扰闾阎的现状出发，提出了大力组织“营勇开矿”的方策。能否付诸实践当然是个很大的问号，但其初衷是为了利国利民，为了开发祖国“委弃之宝藏”，为了改变“天下日趋于贫”的局面，为了促使中国由贫弱转为富强。

五、保护关税，反对列强“挠我自主之权”

薛福成坚持参照国际公法，保护中国征税的主权，不许西方侵略者“挠我自主之权”。

西方侵略者狼狈为奸，直接干预中国的“榷货抽厘”等税收政策，纷纷提出“洋货免厘”的无理要求，是当时中外争端的一个热点。薛福成从维护祖国的利权出发，在《筹洋刍议》中连续草拟了四篇《利权》专章，详尽申述了自己的观点。

在《利权一》中，薛福成阐述了财税收入与治理国家的内

① 《薛福成选集》，第 546 页。

② 《薛福成选集》，第 547 页。

在联系以及清政府设立厘金制度的重要意义。他指出："自来有天下者，取诸民以制国用，即量所入以治民事，此古今不易之通义也。……盖必如是而后用可足，用足则事治，事治则民治也。"① 进而陈述历朝历代依据土地肥硗、收成丰瘠征收赋税的情况，并论述了晚清政府为了募兵筹饷而"榷货抽厘"，设立厘金制度的历史原因，指出每年收入厘金二千万两是清政府"所以能剿除群寇，懋成中兴之业"② 的重要财政支柱。

他认为，不论是征赋收税还是"榷货抽厘"，都是中国的"自主之权"。如何整顿有"病民"弊端的厘金制度，使"商民乐业"，是中国政府职权范围内的应尽事务，而洋人趁机提出"洋货免厘"的无理要求，是明显干犯中国主权，万万不能同意。诚如薛福成所说："夫厘金果不便于民，俟中国财用充足，徐图裁减可也，外人而挠我自主之权不可也。中国整饬厘金之弊，严杜中饱，俾商民乐业可也，予洋人以垄断之柄不可也。何也？洋货既免厘，必旋及于土货。洋商之运货免厘，必更揽庇华商之货。厘金之利，岂不尽失耶！"③ 为了驳斥西方侵略者的无理要求，薛福成还机智地借助《万国公法》的有关规定："万国公法有之曰，凡欲广其贸易，增其年税，或致他国难以自立自主，他国同此原权者，可扼之以自护也。又曰，若于他国之主权、征税、人民、内治有所妨害，则不行。"④ 每个国家都可以制订自

① 《薛福成选集》，第547页。

② 《薛福成选集》，第548页。

③ 《薛福成选集》，第548页。

④ 《薛福成选集》，第548～549页。

己的关税保护政策，每个国家更有权拒绝他国妨害自己征税的一切行为。既然这是国际公法中明文规定的准则，那么，西方侵略者有何权利向中国再提出“洋货免厘”的无理要求呢？“其理之曲直，不待言而明矣。”[①] 薛福成大义凛然，首先在“理”上论证了“洋货免厘”的荒谬性，驳倒了西方侵略者的“无厌之请”。

在《利权二》中，薛福成进而摆出大量事实，驳斥西方侵略者以洋货阻滞不畅为由要挟中国答应洋货免纳厘金的荒谬。鸦片战争后（道光二十二年）订立的《南京条约》中双方协定“英国货物自在某港按例纳税后，即准由中国商人遍运天下，而路所经过税关不得加重税例，只可按估价则例若干，每两加税不过分”[②]。此条规定为列强“一体均沾”，成为洋商大量向中国倾销洋货而共同享有的极低税率，并作为列强提出“洋货免厘”的条约依据。对这条迫使中国丧失了关税自主权的协定关税条款，薛福成抱着极大的义愤予以批驳：

首先，这一条款是在中国负责谈判的“当事者”不了解世界各国情况的条件下被迫签订的。当时颟顸的清朝官员“不知中国税额，较之地球各国，有轻至四五倍、七八倍者，故与洋人立约如此耳”[③]。显而易见，这是西方列强利用了清朝“当事者”们的无知，采取欺骗的手法，诱迫中国同意世界最低的进口税，致使洋货以相当于世界各国 1/4 至 1/8 的低税率大量倾销中国。以此不光彩的手段迫人就范所攫取的不光彩特权，

① 《薛福成选集》，第 549 页。

② 王铁崖编：《中外旧约章汇编》第一册，第 32 页。

③ 《薛福成选集》，第 549 页。

怎能成为继续要挟的依据?!

其次,《南京条约》签订时,清政府“尚无厘金名目”,后因太平天国起义,“厥后天下多故,饷无所出,始创为抽厘之法”。“西国通例,量出为入”,“或有兵事,亦由众商捐集巨饷”。[①]这一“西国通例”,“殆与中国抽厘名异实同,而于例定之商税,则迥不相涉也。”[②]中国因国内局势亟须采取“榷货抽厘”的临时措施,“夫中国有自主之权,军饷筹之中国,非各国所能干预。”[③] 他还指出:“至厘卡收捐,专为筹饷而设,名之曰捐,则非税可知,名之曰卡,则非关可知。二者既不能相混,则条约固无不得抽厘之文,彼西人将何说之辞?”[④] 如今,列强提出“洋货免厘”的要求,就是赤裸裸地干预中国神圣的自主权,这是万万不能答应的。

再次,清政府在咸丰八年、十一年(1858、1861)订立条约与各口通商章程中,又与列强议定:“洋货土货,倘愿一次纳税,免各子口征收纷烦,每百两征银二两五钱,给予半税单,为他子口毫不另征之据;其不领税单者,仍应逢关纳税,遇卡抽厘。”[⑤]薛福成认为,这一规定,体现了清政府“格外通融之法,体恤洋商,已无微不至。彼洋商运洋货,以子口半税,抵内地厘捐,其获利过于华商远矣。”[⑥] 以此反观西方,薛福成又针锋相对地指出:“西洋诸国,无物不征,无人无事不征,……其征敛

① 《薛福成选集》,第549页。
② 《薛福成选集》,第549页。
③ 《薛福成选集》,第549页。
④ 《薛福成选集》,第550页。
⑤ 《薛福成选集》,第549页。
⑥ 《薛福成选集》,第549页。

之繁，十倍中国。设使中国欲减其税项，以便华货之畅行，彼能允之乎？”[①] 有比较才能有鉴别。薛福成机智地将中西进口税的差异略作对比，更具有坚不可摧的说服力。至于洋人借口厘金“致洋货阻滞不行”，更是不值一驳。薛福成以事实为根据：“考近年进口洋货，每岁值银至八千万两以外，较之十数年前，几逾一倍，可谓年盛一年矣。而犹云贸易不畅，其将谁欺？”[②]

基于上述分析，薛福成进而指出了洋人提出“洋货免厘”无理要求恫喝中国的卑劣用心：“总之，洋商于已得之利，则习而忘之，未得之利，则变幻百出以图之，充其无穷之欲壑，虽尽去商税，犹未以为足也。”[③] 既然洋人的恫喝系出于见不得人的“无穷之欲壑”，那么，中国的对策只有一条：“在洞烛其情，始终勿为所摇而已。”[④]

在《利权三》中，薛福成又对洋人提出“洋货免厘”的另一借口，即中国厘卡林立阻碍货物流通从而导致洋货“折阅”的观点予以剖析。由于在“洋货免厘”的交涉中，德国公使巴兰德充当了带头羊，薛福成机智地列举德国的事实予以批驳。他说，德国原先小邦棋布，关税烦苛，百货不能流通，统一之后入口货虽仅征税一次，但税额反比过去加重，德国首相毕士麻克（俾斯麦）最近又决定加重进口税。如今德国公使巴兰德提出裁撤厘金，不知中国的国情与德国不同，而且厘金对中国来说，“皆有必不可缓之用，待以支销”，一旦裁撤，不仅“中国万

① 《薛福成选集》，第 550 页。
② 《薛福成选集》，第 550～551 页。
③ 《薛福成选集》，第 551 页。
④ 《薛福成选集》，第 551 页。

不敷用”，连保护商旅的水陆各营兵弁的饷银都无从着落，势必造成洋货土货的“阻滞不行”。因此，厘金不但“无损于洋商”，而且“大有益于洋商也”。基于厘金有如此功效，中国对此“则惟有坚持旧章，与之驳辩而已”①。

在裁撤厘金的议论中，有人更提出荒唐的主张：“中国加洋药之税，罢洋货之厘以相抵，可乎？”所谓“洋药”，即毒品鸦片。对此，薛福成更加义愤满腔地怒斥道：“抽厘则利权在我，加税则利权在彼，即令倍加洋药之税，与厘金若足相抵，然洋药在中国，例本当禁，专恃此为利源，名已不顺，万一异日有可禁之机，必以碍于帑项而中止，是使中国留终古之毒也。”②嫉恶如仇的态度，是非分明的立场，充分显现薛福成坚持维护国家与民族尊严的爱国主义情怀。

在《利权四》中，薛福成又运用他的思辨才能，对洋人提出的“军事起则抽厘以助饷，军事定宜免厘以恤商”的论点予以辩驳，指出这一说法乃“似是而实非者也”③。其故安在？薛福成的论据是，自中国与各国通商以来，洋货贩运来华，洋人来华游历，都需中国提供必要的保护，势必使中国“岁出的经费，亦十倍于前日”，所以“通商之事，既不可废，则各项经费，一日难减，即各省厘课，一日难停也”④。如果洋人提出用加税的办法取代厘金，那么，中国只有采取如下对策：“今定税例，华商洋商一律，凡进口之洋货，纳税于海滨之通商正口，凡出口之

① 《薛福成选集》，第551页。

② 《薛福成选集》，第552页。

③ 《薛福成选集》，第553页。

④ 《薛福成选集》，第553页。

土货，纳税于内地之第一子口；各厘卡量加裁并，论其大势，宜密于近海，而疏于内地，用新定税额，一征之后，任其所之，不复重征。是举前此弊端，一举而清之也，不必立防弊章程，而弊自绝矣。”① 薛福成提出的这一“加税与停厘相抵”的建策，不但机智地维护了中国“固有之利权”，并且可达到“华人不以苛敛为苦”、“洋税不能偷漏”的双重效益，真可谓用心良苦。

六、首倡“变法”

薛福成依据“天道数百年小变，数千年大变”② 的变易史观，勇敢提出“世变无穷，则圣人御变之道，亦与之无穷”③ 的口号，公开呼吁“变法”，使其成为中国倡导变法运动的思想先驱。

《筹洋刍议》的最后一章《变法》，是全书的精华所在，也是集中反映薛福成这阶段思想内涵中最为闪光的部分。在《变法》篇中，薛福成首先提出“世变之亟”的理论，依据“天道数百年小变，数千年大变”的变易史观，考察了中国上古历史由“鸿荒之天下”演变为“文明之天下”的历史进程；进而论述周秦之际又由“封建之天下”演进为“郡县之天下”的史实；再从秦汉以来的二千年中，中国又由“华夷隔绝之天下”演变为“中外联属之天下”的事实，从中得出如下结论：“世变小，则治世法因之小变；世变大，则治世法因之大变”；“彼其所以变者，非好变

① 《薛福成选集》，第553页。

② 《薛福成选集》，第554页。

③ 《薛福成选集》，第556页。

也,时势为之也”。[1] 薛福成说古是为了论今,他认为当前的中国已步入“中外联属之天下”,“降及今日,泰西诸国,以其器数之学,勃兴海外,履垓埏若户庭,御风霆如指臂,环大地九万里,罔不通使互市。虽以尧舜当之,终不能闭关独治。”[2]

既然中国已不能回复到“闭关独治”的老路上去,这是“时势”,也就是历史规律所决定的,那么,处在列强侵凌下的贫弱中国,何去何从呢?薛福成救亡图存的方案是:“今天下之变亟矣,窃谓不变之道,宜变今以复古;迭变之法,宜变古以就今。呜呼!不审于古今之势,斟酌之宜,何以救其弊?”[3]“亟”者,急也,如今的天下已处于急遽的变化之中,面临的形势已不同于往古;“道”者,理也,古代圣贤阐明的理是不变的;“法”者,制或术也,也就是治理天下的制度或方法,必须“变古以就今”。根据今天的形势与需求予以变更祖宗的成法,才能挽救社会存在的种种弊病,使中国在沉疴中奋起,这才是薛福成呼吁的真谛所在。

如何“变古以就今”呢?薛福成进而分析道,如今中国与之并峙的对手,已不同往昔,而是“恃智力以相竞”的西洋诸国,为了战胜这些强大的对手,中国只有学习他们的长处,同样凭借智力与之角逐竞争,具体实现以下几个“变”:“商政矿务宜筹也,不变则彼富而我贫;考工制器宜精也,不变则彼巧而我拙;火轮、舟车、电报宜兴也,不变则彼捷而我迟;约章之利病、使才之优绌、兵制阵法之变化宜讲也,不变则彼协而我孤,彼

---

① 《薛福成选集》,第555页。

② 《薛福成选集》,第555页。

③ 《薛福成选集》,第555页。

坚而我脆。”① 上述内容囊括工矿、商务、交通、电讯诸端，皆从增强国力入手，希望中国由贫弱变为富强。此外，还触及约章、使才和兵制，旨在改变中国在“敌国之环伺”所面临的受欺凌的困境，而对国家的政治体制尚未能有所触及，还停留在洋务派所追求的变革蓝图之内。然而，薛福成这一求“变”的方案，是牢牢建立在中国和列强的角逐与竞争的基石之上的，通过“变”，以改变“彼富而我贫”、“彼巧而我拙”、“彼捷而我迟”、“彼协而我孤”、“彼坚而我脆”的局面，一个“彼”，一个“我”，向往通过“变”实现敌我力量的消长与转化，直接衬托出薛福成的爱国主义立场。

更为难能可贵的是，薛福成不愧为变法图强制造舆论的思想家，在《变法》篇中还站在理论高度，直截了当地批驳了顽固派反对变革、反对学习西方先进科技的种种奇谈怪论。

当时，有一种论调谓：“以堂堂中国，而效法西人，不且用夷变夏乎？”薛福成对此回答是：“不然！”他认为，衣冠、语言、风俗是“中外所异”，而“假造化之灵，利生民之用”，也就是凭借创造发明为人民造福乃是“中外所同”，不分彼此的。如今西洋各国的科学技术比中国先进，这不过是“彼西人偶得风气之先耳，安得以天地将泄之秘，而谓西人独擅之乎？又安知百数十年后，中国不更驾其上乎？”② 科学技术是没有国界的，创造发明更不存在什么夷夏之辨，先进科学技艺既不是西方人永远独享的专利，又怎知中国人在若干年后不可能由落后转变为先进，进而凌驾于西方之上呢?！这一充满民族豪情的大胆

① 《薛福成选集》，第556页。
② 《薛福成选集》，第556页。

设想，既在理论上符合辩证逻辑，更在实践中鼓舞了中华民族急起直追实现后来居上的雄心壮志。当然，薛福成在学习西方科学技术方面追求后来居上的抱负，仍然打着浓厚的时代烙印。诚如他自己所表白："今诚取西人器数之学，以卫吾尧、舜、禹、汤、文、武、周、孔之道，俾西人不敢蔑视中华。吾知尧、舜、禹、汤、文、武、周、孔复生，未始不有事乎此，而其道亦必渐被乎八荒，是乃所谓用夏变夷者也。"① 原来，他倡导学习西方先进的"器数之学"，是为了捍卫中国传统的圣贤之"道"，以"器"卫"道"的最终目标，在于实现中国圣贤之道"被乎八荒"。薛福成振振有辞地批驳他人"用夷变夏"的谬说，本人却归宿于"用夏变夷"，以中国传统的圣贤之道占领全世界、改造全人类。这既反映晚清中国知识分子的局限性，更反映在近代新旧交替之中的知识阶层所背负的沉重精神枷锁：盲目自大，固步自封。

当时，还有一种论调谓："变法务其相胜，不务其相追。今西法胜而吾学之，敝敝焉以随人后，如制胜无术何？"② 薛福成对此的回答仍然是："又不然。"他指出："夫欲胜人，必尽知其法而后能变，变而后能胜，非兀然端坐而可以胜人者也。今见他人之我先，猥曰不屑随人后，将跬步不能移矣。"③ 显而易见，在东西方的竞争之中，落后的中国要想胜过先进的西方国家，只有认真学习对方的长处，变革自己的短处，"变而后能胜"，兀然端坐在高堂之上空喊"胜人"，甚至以"不屑随人后"

① 《薛福成选集》，第556页。
② 《薛福成选集》，第556页。
③ 《薛福成选集》，第556页。

为遁词拒绝学习人家的长处，只能导致“跬步不能移”、在原地踏足的可悲境地。更何况，西方国家是付出了大量的“才力”和“金钱”，经过“穷年累世”的努力和奋斗，方才取得今天的成就，我们幻想“一朝而胜之”，只能是不切实际的梦呓。

基于这样一个“变而后能胜”的逻辑，薛福成严正指出：“以中国人之才智视西人，安在其不可以相胜也？在操其鼓舞之具耳。噫，世变无穷，则圣人御变之道，亦与之无穷。生今之世，泥古之法，是犹居神农氏之世，而茹毛饮血，居黄帝之世，御蚩尤之暴，而徒手搏之，辄曰：‘我守上古圣人法也。’其不惫且蹶者几何也！”① 这是薛福成在《变法》篇中提出的最后一个精彩结论。他用论辩的反诘手法，深刻揭示了变法乃是中国古代圣贤治国平天下的优良传统，而一味“泥古之法”、恪守“上古圣人法”，拒绝变革，只能导致“惫且蹶”的可悲结局。一正一反，两相比较，雄辩地证实了变法的合理性、正义性，乃至迫切性，也为《筹洋刍议》点明了主题。

七、巨大的思想震荡

《筹洋刍议》虽然是一帖向清朝政府呈献的振兴国家、“精求自强”的救世良方，然而，由于这部论著针砭时弊的尖锐性，倡言变法的先导性，抵御外侮的正义性，乃至培护工商业发展的迫切性，都反映出时代脉搏的跳动和近代中国社会向前递进的需求。所以，一经问世后便在当时的中国思想界激起了巨

① 《薛福成选集》，第556～557页。

大反响。

前面已经提及，薛福成撰写《筹洋刍议》，原本是打算通过李鸿章上达，供朝廷“采择”，达到“经世致用”的目的。岂料，李鸿章读后，“大韪之”，对薛福成的识见和许多建策深表赞同，立刻将《筹洋刍议》推荐给总理各国事务衙门。遗憾的是，这部反映时代阵痛的论著并没有引起那些平庸而又怕事的总署大员们的应有重视。然而，却在一些关注国计民生的士大夫中间广泛地流传开了。真可谓有意栽花花不发，无心插柳柳成荫。

当年，清廷出使英、法的钦差大臣曾纪泽，特地将《筹洋刍议》录抄一份，置诸使馆案头，反复阅读。薛福成的好友黎庶昌，1881 年由西班牙参赞擢升出使日本钦差大臣时，路过伦敦拜访曾纪泽，见到曾氏案头的《筹洋刍议》时，郑重建议曾纪泽在伦敦用泰西糖印法将此书翻印数十册，并很快被海内外有识之士，一索而空。

在国内，更有许多友朋慕名而来，有的向薛福成“借钞不辍”，有的建议薛氏“盍速付诸剞劂”，将其刻印问世。但薛福成对此建议持慎重态度，认为《筹洋刍议》只不过是自家“一时私论，大端所宜发挥者，十未得一二。遑敢张之以速戾邪？”① 不愿仓猝刊印。直到光绪十一年底(1885)，薛福成在朋友们的再三劝说和催促下，一方面为了避免“传钞之讹舛”，另一方面顾及自己公务繁忙，一时难以修改，便抱着“特借为自镜之资”② 的心迹，决定将其刻印问世。经薛氏刊刻，《筹洋刍议》在全国范围内不胫而走。

---

① 《薛福成选集》，第 526 页。

② 《薛福成选集》，第 526 页。

《筹洋刍议》正式刊印问世后，在国内思想界引起巨大震荡。光绪十四年(1888)，葛士濬编印《皇朝经世文续编》时，收录了薛福成的大量论著，其中不但录有《治平六策》，还收录了《筹洋刍议》中的《变法》、《矿政》、《约章》、《邻交》、《敌情》、《船政》、《利权一》、《利权二》、《利权三》、《利权四》等十个篇章，几乎收录了全书七分之五的内容。光绪二十一年(1895)，近代思想家郑观应在增订并刊印《盛世危言》时，同时收录了薛福成的大量论著，在《盛世危言》的《交涉·下》篇中特地将《筹洋刍议》中的《变法》篇全文附录于后，以资参考。维新思想家梁启超在《读西学书目》一文中，也对薛福成的论著十分推重，明确认定《筹洋刍议》乃是中国人"言西事之书"中的"佳者"①。经过众多有识之士的反复推荐，《筹洋刍议》成为维新运动期间人们争相传阅的启蒙著作。在《汪康年师友手札》一书中还保存着这样一封书札：戊戌年间，毛慈望特地致书汪康年和梁启超，托请他们代购薛福成的《筹洋刍议》。于此一例，也可见《筹洋刍议》的影响之深远。

① 《戊戌变法》(中国近代史资料丛刊)第一册，第456页。

第六章　中法战争中的薛福成

十九世纪八十年代初，古老的中国又面临着一次新的震撼。法国殖民主义者觊觎远东，不断挑起以武力吞并越南的侵略行动，并以越南为基地进而策动侵略中国西南各省的战火。中国为了维护边疆安全与应有主权，被迫应战。在这场反抗法国殖民主义者恣意挑起的侵略战争中，薛福成经受了考验，他鲜明地站在爱国主义立场上，以其大智大勇，置身于反侵略斗争前沿，作出了令人难忘的贡献。

一、积极倡言援越抗法

在西方列强瓜分远东的罪恶行径中，法国殖民主义者早就将中国邻邦越南当作插足远东的重要目标。1858～1862

年,法国派遣武装进攻南圻(越南南部),迫使越南的封建王朝签订了以割地赔款为主要内容的不平等条约。法国在吞并了越南南方诸省后,在十九世纪七十年代又将它的侵略魔爪伸向越南北方,出兵攻袭河内及其附近地区,企图将整个越南变成它的殖民地,进而打开通向中国西南边境的大门。

法国侵略者的强盗行径,不能不引起中国朝野上下的极大关注与不安。由于千百年来,中国与越南之间存在着特殊的历史关系,越南国王为了维护自己的统治,也曾多次向清朝政府提请救援。清朝政府应越南政府请求,于光绪七～八年间(1881～1882),派出部分军队进驻广西、云南和越南边境地区,并通过外交途径向法国政府提出抗议。然而,清朝统治集团内部意见并不一致。虽然有些官员认为,越南和中国有着“唇亡齿寒”的关系,主张不惜对法一战,但也有不少当权者如李鸿章等人,深怕引火烧身,借口维持中外“和局”,在行动中采取了妥协苟安的方针。

薛福成对法国侵略越南所造成的严重危机深表忧虑。早在1882年,他在《与法兰西立约通商保护越南议》中,就及时提出:在面临“外侮环逼”形势下,中国理当积极采取措施,扼制法国的侵略,保护越南,这是“关系全局”的大事,也是“中国盛衰强弱之机括”,并具体提出如下方略:

1. “和战二事,宜虚实相济”。面对朝廷内部主和与主战两种意见的争论不休,薛福成明确提出:“二者皆非”。他的理由是:“夫壹意欲战,则将使彼不能转圜,兵连祸结,致成不了之局。且中国武备未精,未可为孤注之一掷也。壹意欲和,则彼窥见我之情实,益肆要求,无所底止。一国得志,而诸国效尤矣。中国将奚以自立邪?是故,为今之计,莫如以和为体,以作可战之势为用。”[①] 在这里，薛福成毕竟是名务实的思想家，他从“中国将奚以自立”的大局着眼，既对畏敌如虎的主和派不表认同，也区别于那些惯以大言博取虚名的主战派，而是认真总结了当年英国处理俄土争端中既广调战舰声援土耳其又隐劝土耳其与俄国讲和的成功策略，以及中国在天津教案中因未及时调集重兵作后盾以致为法国所挟制的沉痛教训，进而对时局作出较为准确的分析，认为中国“武备未精”尚不足以克敌制胜。他提出的这套“和战二事虚实相济之妙诀”，是否符合当时之实际姑且勿论，但这种认真总结国内外正反两方面经验并对当时局势作仔细分析的务实精神是可嘉的。

2．“法国上下之谋议，不可不审明”。薛福成是位思路开阔、认真关注世界局势的思想家，他又将目光射向了法国。他尖锐地看到，法国虽为欧洲强国，但不久前败在德国手下，举国上下正处于既害怕德国又痛心疾首想对德国进行报复的心态之中；德国的盟友俄、奥两国也与法国存有“世仇”；法国如今蚕食贫弱的越南更难免遭到急于想开辟“滇境通商”的英国的猜忌。多方面的牵制，势必使法国处于“长虑却顾”的两难境地：既想得逞于远东地区，又“畏欧洲诸国之议其后也”。鉴于此，薛福成认定法国在对中国开战的问题上，“必系愿和者多，愿战者少”[②]，孰战孰和，“彼亦量中国之情势以为进退”[③]。薛福成对法国同其周边国家矛盾关系的剖析，是颇具眼力的。他既看到了西欧列强之间的明争暗斗，又洞察到法国统治集团

① 《薛福成选集》，第167页。

② 《薛福成选集》，第168页。

③ 《薛福成选集》，第169页。

内部在和战问题上的分歧。后来形势的发展，同他的这一精当分析基本吻合。

3.“滇、粤各军不能骤撤”。如何对待已派往中越边境的清军，是法国对华争执的焦点，也是表明清政府抗法斗争态度之关键。薛福成认为，自法国侵扰越南，中国分道出师援越，乃是“绥边字小之要著”，意义十分重大。此举可使“越南君臣以壮其气，不致骤立受亏之约；刘永福等以坚其守，不肯遽为退避之谋；即法人亦以兵少势孤，有所顾忌。”① 鉴于清廷出师援越有如此巨大的政治意义，事关大局，薛福成进而明确指出，中国政府绝不能接受法国驻华公使宝海的要求而撤兵，否则，将会出现“我退而彼反求进”的局面，后果不堪设想。如果中法在谈判桌上议及撤兵，中国必须坚持对等原则，要中国下令退兵，也必须以法国军队退出越南东京为前提。如此不卑不亢，才能达到“执其口，而折其无厌之求”的目的。在抗法斗争中，薛福成始终强调“兵备尤不可稍懈”，“声威振而和局可成”的原则，是颇有见地的。贫弱国家倘若不讲求“兵备”，不树立自己的“声威”，一味强调保全“和局”，只能导致委曲求全、苟且偷安的败局。此情此理，古今中外，概莫能外。

4.“立约分界保护，最宜详审”。法国为了在越南先稳住阵脚再得寸进尺，曾提出如下建议：以红河为界，北归中国巡查保护，南归法国巡查保护，并互相立约。对这一肢解越南的阴谋计划，总理衙门居然在原则上认可，表示愿在此基础上“与之磋磨”。薛福成却指出，这是法国设下的圈套，千万同意不得。这是因为，归中国巡护的红河以北土地，仅占越南领土

① 《薛福成选集》，第169页。

的五分之一，其余五分之四沦落法国魔掌，“万一此约既定，彼即进取越都，我将不能过问”①，法国则更加无所顾忌，恣意妄为；对中国来说，只有坚持“富良江(红河)以南北圻之地，与其都城左右圻之地，仍令越南自为经理；由(中法)两国遣使，常驻越都，设法保护”，“至其设官分治，设关收税，均由越南自主”，如此，才算称得上“措注允协”。② 薛福成建议将越南置于中、法两国的共同“保护”之下，虽然称不上是什么“上策”，但在当时法国疯狂吞并整个越南的不利形势下，他竭力保持越南的“自主”之权，还是难能可贵的。

5. “处置刘永福，须妥为斟酌”。刘永福率黑旗军驻扎中越交界的山西保胜地区多年，骁勇善战，多次力挫法国侵略军，越南国王授予三宣都督之职，深得越南军民的拥戴。故法国视刘为眼中钉，必欲驱之而后快。为此，法国驻华公使多次要挟清政府“驱除”刘永福，以确保“商货通行”。刘永福早年虽曾与清政府处于对立的地位，但薛福成深知刘永福及其所部在抗击法军、拱卫边疆战斗中的重要地位。他斩钉截铁地指出：“然使中国竟代法人驱剿永福，非惟清议所不与，且为中外所窃笑，固万无此理。”③ 确实，在大敌当前之际，清政府倘若轻信法国谗言，做此亲者痛仇者快的蠢事，无疑是自毁长城。薛福成不愧是位明智的政论家，他不但不同意“驱刘”，还建议清政府公开支持并重用刘永福：“今欲筹善处之方，保胜既作为中国许法人通商之口岸，而永福尝诣粤军求救，愿为前锋，

① 《薛福成选集》，第170页。

② 《薛福成选集》，第171页。

③ 《薛福成选集》，第172页。

似莫如由中国授以一官,编其部众为一二营,于富良江北,择地安插,其军饷许由中国给发,日后即在保胜关税开支,谅永福不敢不遵。法人既得通商之利,又闻永福为我用,斯足稍戢其狡谋矣。"[①] 为了顾全援越抗法的大局,公开建议朝廷将昔日对抗朝廷的"盗贼"变为拱卫边疆的"干城",确实要具备相当的胆识。

除上述五条外,薛福成还提出了"法人宜以东京交还越南,以符原议"[②],"滇境通商为英人所忌,宜令法人知之",[③]"法人如不认越南为中国属邦,我亦宜勿认法越之旧约",[④]"通商章程,宜详议慎核",[⑤]"越南既归两国保护,则两国所办之事,均应一律",[⑥]"富良江以北各省,宜驻兵巡防"[⑦] 等等建策,都是在当时的具体情势下,针对法国及其驻华公使的无理要挟所设想的积极对策,旨在"戢其狡谋",捍卫边陲,维护应有的主权。当然,薛福成也清醒地估计到,他提出的这些对策未必能够一一实现,但只要中国"果能贯以全神,始终不懈,俾斯事持平议结,则东西洋各国,知中国渐习外务,不敢肆其侵侮。从此力加整顿,益图富强,中外交涉之事,庶有豸乎?"[⑧]

尽管薛福成苦心孤诣地为援越抗法出谋划策,然而他的

① 《薛福成选集》,第 172 页。
② 《薛福成选集》,第 171 页。
③ 《薛福成选集》,第 172 页。
④ 《薛福成选集》,第 171 页。
⑤ 《薛福成选集》,第 173 页。
⑥ 《薛福成选集》,第 173 页。
⑦ 《薛福成选集》,第 174 页。
⑧ 《薛福成选集》,第 175 页。

一腔赤诚乃至许多颇有见地的建策并未引起朝廷的应有重视。形势在逆转：法国对越南和中国的侵略不断升温，法国又推翻原先提出的中法对越南分界保护的成议，决议增兵越南，侵略中国。目睹局势的更趋恶化，忧国忧民的薛福成于1883年阴历四月初二，又呈递《上李伯相论援救越南事宜书》，力主对法国的侵略行径采取更为强硬的态度。他大声呼吁：法国正在“全力图越”，“倘中国竟置勿理，彼一二宵小，必自鸣得计，益肆鸱张。我虽不愿决裂，务存退让，彼且得步进步，终迫我以不得不决裂之势”①。为此，他力劝座主李鸿章向朝廷“切实言之，不必稍避嫌疑也”②，言颇不恭，简直等于在这位上司的背上击一猛掌，告诫他以大局为重，切勿再为个人利害得失所困扰。

薛福成围绕“援救越南”，进而提出如下方略：

1. 由于清廷派驻中越边境的部队缺乏得力的指挥，薛福成荐举退居有年的淮军将领刘铭传为前线督办，“假以事权，驰往前敌，总统诸军，相机援越”。因这位刘军门“韬略优长，声望夙著”，是位难得的将才，只要“优以礼数”，请其重新出山，“其智略气概，必可詟服远人”③。

2. 规划全局不可惜巨费。薛福成认为：“凡两国交涉，虚实之机，互相为用，欲求实事之无损，不能不借虚声，而欲播虚声，仍当课之实事。”④ 尤其是对付法国这样的西方列强，仅仅

① 《薛福成选集》，第190页。

② 《薛福成选集》，第190页。

③ 以上引文见《薛福成选集》，第191页。

④ 《薛福成选集》，第191页。

虚张声势是不能获胜的，因此对必要的军费开支应“无稍顾惜”，必须作好实战的准备。“今如添调万余人援越，除正饷因其原额无庸重筹外，所有转运赏犒及杂用等费，似可核定岁需若干，奏明由部拨款，毋使阙乏。”①

3．多调兵轮由海道援越，与陆军“相辅并行”，既可使“费省而威壮”，又可收“化呆著为活著”的功效，此乃“事半功倍之策”。

4．选准驻营之地与进兵之路。薛福成根据自己对中越边境地理形势的透彻了解，明确提出：“宜就廉州北海，择地驻军，定为老营，辅以水师，声威益壮，然后相机进止，必有不战屈人之威。至由海入越之涂，当以海防之桃山一口为最扼要”②。

5．审明“强敌之隐情”，这是克敌制胜的关键。根据薛福成的观察和分析，法国议院“分党角胜”，在侵略越南的态度上并不完全一致，除少数主战派“欲吞全越”外，大多数人主张“适可而止”。这是因为，其“通国上下隐谋，仍在养精蓄锐，报德之仇，备德之患，而不愿敝其力于远方”。他们在侵略越南的问题上，“未肯为孤注之一掷也”，故“法廷定议济师，以千五百人为限，其饷以五百万佛郎为限”。③ 正是根据对法国处境与动向的分析和判断，薛福成认为：“倘中国能出其不意，命将出师，自足间执法廷主议者之口，而隐戢其欲逞之心”，④ 甚或可

① 《薛福成选集》，第191～192页。

② 《薛福成选集》，第192～193页。

③ 以上引文见《薛福成选集》，第193页。

④ 《薛福成选集》，第193页。

以促使“彼议院因疑生沮,或且渐改成说,而千五百人可不尽来”①,中国大可不必担忧出兵会带来“启衅”的罪名。

6. 精心设计中国“发军援越”的措辞。鉴于法国侵逼越南时,自称并无与中国为难之意,不过欲使越南履行甲戌旧约。薛福成认为,这是个似是而非的理由,中国亦可将计就计,为出兵援越设计如下理由:“越南本中国属邦,私与法盟,未告中国,又擅立亏损中国之约,故将进兵问之,断无与法为难之意。”② 或者正告法国:“北圻诸省,中国频年劳师旅,斩荆棘,冒霜露,所代为戡定者。今越南不能自理,以致土寇纵横,中国不忍其民之涂炭,仍以兵力抚定其地。俟道路疏通,与各国徐议通商,自无不可。”③ 一为越南擅自同法国签订损害中国的条约,一为协助越南平定土寇,措辞堪称堂堂正正,既巧妙回避同法国的正面冲突,又达到了出兵援越的目的。虽则显示出薛福成机智的辩才,但如此书生气的口实,岂能蒙骗长于外交辞令的法国侵略者?

7. 劝导越南联络英、德诸国。这是薛福成本着传统的以夷制夷方略所提出的一条极不得已的下策。他目睹越南在法国“势如破竹”的侵袭之下已处于“危如累卵”的困境,又顾及英、德两国与法国存有矛盾,故赞同总理衙门欲导越南与各国立约通商的主张,以为这一手可能使法国产生“顾惮之心”,不敢恣意妄为。

薛福成以为,除上述几条方策外,再加上他原先提出的

① 《薛福成选集》,第193页。

② 《薛福成选集》,第193页。

③ 《薛福成选集》,第194页。

"抚用刘永福以联指臂，电商出使大臣以资辩论，妥筹商务以操利柄而定和局"① 诸方策，交相为用，抉择行之，便可收到有裨于大局的实效。不管这几条方略是否可行，能否收到多少实际效用，但薛福成在法国咄咄逼人的侵略气焰下，力排诸种委曲求全、步步退让的错误论调，以一名幕僚身份，不惜以冒犯上司的口吻上书李鸿章，向朝廷提出若干条出兵援越抗法的积极主张，其关心国家安危的拳拳爱国之心，理应予以肯定乃至珍视。

更值得一提的是，几乎在上书李鸿章的同时，他还一鼓作气接连写下了上、中、下三篇《援越南议》，更加全面而系统地阐述了他对法国侵略越南问题所持的爱国立场及其鲜明而又机智的态度。

首先，他再次重申了法国侵略越南对中国所造成的严重危害。他开宗明义地说："今越南之事急矣，法兰西之焰张矣，越亡则法必进齕滇疆，侵我厂利，索我商埠，不与则以兵威相劫，与之则得步进步，靡所底止。虽智者将何以御之。"② 在严正指出法国吞并越南后必然侵略中国的实质后，他进而告诫国人，中国与越南是唇齿相依的邻邦，面对法国侵略者"危言胁我"、"巧言恬我"的形势，中国倘若"闭关守境，弃越不援，则彼益知中国可侮"，"然后借端进规滇境之利"。③ 中国如果不愿看到这一结局的出现，只有坚持援越抗法的严正立场，"坚辞博辩，与之相持"，瓦解法国的侵略阴谋，实现"越南尚可恃

① 《薛福成选集》，第194页。
② 《薛福成选集》，第196页。
③ 《薛福成选集》，第196页。

中国以存”的格局。薛福成的过人之处还在于，在援越问题上，他居然一改过去“天朝上国”声援属邦系所谓“勤远略”，也就是好大喜功的传统观点，明确指出：“中国之援越，非好勤远略也，非博字小之虚名也，非谓越南服事中国，永无侵叛也。中国之谋，在自固滇、粤边圉耳；在杜法人无厌之求，而与议定一范围耳；在使东西洋各国不轻中国，庶朝鲜诸邦，得稍自立，琉球诸案，得以复理耳。”① 这段精辟的识见，极为清晰地划清了薛福成思想同封建士大夫传统观念之间的原则界限：中国援越，并非为了博取虚名、使越南对中国俯首帖耳，而是为了抵抗法国的侵略，拱卫中国边疆的安全，使东西洋的侵略者不敢再轻视中国，也使中国四周的邻邦得以安宁。倘若没有一点近代国家意识和民族观念，是不可能在“援越”和“好勤远略”之间划上一个不等号的。

其次，他从“理”、“情”、“势”三个侧面，无情地批判了“今中国以兵援越，无乃挑强敌之衅”的失败主义观点。薛福成认为，自古胜负之机，曰理，曰情，曰势。那么，中国和法国在这三点上的利弊如何呢？薛福成进而分析道，中越两国存在着历史联系，中国累次出师保护越南，而法国也曾声明它并无侵占北圻土地之意，亦无贬削越王治权之谋，如今忽然变卦，“是揆之常理而法当自恧也”；法国舆论界反映其国内在侵越问题上矛盾重重，民情不愿开衅，议院更不肯多筹兵饷，“是核以舆情而法已自馁也”；法国又处于“地居四战”的局面，主要兵力用来分防英、奥、俄、德诸国，如今企图远涉万里重洋征服重山叠嶂的越南，势必不能逞志，“是衡以大势而法将自绌也”。基于以

① 《薛福成选集》，第197页。

上分析，薛福成得出如下判断："夫理、情、势三者不顺，法人早自知之。"① 中国则不然，在援越抗法问题上，于理、于情、于势，皆远胜于法国，决不能因惧怕"衅自我开"而委曲求全，否则，"以法人恃强不戢，我即尽捐越南以畀之，犹将启衅于我也"②。所以对中国来说，"不如及今图之，犹得理、情、势三者之顺也。为今之计，宜速筹大宗的饷二百余万两，如各省关拨解不能足数，可稍发户部四成洋税存款，与出使经费以附益之。分拨广东、广西、云南三省，并稍备接济刘永福饷械之用。俾广东速整水师，调集兵轮，布扎廉琼海口，操巡粤、越洋面。广西并旧军募足万五六千人，据守太原、高平、谅山、宣光、北宁等省，……云南并旧军募足万人，扼守保胜之大滩，仍分兵赴山西兴化，择险扎营，与黄佐炎、刘永福两军相犄角。务使越人气壮力完，不遽折而入于法，则法人势难持久，当无不就我范围者。"③ 这是一整套精心构思的筹饷调兵布防计划，同那些夸夸其谈的书生之见迥然不同，是建立在对中越边境的具体情况进行详尽调查研究的坚实基础之上的。唯其如此，这套援越抗法计划才具有较强的实用价值与可操作性，不仅有力驳斥了主和派散布的失败主义谬论，更为中国在援越抗法斗争中如何掌握主动权，提供了切实可行的行动蓝本。

最后，薛福成洞察机宜，充分肯定了刘永福"助越御法，撑持危局"的巨大功绩，再次大声疾呼必须支援、保护刘永福，并向朝廷提出了援护刘永福的具体方策。如何对待刘永福，是当

① 《薛福成选集》，第199页。
② 《薛福成选集》，第200页。
③ 《薛福成选集》，第200页。

时中法交涉中的一个敏感问题。刘永福“为护越而兴兵”，率部众屡创法军，法国当然视刘为眼中钉，必欲赶走这只拦路虎。清廷内部不少抱阶级偏见的王公大臣，也因刘永福过去系同清王朝站在敌对立场上的“盗贼”，当然不同意援助刘永福。有的甚至公开将刘永福斥之为“盗贼之余，断不可用”（云贵总督岑毓英语），有的（如云南藩司唐炯）更提出“稍资永福以饷械”，将清军撤回，希图借法军之手剿杀刘永福，必欲置之死地而后快。薛福成认为，如何对待刘永福，是关系越南存亡的大问题，也是关系中国边境安危的大问题。诚如他当年在《审机》一文中指出：“永福亡而越南岂能久存，法人全踞北圻，必且渐龁我边疆，索我口岸，则南顾之忧，方从此始。”① 正是根据这一剖析，他在《援越南议下》中，专门就此问题进行了阐述。

处在护越抗法斗争前沿的刘永福是功臣还是罪人？薛福成在文章的开头就明确指出：“辅积弱之邦，纠散旅，撼坚城，抗方张之敌而不栗，伟哉刘永福，盖豪杰之士也。窃观永福驱其徒众，进薄东京、南定，累挫法师，殪其渠帅，驰檄远迩，忠义郁发，其志可嘉，其才足用。”② 将封建王公大臣心目中的“盗贼”公开颂之为“忠义郁发”，这需要多么大的胆识和勇气。更何况刘永福还是活跃于当时的国内外政界关注的一位敏感人物。薛福成的慧眼识豪杰，为如何看待人的是非功过提供了一个值得珍视的例证：看待一个现实中的人，主要不是根据他过去曾经干过些什么，而是用发展的眼光，依据他现在的实际表

① 《庸盦文外编》卷一。

② 《薛福成选集》，第 202 页。

现如何：人是会变化的，必须根据其变化中的现实表现及其效果作出评估，才能得出较为实事求是的结论。薛福成在刘永福问题上似乎已经把握住这一实事求是的论人原则。尽管薛氏的阶级地位决定他同“盗贼”势不两立，但他能用发展的观点排除固有的阶级偏见，实事求是地论定十九世纪八十年代初的刘永福，已不是过去同清朝政府站在敌对立场上的黑旗军将领，而是一位在“助越抗法”斗争中不可缺少的英雄人物，即使对清廷而言，仍不失为一名“忠义郁发”的“豪杰之士”。

既然如此，那么大清王朝应该如何对待刘永福呢？薛福成的态度极为明快：“中国诚宜及时调护，俾不至于蹉跌。”① 进而提出如下“调护”方策：

“一曰密助饷械”。薛福成深知刘永福率领一万数千名部众，其饷源“仅恃保胜设卡抽厘”。在战争时期，商旅裹足，饷必不继，一旦粮尽众散，法军乘间进攻，“则永福危矣”。故薛福成建议朝廷“宜亟令滇、粤诸帅稍分饷项，运济永福”。薛福成又根据“器不利则不能命中致远”的原则，考虑到刘永福很难购到西式枪炮弹药，故建议朝廷“宜令滇、粤各军宽为筹备，稍选精品，分给永福”，从而使刘永福得以“掩所短以奋所长”，在“助越御法”斗争中大显身手。②

“一曰密授机宜”。薛福成十分担心刘永福能否战胜“操练素精，器械犀利”的法国侵略军。因为这次法国是“因败增兵，必将力战泄忿”，更有“扼踞红江”的兵轮与陆军“互相援应”。

① 《薛福成选集》，第202页。

② 以上引文见《薛福成选集》，第202页。

薛福成充分估计到，刘永福若与法军“战于平地”，也就是展开阵地战，“殆非其敌”，势必吃亏。为此，他建议刘永福利用“山径丛杂，林莽阻深”的特点，同法军展开游击战。平时，“当固守上游以避其锋”，当法军不敢冒险深入时，“永福则不时出没，伺间狙击，或设伏以诱之，或乘夜以劫之，或亟肄以疲之，俾法人备多力分，百端惶惑，终当大为所困”①。在精心设计这套灵活机动的山地狙击战术的同时，薛福成又劝导刘永福改变对法国俘虏“杀戮陵虐”的不明智手段，告诫他“虐待俘囚，于事无益，而徒激敌怒，使致死以求胜”，不如采取“杀敌致果，与优待敌俘，相济为用”的策略，更可收到瓦解敌军的积极效果。薛福成还针对刘永福“勇略有余，苦于不谙近来外洋情势”的弱点，密授刘永福要注意对外洋情势与敌情的了解，做到知己知彼，方能百战不殆。薛福成这三篇《援越南议》，写成于法国正增兵越南，将侵略战火越烧越旺，而清政府内部对法越战事尚举棋不定的关键时刻。他能坚持援越抗法的爱国立场，并有的放矢地提出了若干切实可行的建策，对扭转战局确实具有不可估量的价值。诚如时人张树声所评析：“三议处方于变症之后，表里虚实，洞中支兰，扶危定倾，别无胜算。所难者中外一心，坚持定见耳。”②

张树声的品评，更充分肯定了薛福成筹划的一整套援越抗法主张具有“扶危定倾”的实际效用，从而使这位李鸿章戎幕中的“候补道”，成为朝野上下瞩目的主战派智囊。当时，连主战最力的清流派干将、时任副都御史的张佩纶和兼掌兵部

① 《薛福成选集》，第202～203页。

② 《薛福成选集》，第204页。

的户部尚书阎敬铭等人都与他频繁通信，向他“垂询”援越抗法的具体方策和如何筹措应付“外患渐逼”的浩繁军费①。

二、筹防浙东，周密备战

1884年初夏，心怀叵测的法国侵略者不惜铤而走险，恣意扩大对华战争。他们在陆路上公然将战火从越南延烧到中国西南边境的同时，又派遣远东舰队来华，从海面上封锁珠江口、骚扰台湾，并从南海向东海游弋，伺机攻占我国的东南沿海城市，以便当作向清政府进一步讹诈的筹码。这样，地处浙东前哨的宁（波）、绍（兴）、台（州）地区，更成了这次战争的要冲，它的安危不能不引起朝野上下的密切关注。偏偏此时此际，浙江宁绍台道出缺。清廷慎重考虑，终于选中了在援越抗法问题上旗帜鲜明又颇有见地的薛福成。在颁布了沿海戒严命令的同时，决定实授这位李鸿章帐下才干出众的“尽先补用道”为宁绍台道，勅令其立即启程，走马上任。

薛福成于当年夏初接到这一任命，可谓喜忧交加，心情异常复杂。喜的是，自己终于盼来了这一天，可以结束整整二十年寄人篱下的幕僚生涯，被朝廷实授为浙东丰庶之区的道台，从此可以独当一面，充分施展自己的聪明才智，实现“匡时济世”的宿愿；忧的是，此去浙东，前途茫茫，吉凶难卜，因系受命于危难之际，宁波又是首开商埠之一，华洋杂处，难题多，情况复杂。特别令他担心的是，朝廷为防法而派往闽、粤、滇、桂的

① 见薛福成：《答张副都御史书》和《上阎尚书书》。

镇守大员，都是扬名朝野、久经阅练的“重臣宿将”，朝廷还对这些前沿防地“济以劲旅，协以巨饷”。而自己毕竟是名缺乏实际从政经验的幕僚，充其量，原先仅是个“补用道”，位卑资浅，朝廷又未提供其他优厚条件，未免相形见绌。并且对手又是个趾高气昂、火器精良、“办事狡狠”的法国侵略者，倘若稍有失误，岂非“往往纳侮而为他日患”①，能否稳操胜算，确实是个难题。为此，当时的薛福成，确实是怀着忐忑不安的心情南下赴任的。

筹防浙东对薛福成来说，可谓任重而道远。这是因为，他刚到宁波就职就面临着来自内外的重重压力：

在外，法国侵略舰队虎视眈眈，对浙东海口形成强大威胁。1884 年 5 月 11 日，李鸿章与福禄诺在天津签订了《中法简明条约》；6 月间，法军在谅山向清军发起挑衅；7 月 12 日，法国代理公使谢满禄向清政府提出最后通牒，要求中国立即从北圻撤兵，赔尝军费 25000 万法郎，否则法国就将“自取押款”，也就是占领中国沿海口岸作为抵押；接着，法国远东舰队在闽江口与基隆海面不断挑起衅端，邻近的浙东甬江海口更成为他们随时可以袭击的重要目标。

在内，不少难题也使初来乍到的薛福成时时为之困扰。“宁郡为全浙之门户，而镇海口门，尤浙东之锁钥。”② 按理说，值此大敌当前的危难之秋，作为节度浙江全省军政大权的浙江巡抚刘秉璋，本应坐镇宁波，“传宣号令”，直接指挥，肩负起统管整个浙江沿海防务的重责。然而，这位抚台大人不知出于

① 《薛福成选集》，第 245 页。

② 薛福成：《浙东筹防录》卷一，页二六。

何种考虑，竟将浙东沿海的防务事宜，一古脑儿地推给了初来乍到的薛福成，而自己则坐守省城杭州，高高在上，美其名曰"提挈纲维"。刘秉璋明明知道戍守浙东的水陆将领之间派系复杂，互存畛域，成见较深，矛盾重重，他却在宁波设立海防营务处，檄令薛福成以文职道台身份"综理营务，尽护诸军"，充当浙东前沿阵地的指挥官，在自己的遥控下直接承担风险。这样一来，薛福成这位新任宁绍台道的职责，确实是异乎寻常地沉重。他不仅要监察宁波、绍兴、台州三府的文武官员，而且要"备兵防海"，负担水陆防务、保国安民的工作，外加督饬镇海、宁波两个海关的巨额收益，负责同驻宁波的各国领事打交道。此外，还要付出大量精力，调节品级与自己相同甚至职位远远超出自己的水陆将领之间的矛盾。

这一切的确令人难以承受。但是，忠心报国的薛福成，怀抱"不惮烦劳，百计营度"的任职态度，仍然勇敢地挑起这副非同寻常的重担，决心抓住这次历史的机遇，施展一下"匡时济世"的抱负。

薛福成刚刚到任，便从宁波赶往镇海详察形势，筹划防务。当他来到宁波城东约五十里的镇海海口，立足于甬江之湄，纵目远眺，只见："镇海口外，即古之蛟门，夙称天险。招宝、金鸡两山，雄踞南北岸，口门外数里，则虎蹲山、游山兀峙于前，复有潮汐消涨之异势，险礁暗沙之分布，故洋人每论南北洋各口，亦称镇海为天然形胜。"[1] 当他看到海口要塞天然形胜，足资扼守，再考虑浙江的现有条件，在饷力、军备和声势诸方面，都不及邻近各省。于是，他对浙东的防务作出如下筹划：

① 薛福成：《浙东筹防录》卷一下，页二六。

“倘其来犯，既无得力之船炮以与人争胜，惟有在陆路厚集兵力以待之。”① 他根据浙东的实际条件——无坚船利炮不能与法国侵略舰队角逐于海上，决定采取以守为攻的策略，利用镇海海口足资扼守的地利优势，加强陆上防卫，以逸待劳。应该承认，这一决策不失为一种明智的选择。

在这大敌当前的关键时刻，如何切实加强浙东海口的陆上防务呢？薛福成围绕下述诸方面积极备战：

一曰“联上下，化异同”。在晚清政界派系矛盾极其尖锐复杂的情势下，浙江巡抚刘秉璋之所以檄令文职道台薛福成坐镇浙东前线“综理营务，尽护诸军”，在很大程度上是为了回避浙东驻军间湘淮派系矛盾的困扰。因为，刘秉璋乃淮系集团的骨干，直接处理湘淮矛盾颇有难处。而薛福成的二十年从政生涯中，先后在曾国藩和李鸿章的幕下供职，同湘系与淮系之间都有过密切交往和友谊，便于协调彼此之间的纠葛。事实上，浙东防务的军事部署，存在着湘淮对垒的格局：镇海海口南岸，由浙江提督欢阳利见（湘系）率本标练兵一千人及楚勇二千五百人防守，驻金鸡山；海口北岸，由记名提督杨岐珍（淮系）率淮勇二千五百人驻招宝山；招宝山的威远炮台、金鸡山的靖远炮台和小港口的镇远炮台，则由守备吴杰（淮系）统率；游击钱玉兴（淮系）则率衢标、处标练兵一千人及淮勇二千五百人，分扼宁波至梅墟通往内地的要隘，作为后路，往来策应；浙江的两小轮“元凯”、“超武”则驻扎于口门之内。各路兵将，虽然在名义上皆受欧阳利见节制，但按体制规定，必须受巡抚刘秉璋“节制”。由于欧阳利见临战“恇怯无谋”，更主要的还在

① 薛福成：《浙东筹防录》卷二，页八。

于他同刘秉璋之间“芥蒂”较深，故刘秉璋特地在宁波设立海防营务处，由薛福成“综理营务”，再由两名文官协司薛佐理营务：宁波府知府宗源瀚为营务处提调，同知杜冠英常驻镇海办公。以薛福成为首的营务处，则成了沟通上下的桥梁和浙东防务的具体执行机构，“中丞（刘秉璋）传宣号令，筹议大计，悉下营务处。凡战守机宜，无巨细，一俾遗之”①。甚至刘秉璋给欧阳利见的口信，也往往由薛福成中转。薛福成处在这样一个特殊的位置与格局之中，个中难处，在所难免。

薛福成是位头脑清醒的官员，他处在“顾中丞不驻宁波，将吏不甚相统摄，巡道位稍下，权力轻，所与共事者皆等夷”的特殊局面下，深知“若稍颛己自用，则必有所龃龉而志不壹。志不壹，则势不完而防不密”的道理。② 于是，他抱定谦虚谨慎的处事态度，“窃尝自念所居之地，尤以联上下、化异同为职。”③

为了“联上下”，他竭尽所能，及时沟通省城巡抚与浙东前线诸将吏之间的联系，做好上情下达，下情上达。“故凡进言于中丞者，惧将吏之隐情，有不上达也；惧中丞之德之威，有未下究也。”④ 凡是前线的动态、将吏的建策，都通过“禀牒”、“上书”或“电报”，及时向刘秉璋或有关上司禀报；遇到朝廷的旨意或巡抚的指示，更是毫不怠慢，利用“咨文”、“书札”、“告示”或电报及时转达前线诸将吏和有关人等。为了沟通上下，取得

---

① 《薛福成选集》，第 245 页。
② 《薛福成选集》，第 246 页。
③ 《薛福成选集》，第 246 页。
④ 《薛福成选集》，第 246 页。

共识，常常忙碌到废寝忘食的地步。他随侍在侧的门人曾说："方事之殷，公手批口答，草檄发电，笔不停挥，覃思孤往，其运筹常在天下之大，而不遗一事之细。"① 这段评议并非虚言，薛福成本人在战争结束后写给兄长薛福辰的信中也承认："弟自元宵以后，百务环集，寝馈为废，飞檄发电，笔不停挥，手腕欲脱，今始稍觉清暇。"② 正是薛福成如此勤奋的敬业精神，才保证了浙东筹防过程中的上下沟通，也使他获得了刘秉璋的信赖与支持，对薛福成"始终言听计从，毫无掣肘"，得以充分发挥自己的筹防才干。

为了"化异同"，薛福成更是"廪廪然"调和于前线诸将之间，遇到矛盾与纠葛，总是本着谨慎小心的态度，悉心予以化解。诚如他事后总结的那样："凡调和于将帅之间者，惧其有町畦而意计相歧也，惧吾积诚之未至也，惧吾谋虽忠，议虽密，或稍矜意气，致听者不能虚受也。凡鼓舞群才而为吾辅者，未事则惧不尽所长，既事则惧不彰其绩。而当夫策力并进，未有折衷，又惧不能砥砺损益，归于至当也。慎此数者，识之不忘"③。"惧"者，反躬自问也，充分反映薛福成严于责己、宽以待人的处事准则。为了维护大局，不论是同左右将帅相处，还是对待下属，他总是抱定上述六个"惧"的精神，以赤诚之心，弥合、化解将帅之间的"町畦"，"鼓舞群才"，"尽所长"、"彰其绩"，充分发挥他们的聪明才智。比如，浙江提督欧阳利见，是"老于军事，阅历甚深"的湘系

① 杨楷：《浙东筹防录·跋》。
② 《薛福成选集》，第236页。
③ 《薛福成选集》，第246页。

将领，身为提督，又是主管全省军务的“封疆大吏”，此公不仅资历、权位都高于薛福成，而且同巡抚刘秉璋之间颇存芥蒂。因此，对薛福成来说，处理好同欧阳利见之间的关系，乃是关系浙东防务成败的关键。对此，薛福成是心领神会的，在筹防过程中，他对欧阳利见极为尊敬，遇事总是征询其意见，尤其是战事，更听任欧阳利见对部队调度指挥。薛福成的谦逊态度，博得了欧阳利见的好感与信赖，曾在电报中向薛福成表示：“屡承关照，感极，我军稳守稳打，决不懈怠”①。这位原先曾对中法战事“主持重，不轻动”的欧阳提督，在薛福成的感召下，也由消极被动变为积极主动，“绸缪防务者不遗余力”②，在战争紧要关头，沉着地指挥战斗，击退了法国侵略舰队的骚扰。当然，由于浙东前线部队中的派系矛盾较深，有时也难免产生摩擦，每每为薛福成的“化异同”增添了新的内容。比如，1885年春，当浙东守军两次击退法国侵略舰队后，戍守南北岸的将领之间居然产生了争斗。欧阳利见手下的参将郑鸿章，平时就同吴杰“积不相能”，这次见到吴杰亲自指挥炮台击退了来犯法军，立了功，自己“相形见绌”，便抓住一些细故，围绕“有功无功”的问题，同吴杰争闹，几乎发展到“欲列队开枪决斗”的程度。薛福成闻讯，深感“强敌在门，将领不和，最为大忌”③，立刻命令宗源瀚“驰往和解”；又再三叮嘱杜冠英去劝导吴杰“切勿恃功逞忿”，尤其不要因郑鸿章滋事而迁怒于欧阳利见，“致失事上

① 薛福成：《浙东筹防录》卷四，页一九。

② 《庸盦文别集》，第202页。

③ 薛福成：《浙东筹防录》卷二，页四〇。

之礼”，务必“力顾大局”。当局势暂时稳住后，薛福成迅即将事端发生经过以及自己的处理意见向刘秉璋作了书面汇报，建议刘秉璋暗中做好吴杰的工作，肯定他的战绩并晓以大义。薛福成对吴杰作如下评论：“吴守备临财廉，御敌勇，操练勤，实为难得之材，惟任气犯上，罔知礼让，最其短处。伏愿宪台用其所长，戒其所短，于裁抑之中，寓曲成之意。”① 至于对这场争闹，薛福成建议：“此事不便过于揭明，盖冀痕迹渐融，则日后尚可共事也。”② 薛福成从大局出发，为维护前线将士团结所作的努力，得到了刘秉璋的赞赏与首肯。后来，争闹双方终于“相忍相让”，风波平息。

由于薛福成不辞劳苦地“联上下，化异同”，致使派系复杂、芥蒂较深的浙东前线诸军，能在大敌当前的局势下暂时放下彼此之间的恩恩怨怨，实现了“文武一心，上下辑睦，奋其智能，各事其事，绸缪寒暑，不怵不慆”③ 的可喜局面，从而为浙东抗法斗争的胜利提供了重要保证。

二曰“因形势，设巨防”。薛福成在具体考察了浙东沿海的地形与防务后，便依据自己的观察与判断，对浙东防务作出如下策划：“大抵中国既无得力水师，则防务惟以炮台与堵口及陆营三者相辅并行”，并对三者的重要性作出决断：“窃谓战守之把握，陆营当得四成，炮台当得四成，堵口当得二成，此防务之大略也。”④ 于是，他便重点围绕这三项要务，予以设防。

① 薛福成：《浙东筹防录》卷二，页四〇。

② 薛福成：《浙东筹防录》卷二，页四〇。

③ 《薛福成选集》，第 246 页。

④ 薛福成：《上刘中丞书》，《浙东筹防录》卷二。

关于陆营兵力部署。欧阳利见于1882年9月出任浙江提督，1883年5月，刘秉璋致函欧阳利见："请相度海上形势，以备设兵。"为了加强陆上防卫，接着，调台州知府成邦干率八个营驻定海；调驻温、台之记名提督、统领杨岐珍率六个营分守镇海海口北岸，驻招宝山；调游击钱玉兴率八个营分防宁波城至梅墟为后路；守备吴杰统带招宝山、金鸡山及小港口各炮台；欧阳利见则亲率六个营分驻镇海海口南岸，驻金鸡山。总共在浙东前沿调集部署了步兵二十九个营，炮台四百余人，总计万名左右的兵力。陆上各军名义上都归提督欧阳利见节制，但薛福成走马上任后，在实际上起了重要的指挥调节作用。

至于炮台建造，自1877年起，便由杜冠英负责督造，先后在招宝山东北麓、金鸡山、小港口和招宝山南山腰陆续建造了"威远"、"靖远"、"镇远"、"定远"等炮台；在泥湾衙头增修了南拦江炮台，与北拦江炮台隔江对峙。1878年又设炮兵，以后陆续增至342名，从开始就由守备吴杰统率。接着，欧阳利见在金鸡山下东北坡和西北坡分别建筑"天然"、"自然"炮台；又在左近和山筑土炮台十余座；1884年秋，欧阳利见征得刘秉璋同意，将小港口镇远炮台的九尊精炮悉数移至乌龙冈和沙蟹岭，另筑暗炮台。薛福成虽然未能直接参加炮台的督造，但他上任后，经过实地考察，从实战出发，对镇海海口两岸的炮台建造提出如下改进措施：一是汲取马尾海战中国炮台目标过于暴露导致被动的教训，提出："今镇口两岸各台，率皆依山傍麓，但能随其山之土草，做成与山色相似，使远窥不能仔细，亦虚实参用之法"①。这一化实为虚的设防计划得到认同并付诸

① 薛福成：《禀抚院刘》，《浙东筹防录》卷一上。

实施。炮台三合土之表层如不能贴上草皮泥则涂上黑色，使之色彩隐暗，不易暴露目标。二是主张在炮台坚硬的三合土上加盖土蒲包，再盖上棉絮棕荐或藤篓，使敌舰射来的炮弹不至于落地开花，以化解其杀伤力。三是建议在南北海岸建筑土质长墙，北岸长七里，南岸长十里，使之成为"宁防之锁钥"，"全浙之长城"，不仅可遮护我方炮台和兵勇，还可抵御敌人炮弹的袭击，收以土克金、以柔制刚之效用。

关于"堵口"，主要是以钉桩和沉船堵塞海口，阻挡敌舰登陆，这是薛福成致力的重要设防措施。关于镇海海口钉桩沉船的设想，最初发于宗源瀚和杜冠英。早在薛福成莅任之前，宗源瀚自己垫钱买桩架两副，私下同杜冠英协商买木试钉。刘秉璋得知后便"定议取用"，于光绪十年闰五月间札令杜冠英等迅速筹办钉桩沉船事宜，具体事情可向新任宁绍台道薛福成"就近禀商酌办"。薛福成奉命于闰五月二十七日驰赴镇海审视口门，实地考察了地形，查勘了杜冠英所试钉之桩，得出了"以钉桩沉船为较合法"的判断。但他向刘秉璋提出："窃思外洋堵口之法，利弊各半，所宜深虑者，莫如阻碍本国商船兵船往来之路，先致自困，尤恐关税厘捐，从此无著，则二十余营之防军，饷源先罄，更为可虑。"① 为此，他提醒千万不可将海口堵死，以免"自困"，必须在口门"拟宽留中间船路，或十五六丈，或二十丈，仍一面购具旧船，以备不虞，万一有警，即载石沉船，横亘口门，亦易为力，然非到万分危急之秋，总以备而不用为妙"②。他的这一"备而不用"的堵口建议得到了前沿

① 薛福成：《禀抚院刘》，《浙东筹防录》卷一上。

② 薛福成：《禀抚院刘》，《浙东筹防录》卷一上。

诸将吏的普遍认同，“厥后，钉桩则杜君力任，而宗君佐之；沉船则宗君力任，而杜君佐之”①。宗、杜二位是负责堵口的“苦心经营”者，薛福成则自称“余于堵口一端，不过挈其大纲，因人成事而已”②，就是说，堵口工程的直接指挥者乃薛福成。

除了上述三项筹防举措外，薛福成还报请刘秉璋批准，架设了宁波与镇海之间长达40里的有线电报线路。关于宁波与镇海间架设电报，原是由宗源瀚向刘秉璋提出的建议，因需造价五千两银，无可筹措，事遂中止。薛福成抵任后，正逢防务戒严，警信日至，因思军报之迟速、军事之利钝系之，况今轮船迅捷，瞬息变幻，与曩时内地用兵，迥不相同。为此，他于光绪十年八月十三日再次向刘秉璋提出架设宁镇间有线电报线路的建议，认为：“窃查镇海距宁波水程六十里，陆路四十里，当此海氛不靖，驻扎重兵，军书旁午，遇有紧要消息，不能呼吸相通，若快船又须乘潮上下，殊嫌迟缓”，若能及时架设电报，“则临敌应变，必可声息无阻，调度灵便”，尤其重要的是，“如宪台调度各营，指示机宜，在省发电，可以直达镇海，即海口紧要军情，亦可径达省垣，无转折迟误之虞，其有裨于防务者实大”，否则，“每至事机紧迫，间不容发，万一得信稍迟，恐滋贻误”。③为了解决经费这一难题，他在呈文中又说明，他已委派专人与上海大北电线公司洽谈，将造价压低到二千四百八十四元，若购得工料，十日内便可完工。至于这笔经费，可在宁波

① 薛福成:《浙东筹防录》卷二，页二〇。

② 薛福成:《浙东筹防录》卷二，页二〇。

③ 薛福成:《禀抚院刘》，《浙东筹防录》卷一上。

厘局"动支给领",将来由商业电报的收益弥补。刘秉璋见到这一呈文,立即批复:"准其照办,所需经费,均可作正开销"。薛福成这一"添设电线以捷军报"的计划付诸实施后,果然不出他的预料,"此线造成甫三阅月,而法船已至,一切调度机宜,由杭而宁,由宁而镇,顷刻可传达各营,虽相距数百里,而号令迅捷,如在一室,于是抚院不进驻宁波,而与驻宁波同,巡道不常驻镇海,而与驻镇海同,……复收前敌指挥之益,自非电线不为功"。根据电报在抗法斗争中产生的巨大效用,薛福成更加感受到近代科技设施的重要意义。他说:"方事棘时,电报往来,日十余起,军机变幻,瞬息灵通,余自此役以后,益知电报之为用于军国甚巨。"[①] 这次实践,更增强了薛福成大胆地学习西方先进科学技术为中华所用的信念与决心。

与此同时,薛福成在形势紧迫时,还采取了其他一些积极的防御措施。比如,他支持杜冠英督同吴杰在沉船排桩之外,在海口沉放水雷,还下令在 1885 年 2 月 13 日至 21 日撤去镇海七里屿、虎蹲山、定海小龟山及屿心脑塔灯和口外之航标浮筒,"使敌轮迷于所向"[②]。

三曰"用与国,伐敌谋"。也就是积极开展外交活动,巧妙利用列强之间的矛盾,以达到孤立法国侵略者的现实目的。这一外交策略,首先表现在拱卫定海安全的问题上。

宁波下辖的定海防务问题,是薛福成关注的重点,上任后他多次赴定海实地查勘。他认真总结了定海在两次鸦片战争时期被侵略者占领的沉痛教训,认为孤悬海口之外的定海,居

① 薛福成:《禀抚院刘》,《浙东筹防录》卷一上。

② 薛福成:《浙东筹防录·照会海关税务司葛显礼》。

南北洋适中之地，战略地位十分重要，“盖不特浙江一省之藩篱，实亦海疆全局之关键”①。为此，他不同意魏源等人认为“定海宜弃而不宜守”的观点，因为“我弃而彼取之，于此屯兵、屯粮、屯煤，经营踞守，将来北犯天津、烟台，西扰长江诸埠，皆得以此为后路，恐大为南北洋诸省肘腋之忧，则弃之又断断不可。”② 定海既不可弃，但眼下只有总兵成正邦率领的贞字营扼要分驻，既乏兵轮，又无充分兵力和饷力为其后援，在短期内“欲求设防周密，仓猝殊无良法”③。在这万般无奈、情非得已的情况下，他机智地想到了“道光二十六年(1846)，中国与英国互立保护舟山条约五款”④，可资利用，“用以钤制法人”。光绪十年九月初四日，薛福成以“英国有保护定海旧约请转咨酌夺”为中心内容，起草了一篇呈文，分别呈送南北洋大臣和闽浙总督、浙江巡抚。他在这篇呈文中阐述了定海的重要战略地位和浙东难以周密设防的困难处境，接着具体介绍了中英于道光二十六年订立的保护舟山条约五款的有关内容，“其第三款，中国依允英国之兵，退出舟山以后，亦不让与别国。第四款，英国依允嗣后有别国攻打舟山一带地方，英国必为保守，务当将舟山送还中国……”⑤ 他进而分析英国决不会将舟山“甘心让法，而自废前约，以示弱于欧洲”⑥，更不会听任法国骚扰舟山而影响英国在香港和上海的商务。为此，他建议由总

① 《薛福成选集》，第 218 页。
② 《薛福成选集》，第 218 页。
③ 《薛福成选集》，第 217 页。
④ 《薛福成选集》，第 217 页。
⑤ 《薛福成选集》，第 217 页。
⑥ 《薛福成选集》，第 218 页。

理衙门出面将保护舟山条约“照会英国公使，请其照约办理”①。他估计到：“盖英人如得中国一照会，亦可有辞以告法人，法不得以与英无干四字拒之，或能办到英法两国私自定议，法许不扰定海，英亦不明为保护，则于地方已不为无益矣。”② 为了增强说服力，他在呈文后面附录了两件材料：一是他委派专人从当年报纸上翻译过来的“洋文中英条约”，另一是他嘱咐幕僚杨楷撰写草稿再由自己“重加删润”的《英宜遵约保护舟山说》，以供朝廷“查案酌夺施行”。

薛福成是位颇懂得外交斗争策略的干吏。他在将这篇呈文禀报上峰的同时，又将亲笔改定的这篇《英宜遵约保护舟山说》文稿，请宁波海关税务司葛显礼翻译成英文，寄往伦敦报馆刊载，对英国政界发起舆论攻势。这篇文稿采用摆事实讲道理的方法，明确指出“舟山关系通商全局，英宜亟加保护，非为中国，实自为也。”③ 晓之以理，啖之以利，果然引起英国朝野上下对舟山问题的密切关注，纷纷要求政府履行旧约，不能坐视法国在中国暗损英国“固有之利”。

薛福成在定海问题上所施展的“以夷制夷”策略是颇有成效的。他机智地利用若干年前英国侵害中国主权的保护舟山旧约来“以夷制夷”，遏制法国对定海的干犯，是煞费苦心的。因为在国家的防务问题上，他虽明确认定“不宜借力外人，以启窥伺之渐”④，但定海的安危已迫在眉睫，又处在“决非一省

① 《薛福成选集》，第218页。
② 《薛福成选集》，第219页。
③ 《薛福成选集》，第223页。
④ 《薛福成选集》，第218页。

之力所能办到”[①]的逆境下。他为此而焦躁不安，向驻宁波英领事固威林和宁波税务司葛显礼反复咨询、磋商，敏锐地洞察到英法之间的利害冲突可资利用；同时又坚持“若中国毫无备御，而求助外人，固多流弊”[②]的原则，就现有条件尽力加强定海的防御，将“以夷制夷”的外交策略建立在加强自身防务的基础上。应该承认这套斗争策略构想还是比较周全的，事态的发展也实现了薛福成的预期目的。英国改变了原先对法国行动不干预的态度，英国驻沪总领事与法使巴德诺暗中商定了“法不犯定海，英亦不宣保护之说以碍法事”[③]的两利原则。后来，新闻传媒纷纷扬言孤拔企图占领普陀以为屯兵之地，这可激怒了英国当局，英国驻沪总领事特地转电薛福成：“英有保护舟山之约，普陀亦舟山属；如法果往占，英愿助中国驱逐”[④]，明确表示了英国“保护舟山”的立场。后来，法国舰队尽管向镇海发起多次攻击与挑衅，但却未敢直接染指定海及其下辖的舟山群岛。这样，薛福成成功地实现了利用英法矛盾牵制法舰进攻定海的目的，使“中国但收其益而不受其弊”[⑤]。这一举措被薛福成事后称之为“必不可少之要著”，为中国近代外交史提供了一则极为罕见的成功事例。

四曰“清间谍，杜向导”。也就是采取切实措施孤立法国侵略舰队，杜绝其在浙东可能产生的内外策应。具体表现在“徙教士以绝内应”和“杜引水以扼天险”两大举措

① 《薛福成选集》，第218页。

② 《薛福成选集》，第218页。

③ 薛福成：《上刘中丞书》，《浙东筹防录》卷二。

④ 《薛福成选集》，第224页。

⑤ 《薛福成选集》，第224页。

中。

当时,在宁波城内有天主教堂六七处,系法国派驻浙江省主教住所,定海城内也建有法国天主教堂七处。在法国侵略舰队兵临镇海口外洋面的情势下,如何妥善处理好这批法国天主教士,是薛福成面对的颇为棘手的问题。尤其是法国远东舰队在马江开战后,宁波城里人心浮动,不少绅民"皆言法人藏匿大炮,将为内变",又风传"定海民入教者二千人,分班赴教堂操演,枪声颇闻于外"。对于这些流言,薛福成虽然派人查访,证实"谓教堂有运藏大炮情事"纯属"谣传",但他仍然感觉到这是个严重的问题。因为,宁郡的教士和教徒是个不小的数字,"目下防务吃紧,民心未安,若听其散居各地,非特难于防范,且恐人民愤激,易滋事端。"① 在这里,他指出了并非多虑的两种后怕:一是担心这批教士和教民"难于防范",战时充当法军间谍,来个内应外合;二是担心"人民愤激"之余,因仇教而掀起教案,更难收拾。于是,他在征得刘秉璋认可后,于1884年8月25日照会英国驻甬领事官兼办法事固威林:"饬令天主堂内法人男女老幼,一并移往(宁波)江北岸暂住。"②可是,法国主教赵保禄以"人口不便迁移"为由明确表示拒不搬迁,并两次直接致函薛福成提出抗议,斥责薛福成不遵旨保护教民,对教堂藏炮的谣传"未饬定海厅查验,遽令迁移,有同儿戏","各教堂因屡次搬动,不无亏损",进而斥责薛福成"冒昧举动,恐致自贻伊戚,累害无辜,……如此妄行不息,定海等

① 薛福成:《禀抚院刘》,《浙东筹防录》卷一上。

② 薛福成:《禀抚院刘》,《浙东筹防录》卷一上。

处，必将自招祸患”[1]，百般责怪、刁难，再施以威胁，蛮横到了无以复加的地步。薛福成在“不过一笑置之”之余，对赵保禄拒绝搬迁的种种“理由”，义正词严地予以逐条驳斥。关于“教堂藏炮”之流言未经查验即令迁移乃“有司儿戏”说，薛福成指出：“不知疑谤由于愤怒，本不必辨虚实，……本道亦谓此说未必确实，故尚壹意保护，若果使确实，本道当照干预军事之例，从严惩治，否则亦如广东办法，勒令尽数依限出境，岂犹以暂赴上海与住江北岸相劝耶？”至于搬迁费用问题，薛福成风趣地答道：“此系法国国家骤开兵衅所致，该主教似可向法国国家索取赔偿，本道不必过问也。”对于所谓“冒昧举动，恐致自贻伊戚，……必将自招祸患”之类的辱骂与要挟，薛福成更是“一笑置之”，坦然自若地回敬说：“彼不过隐示其伎俩，谓可呼召法舰，来攻宁、定耳。欲以此等大言，恐吓本道，本道不惧也。本道惟知遵照迭次谕旨，激励兵民，同仇敌忾，久置祸福利害于度外，亦复何所顾虑。果若所言，赵主教适自显其有干预军事之权，是定海兵民之所疑虑，洵属不诬矣。”[2] 辩驳之后，薛福成请固威林领事将意见转告赵主教，“劝令赶早搬移为要”，并声言：“以后赵主教如有所言，可由贵领事转达，不必径自致函本道，恐徒致辩论也。”[3] 经过一个多月的往返辩驳，法国主教赵保禄在接到薛福成“辞严而理足，气劲而神和”[4] 的照会后，“气慑心服”，不得不按照薛福成意见行事，将全部法国人

① 薛福成：《移英国领事官兼办法事固威林书》，《浙东筹防录》卷二。

② 薛福成：《移英国领事馆兼办法事固威林书》，《浙东筹防录》卷二。

③ 薛福成：《移英国领事官兼办法事固威林书》，《浙东筹防录》卷二。

④ 薛福成：《移英国领事官兼办法事固威林书》，《浙东筹防录》卷二。

迁移到指定地域，接受中国方面的“保护”，再也不敢滋事捣乱了。后来，法国侵略舰队骚扰浙东海口时，法国教士教民，“皆恪守约束，无敢萌异志者”[1]。这不能不算是薛福成在“清内间，驭教族”问题上的一大成果。

至于“杜引水以扼天险”，更有一番直接较量。“引水”者，领港员之谓也。鸦片战争之后，不少外国人利用侵略特权，窜到中国沿海各港口，熟悉地形，并在各个通商口岸充当“引水”。在中法对抗的战争时期，如何牢牢控制住宁波口岸“善领港之洋人，以绝法船之向导”[2]，成为薛福成筹防浙东过程中关注的问题之一。光绪十年六月一日，刘秉璋向薛福成传达了朝廷的旨令，并嘱薛福成“设法暗阻敌船引水”。其实，薛福成赴任后，本着“处置引水一端，实为要著”的原则，早就摸清了宁波有引水洋员必得生和师密士二名，领有执照，常年驾小船在镇海口外游弋，充当领港员。薛福成已委托宁波海关税务司出面，与两名引水洋员暗中商定，今后凡遇别国船只，仍照常引带，但不得受雇于法国船只，并由中国官府“给费暗雇”，每月给各人洋银150元“以资度日”。正在交涉间，师密士已得到法国兵船欲雇其在镇海、定海各口引带的信息，于是，薛福成同意给二人每月再增加洋银250元，条件是“免其受法人之雇”。镇海口海战打响后，薛福成又获悉“孤拔以按月洋银八百圆，暗雇精于浙洋之英德两人为向导，遇难许给恤二万金”[3]。薛福成认为：“窃思去引水，不啻去敌耳目手足，此事关系急切

① 薛福成：《移英国领事官兼办法事固威林书》，《浙东筹防录》卷二。

② 《答伯兄书》，《庸盦文别集》卷五。

③ 薛福成：《浙东筹防录》卷四，页一六。

重大。”于是，他多次急电上海江海关道，“恳请设法禁阻”，并答应“两人索总酬二千金”的要求，由上海江海关道出面，同他们立下了“保永不助敌”的保证书，瓦解了孤拔在上海以重金雇佣“曾充甬江引水十余年”的英国人化挨和德国人勃伦的阴谋。后来，又风闻孤拔在沪雇佣“美国人根宁汗在法船引水”，薛福成立刻照会美驻宁波领事，“请其电致驻沪领事，设法撤回，以符公法，而敦睦谊，且使宁郡兵民不怨及美商，地方官亦易于保护”①。并提请刘秉璋将此动向转告总署，以防美国领事就此“捏造异说”。经过薛福成百般防范和多方面斡旋，终于粉碎了孤拔“欲以重价雇募引水”的阴谋。“费尽心力”的孤拔处于“今悬价六万金而无应者”② 的困境，只能从被掳船户口中去打听镇海口港路的走向和深浅。

“海防之役，重在平时布置。”正是凭借以上多方面的周密设防，并通过对内对外积极有效的斗争与防范，从而保证了镇海口保卫战在军事上的胜利。至于薛福成在这次浙东设防备战中的具体作用与贡献，他的好友黎庶昌事后曾有一段比较公允的评述：“叔耘奉命备兵宁绍台，莅任甫数月，即遘此变，中丞庐江刘公驻省垣，提挈纲维，稔知叔耘贤，防务事悉委成之，又令尽护诸将，凡前敌筑台增炮钉桩沉船塞口，以及迁教士、杜引水、明赏罚、固民心，皆不惮烦劳，百计营度，与诸将协规同力，一泯异同，故备御严而折衷当。”③ 对照薛福成赴浙东后的作为，这段评述可谓有根有据，言之不虚。

---

① 薛福成：《浙东筹防录》卷四，页一八。

② 薛福成：《浙东筹防录》卷四，页二二。

③ 黎庶昌：《〈浙东筹防录〉序》。

三、震惊中外的镇海保卫战

法国侵略舰队自偷袭马尾军港得逞、重创中国福建水师后，更加肆其慓疾劲悍之气，伺瑕抵隙，游目北窥，进而袭击台湾基隆、炮击淡水，于1885年初，将进攻矛头指向了浙江镇海海口。

这一进攻目标的选择也有一定的偶发因素：原来，当1884年10月23日，孤拔悍然宣布封锁台湾海面时，清朝南洋大臣曾国荃命令统领吴安康率领"开济"等五舰由江阴启碇，开出长江口，南下增援台湾。当这支南洋援台舰队行至福建海面时，遇到了驻扎在附近海面的七艘法国侵略舰只，一场遭遇战即将发生。可是，吴安康等怯敌如虎，还未交火即下令北撤，仓皇逃遁。1885年2月14日（光绪十年十二月二十九日），即农历甲申年除夕，吴安康率领的"开济"、"南琛"、"南瑞"等三艘巡洋舰为逃避法国舰队的追击，逃进了镇海口门；另外两艘航速较慢的"澄庆"、"驭远"舰，则就近躲进了象山厅的石浦湾。法国远东舰队尾随而至，将镇海口门团团围住，目标在追击这五艘援台兵轮。

这支不战自溃的南洋援台舰队，给浙东防御增添了新的困难。这是因为，这五艘兵轮系法国远东舰队的追歼目标，进入海湾浅滩后目标更容易暴露，反而不易保全。这支援台兵轮又归南洋大臣曾国荃直接统辖，不但薛福成、刘秉璋无力指挥，连北洋大臣李鸿章也无权调度。如何处置，的确是个棘手的难题。问题的难度虽大，但首当其冲、直接负责浙东前沿防务的薛福成无法回避。好在他具有"处事详审"、"持议明通"的长处，立刻将这一新情况向刘秉璋、曾国荃和李鸿章及时汇报，请示对策。与此同时，他又采取稳妥而审慎的办法进行协调，竭力保护这支援台舰队的安全，可谓用心良苦。

然而，事态的发展并不以薛福成的主观愿望为转移。当他于农历正月初二始闻“澄庆”、“驭远”二船在石浦被法舰围困的消息时，立刻商请刘秉璋调拨防军一营驰往石浦，会同当地练军，一齐“声援”这两艘兵轮，“以备策应照料”。薛福成还亲自饬令石浦厅象山县设法接济煤粮。由于石浦距宁波三百里，声息不能骤达，援军尚未赶到，“澄庆”、“驭远”两舰已于正月初一被迫凿舰自沉，船上弁丁各携十六门后膛枪，“登岸四散”，逃之夭夭。薛福成得知这两轮官兵弃船远遁的消息，不甚感慨，立即将此信息电告曾国荃，请他出面“严檄责成该二船将弁等勿径弃去，妥为看守，徐筹浮驶之法”①。因为这两船及克虏伯炮等装备，制办用费达“数十万金”，弃之很是可惜。

当薛福成得知“澄庆”、“驭远”两轮自沉后孤拔率舰队向南游弋搜索“开济”等三轮的动向，立刻电请曾国荃抓住时机，令“开济”等三轮“乘隙驶回上海，或径回江阴，最为稳慎”②。可是，“开济”等三船管驾却以镇海口外尚留有二条法船为由不愿离开，薛福成又“未便强之使行”。在此情况下，他只得尽力做好“开济”等三船的工作，使之改变畏敌情绪，与浙东军民携手抗法，将功补过。

薛福成深知“开济”等三轮继续泊在镇海口内可能出现的

---

① 薛福成：《禀南洋大臣两江总督曾》，《浙东筹防录》卷一下。

② 薛福成：《禀南洋大臣两江总督曾》，《浙东筹防录》卷一下。

局面：法酋孤拔决不会放过对三轮的追击，但这三轮“怯馁已甚，恐再临事倡逃，则全局瓦解”。为了改变“开济”等三轮统领管驾“皆气沮心慑”、“畏法如虎”的消极心态，薛福成从大局出发，设想出一套按军令办事的“急著”。一方面，薛福成以宁绍台兵备道的名义出一告示，公开宣布在战争期间，宁波的“文凯”、“超武”二轮以及南洋“开济”、“南琛”、“南瑞”三轮，“禁止弁勇登岸，以绝其反顾”；另一方面，他又电请抚台刘秉璋电饬钱玉兴统领“派员持令箭，往告三管驾，无论何时，如有再移进白家埠一步者，应并前罪严参，先行就地正法，能坚守亦专疏保奖”①。刘秉璋回电完全同意薛福成的意见。

当薛福成将刘秉璋的回电内容转达钱玉兴时，恰巧吴安康也在座。吴安康见到抚台的电文，“面发赤，良久无言”，稍息对钱玉兴说：“吾三轮誓与此口为存亡，决不内移一步，请电告中丞勿念。”② 后来，吴安康等果然一改故态，激起“愧奋之意”，“其后三轮扼守桩门，炮击法舰，连中要害，相持三阅月，迄未少退，厥功甚懋。”③ 就此变化，薛福成的体会是：“盖新败之余，必严申纪律，使畏军令甚于畏敌，乃足以作弁勇之气。”④ 他设计的这套激将法，可谓恰到好处。

在妥善处理好南洋援台舰队入口避战问题的同时，薛福成预料战争在所难免，更加紧了应战准备。

1885年2月28日夜，法国舰队司令孤拔亲率“纽回利”、

① 薛福成：《浙东筹防录》卷四，页九。
② 薛福成：《浙东筹防录》卷四，页九。
③ 薛福成：《浙东筹防录》卷四，页九。
④ 薛福成：《浙东筹防录》卷四，页九。

"答纳克"、"巴夏尔"、"德利用方"四艘舰只，排泊于镇海口外之七里屿洋面，虎视眈眈地游弋于蛟门外，伺机偷袭。欧阳利见提督得到敌军大兵压境的警报，在飞传南岸各营严阵以待的同时，立刻函商北岸统领提督杨岐珍、吴安康统率的南洋水师三舰、营务处杜冠英和负责后援接应的统领钱玉兴，作好临战部署。欧阳利见则驻扎金鸡山督率，相机调度。

3月1日（正月十五日）上午九时半，法国舰队驶向游山。坐镇宁波的薛福成闻报法舰进入游山港，在当天申刻电令杜冠英"宜装齐子药，对准彼船，俟其再近，百炮齐发"；并告诫："巴夏尔系孤拔坐船，若孤来则尤泼悍，今夕元宵宜严备。"①果然，当天下午三时，法国舰队以铁甲舰"纽回利"为前锋，向招宝山炮台发起了猛攻。杜冠英饬令炮目周茂训开炮迎击，一发即中"纽回利"船头，二发折其头桅，第三发则伤其船尾。"南琛"等三兵轮也积极助阵，击中法舰两炮。法舰排炮击中炮台数十弹，炮目周茂训受伤，又有炮兵二名、勇丁一名阵亡。杜冠英又令吴杰亲自开炮歼敌，杨岐珍亦自威远城驰入炮台，开排炮御敌。两军对垒激战二小时，各开数百炮。浙东水陆守军士气高昂，愈战愈勇。下午五时，法国侵略舰队在烟幕掩护下退泊金塘洋面。被重创的法国铁甲舰"纽回利"号失去了战斗能力，于次日清晨被它船拖往外洋。浙东守军初战告捷，士气大振，但指挥官们头脑十分清醒。"老于军务"的欧阳利见于当天下午五时，向薛福成提出"今夜更宜密防"的建议。薛福成与宗源瀚于当天夜晚亥刻急电欧阳利见、杨岐珍、杜冠英和吴杰，指出法舰"虽退未必远"，今夜尤其要"严防"，防止敌舰玩弄

① 薛福成：《浙东筹防录》卷四，页八。

"示弱以懈我"[①] 的花招,并再三叮嘱他们"激励"南洋水师三轮"同心守御"。

3月2日晚,法国舰队派遣两艘鱼雷船暗袭镇海口门桩船,被戍守部队击退。

3月3日黎明,法国舰列中又增添两艘舰只,摆出决战架势。薛福成与宗源瀚于当天辰刻(7~8时)电告杜冠英:"法添两船,日内必有大战,宜严备。"[②] 果然,当天巳刻(9~10时)法国大黑舰"答纳克"号驶入虎蹲山北侧,向招宝山炮台发起攻击。炮台守备吴杰亲自开炮予以还击。吴杰是位智勇超群的骁将,以其精湛的技艺,在这场战役中立下赫赫战功。薛福成记载道:"台开一炮,中其烟筒,再炮中其船桅,横木下坠,压伤兵头;南琛、南瑞复从旁击中三炮,穿其后艄,法船创甚,急放黄烟,收旗转轮,仅获出险遁去。"[③] 据悉,被压伤之"兵头",系法国舰队司令孤拔,身负重创,六月间在澎湖毙命。

法国侵略军虽然败退,但薛福成异常警惕,估计敌军"恐三四日内,必添船猛攻"。为此,他叮嘱镇海守军"严备"。他还接受欧阳利见的建议,告诫南洋舰队吴安康认真汲取马江海战中福建水师舰只因"潮退时船首皆内向"而招致敌人偷袭而惨败的严重教训,赶快"购备头号大铁锚三具,分系开、琛、瑞三轮之尾,俾船首朝夕外向,不致于潮退时移动,为敌所乘,如马江覆辙"[④]。吴安康接受建议,赶速购置重3500磅的大铁锚

① 薛福成:《浙东筹防录》卷四,页八。

② 薛福成:《浙东筹防录》卷四,页十一。

③ 薛福成:《浙东筹防录》卷四,页十二。

④ 薛福成:《浙东筹防录》卷四,页十三。

三具，分系三轮船尾，连夜下沉，致使战争期间，南洋三轮不论潮汐涨落，船首始终对准口外的法舰，时刻准备开炮应战，始终处于以逸待劳的主动地位。法舰在两次被挫后，再也不敢轻易“进逼桩门”，深怕遭到“三轮之随时可以夹击也”，也是其中重要因素之一。

浙东守军有备无患。5日夜晚，法军又派黑白两舢板，乘风雨冥晦，偷袭港口炮台，均被守军用排枪击沉；6日清晨，法军放小轮潜至虎蹲探路，又被炮台击回。

20日（二月初四），薛福成由宁波来到镇海前线劳军，顺道考察前沿阵地的设防措施。当他目睹“法船屡挫之后，退泊金塘，惟以一大舰向前抛泊，倚游山为障蔽”的寄泊情况，灵机一动，悄悄同钱玉兴统领进行“密商”，制订了一套“乘夜袭击”的计划。当天深夜，“钱统领亲率敢死士，潜运后膛车轮炮八尊，伏南岸清泉岭下，四更后突击之，互炮到船，伤人颇多。后有传孤拔亦受伤者。法船开炮回击，弹落水田，我军旋即收队。”①

经这次偷袭成功，法国侵略舰队更加胆战心惊，虽然仍在镇海口门外的洋面上游弋，但再也不敢对镇海要塞轻举妄动，尤其不敢驶近炮台。直到中法战争结束后，于6月29日完全撤离浙东洋面。

镇海保卫战终于取得了震惊中外的巨大胜利。对这次战役的重要意义，身处斗争漩涡之中的薛福成，感受尤为深切。他在《答伯兄书》中曾毫无遮拦地作如下评估：

---

① 薛福成：《浙东筹防录》卷四，页二十三。

鄙意所尤快者，如滇、如粤、如闽、如直隶、如奉天、如台湾，皆星使联翩，会办络绎，宿将棋置，且由部拨大宗巨饷。然要不过胜负互见，甚者如马江之败绩。惟浙防无督办之大臣，亦未拨巨饷，仅由弟与健飞军门（欧阳利见字健飞），承乏其间。健翁任战事，而筹画一切，则弟任之。位望最轻，用饷最省，而气势完固，有胜无败，非特中法开战后所仅见，实与洋人交涉后初次增光之事也。①

这段评价，不但如实肯定了镇海保卫战在中法战争乃至整个近代中外交涉史上的重要地位，而且也对薛福成本人在这场战争中的历史作用作了自我评价。立身处事向以谦虚谨慎著称的薛福成，因何在这封家书中大谈他个人的作为？内中还有一段隐情。

原来，当这场镇海保卫战胜利结束之际，薛福成在光绪十一年二月二十八日上书刘秉璋抚台，在充分肯定这次战役"实数十年洋人入华以来所仅见"的同时，建议刘秉璋向朝廷上奏褒奖立功将吏，并具体倡议："其前敌立功将吏，如杜丞（杜冠英）吴都司（吴杰）等，应破格保奖，以昭激劝；至于提台、统领（指欧阳利见、杨岐珍、钱玉兴等人）督率之功，亦不可没……；再南洋三轮，自正月十五日以后，两次击敌，甚为出力，应请专疏保奖以践前说；……宗守（宗源瀚）……伊年来襄理防务，颇著勤劳，若蒙列入奖叙，亦是縶维之法。"② 在这份立功将吏的

① 《薛福成选集》，第236～237页。

② 薛福成：《浙东筹防录》卷二，页五十四。

请奖名单中，未提及刘秉璋和薛本人，这是煞费苦心的机智之处。因刘秉璋是顶头上司，当面奉承难免谄媚拍马之嫌；而轻言本人之功，更属自吹以骄人的不明智之举，有悖于薛氏本人“不专己，不徇人”的一贯品格和处事原则。

按说，薛福成在筹防浙东乃至保卫战中的杰出贡献是有目共睹的，在巡抚大人呈请褒奖立功将吏的奏疏中理应如实反映。但是，在京供职的薛福辰阅读邸钞上刊载的刘秉璋呈报浙东战绩及请求褒奖立功将吏的名单中，竟然找不到薛福成的名字，好生奇怪，立刻修书一封，询问奏报中为何“未见弟名”。薛福成接到这封家书，只得在回信中将自己赴任以来如何备战以及战争的经过向长兄作了详细的汇报，并婉转地解释道：“承询邸钞未见弟名，盖因中丞匆匆叙战，偶尔遗漏，然正与弟意暗合。夫为其实而不居其名，最为上乘。……至当时弟不专具禀牍以备中丞采择者，嫌与诸将争功也。”① 客观上是刘秉璋“偶尔遗漏”，主观上则是自己不愿“嫌与诸将争功也”，宁可“为其实而不居其名，最为上乘”。这一解释是否合乎情理，姑且勿论，但从中可以窥见薛福成“不汲汲于表见”的务实作风。作为一名封建臣僚，淡泊于“争名于朝”的官场恶习，恪守“务实不务名”，“惟兢兢以不能尽职防海为惧”，这种精神确实难能可贵，也是薛福成的思想境界高于世人、日后取得更为显著政绩的内在因素之一。

薛福成筹防浙东的历史功绩是不容抹杀的。后来，经浙江巡抚刘秉璋和两江总督曾国荃等的奏保，薛福成因功获得了布政使的加衔，在官衔品位上又晋升了一级。

---

① 《薛福成选集》，第237页。

四、为浙防图久长之策

黎庶昌曾称赞薛福成具有“不惮烦劳，百计营度”① 的处事风格。确实，薛福成是位不知疲倦的实干家。镇海保卫战的胜利并未使他为之陶醉，抑或就此却步不前。在他看来，浙东将士虽然建树了“却敌之功”，但整个中国仍然处在“各国环伺，时艰孔棘，中外交涉既繁，即争端未能尽弭”的“隐患方长”的艰难时期。如何“规画全局，经营武备”，使“全浙门户，永臻稳固”②，仍然是摆在面前的刻不容缓的任务。鉴乎此，他紧扣“为浙防图久长之策”的主旨，在宁绍台道任内继续展开不懈的努力，在文治、武功两个方面都建树了留芳后世的业绩。

首先，他悉心加强浙东前沿的海防建设。

抗法战争期间，镇海南北两岸已建有大小炮台十余座，洋炮、土炮共七十余尊。布置虽属严密，但“炮力皆难及远”，尤其难以对付来犯的铁甲船。为此，他向刘秉璋提出“筑台购炮，最为切实经久”的建议，并具体提出在威远炮台增添大炮两三尊；于小港口之笠山建造大炮台一座，购置大炮三四尊，预备专攻铁甲。至于筑台购炮经费可从宁属各捐项下提取三成专用，由杜冠英负责建筑炮台工程，吴杰管守炮台诸务，薛福成本人则愿意“随时督率查核”。刘秉璋接到薛福成的条陈后，立刻批复，首先称赞薛福成“所见甚是”，但以“现在饷需竭蹶”为

① 黎庶昌：《〈浙东筹防录〉序》。

② 薛福成：《禀抚院刘》，《浙东筹防录》卷一下。

由，表示抚衙“目前无力兼顾”，如“宁郡捐输”可以解决，当然可以“购炮动工”。就是说，同意薛福成自己筹款建造的倡议。刘秉璋依据自己多年治兵的经验，在批复中还对薛福成提出了善意的批评：“遽谓一台一炮，实操却敌之券，未免言之太易，总之战阵之事，全在将领得人，……若据今日已然之陈迹，谓可必操他日之胜算，尚非真知兵者也。嘉该道留心防务，将来会有独当一面之时，故不惮为之进一解焉。”① 刘秉璋更重视人才的素质，尤其是守台放炮将士的勇敢与技巧，就此而向薛福成“进一解”，这对初次掌管地方海防大权的薛福成来说，可说是善意的教诲。在刘秉璋的支持和鼓励下，薛福成与宁波知府宗源瀚联名向宁波绅商劝募海防捐输，很快筹集到白银数十万两。在抚台和宁波商民的支持下，薛福成和杜冠英等通过上海洋行，订购了一批德国最新式重炮，其中包括八寸口径13吨半重克虏伯新式后膛钢炮五尊、十寸口径20.075吨重克虏伯新式后膛钢炮二尊，用以加强镇海海口的防御装备。薛福成还多次驰赴镇海口门，与杜冠英、吴杰等人相度地势，陆续在原先设防不严但形势颇为险要的南岸小港口笠山，也就是明代御倭旧址之上，建造宏远大炮台一座，安置三尊新式重炮，作为拱卫浙东海防的头道屏障；又在金鸡山前建筑平远炮台一座，增设重炮一尊；还在北岸招宝山威远炮台的下层添设炮洞，增设重炮一尊；又于甬江出海口中流的两座石矶上，各筑炮台一座，一曰绥远，一曰安远，置炮两尊，从而形成了“二台相峙，正扼江口”的坚固防线。经过四年的艰苦经营，薛福成督率浙东将吏军民，终于在光绪十四年（1888）冬建成了“前敌

① 薛福成：《浙东筹防录》卷一下，页三〇。

后路，节节设险”①，“一有寇警，则节节严防，环伺迭击”② 的严实防线。目睹一道道沿海防御工事的大功告成，薛福成再也压抑不住内心的无限喜悦，挥笔疾书了一篇被桐城派大师吴挚甫誉之为“宏壮瑰雅”的《笠山宏远炮台铭》。其中有词曰：

昔之简器，未极精利。
骤当大敌，亦完守备。
今之筹边，良法毕研。
器无不新，备无不全。
甬江之湄，崇台错峙。
互为声援，大小相倚。
此其首冲，锁钥足恃。
良将健兵，莫或玩弛。
远人闻风，狡谋斯弭。
浙东之防，千年如砥。③

然而，当浙东海防屏障次第落成后，将吏之间却因争权夺利而产生相互倾轧。如前所述，当年从法国舰队败退后起步的一整套置炮筑台的建设，是经巡抚刘秉璋认可，檄令薛福成“督率稽查”，由候补知府杜冠英“总理筑台事宜”，候补参将吴杰“帮同办理”。施工阶段，由刘秉璋檄派驻北岸之总兵黄锦文等所部淮军三营，驻南岸之提督欧阳利见所部达字等营，“分

① 薛福成：《妥筹保护浙东新筑炮台疏》，《出使奏疏》卷一。
② 薛福成：《笠山宏远炮台铭》，《庸盦文续编》卷下。
③ 薛福成：《庸盦文续编》卷下，页五十五。

任工役，划定地段，各专责成”，分工极为明确。在施工过程中，北岸淮勇“趋事勤奋”，都能按时竣工，但南岸欧阳利见的标营却“稍形疲玩”，不能如期完成。薛福成只得委派吴杰带领炮兵三百余名“代竣其役”，总算至光绪十四年十月，各台次第告成。这时，接替刘秉璋（刘升任四川总督）担任浙江巡抚的卫荣光派员验收后，为了保护这批“新式利器”，卫荣光决定每年下拨一批“擦油之费”，委派吴杰专责管理。南岸官兵认定这是个“沾润”的机会，密怂欧阳利见出面相争，希图南岸炮台另外派员管理“擦油费”，结果未遂。欧阳利见于心不甘，乘卫荣光他调由新任巡抚崧骏接篆时，欧阳亲自跑到抚衙，要求撤去吴杰。崧骏接纳薛福成的意见，认定吴杰“素有功绩，为浙东不可多得之将弁”，并未同意欧阳利见的无理要求。可是，当薛福成于光绪十五年（1889）春奉命调离宁波后，欧阳利见居然悄悄致函闽浙总督卞宝第，“恳其劾去吴杰”。卞宝第坐镇福州，不解下情，偏听偏信，致使欧阳利见的诬告得逞。薛福成到了北京后，见到邸钞上刊载吴杰被参革职的消息，十分震惊，立即起草一道《妥筹保护浙东新筑炮台疏》，并附上《密陈标营积习难改将才宜保护片》，上呈朝廷，陈述了事情的经过，充分肯定了吴杰的才干及其赫赫战功，并大胆揭露了欧阳利见及其部下“但图自润”、“设计播弄”、“排挤得力员弁”的事实真相。最后，依据“多事之秋，人才难得”的立论，呼吁朝廷：“方今创办海军，整理防务，苟稍有可用之才，必当延揽而激励之，培养而护持之。如吴杰者，临财廉，任事勇，操练勤，威望素著，一省之中，实不多得，乃竟终于颠蹶。从此，志士寒心，宵人增气；为营将者，知守法奉公不能自全，将竞以侵克饷项，为献媚取容之计,恐于风气大有妨碍。"① 这是薛福成升任三品大员具有呈递奏折权柄后向朝廷呈递的第一道奏折,直接的动因虽然系从浙东海防的安危出发为吴杰的被诬大鸣不平,建议朝廷敕令浙江巡抚"妥慎遴员,管守镇海炮台";但其呼吁具有更深层意义:通过控诉拥兵自重的欧阳利见一伙"积习难改"的种种劣迹,直接向朝廷揭露了统治集团内部的种种弊端,进而坦诚恳请朝廷值此多事之秋,理应重用并护持"有用之才",尽量避免导致"志士寒心,宵人增气"的蠢事,显现出初握权柄的薛福成政治上的锐气。遗憾的是,薛福成这份言之有据、是非分明的奏折,并未引起朝廷的应有重视。吴杰"罢职"后,被刘秉璋调往四川供职,直到1894年甲午战争开始,才重新调回镇海,仍然管带南北两岸炮台。不过,镇海人民永远忘不了这位爱国功臣的业绩。吴杰逝世后,当地父老立下"吴公纪功碑",以示追怀。

其次,为了"裨益民生"而大力兴修水利,重浚甬江。

薛福成在供职浙东期间,不但是位勇于抗击外来侵略的能员,还是一位关心百姓疾苦的干吏。他在早年钻研经世之学过程中,便悟出一条"天下要政,莫先养民"的准则。目睹十九世纪八十年代全国"水旱频仍"的现状,他更加痛切地感到:"盖农政不修,由水利不讲,考之未详,措之无具,未有能济于时者。"② 正是依据"水利—农政—养民"这条逻辑认识,他尤其注意浙东地区的水利建设,亲自主持了重浚甬江的水利工程。

---

① 《薛福成选集》,第288～289页。

② 薛福成:《全氏七校水经注序》。

宁波濒临甬江。甬江由上游几条溪流汇合而成，但水流时涨时涸，水量并不十分丰富。由于宁波城“人户稠密，阛阓相连”，流经城池的甬江水段不仅受淤严重，而且河水由于污染，污浊不堪，人们饮用，常常闹病。有一年夏秋之交，“郡城大疫”，宁波城内传染病十分流行。薛福成作为当地的行政长官，焦急万分，立刻请教当地父老，人们的回答是：“咸以水流不洁为病。”于是，关心民生的薛福成在中法战争结束后，决心治理甬江。

薛福成从调查中得知，早在光绪四年(1878)，宁波知府宗源瀚曾经倡议浚河，并以“设局抽捐市租为费”，筹集钱款二万余缗，疏浚甬江。然而，迄今未及十年，河道淤浊已甚，且有夷为平地之虞。对此，宗源瀚感叹地说：“浚河者在一时，病河者日积而月累，此河所以恒不治也。”①

薛福成认真汲取了宗源瀚当年治河的经验教训，首先邀集当地绅士，共商重浚甬江的方策，决定在由于战争而导致的“商民日疲”的情势下，不能再采用“抽捐市租”的筹款办法以加重百姓的负担，而是果敢地采取“蠲金为之倡”，也就是免除“抽捐市租”的办法来倡导重浚甬江。当然，免除苛捐杂税是件“裨益民生”的善举，但治河的巨额款项从何而来呢？薛福成在同当地绅士取得“蠲金为之倡”的共识后，立刻又邀集提督欧阳利见、宁波知府胡元洁、鄞县知县徐振翰等地方大员磋商，共同商定由当地军政大员带头，“各量力佽助”，进而“督劝文武官绅，集赀襄事”，并发文委派鄞县县丞汪龙珠等七位官吏组成治河班子，“分董其役”，从而在宁波掀起一个文武官吏纷纷带头捐款治河的热潮。

---

① 薛福成：《重浚宁波城河记》。

汪龙珠等人见顶头上司纷纷解囊捐助，十分感动，都表示："官斥私财以治民事，吾等岂自恤其私！"于是，这个治河班子的成员皆以廉洁勤政自律，"则凡办公所支舆马之费、薪水之资，皆辞勿受；又不设专局以节经费，而于所以虑役赋功者益核且饬。"① 就是说，这批负责治河的官员们，不但谢绝领取薪水和车马费，也不设立专门机构以节省经费，而且办事认真，劲头十足，对各自分工承担的任务抓得十分具体而又仔细。宁波治河官吏如此廉洁奉公的精神面貌，在贪靡成风的晚清社会实属罕见。

重浚甬江的水利工程，自光绪十三年冬十月开工，至十四年十二月完竣。在这十四个月的时间内，不但流经宁波城的甬江干河和支河得到"次第修治"，连江东碶浦桥河也得到疏浚，总共修治河道 5227 丈，完成土方 6181 立方丈，花费钱财 3000 余缗。这一工程量及其耗费，同十年前的治河相比，工程量大致相等，可所花费用仅及过去的五分之一，不能不承认这是"在事诸君勤劳撙节、裁减浮费之实效"。再从工程的实际效益来看，薛福成对工程验收后写下如下评语："源益浚，流益畅，新雨之后，河清如镜，饮汲不污，沴气潜消，民无劳费，坐得美利，佥谓自来浚河所未有也。"②

薛福成倡导的这次重浚甬江何以取得如此可喜的成效？除上述薛福成采取"蠲金为之倡"动员军政大员带头捐输，以及"在事诸君勤劳撙节"等原因外，还有一个重要原因：薛福成依据沈梦兰的"伏秋水涨，则以疏泄为灌输，此善用其决也；春

① 薛福成：《重浚宁波城河记》。

② 薛福成：《重浚宁波城河记》。

冬水消，则以挑浚为粪治，此善用其淤也”的治河理论，从中得出一条“宜多得贤能有司，因地之宜，以时董劝，积勤化惰”①的治河经验，同在事诸君共同商定了一个“与时变通”的施工方略。过去治河，都采取先筑坝于两端，排净河水，使河床显出，然后按方出工的传统办法。这次则不同，薛福成先同治河的几位负责官员商定了一个“与时变通”的办法，遇到春夏水涨或冰雪封冻季节，都暂时休工；专等水流稀少、河身干涸时节则抓紧施工。所以历时虽经一年有余，反而因时制宜，既节省了财力与人力，又取得了显著的效益，充分反映了薛福成与在事诸君“筹画之尽善”。

再次，阐扬前贤德政，大力发展宁波文化教育事业。

注意搜集和阐扬浙东前贤的“嘉绩善政”，并用以教化浙东士民，系薛福成治理浙东的一大善政。他刚到宁波就任，便了解到在清代就任宁绍台道的前辈中，有几位“德泽在民”，当地父老至今思之不忘：一是顺治初年的王尔禄，对明末遗民多所保全，还创设书院，培养了不少饱学之士；二是胡承祖，继承王尔禄爱民遗风，“去而民不能忘”；三是段光清，“平赋役，修水利”。当地父老为缅怀这三位前贤的“德泽”，曾在宁波永丰里建有三公祠。除此之外，薛福成还从当地士民口中了解到还有“尝浚城河”、消除瘟疫的陈中孚；倡修东津浮桥并建云石山房以文课士，为浙东培养出不少“瓌俊”的李可琼。薛福成为了阐扬五位前贤“直道无私”的精神及其政绩，将久已毁于战火的“三公祠”重新修复，更名为“浙东遗爱祠”，“并祀五公，思扬

① 薛福成：《五省沟洫图说序》，《庸盦文编》卷三，页六。

其光，垂之无穷，且以慰士民慕恋之意”①。

薛福成更以这几位前贤的“遗韵”为榜样，在任内发展文化教育，悉心培养人才。当年李可琼曾在宁绍台道署西边独秀山建有云石山房“奖诲”当地文士，但在数十年的动乱中早已毁坏。薛福成就任后便对云石山房的遗址重加修治，击退法国侵略舰队之后，“复就此课士，将赓李公遗韵”。他根据宋代大贤范仲淹“先忧后乐之旨”，将此园更名曰“后乐园”，暂用前贤的忧乐观律己励人，使之做到：“若范公之所谓乐，必天下无一夫不被其泽而后可，此殆期之终身，不能必得者也，而其志不容一息懈焉。”② 为了更好地在后乐园中“与诸文士讲明道艺”，薛福成还用洋药税的多余款项，选购了一批书籍，以供士人学习，从而开创了在宁波设置公共图书馆的先例。后来，当吴引荪接任道台时，又在后乐园设立崇实书院，也购置一批书籍充实其中。民国二年(1913)，宁波士绅又在后乐园的西北部建造西式楼房三楹，为纪念薛福成，特地将其定名曰“薛楼”，将薛、吴二氏及以后或购或赠的图书，全部庋藏在薛楼，成为宁波有公共藏书楼的开端。直至民国十六年(1927)，宁波市政府为了保护公共图籍，增进市民知识，正式将薛楼改为宁波市立图书馆。

五、笔耕不辍，辛勤编纂

薛福成是位善于思考、勤于耕耘的思想家。中法战争结束

① 薛福成：《浙东遗爱祠碑》。

② 薛福成：《后乐园记》，《庸盦文编》卷四。

后，浙东地区又恢复了往日的平静，薛福成肩上的负担，也相对轻松了几分。这时，他在政务之暇，抓紧编纂与撰写文稿，一方面将过去撰写的大量文稿整理爬梳，编纂出版；另一方面又写就大量史论与政论文章，从而使十九世纪八十年代后期成为薛福成精神成果问世最为集中的阶段。

这一阶段的薛氏精神成果，主要有如下几个方面：

1. 光绪十一年(1885)冬，薛福成首先将系统阐述其前半生政见及其思想的代表作《筹洋刍议》于光绪十年孟秋七月开雕，次年冬天正式问世(详见本书第五章的有关内容)。

2. 光绪十二年(1886)秋，薛福成将其筹防浙东过程中的公文函稿，精心编辑为禀牍、详文、书牍、咨札、照会、告示、电报等系列，各以时间先后为序，厘订成四卷，定名曰《浙东筹防录》，于当年仲冬(十一月)付梓开雕，公诸于世。他在光绪十三年(1887)秋写的自序中说："兹辑当时文牍、书檄、电报，稍有关系者，厘为四卷，时时取以自镜，并付剞劂，以质当世达时务者。夫武备日新，事变无穷，此詹詹者，本不足道。然存其梗概，用为防海之嚆矢焉，亦以鸣安不忘危之意云尔。"① 既"时时取以自镜"，又向朝野上下"鸣安不忘危之意"，其用心之良苦，跃然纸上。当然，薛福成作为筹防浙东的主要负责人，将其直接经手的文字材料及时公诸于世，其动因可能与刘秉璋在战况奏报中未能充分反映薛福成的贡献有关，旨在如实反映薛氏本人在这次反侵略战争中的所作所为，以便朝野上下对此有个更公正的品评。不过，这部《浙东筹防录》，恰恰为世人研究浙东反法战争及薛福成在其中的是非功过，提供了极其宝贵

① 《薛福成选集》，第 247 页。

的历史记录。这些历史材料是具有说服力的，难怪黎庶昌在为该书写的序言中，也不禁赞叹薛氏筹防浙东过程中“措注咸宜”，明确写道：“今观其处事之详审，持议之明通，不专己，不徇人，庶昌自愧弗如远甚。”①

3. 光绪十三年(1887)初，又编订《庸盦文编》付梓。《浙东筹防录》基本编定后，薛福成又花了近四个月的政务之暇，将自己二十多年来撰写的文稿予以整理爬梳，从中精选出最能反映自己经世思想的政论文字、代人起草的奏疏，以及部分人物传记、纪实文章等历史资料，共五十余篇②，分门别类厘订为四卷文稿，以自己的别号为书名，称之为《庸盦文编》。编成后，将文稿交付随身侍奉的门生张美翊和钱恂，仔细核校，安排刊刻，于光绪十三年孟春(正月)开雕。这是一部集中反映薛福成前半生对“经世要务”所阐发政见和思想的“纪述论著”。其中，卷一为奏疏，刊载着薛氏于光绪初年震动朝野的《应诏陈言疏》；陈述曾国藩“忠勋”业绩的《代李伯相拟陈督臣忠勋事实疏》；以及代李鸿章草拟的两篇“筹议海防事宜”的奏稿。卷二为政论文，其中除记述曾、左、李等人“翊赞中兴”、平定太平天国革命的《中兴叙略》外，集中反映了薛氏本人对练兵、治河、创开铁路、西人传教、援护越南和朝鲜、出洋留学、赫德觊觎总海防司等若干国家“要务”的见解，为研究薛氏前期思想及十九世纪六七十年代的洋务思潮，提供了重要的思想资

① 黎庶昌：《〈浙东筹防录〉序》。

② 薛福成于光绪十九年在《庸盦文外编·自序》中称《庸盦文编》有五十五篇文稿，但正式刊行问世的文编篇目中只有五十三篇，盖因《杂记》由四篇短文组成，特此说明。

料。卷三为序和传。卷四主要内容为记载“当代得失”的纪实文字,或亲见,或传闻,为研究晚清史事,保存了颇有价值的史料。

4. 以旺盛的精力搜集“轶事遗闻”,撰写了一批内容丰富的叙史、纪事和论说文章,为编纂出版《庸庵文续编》和《庸庵文外编》作积极准备。中法战争结束后的数年中,薛福成依据作文乃“道德之钥”、“经济之舆”的创作规范,撰写了一批“辞笔醇雅有法度”(黎庶昌语)的古体散文。其中,既有记述当代史事的《书陈玉成苗沛霖二贼伏诛事》、《书合肥伯相李公用沪平吴》、《书汉阳叶相广州之变》、《书剧寇石达开就禽事》等纪实文章,为世人了解与研究晚清史事提供了不少较为可信的资料。比如《书汉阳叶相广州之变》一文,系薛福成仔细考订了国人记述第二次鸦片战争史事的十多种著作,参核了夏燮的《中西纪事》,又根据自己掌握的材料,从而较为翔实而又生动地写出了英国侵略者如何攻陷广州以及两广总督叶名琛的临战表现,尤其对叶名琛的“玩敌误国之咎”,作出了颇为深入的剖析;指出这位误国大员“高谈尊攘,矫托镇静,自处于不刚不柔、不竞不绒之间,乃举事一不当,卒至辱身以大辱国,而洋人燎原之势,遂不可复遏。”① 在斥责叶名琛玩敌误国并带来严重后果的同时,薛福成还巧妙地配了一则时人嘲讽叶名琛的打油诗,曰:“不战不和不守,不死不降不走,相臣度置,疆臣抱负,古之所无,今亦罕有。”② 由此,叶名琛名副其实地戴上了“六不将军”的桂冠,这篇《书汉阳叶相广州之变》也就成为后

① 《薛福成选集》,第 271 页。
② 《薛福成选集》,第 269 页。

人研究这段史事的重要参考资料。难怪当时就有人评论道："此篇选辞雅驯，采录精审，摹写叶相与粤人及洋人心事，形容曲肖，却无一语不确实，无一句不平允"，"此种大文，殆得《左传》、《汉书》之神髓者。"① 又比如《书合肥伯相李公用沪平吴》一文，简要而不失准确地记述了李鸿章于1862年在曾国藩的保荐下，率领初创的淮军由安庆到上海苦心经营、建功创业的过程，不但生动地描述了李鸿章如何从吴煦手中夺取财权，如何编练"常胜军"，而且剖析了李鸿章何以能立足上海"用沪平吴"、骤建大功，成为"启中兴之运"的关键人物的客观原因。薛福成仅仅用了寥寥二千余字，就将如此错综的历史事件描述得有声有色，条理分明。难怪黎庶昌评析此文"体验极精，论断极确"，并赞叹地说："并世不乏才人、学人，若论经世之文，当于作者首屈一指。"②

至于薛福成这一阶段撰写的论说文章，《寄龛文存序》、《书涿州狱》、《书编修吴观礼论时事疏后》、《书长白文文端公相业》、《书宰相有学无识》等篇可为其代表。其中不少是颇有锋芒的指陈时弊文字。比如，《书涿州狱》一文系薛福成抓住道光季年涿州某淫妇谋杀亲夫但被糊涂官错判为"良家节妇"，最后由道光皇帝敕令"建坊旌表"的钦定错案，进而联系浙东地区折腾数年的杨乃武冤案，无情抨击了晚清官场层出不穷的冤狱黑幕。他严正地指出，治狱之官必须"如鉴之空，如衡之平"，决不允许"稍有偏倚"，执法者倘若"研之未审"，更兼"意在深文"，只能酿成"至不平之祸"！这种敢于对钦定冤案提出

① 《薛福成选集》，第272页。
② 《薛福成选集》，第262页。

非议，呼吁追究“有司者之咎”的言论，实属不易，充分体现了薛福成维护法律尊严、体恤“无辜”、敢于抗争的无畏精神。又比如《书宰相有学无识》一文，是篇以古讽今的政论文。他从历代宰相的学行与识度之间的内在联系，得出如下规律：“余谓位至宰相，当知其远者大者，若识度不闳，则其气不足以鼓之，力不足以守之，虽学行敦美，不过为钓名誉、弋富贵之资耳。”① 进而以古论今，接连列举两位晚清的“相国某公者”政绩中出现的学与识之间的强烈反差。前者是位“累掌文柄”的“儒宗”，但自咸丰初年当上首相后，许多事实证明：“某公于贤者嫉之如仇，于不肖者爱之若命，观其好恶，可以卜其相业焉。”② 后者也是赫赫有名的咸同年间的首相，但在“力荐”和“力庇”渎职大吏何桂清的问题上却一再犯错。根据他们的行迹，薛福成剖析道：“夫此二公者，学非不淹雅，行非不廉谨也，而一任天下事，不能当乎人心若此。则利害之私挠乎中，爱憎之公变于外也。”③ 这就告诉人们，身为肩负国家重任的宰相，学问虽深，行为虽谨，倘若待人处事不从大局出发，一味考虑个人的“利害”与“爱憎”，那么，势必在从政实践中“希世用事，依阿苟容”，从而导致“堕坏国事于冥冥之中”的可悲结果。④ 为此，薛福成再三强调：“宰相不可无识，识扩之欲其闳，审之欲其定，乃能不为私意所淆，不为俗论所拘，夫然后居宰相位，可不负生平所学矣。”⑤ 耐人寻味的是，薛福成这一宰相应该

① 《薛福成选集》，第252页。
② 《薛福成选集》，第253页。
③ 《薛福成选集》，第253页。
④ 《薛福成选集》，第254页。
⑤ 《薛福成选集》，第254页。

有学有识的见解，是从解剖当时两位名噪一时的“相国”的从政实践中得出的灼见。虽未直呼其名，但时人都明白，指的乃是当代士大夫所推仰的彭蕴章和祁寯藻。这种敢于向当朝权贵挑战的精神，颇有点惊世骇俗，故时人称赞说：“作者不避嫌怨，大声疾呼，于两相心事，看似抉摘无遗，却极平允确凿，不过欲以是非正告天下后世耳。”①

这一篇篇言之有据的记事文章，一篇篇议论风生的论说文字，成为薛福成在宁绍台道任内写下的宝贵精神财富。他原本打算就此再编纂新的文集。然而，不久升调在即，他计划中的《庸盦文续编》两卷本于1889年（光绪十五年）秋开雕，而《庸盦文外编》四卷本，直到1893年（光绪十九年）春方才付梓问世。

① 《薛福成选集》，第254页。

第七章　奉使泰西的“美使才”（上）

十九世纪八十年代末期，在筹防浙东过程中政绩卓著、才智过人的薛福成，又被朝廷委任为出使英、法、意、比四国的钦差大臣。这段外交官的生涯，对薛福成是一场新的考验，但他凭借自己的聪明才智、尤其是满腔赤诚的报国之心，在极其艰难的条件下，为维护祖国利权和民族的尊严作出了重要建树，也为自己赢得了“美使才”① 的巨大声誉。

一、入京陛见

光绪十四年九月初六（1888 年 10 月 10 日），清廷任命薛

① 《清史稿》卷四四六，页一二四九〇。

福成为湖南按察使。当时,按察使是主管一省司法的正三品长官,同布政使一起负责全省的政务,系总督、巡抚的主要帮手。出任了四年道台之后的薛福成,如今又被擢升为省级大吏,这在晚清庞杂的官僚群中,算得上是官运亨通的一个。能到自己崇敬的恩师曾国藩的故乡任职,薛福成当然感到由衷的欣慰。于是,他在接到新的任命后,赶紧将任内的未了事宜处理完毕,准备交卸。直到当年年底,当他将朝廷海军衙门催解的"旧欠药厘八万两"① 如数凑齐解出,方才办妥交接手续,准备赴任。薛福成就任湖南按察使的消息传到湖南,当地官绅早就仰慕他的声名,普遍对他寄予极大企望。如在湖南老家养病的洋务老前辈郭嵩焘,于当年九月十四日得悉薛福成要来湖南任职,在当天日记上写下"此亦湖南近事之可喜者"② 的字句,喜悦之情溢于言表,以为弊端丛集的湖南吏治有了澄清的希望;湖南巡抚王文韶也急切地盼望薛福成早日赴任,成为自己治理湖南的得力佐助。

清廷有个惯例,获得迁升的地方大员,在就任新职前必须入京陛见,感谢朝廷的恩典,并接受廷训。薛福成如今荣升为省级"三大宪"之一的按察使,当然不能例外。光绪十五年(1889)初,薛福成正兴致勃勃地准备入京陛见,意外的是,他的仕途突然又发生了变化。原来,清朝出使英、法、意、比四国钦差大臣刘瑞芬三年任期已满,即将奉调回国,转授刘瑞芬为广东巡抚的谕旨已于数月前颁布。至于刘瑞芬的使臣续任一职,清廷于光绪十五年二月二十八日(1889 年 3 月 29 日)任

① 《李鸿章全集》电稿二,上海人民出版社 1985 年版,第 25 页。

② 《郭嵩焘日记》第四卷,第 808 页。

命江苏按察使陈钦铭接任。然而，在晚清官宦们的心目中，“出使本是极苦差事”(西太后语)，这位陈钦铭也恪守为官者不愿“出使外都”的传统偏见，想方设法予以推诿，终究被他找到一个患病在身不能远游的理由，迫使朝廷重新下达一道“寻陈钦铭以病免”[①] 的旨令。这样，清廷只得另觅使臣人选，权衡再三，终于在光绪十五年四月十八日(1889 年 5 月 17 日)下达谕旨：“湖南按察使薛福成，著开缺以三品京堂候补，并赏给二品顶戴”[②]，“充出使英国兼法国义国比国钦差大臣”。

升迁湖南按察使尚未履任，又被任命为出使泰西的钦差大臣，这对薛福成来说，确实是人生道路上的一大重要转折。虽然当时的许多封建官僚都把“出使外都”视为极苦差事望而却步，竭力推诿，然而，薛福成对此重任不但不加推辞，反而从内心感到荣幸。这是因为，忧国忧民的薛福成十分关注国内外大势，多少年来，他目睹“虎视而鹰睨”的西方列强对贫弱祖国的蚕食鲸吞，为了寻求救国方略，他多么盼望能跨出国门，实地考察一番西方世界。可是，由于“形格势禁”，这一宿愿一直难以兑现。想不到如今竟以出使大臣身份进驻泰西，直接代表大清王朝，同当时雄霸全球的几个世界强国打交道。这种千载难逢的好机遇，怎不使薛福成为之兴奋呢?！于是，此时此际，他想起了孟夫子的“及是时，明其政刑，谁敢侮予”的遗训，写下自己受任心境：“福成以为时不可失者，无有切于今日者矣！”[③] 他正是怀抱着“时不可失”的急迫心情，迎接着出使

① 《光绪朝东华录》(三)，第 2591 页。

② 《光绪朝东华录》(三)，第 2611 页。

③ 薛福成：《〈出使四国日记〉自序》。

泰西的新挑战。为了迎接新的挑战,他赶忙抓紧时机,在北京物色出洋随员,事先作好种种必要的物质和精神准备。

光绪十五年五月二十一日,薛福成身着朝服,步入紫禁城,登上太和殿,向亲政不久的光绪皇帝叩头谢恩,陛辞请训。光绪皇帝是位颇想有所作为的年轻君主,很赏识薛福成的才干。陛见时,充分肯定薛福成"忠诚素著,明练有为,办理交涉事件,必能悉臻妥协",勉励他竭尽全力,不辜负朝廷的厚望。薛福成在叩谢皇上圣恩的同时,向光绪皇帝呈上一册郭嵩焘的《使西纪程》,认为此书可供御览。

薛福成在朝廷上公然将《使西纪程》"恭呈御览",是一个大胆而又令世人注目的行动,意义非同寻常。因为,这部《使西纪程》在当时是曾被朝廷明令禁毁的书。光绪二年(1876),郭嵩焘作为清廷首任出使英国和法国钦差大臣,临行前与朝廷商定:派驻西洋后,"每月当成日记一册呈达总署,可以讨论西洋事宜"①。于是,郭嵩焘便按规定将从上海到伦敦的五十天的日记,由他本人整理后抄寄总理衙门,以《使西纪程》书名刻板印行,旋即广为流布,人们纷纷争得一阅。岂知这本两万字的小书,竟像一颗炸弹投入一潭死水,激起轩然大波,"把满朝士大夫的公愤都激动起来了,人人唾骂,日日奏参"②。编修何金寿于光绪三年六月十一日上疏朝廷,严劾郭嵩焘"有二心于英国,欲中国臣事之"。于是,垂帘听政的西太后大怒,由朝廷下诏"申斥郭嵩焘,毁其《使西纪程》板"③。其实,这本"记道里

① 郭嵩焘:《致李傅相》,《养知书屋文集》卷一三。

② 梁启超:《五十年中国进化概论》,《梁启超选集》,第833页。

③ 王闿运:《湘绮楼日记》光绪三年六月十二日记。

所见”的二万字小册子,极而言之,不过介绍英国“法度严明,仁义兼至,富强未艾,寰海归心”而已,显然不能成为郭氏“有二心于英国”的罪证。然而颟顸的朝廷居然听信谗言,不但下诏申斥、传令毁板,而且在《使西纪程》毁板后不到一年,又将郭嵩焘从公使任上强行撤回,就此不再起用,甚至被贬斥回湖南老家,被守旧士大夫视之为“二毛子”,在讥笑唾骂中苦度余生。如今,薛福成本人不仅从“流布已广”的《使西纪程》中得到不少启沃,而且一反处事稳重的常态,居然将此书进呈光绪皇帝御览。这一举动,充分显现出薛福成对郭嵩焘的敬仰、同情和政治上的极大支持。幸运的是,光绪皇帝对薛福成的举动不但未加申斥,反而对《使西纪程》表现出极大的兴趣,还向薛福成询问郭嵩焘的近况。郭嵩焘在老家赋闲时,从曾国荃口中得知薛福成“曾以嵩焘《使西纪程》入告”的消息,真是感慨万千,激动地对李鸿章说:“此书略载海道情形,于洋务得失无所发明,未知叔芸何取于是?徐思之,书中论处置洋务事宜,略有二三段,多朝廷所未闻。叔芸用是以相启沃,于此益知叔芸有心人也。”① 郭嵩焘这段肺腑之言却道出了薛福成进呈《使西纪程》的良苦用心:用郭嵩焘在《使西纪程》中论列的关于如何“处置洋务事宜”的观点,来“启沃”圣听,启迪光绪皇帝的变革心志,更以此争取光绪皇帝对自己出使泰西外交行动的理解和支持。

因这次出使欧洲,远行万里,任期数载,故薛福成陛辞时向光绪皇帝奏准赏假二月回乡省墓,于六月初一离开京都,沿水路南返故乡。由于薛福成在无锡已无住宅,他的家属暂寓苏

① 《郭嵩焘诗文集》,岳麓书社 1984 年版,第 243 页。

州,故薛福成于当月二十三日先达苏州,与亲人团聚。然而,此番生平第一回衣锦荣归,并未给薛福成及其家族带来应有的欢愉。因为,薛福成在亲属中最为敬重的长兄薛福辰,在刚刚升任左副都御史后,突患中风,半身不遂,已赶在薛福成之前,请假由京城返回无锡养疴。当薛福成于六月二十八日赶到无锡探望时,薛福辰已病势垂危,于七月初二不幸辞世。薛福成哀痛之余,只得将喜事改办成丧事,花了二个多月的时间,在无锡为长兄料理丧葬事宜,还祭扫了祖墓。正当他准备于十月上旬按期出洋时,由于心情哀痛加上连日劳累,身体极为虚弱,竟然染上了疟疾,忽冷忽热,病痛难熬。岂料,疟疾甫经痊愈,湿热又乘虚下注,两脚肿痛异常,又延误了一段时日。他为了早日登程,于十一月十四日抱病赶到上海,打算于十一月二十九日出洋。因在上海对付必要的应酬,又感风寒,大吐大热,有五天勺水难以进口,只得滞留申城,请良医诊治。病势刚有好转,薛福成便赶紧订好了十二月十四日的船期。可是,又突然接到前任使臣刘瑞芬从英国发来的电报:"德法时疫正盛,英亦传染,望明正起程为妥。"① 与此同时,负责外交事务的北洋大臣李鸿章也接到了刘瑞芬的电报,便代为电奏请旨延期,"奉旨,李鸿章电奏请旨已悉,薛福成著准于明正起程,钦此。"②

为此,整装待发的薛福成,继续在上海静养了一个月。但他是个闲不住的人,在此期间,他在上海多方搜集西方书籍的中译本,特地"照会"江南制造局总办,要求该局将历年译刻的

① 薛福成:《出使四国日记》卷一。

② 薛福成:《出使四国日记》卷一。

"天算與地制造格致各书",各送一部,以便出使期间"督率随带各员研求西学"①,认真了解与研究西欧各国的历史与现状,为出使泰西进一步作好准备。他还抓紧编纂《庸盦文续编》,将自己于十九世纪八十年代写就的主要文稿,整理成上下两卷,准备赶在出洋之前交付刻印,以完成自己的心愿。

二、奔赴欧罗巴

光绪十六年正月十一日(1890 年 1 月 31 日)晚,清王朝钦命出使英、法、意、比四国钦差大臣薛福成,在上海黄浦江码头登上法国"伊拉瓦第"号邮轮。次日清晨,邮轮驶出吴淞口,奔赴欧罗巴。

按照朝廷的规定,出使大臣不但可以携带家属出洋,而且有权选择僚属和随员。薛福成在出使之前,对自己的助手和随从人员是经过精心挑选的。这次跟随他出使泰西的,共有三十余人,其中除了他的填房盛氏②和次女之外,还有两名作为他主要助手的参赞。一位是精通外交事务、知识渊博且又具有爱国思想的二品顶戴、分省补用道黄遵宪,另一位是候选知县许珏;随员有廪贡生顾锡爵、内务府员外郎联豫、举人赵元益、浙江候补盐大使杨振镳、江苏候补县丞沈翊清、候选通判左运玑、直隶州知州王咏霓、候选府经历潘承烈,还有相随多年的薛氏门生钱恂和张美翊;翻译则有日后活跃于中国政坛的胡

① 薛福成:《照会江南制造局总办汇送译刻西学书籍》,《出使公牍》卷七。

② 盛氏为盛宣怀的堂妹,系薛福成丧偶后约于光绪七年续娶的填房夫人。

惟德，以及候补千总王凤喈、附生王丰镐、举人陈星庚、候选直隶州知州那三、同文馆学生世增、监生郭家骥；供事为候选直隶州王锡庚；武弁是赵占魁、王铎；此外尚有婢仆多名。除了黄遵宪、那三、联豫等人因为在广东办事约定在香港等候外，其他人等都随同薛福成在上海登轮远航。

二月三日，邮轮抵达香港稍作停留。薛福成偕同参赞黄遵宪对香港总督傅卫廉进行了礼节性拜访。不日，远洋邮轮驶离香港，一路经过了西贡、新加坡、科伦坡等大商埠，然后经印度洋穿越了举世闻名的苏伊士运河，驶入地中海。

"睹大海之汪洋，念坤舆之广远。"① 对初次远涉重洋的薛福成来说，海洋的新奇景色固然令人陶醉，而沿途的异国旖旎风光，更使他心潮起伏，浮想联翩。古贤邹衍倡大九洲之说，称中国名曰赤县神州，内含九州；中国之外，尚有如赤县神州者九，皆在海洋环抱之中。邹衍的论说，曾被历代学人斥之为"闳大不经"或"迂怪虚妄"。如今，薛福成经过实地考察，对此似乎有了新的观感，他承认："余少时亦颇疑，六合虽大，何至若斯辽阔？邹子乃推之至于无垠，以耸人听闻耳。今则环游地球一周者，不乏其人，其形势方里，皆可核实测算。余始知邹子之说，非尽无稽；或者古人本有此学，邹子从而推阐之，未可知也。"② 接着，他还介绍了世界数大洲的名称及其分布情况，虽然还未包括后来发现的南极洲，但他根据亚洲的面积将其一剖为三，从而认定："夫然，则大九洲之说，可得而实指其地

① 薛福成：《出使四国日记》卷一，页十三。
② 薛福成：《出使四国日记》卷一，页十一。

矣。”[①] 此说虽然有点牵强附会，不尽科学，但薛福成这种认真探求新知的求真精神，并以此大胆否定中国固有的关于中华为世界中心的褊狭而愚妄的地理观念，确实难能可贵。

最令薛福成感慨不已的是他亲眼目睹了临近地区的巨大变化。他途经香港时，见到香港已成为“瑰货骈集，阛阓云连”的“贸易总汇”，不禁喟叹说：“道光壬寅年为英所据，初只一荒岛耳，周围仅数十里；英人招徕垦辟，尽力经营，遂成巨埠。”[②] 更令他吃惊的是，香港与广东虽然相距咫尺，竟于“华洋隔绝”，中国政府居然无权在此“严缉奸宄，保护商民”，这种状况不符合国际公法，中国理应在香港设立领事馆，但前任使臣向英国屡争未果。为此，薛福成下决心：“此事当相机待时而行之。”[③] 薛福成在新加坡“停轮候潮”时，率领随员拜会了英巡抚施密司，见到新加坡“商舶云集”的繁华景象，“贸易之盛，岁值至千余万元”，更是思绪万千。次日回到船上，他便向左右抒发了观感：

> 昨所经之香港、新加坡等埠，五六十年前皆荒岛也。洋人借经营商务，辟荒岛为巨埠，而英人尤擅能事，以英人于商务最精也。……夫商为中国四民之殿，而西人则恃商为创国、造家、开物、成务之命脉，迭著神奇之效者，何也？盖有商，则士可行其所学而学益精，农可通其所植而植益盛，工可售其所作而作

① 薛福成：《出使四国日记》卷一，页十二。
② 薛福成：《出使四国日记》卷一，页四。
③ 薛福成：《出使四国日记》卷一，页四。

益勤：是握四民之纲者，商也。此其理为从前四海之内所未知，六经之内所未讲；而外洋创此规模，实有可操之券，不能执中国"崇本抑末"之旧说以难之。因思神农氏日中为市，交易而退，各得其所，以王天下；齐太公劝女红；管子正盐筴而诸侯敛袂朝齐。是商政之足以奔走天下，古之圣贤有用之者矣。盖在太古，民物未繁，原可闭关独治，老死不相往来；若居今日地球万国相通之世，虽圣人复生，岂能不以讲求商务为汲汲哉！①

在这段精辟议论中，薛福成用历史发展观点，就香港、新加坡"辟荒岛为巨埠"的巨大变化，由表及里，申述了"讲求商务"的极端重要意义；进而提出了"是握四民之纲者，商也"的新思路，有力否定了中国传统的"崇本抑末"之旧说和"闭关独治"的愚妄观念，大胆呼吁："若居今日地球万国相通之世，虽圣人复生，岂能不以讲求商务为汲汲哉！"值得注意的是，薛福成在将这段日记改写成名曰《英吉利用商务辟荒地说》的政论文时，特地在文末又加了一段更有现实性的文字："倘以其为西人所尚而忽之，则以中国生财之极富，不数十年而渐输海外，中国日贫且弱，西人日富且强，斯固西人所大愿也。"② 正色告诫世人，能否重视商务，是直接关系到中国能否改变贫弱面貌的头等大事。想当年，薛福成在《筹洋刍议》中筹划的"自强之术"中，曾响亮提出"以工商为先"、"振兴商务"的主张，其

① 薛福成：《出使四国日记》卷一，页一六～一七。
② 《薛福成选集》，第297页。

目的在于“夺外利以润吾民”。如今,他经过实地考察,进一步认识到商居于“握四民之纲”的重要地位,可带动士、农、工的全面发展,从而提出“商政之足以奔走天下”的观点,为中国如何自立于“今日地球万国相通之世”,寻求到一条“以讲求商务为汲汲者”的富强道路,为资本主义在中国发展而鸣锣开道。

漫长的旅途,既开阔了薛福成的视野,也使他获得了不少新的知识,遇到了若干新的问题。比如他曾与黄遵宪谈及美国限制华民之事,从曾任清廷驻旧金山领事的黄遵宪口中得知,旧金山的华人或经商或做工,他们每年汇洋银入中国者平均达1200万元。薛福成联想到,分布在世界各地的华民不下数十百万,“其商佣所得之银输回中华者,奚啻数倍于是”①。然而,英、美等国对待这些中国的海外赤子,都采取“限制苛待”,这可是个棘手问题。薛福成决心在自己出使期间,“另筹抵制之法”②,利用外交手段,保护海外侨胞的合法权益。当然,航程中的行色匆匆,终究是“雾里看花”,使薛福成也难免发表一些错讹的观感。比如,当他经过赤道附近时,居然对地理环境对人类的智愚影响发表了一通意见。在他的心目中,南洋诸岛国自古未闻有杰出的人才,陆续为欧洲诸国所蚕食之原因在于:“盖地在赤道以下,有暑无寒,精气发泄,终岁无收敛之时,所以人之筋力不能勤,神智不能生,颓散昏懦,无由自振。”③于是,他进而作出如下逻辑推理:“大抵地球温带为人物精华所萃;寒带之极北,则人物不能生;热带之下,人物虽繁而不能

① 薛福成:《出使四国日记》卷一,页二十四。

② 薛福成:《出使四国日记》卷一,页二十四。

③ 薛福成:《出使四国日记》卷一,页二十。

精。而温带近寒带之地，往往有钟毓神灵、首出庶物者，则以精气凝敛之故也。"① 这种地理环境决定人种智愚、优劣的观点，在理论上当然是极为荒谬的，也不符合世界人类多元发展的客观事实，更可反映薛福成初出国门时无知的一面。

总之，经过一个多月的海上颠簸，"盖行三万五千里，历三十有四日"，薛福成为首的清廷外交使团，终于在光绪十六年二月十六日（1890 年 3 月 6 日），顺利抵达法国马赛港。在清朝驻法使馆二等参赞陈季同的迎候下，薛福成一行舍舟登陆，首次踏上了欧罗巴的土地。以往，"只涉历于寰中"，如今，"驰观于域外"。此时此刻，薛福成盼望已久的跨出国门、开眼看世界的夙愿，终于实现了。更何况，他还肩负着朝廷授予的出使钦差大臣的神圣使命，可谓任重而道远。

三、恪恭使职

薛福成在马赛稍作逗留，便在陈季同的陪同下，登上火车，经里昂，行抵巴黎的清廷驻法使馆。在同前任使臣刘瑞芬办完交接手续后，接过清廷钦差出使大臣铜质关防和使馆文案卷宗，就职视事，开始了"慎固邦交，恪恭使职"② 的使臣外交生涯。

按照外交惯例，新任使臣走马上任的第一件公事，是向所在国的元首递交国书，拜会外交部和各国公使，而后才着手处理外交事务。薛福成按照程序，先后奔波于法、英、意、比诸国，

① 薛福成：《出使四国日记》卷一，页二十～二十一。

② 薛福成：《〈出使四国日记〉跋》。

分别在巴黎的勒立色宫、伦敦郊外的温则行宫、布鲁塞尔和罗马的王宫，谒见了法国总统(时称"伯理玺天德")、英国女王、比利时和意大利的国王，并按西方礼仪，向他们分别呈递了光绪皇帝签署的国书。这些西方列强的元首，平素将贫穷落后的中国当作他们恣意侵吞宰割的肥肉，鄙视腐败的清政府，但出于外交礼节，仍然表现得彬彬有礼，温文尔雅。光绪十六年闰二月初四日，当法国总统噶尔诺见到光绪皇帝在国书中诚恳表示愿与法国"益笃友睦，长享升平"、"真心和好"；又见到这位新任公使不卑不亢，举止不凡，便也在答辞中对薛福成慰劳周至，表示："凡一切交涉公务，敝国必竭诚优待，赞成大功，以副大皇帝厚望焉。"[①] 光绪十六年三月十七日，当薛福成在黄遵宪参赞陪同下向英国维多利亚女王呈递国书时，女王看到光绪皇帝在国书中推重薛福成"忠诚素著，明练有为，办理交涉事件，必能悉臻妥协"的赞语，听到薛福成在颂辞中又赞扬她"德化懋昭，治功显著，为遐迩所钦仰"，在答辞中立即兴高采烈地欢迎说："本君主深愿贵国派一有名之人来驻本国，闻贵钦差学问极好，著书颇多，我意亦甚欣悦。"[②] 对薛钦差表示热烈欢迎。比利时国王赖乌布耳第二早年曾游历中国，对中华古老的文化和富饶的物产极为倾慕。光绪十六年四月二十六日，他见到光绪皇帝的国书，分外亲热，很随和地与薛福成一行"立谈移时"，"慰劳殷挚"。在答辞中他说："本君主前经游历中华，见其风俗政治，知为教化最先之国；而人民繁盛，物产殷富，实甲于地球。今虽事隔二十余年，本君主追念前游，未尝不

---

① 薛福成:《出使四国日记》卷一，页三十六。

② 薛福成:《出使四国日记》卷二，页六十一。

神往也。敝国以局外立邦,丁口稠密,借可勤求制造。如中国有采办军械事件,深愿效劳,敝国亦可渐习中国之教化,以补其不及。烦贵大臣转奏大皇帝,表我此心,实于两国互有裨益。"薛福成对比利时这样一个"人口稠密"的泰西小国,竟能"勤求制造",达到"内政外交蒸蒸日上"的盛况,是颇存好感的,当即表示:"益笃邦交,互求裨益,使臣不胜欣忭之至。"① 意大利是最后呈递国书的国家,光绪十七年二月二十一日,当薛福成率同参赞官马格里和翻译官吴宗濂向意大利国王汉恩培德第一呈递国书时,这位国王与他们"立谈两刻之久",说道:"义与中国,数百年来交谊最先,我虽未至中国,意极企慕。闻贵大臣声望甚好,幸蒙大皇帝派来本国,自此两国当益亲睦矣。"按意国外交礼仪,薛福成不需正式致"颂辞",只是在平和气氛中随便交谈。最后握别时,汉恩培德第一紧紧握住薛福成的双手说:"又得一中国好朋友也。"②

就这样,在西欧列国元首的热情欢迎与盛情接纳之中,薛福成怀着"慎固邦交,恪恭使职"的强烈愿望,驻节于伦敦、巴黎和罗马等都会,涉足于各国的"酒宴茶会","听乐观舞",在同西方各国的政府与各界人士广泛交往中,尽心尽力地完成着自己神圣的外交使命:"时事方殷,外交宜慎。收利权于西国,念流寓于南洋。"③

经过几个月的实地考察和亲身体验,薛福成对西方国家的外交礼仪和交涉手腕有了认识和感受。他以为,西方国家的

---

① 薛福成:《出使四国日记》卷二,页八十一。

② 薛福成:《出使四国日记》卷六,页二七一。

③ 薛福成:《〈出使四国日记〉跋》。

外交策略对清政府如何同西方驻华使节打交道不无借鉴意义。于是,他向朝廷呈上《察看英法两国交涉事宜疏》,还附上一纸《豫筹各国使臣合请觐见片》,提请亲政不久的光绪皇帝“圣鉴”。

值得注意的是,这两片奏疏反映了薛福成的外交观:

一曰:“大抵外交之道,与内治息息相通。”① 这是薛福成从列强驻华使臣在中法战争前后对清廷态度的微妙变化中所总结的一条经验。数十年来,以英法为首的西洋诸国使臣,“尤窥知中国情事,狃于积习,动辄要挟,勾结他国,协以谋我。与之以利而不知感,商之以情而不即应,绳之以约而不尽遵”。然而,中法战争之后,出现了“事势既异于前”的微妙变化,如今英法官绅“多有联络中国之意,不复如昔日之壹意轻藐”②。何以会出现这些变化?薛福成认为:“推原其故,厥有数端:一则越南一役,法人欲索赔偿,竟不可得,至今法人议论,咸咎斐礼之开衅,恨其得不偿失,各国始知中国之不受恫喝也;一则十余年中,冠盖联翩,出驻各国,渐能谙其风俗,审其利弊,情意既浃,邦交益固也;一则中国于海防、海军诸要政,逐渐整顿,风声所播,收效无形,且近年出洋学生试于书院,常列高等,彼亦知华人之才力,不后西人也。凡此数端,皆系圣明措注因时,及内外大臣尽力经营之效。”③ 这导致西方列强对华态度“不复如昔日之壹意轻藐”的原因,一是中法战争中显示出中国反侵略的实力与态度比过去有所改观;二是中国派使臣出驻各

① 《薛福成选集》,第 313 页。
② 《薛福成选集》,第 312 页。
③ 《薛福成选集》,第 312～313 页。

国，对西方世界有所了解；三是中国的国力与防务有所增强，留学生更显示出中国人的聪明才智。这些，都证明国家的“内治”，也就是国家内政治理的优劣，直接关系到外交实力的强弱。外交是内政的延伸，外交的强弱有待于内政的改造与振兴。当然，薛福成也清醒地看到，对外交涉是否得当、有力，也直接关系到国计民生。他举例说：“如商税受损，则财用不足矣；教民横恣，则吏治不饬矣；海外之华民保护不及，则国势不张矣；内地之土货行销不远，则民生不厚矣。”① 进口关税问题、洋教问题、海外华民问题、土特产出口问题，都倚仗驻外使臣“设法维持、随宜筹措”②。总之，内治与外交息息相关，“内治”是“外交”的依靠，而“外交”又对“内治”产生极大的影响，一个国家只有在内政外交两个方面同时“振兴”，才能使“国势”蒸蒸日上。

二曰：“交际与交涉，截然判为两事。”③ 这是薛福成依据在西欧国家的实际感受，再对照清政府处理外交的现状所提出的一条重要建策。他在英、法等国呈递国书时，受到这些国家君主的盛情款待，“礼意颇为周浃”，而一旦坐到谈判桌上交涉具体问题，对方却毫不含糊地唇枪舌剑，不轻易让步。据此，他领悟到一条外交手段：“交际之礼节，务为周到；交涉之事件，不稍通融。惟其厚于交际，故可严于交涉。”④就是说，交际和交涉是外交行为的最基本的方式，在外交场合只有善于交

① 《薛福成选集》，第 313 页。

② 《薛福成选集》，第 313 页。

③ 《薛福成选集》，第 310 页。

④ 《薛福成选集》，第 310 页。

际，注意礼节，以“厚”字优待各国使臣，才能在交涉中获得“严”的主动效应。而这条“西国之通例”，在晚清的中国，却出现在列强的压力之下被迫“变夏从夷”，也就是适应西方文化习俗的屈辱过程。薛福成就此直率地指出：“今闻各国驻京公使，以未蒙昼接，不无私议。万一合辞来请，我若深闭固拒，相形之下，似觉情谊恝然。昔年英使威妥玛，借未许觐见为辞，颇于烟台条款，多所要挟。夫靳虚礼而受实损，非计之得也。”①一句“靳虚礼而受实损”，确实抓住了晚清政府在处理外交事宜中屡屡处于被动地位，甚至常常授人以柄的重要环节。鸦片战争后的数十年来，清朝政府为了维系“天朝上国”的虚妄礼节，在是否允许外国使臣驻京的问题上，在清朝皇帝能否接见外国使臣的问题上，甚至在外国使臣应否采用跪拜礼叩见皇上的问题上，都在“礼仪”二字上设置重重障碍，争论不已，到头来清政府终因“理亏”而被迫让步。按理说，使节向被派遣国元首递交国书，是他的官方身份得到正式确认的标志。经过第二次鸦片战争的惨痛失败，清廷不但被迫同意列强公使驻京，而且条约还规定了公使“觐见大清皇上时，遇有碍于国体之礼，是不可行”②。然而，在觐见礼节问题上，却出现种种波折。咸丰皇帝为了躲避外国公使的觐见，宁愿滞留在热河的避暑山庄过严冬，也不肯回京。咸丰皇帝死后，“垂帘听政”的两宫皇太后以同治皇帝年幼为辞，多年未曾实行“觐见”大礼，致使英、法、俄等国公使一直把国书留在自己手中，无法呈递。这种不按外交手续办事的尴尬局面，只能引起各国公使的埋怨与

① 《薛福成选集》，第310页。

② 王铁崖编：《中外旧约章汇编》第一册，第96页。

反感。于是，就在同治皇帝宣布亲政的第二天(1873年2月23日)，俄、美、德、英、法等五国公使便联衔照会总署，要求"觐见"。总署迫于列强压力，无词推托，却又提出要行跪拜礼。这一"有碍于国体之礼"，当然遭到各国公使的强烈反对。几经辩驳，各国公使最后稍作让步，同意"觐礼为五鞠躬"(比通常的三鞠躬多鞠两个躬)，总算给清政府挽回了一点面子。即便如此，清廷内部仍有阻力，一些守旧官僚从维护纲常出发，群起要求朝廷应不惜一切代价拒绝公使觐见，决不允许"殿陛之下，俨然有不跪之臣"①，公然将外国公使也视为清朝皇帝的臣僚，简直愚妄之极。后来，在心目中将外国公使视为"犬马羊豕"的荒唐精神的支配下，同治皇帝终于在当年6月29日上午，接受了五国公使和日本使臣的觐见，当然是按规定鞠了五个躬。经过若干年的周折，清朝政府总算蹒跚地跨过了觐见礼仪这道关卡，也象征着从传统的天朝体制勇敢地、虽然是不情愿地向前迈进了一步。事后，总税务司赫德曾对清廷跨过礼仪关作出如下评论："他们跳下水去后，发现水还不及他们害怕的一半那么冷。"②

"觐见礼仪"反映出清政府对交际把关甚严，要求尤苛。然对交涉又如何处置的呢？十九世纪六十年代负责外交事务的恭亲王奕䜣有条原则——"以信义笼络"。所谓信义，就是严格信守不平等条约，以此作为交涉依据。总理衙门更将这条原则具体化为"办理各国事务，以守约为主，以践言为先"③。西方

① 《筹办夷务始末》(同治朝)卷八九，页四二。

② 转引自王立诚：《中国近代外交制度史》，第74页。

③ 《筹办夷务始末》(同治朝)卷四三，页三。

列强当然欢迎清政府“以信义笼络”。在这条交涉原则的支配下,清政府以“守约”为前提,面对列强攫取更多侵略特权的种种要挟,只有妥协退让,满足列强的无理要求,根本谈不上用国际法来修改不平等条约,收回主权。久而久之,难免导致“靳虚礼而受实损”的结局。

薛福成正是依据如许惨痛教训,提出了“交际之礼节,务为周到;交涉之事件,不稍通融”的外交原则。进而建议朝廷,在觐见礼仪即交际方面,“今日有同治十二年(1873)间成案可循,不妨援照办理”。至于觐见的具体礼节,“告以如愿行中礼,或愿行西礼,各听其便。如是,则彼虽自行西礼,仍于体制无损。”① 这一“各听其便”的建议,反映出薛福成开明而又合乎情理的处事态度。开明的光绪皇帝似乎接受了薛福成的开明建议,于光绪十六年十一月丁卯(1890 年 12 月 12 日)下达上谕:“所有各国驻京实任署任各使臣,著于明年正月由总理各国事务衙门奏请定期觐见,即于次日在该衙门设宴款待。嗣后,每逢正月,均照此举行。续到使臣,按年觐见。”②光绪十七年正月二十五日(1891 年 3 月 5 日),光绪皇帝在紫光阁接受了英、俄、法、美、西班牙、荷兰、日本、意大利、奥地利、比利时等十国正署公使的首次觐见礼,公使们可以走得更靠近宝座,把国书放在皇帝伸手可及的案上,比同治皇帝的觐见礼更开明了一些。至于“交涉之事件,不稍通融”的交涉之道,光绪皇帝亲政后虽然也注意运用国际法(即万国公法)来处理外交事宜,但充其量只当作舌辩工具,仍在恪守不平等条约的框架内

① 《薛福成选集》,第 310 页。

② 《光绪朝东华录》,总第 2806 页。

办交涉。不过,值得庆幸的是,光绪皇帝对薛福成在出使任内外争利权的积极努力,始终采取支持与赞赏的态度,这是薛福成外交行动获得进展与成就的重要条件。

三曰:使臣的职责在于"捷声息而通隔阂,收权利而销外侮"①。这条对钦差使命的规范,就薛福成而言,更大意义上是出于自励,即对自己出使任内如何"仰副朝廷委任"的鞭策。众所周知,向以"天朝上国"自居的清政府,过去只有对藩属国"册封"的遣使,居高临下地体现"皇恩浩荡",根本不存在所谓平等交往的近代使节制度。自从鸦片战争轰开中国大门,尤其是列强取得公使驻京的特权后,清政府面临被迫开放的新格局。尤其是中外交涉事件的日益增多,使一些清朝官员开始认识到遣使出洋的实用价值。几经争论,清廷于同治年间已认定"中国遣使分驻各国,亦系应办之事"②,并于 1868 年初派出以美国前驻华公使蒲安臣为首、志刚和孙家谷为辅的外交使团访问欧美各国。由于这个华洋合璧的"蒲安臣使团"只具临时派遣的特使性质,其使命在于"体会中国通好二字,为中外极力敦睦起见"③,更像一个宣慰团,旨在向西方各国表白清政府极愿"通好"和"敦睦"的姿态,并不具备对外交涉的外交使命。到了 1874 年,发生日本突然出兵侵略台湾的事件,清政府朝野震动,方才感到在外国设立常驻使馆的必要性和迫切性。正如李鸿章在奏折中所说:"若先有使臣驻彼,当能预为辩阻,密速商办,否则亦可于发兵之后,与该国君臣面折廷争,较

① 《薛福成选集》,第 313 页。

② 《筹办夷务始末》(同治朝)卷四〇,页一二。

③ 《筹办夷务始末》(同治朝)卷六八,页一八。

为在京办理,更为得劲”[①]。当1875年清政府着手筹备在外国设常驻使馆时,恰巧又发生了马嘉理事件,英使威妥玛要求清廷派员赴英国道歉,清廷感到“无庸过为峻拒,致令藉词启衅”。于是,当年8月,清廷委派郭嵩焘出使英国,其使命为“赍奉玺书前往英国表明惋惜”[②];同年12月,又委派陈兰彬、容闳出使美国、西班牙和秘鲁;翌年9月,又调何如璋出使日本。至于这些首批常驻外国使臣的职责,在朝廷认可的《出使章程》十二条中,并未有明确的规定[③]。但从当时总理衙门的有关奏折中可以看出,一为“办理一切交涉事件”,但实际上这些钦差大臣没有签约权,一切须函商总理衙门办理;二为观察和报告国外的各种情况,诚如总理衙门于1877年奏准:“饬下东西洋出使各国大臣,务将大小事件逐日详细登记,仍按月汇成一册,咨送臣衙门备案查核。即翻译外洋书籍、新闻报纸等件,内有关系交涉事宜者,亦即一并随时咨送,以资考证。”[④] 当然,在出使过程中如何办交涉,收集哪些“大小事件”反馈给朝廷作参考,就要看各个出使大臣的具体掌握了。如今,薛福成明确二条职责,既富有时代使命感,又显示他的拳拳报国之心。所谓“捷声息而通隔阂”,即是以迅捷的信息传递,为朝廷提供新鲜的域外实情实况,以便国人了解世界大势,以改变朝野上下对西方世界既不甚了了、又不想了了的现状,消除中西之间的隔阂,减少因不了解外情而导致的种种盲目行为或愚

① 《筹办夷务始末》(同治朝)卷九九,页三三~三四。

② 《光绪朝东华录》,总第275页。

③ 《光绪朝东华录》,总第295~296页。

④ 《皇朝政典类纂》卷四七四,通使。

安举措。所谓“收权利而销外侮”，即是通过积极主动的对外交涉，外争利权，祛除外侮，以维护国家神圣利益和民族的尊严，改变因不平等条约而造成的消极被动、任强权摆布的整体外交格局。不论薛福成日后的外交实践所得何种成效，但他在“弱国无外交”的艰难条件下，主观上以此两条使命自奉，顽强进取，确实反映出一位爱国外交家矢志为国效力的心迹。

四、争设领事保护侨胞

“念流寓于南洋”，想方设法保护海外侨胞，是薛福成出使期间始终不能忘怀并为之孜孜以求的重要课题。

长时期来，清政府一直实行海禁政策，对于去海外谋生的中国人，不但不予以关怀，反而一概以“通敌”、“通盗”论罪，横加阻难甚至迫害。咸丰十年(1860)以后，清政府和英、法等资本主义国家订立了条约，被迫允许华人去海外当劳工，但对于华侨在国外的生计、权益以及归国后的安排，都没有明文保护的规定。由于朝廷的腐败，致使海外侨胞犹如失去双亲庇护的孤儿，飘泊无依，受尽洋人的欺凌盘剥，过着牛马不如的生活。薛福成对此颇为关注，他在远涉重洋奔赴欧罗巴的航程中，沿途非常关注海外侨胞的生活状况。他亲自了解到：仅在南洋各岛往来居住的海外侨胞就不下三百多万人，他们或经商、或当雇工、或垦殖、或开矿，为开发南洋作出了巨大贡献；至于散居于缅甸、印度以及古巴、秘鲁、美国的侨胞，人数也相当可观。这些海外侨胞，虽然收入微薄，但都节衣缩食，将省下的钱财寄回祖国赡老育幼。据不完全统计，当时华侨每年寄回大陆的钱财，总额不下二千万两白银，几乎同中国每年流出外洋的白银相埒。

薛福成还亲身感受到海外侨胞对祖国的拳拳赤子之心。他在南洋诸岛接触过流寓海外的老华侨,他们始终未忘记自己是炎黄子孙,"正朔、服色,仍守华风;婚、丧、宾、祭,亦沿旧俗";一旦听说国内筹赈、筹防,立即热诚地捐输巨款,并以获得朝廷的"封衔翎顶"为极大的荣宠。

然而,海外侨胞的实际境遇又如何呢?薛福成了解到:无论是在西贡,还是在新加坡、印度,侨胞们都备受虐待,处在水深火热之中。当时华工漂洋过海,每年多达十余万人。这些同胞,大部分由殖民主义者设立的"猪仔馆"拐卖出洋,充当苦力,出洋后的实际遭遇更是惨不忍睹:在荷属南洋各岛,"荷(兰)之园主虐待华工往往终身为奴";美国"有驱逐华民之举"……那么,海外游子一旦回国又如何呢?薛福成从黄遵宪的口中得悉:不少归国侨胞,常常受到清朝官吏和豪绅恶霸的讹诈勒索,被指为逃奴、人口贩子,甚至被按上"接济海盗"、"要结洋匪"的罪名,从而财产被掠夺,屋宇被拆毁。这类令人心寒的境遇,迫使广大侨胞不得不发出哀叹:"岂不念家山,无奈乡人薄。"① 每当薛福成想到"海外羁氓,孤行孑立,一遭诬陷,控诉无门"② 的不幸遭际,便对殖民主义者的凶残狰狞和清朝官吏的贪婪腐败,产生一股强烈的愤慨。于是,还在出使旅途之中,便筹思如何对海外商民予以保护,"此事当相机待时而行之";对英、美等国政府"限制苛待"侨胞的行径,他准备"另筹抵制之法"。他下定决心,要为维护海外侨胞的生命财产与合法权

① 黄遵宪:《番客篇》,《人境庐诗草笺注》,页六三二。

② 薛福成:《出使奏疏》卷下,页七。

益，尽其外交使臣的绵薄之力。

当时，作为清廷外交官的薛福成，他能设想出的最大善策，便是利用合法的外交手段，力争在华侨集中的地区设立领事馆，就近保护，使侨胞在海外少受欺凌和奴役。尽管此举的实际效果如何很难预卜，但要将其付诸实现，也是一大难题。不但在国外要遭到列强的百般刁难，即便在国内也是阻力重重。因为腐败的清政府昧于世界大势，一味屈从于列强的欺诈与压力。在以往同各国签订的不平等条约中，倒是给了列强在中国设立领事馆的权利，却未相应规定中国可在别国设立领事馆的对等条文。列强便以条约为根据，一再阻难中国政府在国外设立领事馆的努力。到薛福成出使时，中国只在美、英、西班牙、秘鲁和日本五国的个别城市设有领事馆①，而列强却有权在中国二十多个城市设立领馆；英国便在中国各地设有二十二个领事馆，而中国仅仅在英属地新加坡设领事馆一处，尚无权兼管邻近的几个英国属地。

薛福成"念流寓于南洋"的外交斗争，是从争取在新加坡改设总领事问题上起步的。1878年底，首任驻英使臣郭嵩焘与英国政府反复交涉，促使英国同意中国在新加坡设领事，中国第一个驻外领事馆遂告成立。光绪十六年八月十一日，薛福成接到总理衙门咨文，其中提到北洋海军提督丁汝昌于去年

① 据薛福成当时统计：清政府在"英国有新加坡领事官一；美国有旧金山总领事官一，纽约有领事官一；日斯巴尼亚（即西班牙）有古巴总领事官一，马丹萨领事官一；秘鲁有嘉里约领事官一（暂驻利马）；日本有长崎、横滨、神户理事官各一，箱馆等处副理事官一。"（详见薛福成：《出使四国日记》卷四，页一六七）理事相当于领事。此外，1881年在檀香山设有领事，朝鲜的汉城设总领事，仁川、釜山等地设有副领事。

冬率领舰队巡视南洋，抵达新加坡各岛，目击当地流寓华民“多受洋人欺陵剥削，环求保护”，而“新加坡领事既无兼管各埠明文，亦遂无遥制各埠权势”。丁汝昌据此呈报朝廷：“拟请以新加坡领事改为总领事；其余各岛，设立副领事一员，即以华民公正殷实者摄之，统辖于总领事。”[①] 于是，总理衙门将丁汝昌的呈文批转薛福成，要他“酌度情形，试与英国外部商议。如能办到，实于华民有裨”[②]。

总理衙门虽然是抱着“试试看”的态度要求薛福成去“商议”的，但薛福成却非常认真地当作一件大事去交涉。他接到总理衙门咨文的第二天，就对此事进行审慎的调查研究。他在八月十二日的日记中写道：“余查中国从前与各国订立和约，但有彼在中国设领事之语，而无我在外洋设领事之文，盖因未悉洋情，受彼欺朦。郭前大臣初设新加坡领事时，与英国外部文牍往来，互相辩诘，殊费周折。曾惠敏公拟设香港领事，行文数次，英国外部以咨商藩部为辞，藩部以官民不便为说，管秃唇焦，终无成议。”[③] 这段记述，充分显现了薛福成鲜明的爱国主义立场和善于总结历史经验的处事态度。在他看来，中外和约在“设领事”问题上所以存在不平等，关键在于昏庸的清政府“未悉洋情”，即不了解国际上惯用的国与国之间设领的对等互利原则，从而受了侵略者的“欺朦”；当郭嵩焘、曾纪泽等对世界大势有所了解的前任使臣为“设领事”展开交涉时，又受到侵略者的百般刁难与阻挠。因此，如何在前任使臣的交涉

① 薛福成：《出使四国日记》卷四，页一五一。

② 薛福成：《出使四国日记》卷四，页一五一。

③ 薛福成：《出使四国日记》卷四，页一五二。

基础上，更加有理有节地展开外交斗争，为中国争得应有的权益，就成为薛福成的努力目标。

如何在“设领事”问题上为中国争得应有权益呢？薛福成采用集思广益的办法，与外交经验丰富的二等参赞黄遵宪、英文参赞马格里等人进行反复磋商，共筹方策。磋商结果，决定从“泛论通例”入手，首先在论理原则上为中国争取到可以在英国属境设立领事的权利，可谓棋高一着。他们认为，新加坡旁近各岛的华民固须保护，但地处中外往来咽喉的香港添设领事的问题，更是万不可缓，即使新金山和缅甸仰光等地同样应该设有领事；倘若就事论事，“设立一处，商议一处，枝枝节节，徒费唇舌，尚难确有把握”①。既然西方列强惯于用国际公法与各国常例来协调国际关系和处理国与国之间的争端，那么，中国对英国的交涉何尝不可如此呢？于是，他们商定：首先办文照会英国外交部：“援照公法及各国常例，声明中国可派领事分驻英国属境，暂不必指明何地。且日本、暹罗等国，皆已有领事在香港，而彼独坚拒中国，本不公允。今但与之泛论通例，彼必无辞以难我。一经答允，则无论何处领事，惟我所派矣。”②

当大家取得共识后，薛福成立即嘱咐英文参赞马格里代拟英文照会稿，再叫翻译将其译成中文，经薛福成删润妥帖后，于十三日命马格里将英文照会稿送交英国首相兼外部尚书侯爵沙力斯伯里。在这份照会中，薛福成利用摆事实讲道理的方法，首先针对英方于1878年4月致郭嵩焘照会中所谓“中国与各国往来系照特定和约之章……是以不能援引别国

① 薛福成：《出使四国日记》卷四，页一五二。

② 薛福成：《出使四国日记》卷四，页一五二。

之式,准派领事官分驻英国之地”的论调予以批驳,严正指出:中国已有二十余处地方准令外国人居住经商,仅英国在中国便设有领馆二十二处,因此,“中国并未不遵《万国公法》办理,而近十五年之内,更觉按照《万国公法》办事。中国虽尚未将内地各处尽准西人通商,然即中国所做之事论之,亦足令中国有请准设领事官驻扎英地之理。中国是以望英国之派领事官驻扎英地,照英国许各友邦派领事官分驻之例,一律办理。”① 照会全文,有的放矢,就事论理,无可辩驳:既然中国已实实在在地按《万国公法》办事,开放了二十多处口岸,英国也在中国设有领馆二十二处,那么,中国为何不能援引别国之式,有权派出领事官分驻英国之地呢?

照会递交三天之后,薛福成又派参赞马清臣(即马格里)于十六日赴英国外交部探问,并捎上口信,正告对方:“余意颇不惮笔舌之烦,不参游移之见;若英廷未允,必当据理力争,虽至三四至六七不厌也。”② 薛福成志在必得,决心之大,简直到了不达目的誓不罢休的地步。当天,马清臣与英外部侍郎山特生进行了洽谈。起先,山特生仍以中英和约中未载有中国可在英境设领事之条款为由予以推诿。但在马清臣的据理力争下,他又强调中国在华人集中的香港设领“难免喧宾夺主之虞”,最后,又摆出设领问题“必须商之藩部方能定议”的理由,口头上表示“吾当力劝沙侯与藩部,玉成此举”③,并答应二个月给回音。

① 薛福成:《出使四国日记》卷四,页一五三。
② 薛福成:《出使四国日记》卷四,页一五五。
③ 薛福成:《出使四国日记》卷四,页一五六。

当年十月十九日，薛福成终于接到英国外部尚书侯爵沙力斯伯里的照会，答复是："此事（按：指中国欲派领事官驻扎英地）已经英廷细心审量，今本爵部堂极喜告知贵大臣，英廷愿给文凭与中国所派之领事官，如给与外洋各友邦之领事官同样办理。"① 就是说，英国政府已原则上同意中国向英国属地派驻领事官。英国为何作出让步呢？除了薛福成按国际公法办事的堂堂正正理由以及坚定的交涉决心使英方实在难以拒绝之外，英国也有自己的小算盘：英国这时正在向中国谋求在新疆喀什噶尔设立领事，以便与沙俄抗衡。不论英国有何种目的，但英国的让步意味着薛福成在设领问题上的外交行为，终于取得了初步成效。

在同英国政府就在英国属地设领问题进行积极交涉的同时，薛福成于光绪十六年十月还向清廷上了一道《通筹南洋各岛添设领事保护华民疏》。在这篇近三千字的奏疏中，薛福成首先汇报了向英国政府"援照公法及各国常例，声明中国可派领事官分驻英国属境"的交涉情况。接着，他依据海外侨胞尤其是南洋各地三百余万华侨备受"欺陵剥削"的现状，重点申述了在各地添设领事保护华侨的重要性和迫切性："臣窃思领事一官，关系紧要，而南洋各岛，华民繁庶，若不统论全局，则一事之利弊无以明；若不兼筹各国，则一隅之情势无由显。"② 设领问题因何如此重要？薛福成进而剖析道："大抵外洋各国，莫不以商务为富强之本。凡在他国通商之口，必设领事以保护商人，遇有苛例，随时驳阻。所以旅居乐业，商务日旺；即游历

① 薛福成：《出使四国日记》卷四，页一八六。

② 《薛福成选集》，第332页。

之员,工艺之人,亦皆所至如归。”① 显而易见,设领保护商民,乃是直接关系到国家富强之各国通例:“盖枝叶繁则本根固,耳目广则声息灵,民气乐则国势张,自然之理也。”② 他还根据中国国力和侨胞在世界各地分布的状况,提出在各国添设领事的具体建议:“荷兰、西班牙两国所属,应专设领事者约四处:曰苏门答腊之日里埠,曰噶罗巴,曰三宝陇等埠,曰小吕宋。英、法两国所属,应专设领事者约五处:曰香港,曰新金山,曰缅甸之仰江,曰越南之北圻与西贡。”③ 在他看来,这一设领计划倘能逐步实现,便有希望出现:“商政日兴,民财日阜,息息有与内政相通之故。且慰舆情于绝远,不启华人觖望之端,收权利于无形,不开外人姗笑之渐。所获裨益,较之所费,奚啻十倍?”④ 这些堂堂正正的理由,对于破除国内反对多设领事的谬见,当然具有极强的穿透力。可是,薛福成也清醒地看到,国内在设领问题上除了持否定意见者外,还有一些人对设领持有另一种极端观点:“又或称就地可集巨资,无需另筹经费;或狃于洋官驻华之例,几谓一设领事,华民即为所辖,竟无异管理地方者。”⑤ 对此谬见,薛福成明确指出:“此皆阅历未深,持论实多隔阂”;“望之过奢,转滋流弊”。⑥ 这是因为,列强驻华领事权力过大,乃是不符合国际惯例的非正常历史现象。诚如薛福成所说:“良由立约之初,中国未谙洋情,允令管辖本国

① 《薛福成选集》,第332～333页。
② 《薛福成选集》,第333页。
③ 《薛福成选集》,第333页。
④ 《薛福成选集》,第334页。
⑤ 《薛福成选集》,第335页。
⑥ 《薛福成选集》,第335页。

寓华商民，与地方官无异。洋人每有人命债讼等案，均由领事官自理，往往掣我地方官之肘。从前中国各口之枝节横生，亦实由于此。”① 就是说，中外不平等条约规定各国领事在中国有领事裁判权，是西方侵略者对中国主权的侵夺，并不可取，更不可行。如今想令中国驻外使臣也像列强驻华使领那般，不过是“当局者知其断难办到，不无矫枉过正之议，几谓徒多耗费，无甚裨益，斯殆有激而然。”② 薛福成的这段分析可谓深刻，对于某项正确举措正面反对不成，往往又跳到另一极端，反过来提出种种苛求予以刁难，其目的仍在设置障碍，使之流产，这是一条重要教训。至于领事可以就地集资，无需另筹经费，更是一个“转滋流弊”的荒唐主张。对此，薛福成同样一针见血地驳斥道：“领事所收之身格费、船照费，原可略资津贴，正不必敛巨资以招物议。今已设领事之处，验民船，稽民数，原可稍分彼权，正不必揽政柄以启猜疑。”③ “敛巨资以招物议”，使侨胞心寒失望，“揽政柄以启猜疑”，更使所驻国产生逆反心理，这些错误主张都有悖于设领的原旨，决不可取。在驳斥了国内在设领问题上的种种谬见后，薛福成更清醒地看到，海外设领计划要付诸实现，国外的阻力并不亚于国内，但他有决心知难而进。在奏疏的最后，他再次向朝廷郑重表明心迹：“臣非不知洋人性情坚韧，每商一事，必多波折，然苟不惮笔舌之繁，不参游移之见，不紊缓急之序，或稍有效可图。盖庇荫周则民生厚，而不独开商务；财

① 《薛福成选集》，第 333 页。

② 《薛福成选集》，第 335 页。

③ 《薛福成选集》，第 335 页。

用裕则近忧纾，而非以勤远略；布置广则众志联，而兼可詷敌情；呼吁少则国体尊，而即以销外侮。臣为海外数百万生灵起见，不敢稍安缄默。"①这段铿锵有力的心声，真是感人至深。它再次表明，设领馆问题直接关系到"民生厚"、"近忧纾"、"众志联"、"国体尊"、"销外侮"，确实是一件理应"及早图之"、"合力坚持"的国家大事，切不可等闲视之。否则，朝野上下怎能对得起"海外数百万生灵"?!

然而，这份"伏乞皇上圣鉴训示"的奏疏，并未引起朝廷应有的反响。但他并不气馁，仍然依照总理衙门在光绪十六年五月十四日下达的"拟请以新加坡领事改为总领事，其余各岛设立副领事"的指令，向英国政府交涉首先将清廷驻新加坡领事馆改为管辖新加坡及其附近岛屿的总领事馆，同时还力争在清廷曾经设领的香港添设领事。经过多次交涉，英方终于同意在新加坡改设总领事，但对中国在香港设领问题却百般推宕。因为香港本是中国领土，与广东近在咫尺，且居民绝大多数皆是华人②，唯恐中国派驻领事后，会动摇英国在香港的殖民统治，故英方"以中国官吏未谙西例"为由，力加抵制。但薛福成毫不退让，正告英方：中国驻新加坡领事左秉隆，"在任十年，彼此往来素称和睦"③，且为人干练，根本不存在"未谙西例"之类的问题，将他调任香港领事，"于交涉事务、流寓华民必有裨益"。经薛福成再三辩白，英方也就同意了中国在香港设领的要求。于是，薛福成征得朝廷同意，于1891年(光绪十七

① 《薛福成选集》，第336页。

② 据薛福成统计，当年香港"华民流寓者十四五万"，"而洋人不过数千"。

③ 《薛福成选集》，第352页。

年)秋，推荐自己的主要助手黄遵宪担任驻新加坡总领事，并打算将原新加坡领事左秉隆调任清廷驻香港领事。

然而，英国所以同意中国在香港设领，其目的在于要求中国同意英国在新疆喀什噶尔设立领事为交换筹码。当薛福成派英文参赞马格里到英外部洽谈时，山特生已口头提出“拟请中国允英在喀(按即喀什噶尔)设一领事，以便伺察俄人。”[①]理由是俄已在窥伺英属阿富汗之东北、中国回疆之西南的五六百里“瓯脱”之地，直接对英属阿富汗构成威胁。对于英国提出的这一新的要求，薛福成的意见是：“窃思驻员一节，于彼国诚为大益，于中国似尚无损。”[②] 为何答应英国在喀设领对中国“无损”？薛福成的理由是，根据“以夷制夷”的外交策略，列强互存“猜忌之心”，同意英国在西北地区设领，“固可藉英以察俄情”，有利于中国防范俄国的窥伺，改变“中俄接境，几二万里，万一有衅，防不胜防。关外信息阻隔，不能灵捷，尤为可虑”[③] 的被动局面，此为其一；其二，英国的派员驻喀什噶尔要求，可促使它尽快答应中国在香港设领的交涉早日兑现，改变“从前屡次商设领事，彼国坚持不允”[④] 的僵局；其三，倘若英国在喀什噶尔设领的基础上又提出在喀什噶尔通商的新要求，中国则可乘机“索以利益相当之事”，以改变中国“盖因旧时交涉，吃亏甚多”[⑤]的屈辱状况。除上述三条有利因素之外，薛福成还有更为重要的考虑，想乘此机会夺回一项外交自主

① 《薛福成选集》，第320页。

② 《薛福成选集》，第321页。

③ 《薛福成选集》，第321页。

④ 《薛福成选集》，第321页。

⑤ 《薛福成选集》，第322页。

权:任何国家倘要在中国设领事,必须由中国政府颁给“准照”。对此,薛福成有如下一段论述:“从前洋人在中国欲设领事,并不请中国准照,随意遣派,竟若在中国有自主之权者。因而辄敢与地方有司,遇事掣肘,动辄要挟,蛮横无理。查此事实不合公法。从前李傅相与巴西议约,欲复领事官领准照之例,甚费踌躇。然仅一弱国,尚办不动。此次趁英国欲在喀城驻员,可与议明,必须待中国给予准照,然后新疆地方官才认为英国领事。自此次为始,各口领事亦必领给准照,此亦万国通行之法,谅彼无词坚拒。英人允许,即可相机推之各国,一律照行。此则裨益更大,将来如遇外国领事官桀骜不驯,我即可追回准照不认。向时肆行无忌之心,从此当可稍戢。”①一个国家对外国派驻本国的使领应该拥有“准照”权,这不但体现着国家的神圣主权,更是近代国际交往的“万国通行之法”。薛福成是位颇具世界眼光的爱国外交家,他在痛惜祖国对列强使领失去“准照”权的同时,又想方设法予以挽回,且运用“万国通行之法”与列强展开外交抗争,争取国际外交的平等权益,既显现出他的拳拳报国之心,更意味着他想将贫弱的中国推向世界平等地位的可贵努力。遗憾的是,薛福成这些直接向总理衙门呈述的颇有见地的建设性意见,不但未引起总署大员的正视,反而导致某些官员对他的嫉恨。比如张荫桓、徐用仪等人便坚决反对英国在喀什噶尔设领。如徐用仪就坚持说什么如让英国在喀城设领,“俄必生疑,何厚于英而薄于俄,于是亦启瓜分之心,则疆事去矣。”② 英国见中国政府内对英国在喀城设领

① 《薛福成选集》,第341～342页。

② 薛福成:《出使日记续刻》卷二,页三九。

持有异议，便乘着香港总督反对中国设领香港的机会，力图推翻成议。清廷总理衙门的领班王大臣奕劻和孙毓汶等是极为昏庸的官僚，以“不能不和衷共济”为由，稀里糊涂地中止了在香港设领的交涉。

即将水到渠成的香港设领交涉，居然断送在清廷内部的昏聩官僚之手。感愤万千的薛福成，次年在《论中国在公法外之害》一文中还念念不忘地感叹道：“往岁余殚竭心力，与英廷议定设立香港领事官，此可为风示他国张本，即可为隐抽昔日受亏条件张本。无如当事诸公，有一二人挟私怀忌，出死力以阻之。余独不解其是何肺肝？中国办事之难，一至于此，可胜叹哉！可胜叹哉！”① 一连串的惊叹号，道出了薛福成失望、愤懑而又悲怆的心境。自己在坎坷的外交斗争中，“殚竭心力”迫使大英帝国让步，同意中国在香港设领，这桩利国利民且又意义重大的好事，居然葬送在一二“当事诸公”之手，怎能不叫薛福成黯然神伤，徒唤奈何。令人赞叹的是，薛福成并未因此事的中辍而放松自己“关念侨胞”的外交努力。

首先，薛福成在出使任内继续坚持同欧洲各国政府“遇事论理，驳其苛例”，密切注意维护海外侨胞的正当权益。就在香港设领事谈判“九仞之功，亏于一篑”② 后，薛福成依据英属缅甸南方和印度孟加拉地区华民集中且备受“凌虐”的情况，向总理衙门提出在缅甸仰江（即仰光）和印度加里吉打（即加尔各答）设立领事的建议，并说：“福成现拟筹设此两处领事，以为英廷答允中国在英属地照公例通设领事之券，不致异时变

① 《薛福成选集》，第415页。

② 《薛福成选集》，第404页。

易前说。”① 他期待朝廷认可后着手交涉，希图通过上述两地设领“证明英廷允照以公例待中国之券，且可据为照商他国推行张本，亦可为抽换旧约吃亏之处张本”，进而就此改变“从前西洋各邦，向不以公例待中国”的不公道状况。② 后来，薛福成经过努力，终于达成在南洋群岛的槟榔屿设立了副领事，还通过滇缅界务、商务谈判，争取到在仰光设立领事的权益。

光绪十六年七月二十日(1890 年 9 月 3 日)，当他风闻英国驻华公使华尔身向中国政府提出“令英属地华民悉入英籍之说”，立刻致书总理衙门，表示“此举殊骇听闻”，建议朝廷对此“直可置之不理”，千万不可“堕其术中”。理由是：“今日海外各国属地，寄寓华民不下二三百万。其坟墓眷口均在中国，不愿竟化为异类，亦正斯民不忘本之意，万无拒之之理。倘一国强令入籍，则各国必相仿效。……如悉令就地入籍，则绝百万华人喁喁内向之心。恐各国闻之，益滋轻侮。不独以后保护二字无可复言，且非吾民所愿，办理必多窒碍。迨我既办不动，而彼据成约以相责，召衅更多。”③ 这段理由，入情入理，既牢牢站在保护海外侨胞利益及其对祖国眷念之情的基点上立言，又从维护中国神圣主权、反对列强“轻侮”的视角，陈述了中国政府必须扼制列强强令侨胞入籍的重要意义，尤其是剖析了“如悉令就地入籍”将给中国带来的严重危害，不能不引起清政府的高度警觉。故当薛福成于次年二月向朝廷献策：

---

① 《薛福成选集》，第 405 页。

② 《薛福成选集》，第 404 页。

③ 《薛福成选集》，第 318 页。

“此事为条约所无,仍须抱定前议章程,斟酌办理”① 后,总理衙门果然以“本处以约章所无,拒之”②,拒绝了英使华尔身的无理要求。

他从翻阅使馆存档中获知,英国属地澳大利亚和加拿大都制订了限制华民的禁例,不仅加重对寓居华民的盘剥,而且还对华民的出入境施以种种苛刻的规定。前任几位使臣虽曾就此向英外部提出辩驳,但皆不获成效。澳大利亚仍然明订条例,严禁华人入境;加拿大于1886年又新订了《禁止华人入境之例》,特别是加拿大的葛龙巴议院于1891年2月24日更加“拟设加严之例,禁止华民赴加那大”③。对此限制华民、虐待华侨的行径,薛福成再也不能沉默,于光绪十七年六月二十五日(1891年7月30日)郑重照会英外部,“驳除新金山(即澳大利亚)加那大限制华民新例”。薛福成在照会上明确提出:“中国国家所不悦于此例者,非在限制之严,丁税之重,而在专为禁止华人入境之例。且明言非禁止他国人入境,乃专为禁止华人而设,未免轻视中朝,不以友邦相待。”④ 他在维护国家和民族的尊严予以辩驳的同时,又严正提出如下要求:“总之,无论如何,概不得以相待如仇之例,施于友邦之民。……望英廷速将此事革除。中朝以此事非仅轻视中国,实是阻止两国人民日渐亲睦之情。此等用意,断不可施,应由两国设法更改

① 所谓“前议章程”,指英国前任公使阿礼国曾同清政府订立《华民入英籍章程》,但嗣后英国并未照此章程办理。

② 薛福成:《出使四国日记》卷六,页二四〇。

③ 《薛福成选集》,第383页。

④ 《薛福成选集》,第383页。

也。"[1] 照会递交近半个月，他又将就此事同英国提出交涉的情况向总理衙门以及北洋大臣李鸿章、南洋大臣刘坤一分别作了报告，并向中国有关当局指明此事交涉的重要意义，望能引起当轴诸公的关注。他在咨呈中说："惟是该地设例，专指华人，明示限制，实不合于万国公法。若遂置之不问，仍恐苛例日出，无所底止，大有碍于华民生计，亦恐损中国之威望。"[2] 既考虑是否"有碍于华民生计"，又着眼于是否有损于"中国之威望"，利国利民之心，溢于言表。

还应提及的是，薛福成对越南华侨的生计尤为关切。他得知法国殖民当局对印度支那地区强征所谓"身税"（即人头税），可前任出使大臣于光绪十二年向法国提出交涉，迄今五载一直未有结果。为此，薛福成于光绪十八年二月（1892 年 3 月）主动向法国外交部提出交涉，强烈要求法国政府"议裁越南等处华民身税"。他在照会中回顾了双方就"华民身税"的交涉经过后，明确指出："此税虽名亚细亚客民身税，其实大半出于华民。华民困累较重，人所共知"，进而强烈要求法国政府"将所征之华民身税，一律革除，以苏民困。俾中国工商杂艺人等，贸迁有无，通力合作，推广利源，共沾实惠。"[3] 照会递交后，薛福成又饬令驻法参赞官庆常赴法国外交部洽谈交涉，法国外交大臣李梅口头表示愿就此问题重作筹划，但数月过去，并无实质性答复。于是，光绪十九年正月十六日，薛福成再次照会法外交部，"申论删除寓越华民身税有益无损"。他在照会

① 《薛福成选集》，第 384 页。
② 《薛福成选集》，第 384 页。
③ 《薛福成选集》，第 412～413 页。

中反复强调:寓越华民在发展越南工商业等经济活动中具有极其重要的作用,“华民税轻,则工省价廉,百废俱举,其利仍归于贵国”,“倘征税太重,财匮力竭,是自塞利源矣”,“今贵国欲开利源,致富庶,曷不择善而从?”[①] 薛福成直接从法国在越南的经济利益入手,申述删除寓越华民身税的重要意义,可谓棋高一着,不能不使法国政府有所领悟。经过薛福成入情入理的辩驳和反复交涉,法国政府终于作出适当让步,就有关征收“华民身税”问题重新制订新的章程,其中规定:赴越南各地营生的华商在两个月内免征一切赋税。这样,薛福成为解除旅越华侨困苦的外交努力,总算取得了一些成效。

更加令人敬佩的是,薛福成为了维护侨胞的正当权益,还将他的视角投向大洋彼岸。他风闻巴西、墨西哥希图来华招募华工,于 1891 年和 1892 年向总理衙门先后呈递了《许巴西、墨西哥立约招工说》和《论巴西招工事宜书》。在这两篇短论中,他以开放意识看待国人的向外流动和拓展。他认为,中国人口于道光末年已达四亿多,“户口蕃衍,实中国数千年来所未有”,已面临“人满之患”。如何解决中国的“人满之患”?薛福成“横览方舆,盱衡全局”,寻求“补偏救弊之术”。他依据欧洲诸国用“善寻新地”方法鼓励其民“远适异域”进行垦辟以解决人口过剩的经验,将目光瞄向地广人稀、尚处于开发阶段的美洲,尤其是“旷土未垦,勤于招致”的巴西和墨西哥两国。他建议朝廷:“诚乘此时与彼两国详议约章,许其招纳华民,或佣工,或贸易,或艺植,或开矿,设立领事官,以保护而约束之。并与订立专条,彼既招我华民,力垦荒土,功成之后,当始终优

① 《薛福成选集》,第 474 页。

待,毋许如美国设谋驱逐。”① 1892年冬,他探访到巴西遣使驻京“实系专注招工”的意图,立即呈文朝廷,再次重申:“今欲为吾民广浚利源,莫如准赴异域佣工;而保其自主之权,杜其驱逐之渐,则必待彼再三吁恳,与之议立专章,添设领事,方可操纵由我。倘彼稍未就范,不妨始终坚拒。”② 在这篇呈文中,薛福成反复强调了如下原则:“窃谓此事枢纽,在许华工自往,而不宜允其来招。”③ 在薛福成的心目中,“自往”与“来招”直接关系到华民的利权,朝廷倘若鼓励国人“往返自如,出入无禁”,“务使人人有自主之权,去留久暂,悉从其便,则田主非但不能虐待,而挟制、扣留、转鬻诸弊,亦不禁自绝矣。”④ 如果允其“来招”,很难避免出现如下弊端:“洋人或挟重资,或驶巨舰,动辄来招数千百人,运往该国,辗转贩鬻”,致使中国同胞“被一再转鬻,终身沦于异域,役使无异牛马,所以有猪仔之称。”⑤ 对这种以招工为名辗转贩卖华工的罪恶勾当,朝廷“必当严立章程,悬为厉禁,自无疑义。”⑥ 显而易见,薛福成就巴西、墨西哥来华招工事宜的论述闪耀着爱国思想家的睿智。首先,他勇敢地冲破了在向外移民问题上采取“深闭固拒”的狭隘传统封建意识的束缚,大胆借鉴西方国家鼓励国人“远适异域”开拓垦殖的成功经验,建议朝廷同意外国“招纳华民”,更鼓励国人“往返自如,出入无禁”地赴海外谋生;其次,他更热

① 《薛福成选集》,第366页。
② 《薛福成选集》,第472页。
③ 《薛福成选集》,第472页。
④ 《薛福成选集》,第472页。
⑤ 《薛福成选集》,第472页。
⑥ 《薛福成选集》,第473页。

切关注海外侨胞的“人人有自主之权”，坚持通过“设立专章，添设领事”等手段，“以保护而约束之”，切实维护中国“赴异域佣工”者的正当权益，“不至为远人所欺”。

五、呼吁朝廷革除海禁

薛福成关心侨胞的最令世人瞩目的贡献，在于他从变革朝廷政策入手，勇敢地打破了晚清顽固的封建壁垒，沟通了海外侨胞同故土之间的血肉联系，改变了他们有国难回的孤苦无依困境。

光绪十八年(1892)秋，薛福成从清廷驻新加坡首任总领事黄遵宪的一份禀帖中，发现了令人怵目惊心的现象。缘由是，薛福成去年奏派黄遵宪出任驻新总领事时，特地叮嘱黄到任后详细考察流寓华民的实际状况，“核实禀报”。黄遵宪赴任一年后，终于作出如下禀报：新加坡的富商大多为福建人氏，“虽正朔服色，仍守华风”，但他们“视中国官吏，有同陌路；偶有回华再来者，无不切齿痛恨，极言宗族戚里之讹索，官长胥吏之欺侮，由此多自居化外，不愿归国”；“推原其故，盖缘中国旧例，有不准出洋华民回籍各条。当顺治、康熙之时，因海寇盛行，严设海禁，例意森严。”① 据此情形，黄遵宪力请薛福成奏请朝廷：“将旧例革除，庶华民耳目一新，往来自便”，免受奸胥劣绅“藉端讹索”之苦。薛福成对黄遵宪的意见深表赞同，决心通过正当途径，呼吁朝廷尽快将这一拒海外侨胞于国门之外

① 《薛福成选集》，第469页。

的陈年旧例革除。

同年九月二十二日(11 月 11 日),薛福成首先向总理衙门呈递了一份《论豁除海禁招徕华民书》,如实转达了黄遵宪禀帖中陈述的情况及其意见,进而指出:“窃思此等旧例,在今日原同隔岁之旧历,积年之废券,存之毫无所用;而一经铲除,可以禁遏讹索,招徕羁旅,收拾既散之人心,挽回积坏之大局,所裨实非浅鲜。惟事关各国交涉,与数十万华民之向背,似不当由福成一人具奏,必须钧署以全力主持,方能与沿海疆吏,呼应灵通。拟请回明堂宪,酌夺具折上闻。恭俟命下之日,通饬沿海各省,暨出使各国大臣,一体遵行。”① 薛福成在豁除海禁旧例问题上态度鲜明,又将这一利国利民的大好事按正当途径呈请总署出面具奏上闻,在处事的方式方法上可谓合情合理。为了敦促总署尽快表态,他在呈文末尾还特地关照:“此信到后,无论堂宪能否允办,尚祈先行电示,以便转告黄总领事,似于公务有裨。”②

薛福成心急火燎地翘首以待,可是,总署的回复“电示”迟迟未见下达。直到次年莺飞草长之际,总署方才下达了一则要薛福成本人向朝廷“恭疏具陈”的简单回复。看来,总署的达官们对关念侨胞之事并无兴趣,根本不打算在这一豁除祖宗成例的问题上惹事生非。薛福成对总署的漠然态度当然心寒,但他决心自己出面促成这一革除旧例的壮举,承担其可能带来的是是非非。为了使自己的“恭疏具陈”更加确凿有力、无懈可击,他翻阅历代档案,考查了海禁旧例出笼经过及其利弊演

① 《薛福成选集》,第 469 页。

② 《薛福成选集》,第 469 页。

变，在做到心中明白无误后，于光绪十九年五月十六日（1893年6月29日），直接向朝廷呈递了一折《请豁除旧禁招徕华民疏》。

薛福成是位善于用历史眼光看待事物的思想家。在这篇奏疏中，他首先向朝廷陈述了清初顺治、康熙年间“始严海禁”政策，直到雍正、乾隆年间继续奉行的历史背景。他认为，清初顺治、康熙年间，郑成功父子占据台湾，经常“窥犯”东南沿海，清政府面对“寇势滋蔓，沿海骚动，不能不创立禁例，以大为之防”；台湾平定后，“务在与民休息，不欲生事海外”，故在雍正、乾隆年间，也继续推行海禁政策。基于上述情势，薛福成对清朝前期推行的海禁政策作如下剖析：“大抵昔日海盗未歼、邻交未订，彼出洋之民，禁之则可以孤寇党，弭衅端；不禁则虑其泄事机，伤国体。且承平之世，地广而人不稠，人散则土益旷，深维至计，首悬厉禁，非苛待此出洋之民也，时势为之也。”①一句“时势为之”的断语，并非完全出于为列祖列宗进行辩解，也道出了一定的政策依据：政策总是为维护现实统治秩序服务的。既然沿海地区海盗猖獗，势必要禁止可能出现的内外勾结，更何况当年尚未面临“人满之患”的困扰，清朝统治者更不主张人口外流，导致“人散而土益旷”的新问题。故封建王朝当年推行锁关闭国政策也属历史的必然。

这一“时势为之”的辩解式断语也包含着薛福成的机智。既然当年推行海禁政策是“时势为之”，那么，“时势”发生变化之后应如何应对呢？薛福成正是抓住这一点提出了“豁除旧禁”的新断语。他指出：

---

①《薛福成选集》，第494页。

自道光二十二年以来，陆续与东西洋各国立约通商。英国江宁和约第一条，华英人民各住他国者，必受保佑身家安全。美国续约第五条，中国与美国人民前往各国，或愿常住入籍，或随时来往，总听其自便。而秘鲁条约及古巴华工条款，亦于出洋华民，郑重再三，庇之惟恐不周，筹之惟恐不至；每于海外要地，设领事官以保护之。诚以今者火轮舟车，无阻不通；瀛环诸国，固已近若户庭，迩于几席，势不能闭关独治。且我圣朝煦濡涵育，逾二百年，中国渐有人满之患。遂不得不导佣工以扩生计，开商路以阜财用，顺民志以联声气，张国势以尊体统。盖海禁早弛，风气大开，一视同仁，无间遐迩，前例已不废而自废，不删而自删，非偏厚此出洋之民也，时势为之也。①

一段多么令人叹服的辩驳文字，又以一句“时势为之也”的断语，道出了如今废除海禁同样是历史的必然：面对东西洋各国立约通商的新时代，近代化交通更缩短了国与国之间的距离，各国人员的交往与流动日益频繁，中国“势不能闭关独治”了，保证出洋华民的来去自由及其在国外的“身家安全”更是朝廷义不容辞的职责，同样是大势所趋；更何况，中国渐有人满之患，鼓励百姓出洋谋生更是一举数得的利国利民之举；近半个世纪以来中国已处在“海禁早弛，风气大开”的新阶段，实际上“前例已不废而自废，不删而自删”，既然如此，朝廷还有什么理由死抱着祖宗的成例不放，不去顺应潮流公开“豁除

① 《薛福成选集》，第494～495页。

旧禁”呢？

为了促使朝廷尽快下定“豁除旧禁”的决心，薛福成在奏疏中还陈述了出洋华民在海外艰难创业以及他们的拳拳报效祖国的心志。他恳切地指出，侨居南洋各岛的华人不下百余万人，通过多年辛勤垦殖和贸易，已拥有占各岛十分之七的巨大资产。这些海外赤子虽居外洋已百余年，然其“正朔服色，仍守华风，婚丧宾祭，亦沿旧俗。近年各省筹赈筹防，多捐巨款，竞邀封衔翎顶为荣幸。”可是，他们纵有拳拳报国之心，“惟筹及归计，则皆蹙额相告，以为官长之查究，胥吏之侵扰，宗党邻里之讹索，种种贻累，不可胜言”，“海外羁氓，孤行孑立，一遭诬陷，控诉无门，因是不欲回国”。① 这简直是对朝廷推行海禁政策的血泪控诉：正是朝廷的错误政策堵塞了海外赤子报效祖国之门，造成了他们“孤行孑立”的凄苦处境。为此，薛福成激动地建议朝廷，对海外侨胞不能再继续推行“为渊驱鱼，为丛驱爵”的驱禁政策，必须正视如下利害得失：“夫英、荷诸国招致华民，开荒岛为巨埠，是彼能借资于我也；华民擅干才，操利柄，不思联为指臂，又从而摈绝之，是我不能借资于彼也。及今而早为之图，尚可收桑榆之效；及今而不为之计，必至忧杼柚之空。”②

鉴于以上情理辨析，薛福成向光绪皇帝呼吁：“可否吁恳天恩，俯念民生凋敝，敕下总理各国事务衙门，核议保护出洋华民良法，并声明旧例已改，以杜吏民诈扰之端；由沿海各省督抚及出使大臣，分途切实晓谕，奉宣德意，俾众周知；并准各

① 以上引文见《薛福成选集》，第495页。

② 《薛福成选集》，第496页。

口领事官，访其平日声名素称良善，核给护照。如是，则不事纷更，不滋烦扰，可以收将涣之人心，可以振积玩之大局，可以融中外之畛域，可以通官民之隔阂。怀旧国者，源源而至，细民无轻去其乡之心；适乐土者，熙熙而来，朝廷获藏富于民之益。一旦有事，缓急足倚，枝荣本固，厥效非浅。”① 不但建议朝廷豁除旧禁，还要制订保护出洋华民新章；不仅要通过官方渠道分途“切实晓谕”，“俾众周知”，还要通过各口领事官具体落实保护措施，可谓细致、具体、周全。

薛福成的一再努力，终于起到了“感动上帝”的效应。光绪十九年七月初十日，也就是距薛福成奏疏由英伦使馆发递尚不到二个月，年轻的光绪皇帝终于表示首肯，将此奏疏朱批给总理衙门，命令：“该衙门议奏。钦此。”如今，总理衙门再也不敢怠慢，一改往昔的冷漠态度，于八月初四日复奏朝廷：“应如所请。”②同意了薛福成的意见。于是，开明的光绪皇帝敕令刑部将私出外境之例，酌拟删改，并由沿海各省督抚晓谕地方：申明新章既定，旧例一概豁除，“凡良善商民无论在洋久暂，婚娶生息，一概准由出使大臣或领事官给与护照，任其回国治生置业，与内地人民一律看待，毋得仍前藉端讹索，违者按律惩治。”③

薛福成关念侨胞的呼吁及其护侨举措，终于在朝廷的敕令中得到了充分体现与接纳。这一申明新章豁除海禁旧例的敕令颁布后，侨居异域的中华儿女从此可以重返家园；即便在

① 《薛福成选集》，第496页。

② 《薛福成选集》，第497页。

③ 《薛福成选集》，第497页。

海外继续谋生,也可得到朝廷必要的庇护。这一喜讯传到海外,广大侨胞无不奔走相告,笑逐颜开,那种飘泊海外"孤行孑立,控诉无门"的悲惨处境终于有望得到改变了。在此后很长的时期里,海外侨胞和闽、粤一带的侨眷们,都为这位替他们办了大善事的驻英使臣薛福成焚香祈祷,以表感激之情。

六、交涉"中华书院"的产权纠葛

如何从国家和民族的利益出发,妥善而又审慎地处理中国和西方国家之间的产权纠葛?这是薛福成出使泰西历程中遇到的颇为棘手的新问题。云其曰"新",因为前任使臣未曾经历此类问题;云其"棘手",因产权的是非曲直不甚明晰之故。

早在光绪十五年(1889)冬,当薛福成正在上海出使行辕整装待发之际,有位友人前来话别,特地提及在意大利的拿波里城有座中华书院,据说此乃"昔年圣祖仁皇帝遣华人往习西学,特筹巨款为置产业,以供负笈者之用费,近年义王夺教王权利,并将书院公产入官,此事应与义国外部理论"①。薛福成过去从未听说康熙皇帝曾筹巨款在意大利置办一座专供中华学子前往学习西学的中华书院,且近年竟然被意国政府侵吞。这可是件关系到国家利益的产权公案,当即表示"深以为然",决心前往讨个公道。

薛福成是个细心的人,处事向来谨慎。他行抵驻法使馆接任视事后,首先查阅使馆的档案卷宗,终于发现一点重要线

---

① 薛福成:《出使四国日记》卷六,页二六三。

索:前任使臣刘瑞芬任内积存的文书档案中,有一宗记载着中华书院学长郭栋臣等数人前来使馆面禀的文字记录:“康熙年间,义国教士马国贤,以善绘油画驰名,居中国京都十有三年,供奉内廷,颁赐大缎、马匹等物,并发路引,许携华生五名航海西归。雍正二年抵拿波里城,捐资构造中华书院。后得教门善士捐输,院业渐丰。定例,可留中国生徒二十二名,土耳其、希腊共十二名。近二十年来,义国朝廷派学政二员,会同教士二人,经理书院,渐欲侵蚀院产。本院教士控之上下各衙门,经刑司秉公判断。该学官延抗不遵,自缮新例五条,谓中华书院宜改名亚洲学馆,或改为东方学馆,作为义人学习东土方言并有益通商之事。因议政院意见不同,尚未了结。拟请据情照会义国外务大臣,转咨议政院首相,查照和约,悉遵旧章办理。”①

中华书院郭栋臣等人的陈述,较为具体地反映了中华书院的创建过程、培养对象及其聚讼过程。但令薛福成疑惑不解的是,既然中华书院同中国有着历史渊源,该书院学长等人又亲赴清政府使馆恳请援手,为何此事一直压在陈年档案中未闻核办呢?为解胸中疑团,薛福成特地询问驻法使馆参赞:“刘前大臣何未核办?”参赞等人的回答是:“据云以其牵涉教士,未便措辞也。”② 此项纠葛因何“牵涉教士”而使刘钦差为之“未便措辞”?初来乍到的薛福成更加大惑不解,但他决心继续调查了解,弄清个中原委,以便从中寻求对策。

光绪十七年二月初,薛福成行抵意大利首都罗马,立刻派遣英文兼法文参赞马格里走访梵蒂冈的罗马教廷,向教廷的外

① 薛福成:《出使四国日记》卷六,页二六三。

② 薛福成:《出使四国日记》卷六,页二六三。

务部门详细询问了有关中华书院及其产权争端的始末，听取教会方面的意见，以弄清“牵涉教士”的缘由。马格里带回来的信息是：“书院扩充经久，实由教门资助巨款所致；而其所招中国学生，专以习天主教为本业，其于格致星算之学，不过兼涉。昨闻议院已定议，将院产入官，不能再改。”① 中华书院主要为中国培养天主教神职人员，对此，薛福成的兴趣不大；然而中国学子在书院还可兼学西方的“格致星算之学”，这点恰与薛福成力主向西方学习的旨趣吻合。为此，当他得知意大利议院已决定“将院产入官，不能再改”的消息后，又感到焦虑不安。

光绪十七年二月十三日(1891 年 3 月 22 日)，正当薛福成在中华书院产权纠葛问题上心情焦急且又举棋不定之际，忽然听说中华书院学长郭栋臣由拿波里城赶来拜谒，真是喜出望外。郭栋臣进门后，薛福成见此人虽然身穿西洋教士的黑色袍服，但生就黑发黄肤，鼻梁扁平，口操华语，是位典型的炎黄子孙。郭栋臣坐定之后便自报家门：原籍湖北潜江，早年来中华书院肄业十二年，曾回华传教十三年，后又奉召来中华书院任学长，如今又有四个年头了。见到这位在异国供职的同胞，薛福成格外兴奋，亲切地向他了解中华书院的有关情况以及天主教在中国传布的现状。

据郭栋臣介绍，中华书院乃康熙年间赴华的天主教传教士马国贤回国后所建，旨在为中国培养教士。马国贤初建书院时，仅集资三万佛郎(约合银五千两)，大抵在中国所积存者。后来，自教皇以下，常对书院有所捐助，致使院产扩展到二百万佛郎左右。书院的年收入约十二万佛郎，而每年支出在五万

① 薛福成：《出使四国日记》卷六，页二六四。

佛郎左右。至于中国学生的来源，皆由教廷所属官员致书中国各省主教招致资送。中国学生在书院学习期间，每年可领到一千二百佛郎的生活津贴。

郭栋臣还介绍，天主教在中国共有教徒五十万人，江苏、四川两省最多，各有十万左右；湖北一省，约有二万三千人。盖自雍正年间驱禁天主教之后，咸丰十年与各省立约，复许传教，迄今仅三十年，所有止有此数也。

对于中华书院的院产纠葛来说，郭栋臣既是当事人，又是重要的知情人。郭栋臣当面介绍并提供的情况，不但使薛福成进一步弄清了事情的真相，而且促使他周密思考，从中寻求合情合理的解决方案。薛福成经过反复推敲，“筹思再四”，对中华书院的产权纠纷终于形成了如下认识：

“书院之产，实系教门之产，既非中国所筹，欲与理论，较无把柄。且义国之封夺教产，通行既久，实为彼大局所关系，计议早定，岂能骤改？即令保护此书院，亦只为中国岁增教民数人，无裨实政。然既有华人在此，环求保护，不可无以稍慰其心，遂为缮牍照会外部，允为设法清理焉。”①

应当承认，薛福成的上述认识和决断是正确而又理智的。首先，他清醒地认识到中华书院的产权属于罗马天主教会，并不属于中国，清政府便丧失了就产权问题与意大利“理论”的“把柄”。其次，薛福成通过实地了解，已充分认识到意大利政府“封夺教产”，也就是将天主教会产业改由国家经理，是该国事关大局的重大国策，是不会因中方的交涉而轻易更改的。因为意大利政府同以罗马教廷为代表的天主教势力的斗争，是

① 薛福成：《出使四国日记》卷六，页二六四。

资产阶级实现和巩固其阶级统治的重大步骤。其三，即使经过努力将中华书院暂时保住，也只能每年为中国多培养出几名教士而已，于中国并无多大助益。基于上述三点认识，薛福成理智地放弃了为中国政府争夺中华书院产权的初衷，但他作为朝廷命官，既然奉命出使意国，自有保护当地侨胞权益的神圣使命。郭栋臣等人皆为炎黄子孙，而今身处异国，供职处所遭到意国政府的侵害，前来恳求保护，岂能置之度外？于是，他答允从维护在中华书院任职或学习的郭栋臣等华裔人员的正当权益入手，向意国政府提出交涉。

光绪十七年二月二十三日，薛福成在罗马拜会意大利首相兼外务大臣吕提宜时，乘便向对方陈述了马国贤来华传教及其返国创办中华书院的经过，介绍了中华书院历年培养中国学生的情况以及近年来院产发生争执的梗概，要求意国政府珍惜中意两国的传统友谊，维护中国学生在中华书院二百年来所享利益，妥善处理中华书院的院产争端。

同年三月初七日，薛福成又正式向意大利外务部递交了一份《请交还中华书院产业》的照会。强调指出："本大臣查中华书院设立已久，为中义两国交谊绵远之据，况诸生所习语言文字格致诸学，使两国往来贸易，通达情意，联络邦交，彼此有益之事。想贵大臣居心公正，办事和平，必能悉心查核，持平办理，以仰副中朝柔远睦邻之意，本大臣有厚望焉。"①

这份照会中，薛福成机智地回避了意国政府同天主教争夺的内容，仅以"贵国学部侵挪学产以致兴讼"为话题，尤其强调了中华书院"中国子弟学习文字语言格致诸术"的功能，并

① 薛福成：《出使公牍》卷八，页六。

以书院裁撤后将有损于“两国往来贸易，通达情意，联络邦交”的措词，来打动对方，可谓合情入理、措词得当。这份照会引起了意大利当局的高度重视。不久，意大利外务部正式复文清廷驻意使馆，作如下答复：“学部已饬书院赔款一万二千佛郎，并将一切器具交还教会，另择善地，以资教育。”①

这一交涉结果虽然未能改变中华书院由天主教产业变为国家学部直接管理并更名为“东文学堂”的格局，但毕竟满足了郭栋臣等人的部分要求。原先，郭栋臣等要求意大利政府每年拨出三万佛郎作为经费，如今得到一万二千佛郎的赔款和原书院的“一切器具”，可以“另择善地，以资教育”。对此，薛福成也感到宽慰，认为：“虽不能如该生等所求，亦不至令该生等失所。”② 更何况，中华书院乃天主教专门为中国及东方国家培养传教士的教会产业，中国官员参与争执，确实属于“碍难办理”的麻烦事。嗣后，薛福成于光绪十七年六月二十九日，还向总理衙门和北洋大臣李鸿章呈上一份咨文，就中华书院产业的交涉经过及其结果作了详细汇报。他在这次交涉中的主动精神、踏实作风及审慎处事态度，在晚清官僚群中实属罕见。

七、关于长江教案和案犯梅生问题的对英交涉

鸦片战争以来，随着清政府被迫同意西方列强获得在中

① 薛福成：《出使公牍》卷一，页一九。
② 薛福成：《出使公牍》卷一，页一九。

国内地传教的侵略特权，中国境内民教纠纷不断、教案迭起，成为近代中国深重的社会问题之一。如何看待西方教会来华传教及其引发的社会矛盾？薛福成的认识、建策及其外交实践，为世人深入研究这一特殊的历史现象提供了重要的素材。

1891年5月至9月，我国长江流域爆发以哥老会为纽带的一场声势浩大的反洋教斗争。这场反洋教斗争首先在安徽芜湖爆发，很快蔓延到长江中下游的数十个城市，群众以反对传教士和焚烧教堂等手段，向外国侵略势力展开斗争。当年9月间，正当这场反洋教斗争继续蔓延之际，清政府在上海和镇江海关破获一起在镇江海关供职的英国人梅生(Mason，又称美生、梅森)为哥老会购买并私运大批枪支弹药，准备发动反清武装起义的重大案件。梅生被捕后，如实招供，武装起义计划因之败露，哥老会的几名头目也相继被捕，并“分别惩办，不下数十百名”① 会员，哥老会在长江流域举事的计划也随之流产。然而，长江教案和围绕案犯梅生的审判问题却引发了一场复杂的外交纠葛。时任清廷驻英、法、意、比四国钦差大臣的薛福成，责无旁贷地成为清廷在西欧对各国交涉的主要代表。就交涉的重点而言，主要围绕下列两个问题展开：

第一，关于长江流域教案的交涉。

当长江流域的反洋教斗争掀起后，薛福成立刻给予极大的关注，既关心国内形势的发展，更注意西欧各国的反映。光绪十七年五月(1891年6月)底，薛福成将芜湖教案的经过以及中国政府的态度和处理办法及时通报英国外务部。英国外务部当

① 《张文襄公全集》卷三三，奏议三十三。

即满意地表示:“缉犯既严,再议赔偿,即可了结。”[①] 但数天之后,英国在法国的怂恿下,更兼接到驻华公使历数“中国办教案不惬”的电报,便企图借机扩大事端,甚至要挟说:“现约法、德外部,如中国再不认真,当合力自办。”[②] 法国也有人叫嚣:“谓此次滋闹,系有会匪煽动,中国官员束手无策,势须彼国自办。”[③] 薛福成将英、法勾结,企图联手干预的新动向及时向总署作了密报,并指出:“此系彼族恫喝长技,若欲借此启衅者。然我自审办法不错,岂能尽如彼意?彼固无如我何也。”[④] 他在建议朝廷不可听任列强要挟恫吓的同时,还提出:“窃查西人传教,虽条约所许,而数十年来民教不和,势同水火,终非久计。似宜俟全案清结之后,借此事为由,与之理论,设法挽回。”[⑤] 薛福成为何建议朝廷修改中外条约中关于西人传教的内容?这是因为,早在十九世纪六十年代,薛福成便对鸦片战争后出现的“民教冲突”问题极为关注,在《上曾侯相书》中便将“洋教”与“洋烟”并列,视为近代中国“尤可忧者”的两大社会祸害,建议曾国藩对此应“默揆时变而善挽之”,“稍遏传教之焰”[⑥]。在1869年的《上李伯相论西人传教书》中,他更加深入剖析了“洋人传教”给中国社会造成的深重祸害,并提出“尼洋人之传教”的主张,呼吁朝廷应对此“及早禁阻”[⑦]。1879年,薛福成在《筹洋刍议·

① 《薛福成选集》,第377页。
② 《李鸿章全集》(二)电稿二,第380页。
③ 《薛福成选集》,第377页。
④ 《薛福成选集》,第377页。
⑤ 《薛福成选集》,第377页。
⑥ 《薛福成选集》,第26页。
⑦ 《薛福成选集》,第44页。

约章》中，对西方列强入侵中国所造成的祸害有了更新的认识，以“利益均沾”和“治外法权”为不平等条约强加给中国的两大社会祸害，一改过去“洋烟”和“洋教”为两大祸害的观点，但他并未放松西方列强对中国进行宗教侵略的揭露、批判乃至斗争。正是依据自己对“民教冲突”的一贯态度，薛福成在这次长江教案审处过程中，进一步提出了修改中外条约中关于传教的内容。他在向朝廷提出的建议中明确指出：“此次拆毁教堂之案，几近十起之多，初疑有会匪暗中鼓煽，继思民情愤激，亦概可想见，必其平日有恃教欺压情形。芜湖并无杀死教士必须拟抵之事，业已正法二人，办理非不从重。而彼国公使犹在钧署哓渎，是直一味蛮横而已。”① 在指责列强“一味蛮横”的同时，薛福成还根据自己对西方国情的考察了解，认为西欧诸国在本国之内对教民的约束甚严，而对教士在中国则力加“纵庇”，“亦甚不合于公法”。为此，他向朝廷提出一个借助西方通例来处理中国教案的“自治之道”：“查西国通例，遇有此等案件，大抵命意重在赔偿，不在多诛凶犯。窃谓除人命缉凶拟抵外，其余各案，若仅愚民逞忿，既许赔偿，似当坚持定见，不允株连，庶可固结民心。”② 应当承认，在中国处于长期受列强欺凌的屈辱年代，薛福成作为出使异域的清廷外交官，能提出这样一个处理教案的办法，尤其强调中国政府“当坚持定见，不允株连，庶可固结民心”，在当时实属难能可贵，显现了他维护民族利权的爱国立场。

尽管薛福成在海外心急火燎地筹思挽救之策，可国内的

① 《薛福成选集》，第 378 页。

② 《薛福成选集》，第 378 页。

事态仍在扩大:江苏如皋捣毁教堂三十多间;南昌拆毁华教士房一进;武穴教案已诛“正凶”二人,而英领事意在株连,并欲罪及印官,多方作难。薛福成闻之,立即会见英国外务部侍郎山特生,就教案展开交涉。

薛福成在向对方通报了清政府对这次教案查处“格外从严”,已诛四人,捕获数十人,即武穴亦已诛“正凶”二人的梗概后,声明说:“此等案件,虽在西国,恐办理亦不能如此之严且速;而领事意在株连,不欲了结,实所不解。”①

山特生回答说:“中国向来事急之时,则拿凶犯,事缓则仍释去,所以公使、领事,不能不争。”

薛福成又问:“所拿之犯,姑置勿论。今教案已诛四人,死者不可以复生矣。……此次教案除武穴外,以法教堂之受损为多,而多方作难者,乃在英领事,何也?”②

这一诘问,使山特生很被动,他只得以“芜湖英领事馆亦被滋闹”为词予以搪塞,进而说道:“英之贸易在中国者最多,公使、领事意在保护商务,故欲严惩教案以儆将来。”③

这种辩解,暴露了英国当局在教案问题上节外生枝旨在维护对华经济侵略的意图。薛福成抓住不放,进而陈述了中国民教冲突愈演愈烈的社会动因:“从前法国教案,办理常失其平,中国民心,积愤愈深,所以日久不能相安,一发不可复遏。凡事未能持平者,往往激变,譬之救火,非以遏其焰,正以扬其焰也。”④ 薛福

① 《薛福成选集》,第379页。

② 《薛福成选集》,第379页。

③ 《薛福成选集》,第380页。

④ 《薛福成选集》,第380页。

成以清政府以往处理教案坚持抑民袒教,从而导致中国百姓积愤愈深的历史教训,直截了当地告诫侵略者不可玩火自焚。听到这里,山特生有点惊慌失措,只得抬出前英国驻华公使威妥玛希图借助这次教案推波助澜的真正原因:“威大臣谓法国必借此案,大得中国便宜,是以英国不可落后。”①

原来,英国借机生事的动机在于同法国争利,看谁从中国讹诈到更多的“便宜”。薛福成顺水推舟,将他饬令驻法参赞在巴黎同法国外务尚书李宝交涉,李宝已承认“中国办理如此认真”的情况介绍一番,点明:“威大臣之言,似看错矣。”山特生“闻言色动”,只得详加记录,表示将中国意见郑重呈报英国政府,电致驻华使臣,制止英国领事的越格行为。然而,山特生的口头承诺并未兑现,在法国的串通勾结下,英国并不打算立即了结武穴教案,“留为观望之资”②,作为继续要挟中国的筹码。与此同时,法国政府得悉中国福建、四川等省又发生“毁教堂”事件,已公开表示“已约英、德两国调兵自护,听巴兰德调度”。薛福成火速将这一列强准备调兵干涉的新动向向朝廷及时作了汇报,并指出:列强此举“意在合力观变,似应饬各省格外严防,杜彼借口,速结前案,免彼勾串一气”③。

目睹英、法、德三国对长江教案“尚忿争不已”的现状,薛福成于1891年,又向朝廷呈递了《分别教案治本治标之计疏》④,系统地提出了他对民教冲突的基本观点。

① 《薛福成选集》,第380页。

② 《薛福成选集》,第393页。

③ 《李鸿章全集》(二)电稿二,第382页。

④ 《薛福成选集》,第391～394页。

他依据自己在西欧诸国“留心访察”的收获，首先提出明、清以来中国民间流行关于天主教徒“迷拐幼孩，挖眼剖心，用以制药”的传闻并不确凿，更非天主教的原旨，“斯必灼知旧说之讹传，然后此案乃可下手”。但他又指出，西方列强惯于“以护教为名”对外侵略扩张。洋教对中国的损害，主要表现在：“彼天主教虽称为善，自历代教王增窜私说，并渐失耶稣本意(按：指薛福成云：“耶稣之说，亦以仁慈为宗旨”)；滥于招纳，不择良莠，教士即不自为迷拐，难保无迷拐者托迹其门，恃为护符。且男女无别，西洋习俗如此，教士偭规错矩，亦犹中国僧道之不能尽守戒律；而入教之民，无恶不作，平民受其欺压，积愤日深，一发难遏，地方日以多事。”在这里，薛福成冷静地思考并剖析了民教冲突所以频繁爆发的社会动因，根子在于中国平民百姓“受其欺压”，对某些横行不法的教士和“无恶不作”的教民“积愤日深”。他将天主教、传教士和信教者予以严格区分，又对其进行孰良孰莠的具体鉴别，这就不同于国内士大夫或者盲目指斥天主教“迷拐幼孩，挖眼剖心”，或者一味地坚持袒教抑民的偏见，而是站在中国民众是否受欺压的爱国主义立场上来判断是非曲直，充分肯定民众反洋教斗争的正义性，其着眼点委实比当时的一般人高出了一筹。

既然中国民众是为了摆脱“受其欺压”的困境而掀起反洋教斗争，那么，积贫积弱的清朝政府应如何妥善处理类似长江教案这类棘手的民教冲突呢？薛福成在这篇奏疏中提出了如下建策：

(1)他依据西欧各国在其国内“限制教民，立法綦严，大权始不旁落”的可以借鉴之经验，为中国政府提出了一个“治本之计”:“不与妥议章程,终非善策”,“惟妥筹约束之法,本系内治之要政,非各国所得干预”。他还结合1870年天津教案了结过程中,总理衙门曾将曾国藩草拟的关于修改传教章程照会各国使臣却被列强驳回的教训,认为与列强重新制订传教章程,应先撇开其中“暂难遽行”的条款,而将眼前可以办到的内容,“如禁教士诋毁儒教,凡有教堂听华官随时查看,堂中所收婴孩悉报明地方官,教民有讼教士不得徇庇之类”,“不如择其可行而先为商办”。对于“彼所难允”的条款,只有留待来日,“俟武备日精,邦交日固,竟仿西洋限制之法”,就是等到中国国力真正强大时,便可像西方国家那样对传教严加限制。薛福成设想的这条“循序渐进”的“治本之计”,虽然显得过于软弱,但他毕竟是站在维护国家主权的立场上考虑问题,又在中国处于落后挨打的现实情况下对已失却的主权尽力予以“补救”,可谓用心良苦。

(2)他还为了“弭目前之衅”,即迫在眉睫的长江教案问题,提出一套“治标之计”:建议朝廷对西方列强“借护教之名”对我国进行要挟与讹诈必须“自当坚定以拒之,镇静以应之”。因为薛福成已敏锐地看到英、法、德三国在教案处理问题上“互相邀结”的卑劣动机,旨在“乘此事机,收意外之权利”,“彼之相约,以顾全西国大局为辞,而意则在各便其私图;以责我保护将来为说,而意则在观变于临事”。可谓一语中的,看透了西方侵略者唯利是图的贪婪本质。为了抵制西方列强的侵略意图,薛福成认为,清政府的“方今要著,宜令各省格外严防,勿再滋事,杜彼借口;而防变之法,宜注力查禁匿名揭帖,则风不起而澜自平,薪不添而火自熄”。他还提出,对已发生的教案的查处,“当先有一成不变之规模”,也就是掌握一定的分寸或原则，其中包括：列强提出“缉凶”、“赔款”、“株连印官”等要求，皆可同意具体协商，但是，缉凶“罪必求其当”，赔款“数必求其核”，惩处有关官员则必须是“平日玩视民事，政声较劣”者，切不可毫无原则地一味忍让、屈从。总之，“彼势盛，则所望愈奢；时久，则所谋愈狡。为今之计，似以设法速结为妥。欲求速结，似以坚持其大者，酌让其小者为妥。”可见，薛福成作为朝廷命官，他所设想的这套“治标之计”，从字面上看，难免有点忍辱退让、委曲求全。为了避免列强乘机出兵干涉，他居然提出要严厉防止民众“勿再滋事”，确实非常软弱。但是，评判其建策的是非曲直时，还应考虑当时的具体情势：当时，因中国连续发生几次重大教案尚未了结，而西方列强还以“护教为名”，沆瀣一气，纷纷调集兵舰到中国沿海和长江，虎视眈眈地挑衅，西欧某些报刊又大肆鼓吹要对中国“相机行事”。在如此危急而又险恶的气氛下，具体承担在海外直接同西方列强就教案问题进行交涉的薛福成，反复权衡利弊，迫于敌强我弱的窘境，为了维护国家与民族的安危，也只能抱定“坚持其大者，酌让其小者”的原则，对教案“速结为妥”，以免列强扩大事态，得寸进尺；倘若列强“借护教为名”进行讹诈，“迫我以不能行之事”，他则力主“坚定以拒之，镇静以应之”，在原则问题上毫不让步。有比较才能有鉴别。薛福成处理长江教案的识见，同清政府中那些在洋人面前奴颜媚骨、一味作无条件妥协者，抑或那些昧于世界大势、只会虚骄地口头上盲目空喊“攘夷”者，要务实得多，更加切合实际。

遗憾的是，在西方侵略者的要挟与威胁下，软弱的清政府并不能将薛福成处理民教冲突的治本治标之计付诸实现。心怀叵测的英国侵略者甚至坚持将兵舰“分据商埠”，“登岸耀武”，企图以武力胁迫清政府作出更大的让步。忧国忧民的薛福成预感到“此权（按：指列强派兵轮保护商埠之权）一失，后患无穷”①，于是，他在建议朝廷火速“多派兵轮，分巡要口”，并在“有教堂处暂扎哨勇”力任保护的同时，又机智地抓住英国人梅生参与哥老会起事为清政府捕获后却被英国当局擅自“轻判”、百般庇护的事实，向英国政府提出交涉，发起外交攻势，希图以此扼制英国在教案处理问题上对中国毫无节制的讹诈。

第二，关于英籍案犯梅生的处理问题。

1891 年 9 月间，在镇江海关任职员的英国人梅生，由于为哥老会私运洋枪火药而被清政府在上海海关发现并逮捕。经上海道审讯，梅生对自己“佯入会为办军火”的事实供认不讳，还供出了镇江哥老会雇佣英国人爱司美在香港代购军火，并由美国人泰山代为偷运回内地的事实。因涉及治外法权，上海道台即向驻沪英领事提出交涉。接着，清廷南洋通商大臣又责令上海道照会驻沪英领事与税务司等会同查办梅生案件，但英领事却以“梅生亦尚未能作为拿住”予以推宕。上海道只得“酌照西例”，请上海海关税务司作“见证”，陪同上海道一起审讯梅生；又延请律师充当原告，对梅生提出控告。但英国为了维护自己的侵略“特权”，竟不理会中方照会，片面决定由英国皇家律师威金生“主控”，再由英国驻沪刑司依据英国法律对梅生予以审判。光绪十七年九月二十七日（1891 年 10 月 29 日），梅生经英国驻沪正刑司堂讯，“由威金生评述案由，刑司即断定监禁九个月，另取两保各洋二千五百元，保其永远不做

① 《薛福成选集》，第 399 页。

坏事,无保即递回国,余证不问”①。在英国当局的庇护下,梅生得此轻判,高兴异常。

薛福成对英国当局如此干预中国主权、庇护本国案犯的行径极为愤慨,于光绪十八年正月十三日(1892 年 2 月 11 日)向英国外务部递交照会,要求“重定英犯梅生罪名”。理由是:梅生在华被捕后亲口供认:“明为哥老会中会友,与中国为难。”此人身任镇江海关要职,暗里与哥老会要员结成私党,还亲赴英属香港“雇募欧人 19 名”,私购“洋枪 35 箱”,假写别物私运到沪。梅生又私带炸药赶回上海,犯下的是“帮助乱党,抗拒中朝之罪”②。薛福成在论定梅生多条罪责后,又指出,虽然中英条约曾规定英民在中国犯案归英员惩办,但“梅生犯此重罪,且有多条,一查此案,即应照例惩办。何以仅判梅生炸药一项之罪?即炸药一项例内,又何以仅定第四条之轻罪,而不定第五条之重罪?”③ 薛福成是善于“以子之矛攻子之盾”的外交家,他机智地抓住英国制订的法律条文展开论辩,并将英国有关惩处制造或藏备炸药者的法律条文附于照会之后,其中明文规定:无论在英地内或英地外的英民,凡制造、备带或管理炸药,只要有“欲害人”或“欲毁坏物产之意”,即可论定为犯罪,“俟审实后,即当办其充军,不出二十年;或监禁,或连作苦工,或不作苦工,均不出二十年;其炸药随即充公”④。对照这项法律内容,薛福成进而严正指出:英国驻沪刑司仅定梅生自

① 《李鸿章全集》卷二,页四一九。

② 《薛福成选集》,第 409 页。

③ 《薛福成选集》,第 408~409 页。

④ 《薛福成选集》,第 410 页。

带炸药一项罪名而判以监禁九个月结案，乃避重就轻，“此实非秉公办理之道”。他明确指出：“无论何国人民，查有帮助乱党，骚扰中外之罪状，必须格外重办，方足以警效尤。而梅生行为，更觉恕无可恕。”①

据此，薛福成向英国政府明确提出对梅生案重新审理的正当要求，他说：“判断此案，既不得其平，然补惩犹为未晚。是以欲望英廷俟梅生监禁期满之时，解至香港再审，判其所犯别项之罪，较为妥当，亦合1865年英廷所定第67条之例。”②（按：薛福成所附的1865年英国军机处所定管理在中国、日本英民之例第67条规定，犯人可解至香港审办）为了引起英国当局对问题的正视，薛福成在照会最后，还向英方提出警告：“贵国之人要中国保护，而洋人敢私入哥老会以与中国相抗，中朝安能不虑及将来之祸，且与各国睦谊有伤乎？”③ 薛福成作为清朝出使要员，在英国侵略者抓住长江教案对中国大肆讹诈、要挟的情势下，机智地抓住英国庇护本国罪犯的行径向侵略者发起外交攻势，大胆地予以揭露，提出责难、抗议，公开要求英方重审案犯，在当时来说，实属罕见，需要极大的胆识和勇气。

贫弱中国的外交官居然向拥有治外法权且称霸世界的大英帝国就案犯梅生的量刑及重新审理问题提出交涉，且又不卑不亢，振振有词，使英国当局受到巨大震动。英国外务部不得不承认该国对案犯梅生的审判“罪重罚轻”的事实，在回复中表示

① 《薛福成选集》，第409页。

② 《薛福成选集》，第409页。

③ 《薛福成选集》，第409页。

要对此案“细心察夺”①,并向直接审理此案的英国驻沪正刑司亨宁和英国国家律师威金生询问案理及审理经过。但在获得了亨宁等自称对梅生一案并无“办理不公之处”的回复后,傲慢的英国外务部居然回过头来责怪薛福成“有心挑剔”②。

薛福成毫不退让，于光绪十八年四月十八日（1892年5月14日），向英国外务部又递交《与英外部再论英犯梅生罪名》的照会。在照会中，薛福成罗列了梅生在中国已供认的多种罪状,并与英国1883年所定有关私运炸药如何惩处的条款相对照，得出梅生按英国法律“亦应监禁十四年，并作苦工”的结论。为了加强立论的证据，他还抓住英国不久前惩办一个名叫华尔沙尔的罪犯因私藏炸药而被判以重罪的案例，严正指出：“其罪轻于梅生，而惩办反重。则所以惩办梅生之轻，不辨自明矣。”③ 但英国当局却抬出如下理由予以搪塞：“梅生不能援1883年炸药之例第三条控告，因此第三条之例，系专办在英国犯款之人。”薛福成据理力争，援引中、英两国条约中载明“管理在华英民，当用英例治之”予以反诘，进而提出：“梅生亦可援1883年炸药例第三条控告矣。”为了证实英国对梅生的量刑不公，薛福成还巧妙地抓住英国有个叫嫡智邦的人，因发假誓两次，按英国律例每次应坐监7年的规定，结果两罪并罚被判坐监14年的实例，指出：“本大臣查得英国办理犯人，常见有一人被控多款；倘审实其犯

① 《薛福成选集》,第436页。

② 《薛福成选集》,第451页。

③ 《薛福成选集》,第436页。

罪多于一款者，即照多款分别治罪”①。为了堵住英国政府借口英民在域外犯罪应另当别论的口实，薛福成又抓住当时有一华人在英国因“偷漏税项”，结果英国当局判以“坐监三月，连做苦工”，只有到期满方得开释的实例，针锋相对地指出：“偷漏仅梅生罪中最轻一款，办法尚如是之重。今乃因仅控梅生一款之罪，又因其自己招认，案遂未曾深究，则讯判亦有名无实。枉法宽纵，太不公平！”②

薛福成围绕梅生罪案须“再行提审，分别定罪”所展开的有力辩驳，确实使英国外务部理屈词穷，无可奈何地发出“此文甚为利害，颇觉不易回答”③ 的喟叹，只得声称：“已交大律师秉公速断”④。

然而，西方列强是不会轻易认输的。英国外务部在进退维谷之际，又抬出什么“律例之事由刑司专政，即外部亦不能尽知”的荒谬理由进行推托，将对梅生审判的责任全部推到了英国驻沪刑司及英国律师的头上，甚至阴险地以中国地方官（如江苏巡抚等）对此案的审理结果曾“极意称赞”、表示首肯的态度来反唇相讥。

英国当局如此出尔反尔，使薛福成更加义愤满腔，他火速电达南洋大臣，请其在沪延请外国律师进一步控诉梅生“通会匪”、“违例雇人”、“偷运禁物”；并致函总理衙门提出：“总之梅生之事，若不切实理论，彼必以含糊了结，则后患滋多。鄙意必

---

① 《薛福成选集》，第438页。
② 《薛福成选集》，第438页。
③ 《薛福成选集》，第451页。
④ 《薛福成选集》，第451页。

须办到更判定罪，庶足彰公道而儆将来”[①]。在做好国内工作的同时，不屈不挠的薛福成，于光绪十八年闰六月初七日(1892年7月30日)，又向英国外务部递交《与英外部三论英犯梅生罪名》的照会，再次据理力争。

在此照会中，薛福成首先针对英国当局用清朝江苏省大员对英方判断此案“均已惬意”来干扰交涉的举动，严正表明：“本大臣非为各省官员办事，乃代本国国家办事”[②]。就是说，国内地方官员的个人看法并不代表国家，薛福成作为出使大臣，是具体代表中国政府直接处理就梅生案件所展开的中英之间的交涉。在排除英方干扰后，薛福成又陈述了梅生在华“结党谋叛”的种种罪责，更借用审处此案的英国官律师的话为佐证(按：此人曾说：“梅生已入乱党，系极险事。彼实欲将此军火，交与乱党耳”[③])，进而明确指出：“总之，梅生所犯各罪，理应惩办，不得以无例可援为辞。官律师及按察使，理应照职办事，不得袒庇英民，以致案情遁饰。”[④]

说到这里，薛福成接着又采取对比策略，巧妙地抓住英国借长江教案对中国恣意讹诈的事实予以反诘：“去年教案一起，贵国公使叠向总理衙门催逼惩办闹事罪犯，必如愿而后已。稍不遂意，则谓中国法令不行，动以绝交用武为辞。其情形何等利害？今英廷于官律师所信为与乱之人，竟不一问其别项之罪，愿英廷详察之。”[⑤] 在这里，薛福成果敢地将批判的矛

① 《薛福成选集》，第451页。

② 《薛福成选集》，第447页。

③ 《薛福成选集》，第448页。

④ 《薛福成选集》，第449页。

⑤ 《薛福成选集》，第449页。

头直指英廷，指斥英国对待国人徇私枉法，百般偏袒罪犯梅生，可在向中国“催逼惩办闹事罪犯”时却是另一副凶神恶煞般的嘴脸。这般一对照，确实暴露了侵略者的丑恶本质。

最后，薛福成又罗列中国认真查处教案的事实与英国袒庇梅生的行径两相对照，进而告诫英国当局：“中国愚民甚多，彼不知西洋律法之执一，而但见中外办理之失平，万一再有烧毁教堂，及别项滋扰之事，亦将曰：‘我儿戏也，疯癫也。’[①] 自此中国惩办之法，更形棘手。请问贵爵部堂：将何以处之？”[②]这一告诫是颇具震慑威力的，因为中外对教案的办理是否公平，中国人民极为关注，倘若感到“失平”，必将更加激发起反侵略斗争的怒火。对此，包括英国在内的侵略者们不能不心有余悸。

历史是错综复杂的，事态的发展往往不以人的主观意志为转移。虽然薛福成在海外为了“彰公道而儆将来”，同英国政府斗智斗勇，再而三地“切实理论”，不屈不挠地进行着外交斗争，以图就梅生案件的“更判定罪”的交涉来扼制英国侵略者在长江教案问题上对中国的恣意勒索。可国内腐败无能的清政府不但未能及时给薛福成提供强有力的支持，反而抱着息事宁人的妥协态度，对梅生案件草草了结。虽然薛福成在同英国交涉的同时，多次致电南洋大臣和总理衙门，恳请他们对梅生罪案问题，“于原控炸药外，更以私通匪党、偷运军火、违例雇人三事”[③] 敕令江海关道，在沪聘外国律师出面，向驻沪英

① 此句系指斥在沪英国官律师曾指斥梅生参与中国“乱党”谋叛，可英国驻沪按察使却以梅生此举“事同儿戏”，为之开脱。

② 《薛福成选集》，第449页。

③ 《薛福成选集》，第459页。

按察使处再次提出控告，以求对梅生“更判定罪”。然而，总理衙门和南洋大臣给薛福成的回答却是：“梅案迭商英律师担文，谓证据不足；刑司前审供证，西例不为确据。且与税司均言再控，必留沪质审，前断解回，转作罢论。”① 为此，中国当局居然“恐再控必有反覆”，最后只得由上海道出面与英国驻沪领事协商，由英方于当年闰六月十一日将梅生“押解回国，并永不准再行来华”。事情已发展到如此地步，总理衙门还荒唐地嘱咐薛福成“斟酌与之辩论”，真叫薛福成哭笑不得，徒唤奈何。

薛福成在内外无援的逆境中，只得于光绪十八年闰六月二十三日(1892年8月15日)咨呈总理衙门并南北洋大臣，无可奈何地表示：“本大臣查该犯业既释放，辩论自属无益，只能相机就此收束，将该犯逐出华境完案。”② 以悲凉且又失望的心境，无可奈何地为这场梅生罪案的交涉划上了一个极不满意的句号。

这场对英交涉，虽以清政府的妥协而告终，然而，薛福成在这场外交斗争中所显示的拳拳爱国之心，不畏强权的顽强斗志，及其所施展的“持矛刺盾”的机智斗争策略，在中国近代外交史上实属罕见，确实令人敬仰。

---

① 《薛福成选集》，第459页。

② 《薛福成选集》，第459页。

第八章　奉使泰西的“美使才”（下）

一、滇缅界务和商务谈判

“收利权于西国，念流寓于南洋”①，这是薛福成出使泰西历程中肩负的两大重任。他在为维护海外侨胞的正当权益积极奔走的同时，始终未曾放松“收利权于西国”的努力。在他围绕“收利权于西国”所展开的诸多外交事务中，最令世人注目的重大事件，莫过于1894年他同英国外务大臣签订的《滇缅界务商务条款》。

然而，对于薛福成办理的这一重大外交事务，长期以来，人们的评价颇不一致，分歧较大。褒之者说：“薛公筹议滇缅分

① 薛福成：《〈出使四国日记〉跋》。

界,既得科干等地,并收回车里、孟连两土司全权。盖自中西交涉界案起,奉命之臣能不蹙地者已鲜,况能拓地千数百里之广,捍卫边圉,此非忠诚智力浃服远人,不能折冲樽俎如是也。"①　他们将薛福成此举比美于曾纪泽赴俄谈判收回伊犁,予以充分肯定。贬之者则谓:薛福成之"交涉完全失败,殆无疑义"②;或曰:"夫南段界务之失败,其总因由于薛使之愦愦"③。薛福成之"愦愦"导致"完全失败",简直成了"误国"的罪人。

薛福成同英国进行的滇缅边境界务与商务谈判及其结果,孰是孰非,应该由历史本身提供佐证。

古往今来,人们都是在十分确定的前提和条件下创造人类历史的。薛福成经办的滇缅边界谈判当然离不开前人为他留下的滇缅边界的历史和现状。

中国和缅甸之间的关系可谓源远流长。中缅边界的历史变迁尤其错综复杂。明朝在元朝的基础上开拓和整治西南边疆地区,在云南先后建立了十个宣慰使司,其中就包括"缅甸军民宣慰使司",其治所设在大金沙江(伊洛瓦底江)与阿瓦河交汇处的阿瓦(曼德勒)。1555 年东吁王朝统一缅甸后,对外扩张,与明王朝由藩属关系变成了相互对抗的敌国。万历年间,明王朝派军队收复了被缅甸侵占的领土,并在云南边境设铜壁关、万仞关、神护关、巨石关、铁壁关、虎踞关、天马关、汉龙关等"八关",驻兵戍守,联系木邦、蛮莫等土

① 沈林一:《〈出使日记续刻〉跋》。

② 张诚孙:《中英滇缅疆界问题》,第 50 页,1937 年哈佛燕京学社出版。

③ 李生庄:《云南边界说略》,载《云南边地研究》下卷,第 417 页。

司，以抵御缅甸的侵扰。后来，随着明王朝的衰败，孟养、孟密、蛮莫、木邦等地区，又处于缅甸的控制之下。清王朝建立后，于康熙年间将曾经是明朝土司的木邦、孟养与缅甸分开，由清政府向两地征收赋税（时称“差发银”）。乾隆年间，缅甸雍籍牙王朝取代了东吁王朝，又屡犯云南边境。清廷多次派兵反击，乾隆三十四年十一月间，缅甸乞降，同意退保疆界，向清廷缮表称臣入贡，送还所掠兵民，永远不犯边境，就此结束了持续四年的中缅战争。乾隆五十五年（1790），乾隆皇帝八十寿诞，缅王孟陨备表祝寿，并请赐封，愿十年一贡，又请开关禁以通商旅。乾隆皇帝接受了孟陨的请求，封他为阿瓦缅甸国王，赐以敕书印信。缅甸由此成为清王朝的属国。此时，中缅两国没有正式划定边界线，但木邦、孟艮、蛮莫都已处于缅甸的控制之下。这时的中缅边界，实际上是云南永昌府腾越州（后改为腾越厅）所属盏达副宣抚司、南甸宣抚司、陇州宣抚司、孟卯宣抚司，龙陵厅所属的芒市土司、遮放副宣抚司，孟定土知府，顺宁府的耿马宣抚司、孟连长官司，普洱府的车里宣慰司（即西双版纳），与缅甸控制和统治下的蛮莫土司、木邦土司和孟艮土司连界。这种状况，直至英国吞并缅甸之前基本未有变化。

1885 年 11 月，英国侵略军占领了缅甸首都阿瓦，俘虏了缅甸国王；1881 年 1 月 1 日，英国政府正式宣布吞并缅甸，使缅甸成为大英帝国的殖民地。英国对缅甸的侵略与并吞，直接威胁中国西南边境的安危，不得不引起清廷有关官员的警惕。早在英国吞并缅甸之前，驻英使臣曾纪泽便向朝廷提出迅速收回与缅甸毗连的边防重镇新街（即八莫，或写作八募，原蛮莫土司所属之地），“勿使英近我界”，“据通海之江（伊洛瓦底江),以固圉而防患”① 的主张。当英国攻占缅甸首都后,曾纪泽又向总理衙门重申己见。总理衙门饬令曾纪泽就伊洛瓦底江划界、八募通商两事同英国进行谈判。由于八募是缅甸商货重要集散地,英国当然不肯轻易将其划归中国。鉴于英国在缅甸的统治当时尚未巩固,故英国也不愿与中国发生摩擦甚至对抗,故答应将大金沙江“为两国公用之江”,甚至表示愿将潞江(萨尔温江)以东之地归中国管辖。双方谈判尚未定议,曾纪泽即奉调回国。光绪十二年六月二十三日(1886 年 7 月 24 日),由管理总理衙门事务的庆郡王奕劻和英国驻华使臣欧格纳在北京签订《缅甸条款》,其中除规定缅甸每届十年继续派大臣向清廷“呈进方物”和“中国允英国在缅甸现时所秉一切政权,均听其便”外,第三条更明确规定:“中、缅边界应由中、英两国派员会同勘定,其边界通商事宜亦应另立专章,彼此保护振兴”②。《缅甸条款》签订后,总理衙门并未按规定主动派员同英国谈判滇缅边界问题,继曾纪泽充任驻英使臣的刘瑞芬,在三年任期内,更未曾触及中缅界务问题。与中国官方息事宁人、办事拖拉的官僚作风相反,急功好利的英国当局却很清醒,在此期间内,多次派人以勘察中缅边界为名,暗中拓展边界,乘机侵占中国领土。正是在这样的历史背景之下,薛福成被朝廷委任为出使英、法、意、比四国钦差大臣。

薛福成不愧为一位关心祖国领土安危的外交家,赴任后不久,在详细披阅中国驻伦敦使馆的历年档案过程中,他了解到曾纪泽当年同英国外务部进行滇缅边界谈判的经过,立刻

① 《清季外交史料》卷五二,页九～一〇。

② 王铁崖编:《中外旧约章汇编》第一册,第 485 页。

敏锐地抓住这一关系到云南边陲领土安危的历史悬案，决心主动向英国就滇缅边界问题展开交涉。

对于这场尖锐而又复杂的滇缅边界交涉，薛福成以其胆识和睿智，主要围绕下列方策展开：

第一，“盖边情不可不洞悉，而旧议不可不重理。”① 这是薛福成在同英国正式交锋之前，向朝廷主动请缨时发出的强烈呼吁。

重理“旧议”，即数年前曾纪泽同英国政府就滇缅界务问题谈判的具体经过以及相互达成的共识，是薛福成向英国政府重新提出界务交涉的出发点和历史依据。薛福成从驻英使馆的文书档案中查实，曾纪泽当年同英国外交部就缅甸“立君存祀”展开交涉时，英国当局曾同意曾纪泽提出的三端要求：“界务一端，则愿稍让中国展拓边界，盖指普洱边外之南掌、掸人诸土司，听中国收为属地也；商务二端，则以大金沙江为公用之江，在八募近处勘明一地，允中国立埠设关。”② 当时，曾纪泽因对滇边情形未能深悉，对交涉结果尚无把握，仅与英外部互书节略存卷，但尚未定议就交卸回华。然在次年（光绪十二年）欧格纳与总理衙门在北京签订的《缅甸条款》中，上述“三端”内容竟然未列入条约之中，理由是“三端尚非定局”。于是，在条款第三条中仅留下一句“中缅边界应由中英两国派员会同勘定”。如今六年已过，“两国派员会同勘定”中缅边界却一直未能实现。可是薛福成却清醒地看到，英国方面经常派兵员游弋滇边，“以查界为名，阑入界内，去来飙忽”，英兵甚至公

① 薛福成：《滇缅分界通商事宜疏》，《出使奏疏》卷上，页三十二。

② 薛福成：《滇缅分界大概情形疏》，《庸盦海外文编》卷二，页一。

然进驻云南神护关外之昔董和铁壁关外之汉董,"窥逼近界,以致沿边骚动,风警频仍"①。当年"旧议"的明确共识未能兑现,而英国当局却在不断"窥逼"滇边,不能不使薛福成对云南边疆的安危感到十分忧虑。他警觉地意识到:"若中国既失藩属于前,又蹙边境于后,非特为邻邦所窃笑,亦恐启远人之觊觎。"② 于是,他在没有得到清廷旨令的情况下,果敢地派遣英使馆参赞马格里(亦为当年随曾纪泽同英外部交涉的原议之人)到英外部询问中缅划界何时进行,主动按"旧议"内容向英国政府提出交涉。英国当局的答复是:"俟暹缅交界事办毕,然后再办滇缅交界事宜。"③ 这是有阴谋的故意推宕。因为这时英国正由缅甸建筑直通云南边境的铁路,"似欲将前议所分之地,括而有之",大有推翻"旧议"的动向。为了防止英国侵占云南边境,薛福成于光绪十六年八月二十五日(1890 年 10 月 8 日)和十七年正月二十五日(1891 年 3 月 5 日),先后向清政府呈述中缅边界形势,建议朝廷及早做好谈判准备,"不使英国独占先著,以免临时棘手",并强调指出:"因边疆得失,动关紧要,且此事为中外全局所系。"④ 为了为国分忧,他还主动建议朝廷:"请皇上敕下微臣,催问英国外部以勘界定期与分界办法,一面即可相机辩论。"⑤ 为了促使朝廷下定决心,他还强调了利用"旧议"的重要价值:"查此节(指曾纪泽当年与英外部交涉所留下的"节略存卷")虽未明载约内,而此事商议,具

① 薛福成:《滇缅分界大概情形疏》,《庸盦海外文编》卷二,页三。

② 薛福成:《滇缅分界大概情形疏》,《庸盦海外文编》卷二,页二。

③ 《清季外交史料》,卷六四,页七~八。

④ 薛福成:《滇缅分界通商事宜疏》,《出使奏疏》卷上,页三十三。

⑤ 薛福成:《滇缅分界通商事宜疏》,《出使奏疏》卷上,页三十二。

有节略存案，可援为实据”；“申明旧议，微逗其端，以见中国之意，并非置之不论”①。面对英国侵略者不断侵犯云南边境并打算毁弃同曾纪泽所达成的口头协议（“旧议”）的图谋，报国心切的薛福成又主动提请愿意承担这一交涉重任。然而清政府迟迟不作明确答复，使薛福成为之心寒。

“边情不可不洞悉”，这是薛福成向国内提出的恳切要求，也是他在同英国交涉中能否取得圆满成效的重要前提。外交谈判，靠的是摆事实，讲道理；滇缅界务交涉，更是“分界固非详查密访不能得其要领”。可是，薛福成在出使泰西之前，对滇缅边界情况是很不熟悉的，诚如他在给总理衙门的咨文中自认：“本大臣亦未知该地情形如何。”为了使自己对滇缅边界的历史与现状从无知变为有知，确保对英交涉取得成功，薛福成通过多种渠道“洞悉边情”：

1. 他建议朝廷：“敕下云贵督臣王文韶，遴派妥员，分途侦察，如南掌之存亡，掸人之强弱，腾越关外之地势民风，一一查询明确，据实覆陈，以备勘界时有所依据。”② 在薛福成提出这一建议的半年之后，也就是光绪十七年六月十四日，总理衙门方才奏准由滇省派员清查边境绘图贴说，送交总理衙门，以备考核。于是王文韶转而命令永昌府沿边各境地方官督员逐细查勘，绘具图说。

2. 为了掌握滇缅边境的实情实况，光绪十七年正月，当薛福成得悉驻德使馆人员姚文栋销差回国准备顺道游历印

① 薛福成：《咨总理衙门与英外部申明滇缅界务旧议》，《出使公牍》卷一，页二。

② 薛福成：《滇缅分界通商事宜疏》，《出使奏疏》卷上，页三十二。

度、缅甸等地时，立刻委托姚文栋"顺路暗访密查，倘有切要情形，随时禀报"，"以备他日参稽之用"①，并酌给路费 300 两，以资津贴。姚文栋是位"精勤稳练，留心时务"的人，且对"舆地之学"颇有研究。他不负薛福成的重托，花了近半年时间，辗转于滇缅边界，悉心考察滇缅边界情况，还查考"志乘旧卷"，结合历史文献记载，"访之边民口碑"，写出了许多颇有价值的调查研究报告，名曰《云南勘界筹边记》，并向薛福成和王文韶提出了许多很有见地的建议。比如，姚文栋根据实地考察，得出"野人山实系中国现属各土司之分地，即明史所称南牙山者，本在云南界内，非瓯脱比也。"并指出："野人山之天险，可以限隔中外，若使野人山为英所得，则英可长驱而入云南，有高屋建瓴之势，而云南更无可扼之险矣。"② 他还指出："新街者，乾隆时蛮暮土司故地也，若能如宪台原议，收回新街，以扼门户之总枢，是为防边上策。"③ 这些考察结果及其建议，都为薛福成对英交涉提供了重要参考。

3. 为了对滇缅边界的情况做到胸中有数，薛福成在使馆内更是孜孜以求，如饥似渴地查阅有关中缅关系和中缅边境的文献资料，切实了解中缅边界的历史变迁，云南西南边境的历代行政建制、疆域区划、边境部落归属以及邻近邦国的情况，"惟恐稍涉含混，致兹将来流弊"。他在《出使英法义比四国

① 薛福成：《咨总理衙门访候补知府姚文栋顺道查访缅境情形》，《出使公牍》卷一，页十五。

② 薛福成：《咨总理衙门并北洋大臣李钞送直隶候补道姚文栋禀陈滇边及缅甸情形》，《出使公牍》卷二，页十七。

③ 薛福成：《咨总理衙门并北洋大臣李钞送直隶候补道姚文栋禀陈滇边及缅甸情形》，《出使公牍》卷二，页十八。

日记》和《出使日记续刻》中记录的有关中缅边界的大量资料、研究心得乃至谈判对策等等，都证实薛福成为了保证滇缅界务谈判的顺利进行，是如何呕心沥血地认真准备的。在“边情不可不洞悉”原则的支配下，如此认真、如此刻苦、如此周密地进行谈判准备，晚清的外交官员中恐怕无出其右者。

第二，“密审机宜，整军经武，庶足为建威销萌之计。”[①] 这是薛福成在滇缅界务谈判中反复强调的又一条策略思想。

英国对待滇缅边界问题，依然本着一贯的侵略手腕，总是抢先予以军事占领，造成既成事实，然后将这些占领地区当作筹码进行谈判，逼迫对方让步甚至就范。英国侵略者于1886年初吞并缅甸后，立即派兵侵入腾越虎踞关内的崩冈寨（又称盆干、捧干），遭到当地人民的强烈抵抗。但昏庸的清政府竟阻止云南官方给当地人民提供军火支援，在上谕中声称：“中英并无衅隙，所称密饬镇厅暗助野夷军火，非但于事无益且恐别启衅端，慎勿轻易从事，致滋后患。”[②] 1889年英兵再攻崩冈，当地人民“力拒不屈”，奋起抵抗。由于得不到清政府的支援，崩冈终告沦陷。此后，英国侵略军利用清政府畏惧“别启衅端”的心态，更加肆无忌惮地继续入侵，烧毁汉董、户冈、罗哄三寨，占领麻汤、垒弄，进犯昔董、昔马，烧毁房舍，残杀居民，驻兵建堡，实行军事占领。上述地方都在腾越厅所属土司界内。而且，英兵还以考察边界为名，窜入麻栗坝土司、孟连土司和江洪、车里宣慰司辖境内大肆骚扰。英国的步步入侵，更加

① 薛福成：《咨总理衙门并北洋大臣李云贵总督王》光绪十八年十二月九日，《出使公牍》卷二，页二十四。

② 《清季外交史料》卷六七，页二。

激起云南边境人民的义愤，“各土司属类，多聚团扎营，预备抵御”①。可是，云贵总督王文韶却遵照总理衙门的指令，“电饬腾越镇、厅传谕边民，但与理论，勿令越界，不可干仗启衅”②。正是在总理衙门和王文韶之流荒谬指令的束缚下，腾越镇、永昌府、腾越厅也上行下效，陆续贴出了一张张为英国侵略行径开脱和禁止人民抵抗的“告示”，深怕“启衅获戾”。这些告示，不但将英兵入侵腾越沿边地区说成是什么“固出不知，致有误入”，而且，居然下令“倘以后英兵游历将到我界，不准与之抵敌；又或误入我界，必是英人于界限不清，亦不准与之抵抗。本镇、府、厅闻报自当与之理说，决不至使彼扰及尔百姓也。切勿使强开衅，自取罪戾”③。甚至将“抚夷土目所辖”的昔董人民抵抗英兵入侵的爱国行为，说成是什么界外野人与英兵接仗，胡说“如有界外野人与英人接仗，逃过我境，不准容留，如有容留，即治以窝留盗匪之罪，切不姑宽”④。这种混淆是非、信口雌黄，把云南土司所辖领土说成是“界外”、把边疆同胞说成是“界外野人”的告示，不但直接扼杀了滇边人民保家卫国的抗英斗争，更为英国政府提供了重要把柄，给薛福成的对英谈判造成了极大的被动和阻难。

目睹云南边境官府导致亲者痛、仇者快的“告示”，薛福成悲愤交加，为了捍卫祖国的神圣领土，他只得采取“横站着”的办法，艰辛地展开两面抗争：

① 光绪十八年三月《滇督王复总署电》，《滇西界务陈牍》。
② 光绪十八年三月《滇督王复总署电》，《滇西界务陈牍》。
③ 光绪十八年正月初八《腾越镇、永昌府、腾越厅会衔告示》。
④ 光绪十八年二月《腾越镇、永昌府、腾越厅会衔告示》。

一方面，他多次照会英国外交部，就英国派兵侵占云南边境的行径提出严正抗议。在短短几个月内，他连续向英国外交部递交如下照会：《与英外部阻止驻缅英员率兵私越滇边土司》(光绪十七年十月二十八日)、《与英外部转饬驻缅英员撤兵退出汉董地方》(光绪十八年正月二十八日)、《与英外部请阻止英兵过野人山境》(光绪十八年二月十五日)。在这些照会中，薛福成明确指出："缅督擅自派兵多股，赴中缅边界野人之地，查察地理，以致人心恟惧，大有不便"，"英兵所到之处，不特已入1886年7月24日北京所定条约，俟两国派员查探之公共地方，且已至绝无缅甸管理证据之地，非惟缅甸无管理之证据，实为中国向来管辖之地，有真实凭据可证，英兵虽在边界各地，去留无定，然此时派往，殊不合理"①。他还严正抗议说，光绪十七年五月十四日有四百名英兵由八募进占云南陇川土司管辖的汉董，"焚毁房屋，占踞其地"，这是"深不合理"的行动，目的在于"欲趁划界未定之前，擅踞地方"②，这是违反国际公法的行径。为此，他强烈要求英国政府立即命令退出侵占的地域，尽早派员谈判滇缅划界问题。

对于薛福成的抗议，英国外交部虽然表示"自当审量此事"，但一方面企图避开薛福成，由英国驻华使臣于光绪十八年正月照复总理衙门，说印度大臣愿与中国官员复议边界；同时又由英国外交部于1892年2月24日交给薛福成一份《滇缅划界节略》，提出了英国对划分滇缅边界的主张：(1)所有伊洛瓦底江上游之地"均归英国管辖"；(2)在伊洛瓦底江"预

① 薛福成：《出使公牍》卷八，页十五。
② 薛福成：《出使公牍》卷八，页十六。

备中国商务出路”;(3) 孟连、江洪有时进贡中国,有时进贡缅甸,“今可认此为中国属地”,但中国“以后亦不得送与别国”。这些主张,不仅把曾纪泽当年与英国外交副大臣克雷谈判达成的三点协议一笔勾销,而且要把伊洛瓦底江上游原属中国的一部分地域也划归英国。至于孟连、江洪,明明一直是中国领土的一部分,英国却视之为缅中两属之地。对此,薛福成毫不含糊地予以据理驳斥,于光绪十八年三月初一日递交《与英外部预拟滇缅划界事宜》的照会,明确指出英国的划界主张不能接受;同时声明,孟连、江洪两地,原为中国所有,“谓之理应归还中国则可,谓之让与中国则不可也”。至于如何分界,薛福成重申曾纪泽 1886 年与英国外交副大臣克雷达成的三点协议:“一、将萨尔温江以东之地(系指普洱、顺宁西南边外之各土司而言),并英国克缅甸时所得掸人之地,均归让与中国;二、厄勒瓦谛江(伊洛瓦底江)上立一中国码头;三、厄勒瓦谛江为中英两国公用之江,令中国船只出海与英船同。”① 然而,英国外交部却以“西洋公法,议在立约之后,不可不遵,议在立约以前,不能共守”为口实,悍然拒绝了薛福成按 1886 年两国三点协议划界的正当要求。

另一方面,薛福成又付出很大精力,想方设法争取国内的支持,化解阻力,盼望祖国“整军经武”,为自己的对英谈判提供坚强的后盾。他不但通过“咨文”和“电报”的形式同总理衙门、北洋大臣李鸿章和云贵总督王文韶互通信息,保持密切的联系,而且用“书函”形式,先后向总理衙门总办呈递了十论《滇缅界务书》,详细陈述了谈判的过程、争论的焦点以及自己

① 薛福成:《与英外部预拟滇缅划界事宜》,《出使公牍》卷八,页二十三。

的意见。他在《五论滇缅界务书》中指出："大抵两国办理交涉，其诎伸损益之数，仍各以力量为主，使臣口舌笔墨之功，不过可得十之二三。中国实在力量，并不让人。无如数十年来办理交涉，尚未处处力争先著，以致积重难返，为彼所轻，固不能不设法整顿。而滇省逼近强邻，选将练兵，必不可缓，庶和局乃可长恃耳。"[①] 他深知，外交途径的抗争，乃是彼此力量的较量，至于"中国实在力量，并不让人"云云，不过是应付朝廷的官样文章，其实质在于呼吁朝廷"选将练兵，必不可缓"，切实加强云南边境的军事防卫，才能保持"和局"，免受英军的侵扰，方可使中国在对英交涉中处于主动地位。为此，薛福成主动恳请朝廷将滇缅界务交涉交与他承办的同时，又反复提出两点请求：一是请朝廷饬令云贵总督王文韶，"派员先查野人山地"，将云南边境的各地地名、位置、归属及其演变经过，尤其是"向归中国最近实据"查核清楚，尽快回复驻英使馆，"得实证则全局皆振，否则恐失势"[②]；二是请求总理衙门及有关方面在国内对付英国公使时一定要"内外合志"，在涉及重要问题时务必口径一致，切不可"中外持论稍歧，授以罅隙"[③]，造成对英交涉的被动局面。然而，令薛福成失望的是，他的两点请求未能得到国内有关部门的应有重视，王文韶等边防大吏并未抓紧对云南边境地理的考查，直到光绪十九年初，连腾越八关的"实址"尚未查勘明白，薛福成不得不再次发出"电查速示"的请求。更令薛福成恼火的是，正当他同英国政府争论野人山

① 薛福成：《出使公牍》卷五，页二十六～二十七。

② 薛福成：《出使公牍》卷十，页一十八。

③ 薛福成：《出使公牍》卷十，页二十一。

地,责令英国退兵的当口,英国报纸上突然登出一则"永昌腾越官出示,责罚野人不应阻止英兵"的新闻。英方以此反唇相讥,并当作"进占滇边"的借口,使薛福成"难再开口",十分被动,只得致电总署和王文韶:"请电饬速收前示,查明出示之官,显加处责,或稍补救"①。至于总理衙门官员在国内同英使欧格纳交涉时所持的态度,更使薛福成犯疑。薛福成在致总署的电报中称,当他催促英方谈判时,"惟英廷称钧署意和平,使馆认真过分"②。当薛福成要求英方从昔董退兵时,对方却"总疑催昔董撤兵及索划野人山地,非钧署本意,密嘱欧使到署磋磨"。这些,至少反衬出总署大员们并不积极支持薛福成对英交涉的认真态度及其交涉步骤。薛福成只得再次致电总署:"乞赐始终主持,告欧以前两端实国家之意,但已责成敝处商办,无须多论,滇事可速就范。"③薛氏如此坦诚的态度,如此恳切的请求,博得了朝廷的信赖,使他能在海外就滇缅界务交涉向英国政府展开"全力争持",达到了"折狡谋而挽积习"④的预期目的。嗣后,薛福成也承认:"此次滇缅界务,凭藉皇上宠灵,始变前规;稍展旧界,实惟总理衙门之功。总理衙门统筹全局,假臣事权,始终扶助,谋议相同,每有查询,朝电夕报,俾臣得远承指挥,稍殚愚拙。"⑤这是薛福成奏疏中的话,难免扬上抑己,过高评估了总理衙门的功绩。然而,也道出了一个事实:没有朝廷对他假以事权,始终扶助,没有国内的大力支持,

① 薛福成:《出使公牍》卷十,页十二。

② 薛福成:《出使公牍》卷十,页二十四。

③ 薛福成:《出使公牍》卷十,页二十二。

④ 《滇缅分界大概情形疏》,《庸盦海外文编》卷二,页六。

⑤ 《滇缅分界大概情形疏》,《庸盦海外文编》卷二,页六。

孤身在外的他也很难施展抱负。当然,倘若国内的支持更加坚实有力,更加及时,交涉效果可能更加理想一些。可后者仅仅是假设,并不能代替历史。

第三,"审度利病,随宜操纵";"审势而量力,见风而收帆"①。这是薛福成在呈递朝廷的两道奏疏中表述的对英谈判的策略思想。

外交谈判,双方都肩负着特殊使命,为维护各自的利益而唇枪舌战。因此,在谈判的运行操作过程中,首先必须"审度利病",仔细考虑每个争论细节对本国有利抑或有害,从而展开趋利祛害的交涉。然而,外交谈判又必然受到种种条件的制约,首先是"势",也就是谈判者所面对的特定的情势。一个聪明的谈判者必须首先了解时势的特点,估计情况的变化。其次是"力",也就是谈判者自身所具有的力量。只有对自身的力量有着清醒的了解和估计,才能量力而行,取得力所能及的谈判效果。既"审度利病",又"审势而量力",构成了薛福成作为清醒而又务实的外交家的重要谈判策略,也决定了他在滇缅界务交涉中所能企及的最终成果。

光绪十八年六月十七日(1892 年 7 月 10 日),清廷下达上谕,专派薛福成同英国外交部商办滇缅界务商务。薛福成接到上谕后,立即照会英国外交部,商定派员会商划分滇缅边界之事。七月十二日,中英双方委员在英国外交部举行边界谈判,参加谈判的中方委员是驻英使馆参赞马格里,英方委员是英国外交部副大臣山特生、印度部参赞贝蕾。

这时,薛福成依据"审势而量力"的原则,根据当年曾纪泽

① 《滇缅分界大概情形疏》,《庸盦海外文编》卷二,页四。

同英方达成的三点共识并结合形势的发展变化，重新提出了谈判的基本方针：(1) 不再要求南掌掸人之地，因为“南掌掸人实已大半归属暹罗，故不欲受其虚惠也”①；(2)以力争野人山地为第一要义，至少必须以伊洛瓦底江为界；(3)伊洛瓦底江为中英公用之江；(4)中国于伊洛瓦底江畔八莫附近之地设立商埠，征收关税。野人山地的范围，据薛福成日记载：“野人山地，东界腾越、维西两厅边外之雪山，西界更的宛河西境之孟力坡，南界八募、孟拱，北界西藏米纳隆南之曼诸。其经纬线约起赤道北二十四度至二十七度半，京师西十九度至二十三度有奇，全境据厄勒瓦谛江及更的宛江上游。”② 这一地域，一部分在云南省界内，一部分在明朝曾属中国版图，入清以后，成为既不属清政府管辖，亦不属缅甸政府管辖的“瓯脱”之地。薛福成认为，按照国际公法，两不管之地应遵循争议双方平分之原则，滇缅之间的瓯脱之地理应由中国和英国(缅甸)各得其半。但他深知这一要求很难实现，于是仅仅要求这一地域至少应以伊洛瓦底江为界，江以东尽归中国，江以西尽归英国。因为野人山地在伊洛瓦底江以东者约占四分之一，在江以西者要占四分之三。这就是说，中国仅得野人山地的四分之一，而英国得其四分之三。为此，薛福成很有把握地说：“划江为界，英自无辞，因江以西野人山地尚赢两倍也。”而中国若得此一端，“则滇西诸土司安如磐石”③。显然，薛福成所以要全神

① 薛福成：《三论滇缅界务书》，《出使公牍》卷五，页十四。

② 薛福成：《出使日记续刻》卷六，页八十五～八十六，光绪十九年一月二十五日记。

③ 薛福成：《三论滇缅界务书》，《出使公牍》卷五，页十四。

贯注地争此一着，将力争野人山地列为谈判的第一要义，“扼定主脑，与之力争”①，其主旨在于确保云南边境“安如磐石”。为此，他指示马格里在谈判时明确提出上述要求，并要求英兵必须立即退出在此地域内的昔董。于是，英兵退出昔董成为滇缅边界交涉中的首要议题。

然而，英国方面岂肯轻易就范。英国外交副大臣致函中方委员马格里，说英国外交大臣劳思伯里对中国要求英兵退出昔董为商议滇缅边界之首事“甚为诧异”，并质问中方要求英国撤兵和提出划分伊洛瓦底江上游地段的“理由”何在？

光绪十八年七月二十七日（1892 年 9 月 17 日）薛福成照会劳思伯里，明确指出：“中朝既欲索归金沙江（即伊洛瓦底江）东边之地，自必力请英兵退出昔董”，“此乃自然之理。否则，中国索问其地，岂非徒属虚文矣！”为了驳斥英方的无理刁难，薛福成在照会中进而阐明五条“中国索问之理”：

“一、照大概规矩，中国边界一带野人之地，有别国进来，不得不预备保护。二、其地所居之民，认中国为上邦，凡遇有事之秋，每请中国之示，及请中国帮助。三、该处贸易，及一切工作居民，皆中国人，或中国种类之人。四、该处民人之教化，皆中国之教化。五、贸易之事，皆中国人，且每年加增。中国有此五证，非特可索东边之地，并可索问厄勒瓦谛江西边之地，则分界更觉均匀。但必照此而行，或致界事难办。中朝亦愿省去跋涉，不欲多索。可令划界之事，不致耽延。倘因退兵之请，遂致商议界事延搁多日，本大臣实深怅怅。”②

① 薛福成：《七论滇缅界务及帕米尔事书》，《出使公牍》卷六，页七。
② 《薛福成选集》，第 462 页。

按理说，薛福成阐明的"中国索问之理"以及谈判态度，既堂堂正正，又洋溢着恳切之情，理应得到对方的认同和善待。然而，英国政府对薛福成的照会却迟迟不作回答，并悍然中断界务会谈。薛福成虽然一再照会催促，并亲自拜会英国外交大臣劳思伯里，可劳思伯里竟蛮横地表示："昔董英兵，势难速撤。"①

为了打开僵局，促使边界谈判得以顺利进行，薛福成不得不依据"审度利病，随宜操纵"的原则，于光绪十八年十月十四日(1892年12月2日)再次照会英国外交部，撤回了昔董退兵为商议界务第一件事的要求，但庄重声明："此次照会所请，并非于索问厄勒瓦谛江上游东段之地，稍行改易，中朝仍欲索问前说一切全数，不过去其阻碍，仍可复续前议，望从速定一日期，以便续商界务。"② 可英方仍然迟迟不作答复。十天后，薛福成发出第三次催促谈判的照会，对英国当局公开表示"殊为失望"，并声明中国之所以"索问厄勒瓦谛江东上游之地，一系观该处实在情形，一系照万国公理"③。次日，也就是1892年12月13日，英国外交大臣劳思伯里照会薛福成，却说英国查得百年以来中国未曾管理金沙江上游克钦人，所以金沙江上游左右，至恩梅开江及迈立开江汇流之处，必系缅王管理，仍然拒绝中方的谈判要求。对此，薛福成坚持原则立场，于1893年1月11日复照予以严正驳斥，说上述地区应归属中

---

① 薛福成：《咨总理衙门北洋大臣李云贵总督王》光绪十八年十月十八日。

② 薛福成：《与英外部续催会议滇缅界务》，《出使公牍》卷九，页十九。

③ 薛福成：《与英外部三催会议界务并声明失望情形》，《出使公牍》卷九，页二十。

国,前本大臣已举出五条理由,不能因英国未查出中国治理该地区实据,遂谓中国不能有治理之权。至于说该地必系缅王管理,更是荒唐无稽,进而继续坚持了野人山地以伊洛瓦底江划界的要求。但英国却蛮不讲理地再次停止界务会谈,更采取先行军事占领然后再进行谈判的强权手段,悍然派兵攻占腾越边境的昔马,并抓住前述腾越镇厅官员会衔告示的措词失当,大做文章,"执为中国不管野人山地之铁据"①。对于英国这种恶劣行径,薛福成满腔激愤,立刻向英国提出强烈抗议,并声称:"中国亦须派兵赴夙昔有权之地,保护华商。"② 与此同时,他又火速致电国内,要求王文韶等惩办那些误国昏官,"密审机宜,整军经武",拱卫云南边境的安危。然而,软弱的清政府无力给薛福成提供坚强的谈判后盾。

英国政府在向中国云南边境频频施加军事压力的同时,还向薛福成节外生枝地提出所谓"车里(即江洪)、孟连两土司曾经入贡缅甸,英国亦有索问之权"的荒谬要求,得寸进尺地染指中国领土。1893 年 1 月 19 日,薛福成照复英国外交大臣,对此谬论严加驳斥。他指出,车里、孟连曾向缅甸纳贡,本大臣未知是否确实,即便实有贡缅之事,也改变不了"江洪、孟连向属中国"的事实,因为"进贡不过有上邦之权而已,若江洪、孟连,非仅认中国为上邦,实资中国为治理,……该处小事,中国虽听宣慰司办理,而其如何计地输粮,系由滇督派员定夺,且征收钱粮数目,《大清会典》所载甚明"③。既然中央典

① 薛福成:《出使日记续刻》卷六,页五十,光绪十八年十二月初六日记。

② 薛福成:《五论滇缅界务书》,《出使公牍》卷五,页二十六。

③ 薛福成:《出使公牍》卷九,页二十五～二十六。

籍和当地行政管理体系都明白无误地证明江洪、孟连皆属中国领土,怎么能称之为“两属之地”呢?其实,英国也深知江洪、孟连一向是中国领土,如今提出二地归属问题,主要是为了抵制中国对伊洛瓦底江以东野人山地的要求,以达到其独占这一地区的目的。

光绪十九年元旦(1893年2月17日),薛福成又委派马格里赴英国外交部与山特生、贝蕾会谈。双方围绕伊洛瓦底江以东野人山地展开激烈争辩。英方为了夺得这块野人山地,表示愿意将潞江(萨尔温江)以东名曰“科干”的地块让归中国。会后,英方送来科干地图节略。薛福成从地图上得知,这块名曰科干的地块,“在南丁河与潞江中间,盖即孟艮土司旧壤,计七百五十英方里”①,当然不愿接受,派马格里出面予以回绝。3月1日,中英双方继续会谈,英方答应再于潞江以西让地一块,其户口与科干相等,条件是野人山地,即伊洛瓦底江以东、中国老界以西的广袤地域,必须尽归英国。对此,薛福成毫不让步,指示马格里“与之力辩”。英方见薛福成在野人山地的主权问题上态度如此强硬,也就改用变通办法,由山特生在谈判桌上表态说:“必不得已,(野人山地)或作为两国瓯脱之地,再就中间勘一分界之处,其东近中国者名为东瓯脱,归中国管理,其西近大金沙江者名为西瓯脱,归英国管理。”薛福成对山特生的意见表示首肯,因“适与我之本计相合”,便令马格里向英方申明:同意这样划分。

然而,心怀叵测的英国当局又突然变卦,借口印度部大臣

① 《滇缅分界大概情形疏》,《庸盦海外文编》卷二。

“不肯答允”，推翻成议。3月20日，薛福成率马格里到英国外交部诘问英国外交大臣劳思伯里：堂堂英国外交部为何出尔反尔，无端翻悔？！劳思伯里推卸说：“山特生并未请示，自陈所见，实系错误。”① 薛福成与之唇枪舌战，“争论良久”。劳思伯里自感理屈气短，不得不向薛福成表示：“愿允滇西老界，稍加展拓，其潞江东西两地，仍请收受。”② 并请薛福成提出“展拓”的具体意见，再作商谈。

英方又将交涉的难题掷给了薛福成。原先，薛福成也深知英国当局出兵费饷占据了伊洛瓦底江以东的野人山地，是“万万不肯轻弃”的。但薛福成认定：“然必借此一著，方可力争上游，振起全局。”可交涉的实践证实，对力争野人山地这一着，英方果然“坚拒不应”，对薛福成“相机理论，刚柔互用”的顽强交涉，英方甚至不屑“两次停商”、不屑“数次翻议”③。如此艰难局面，促使薛福成不得不筹思再三，改取更加现实的态度：“窃思彼族异常狡黠，异常坚韧，动辄借端停议，迨用尽气力，催趱益紧，亦必阅月经旬，始议一次，议又猝难合龙，曷胜焦灼。目下审度情形，瓯脱之议，断难办到，只可就彼展拓之说，见风收帆。虽未能设天然藩篱，但留此展拓形迹，可使印度武员知中国让地之不易，或稍杜其侵占之意耳。”④ 在这段致总理衙门的呈文中，薛氏之所以“见风收帆”，同意“就彼展拓之说”展开交涉，放弃了力争野人山地的主权交涉，除了对手“异

① 薛福成：《六论滇缅界务书》，《出使公牍》卷六，页二。

② 薛福成：《六论滇缅界务书》，《出使公牍》卷六，页三。

③ 薛福成：《滇缅分界大概情形疏》，《庸盦海外文编》卷二，页三。

④ 薛福成：《六论滇缅界务书》，《出使公牍》卷六，页三。

常狡黠、异常坚韧"的因素之外，还有若干不得不正视的因素，尤其是他的任期已满，交卸返国之日屈指可数，使馆人员也都归心似箭，"陆续销差"。故他急于将此事早日办妥，以免为继任者留下一桩未了公案，有悖于自己"私忘不以难事遗后任"① 的处事待人原则。

光绪十九年二月初五(1893年3月22日)，薛福成照会英国外交大臣劳思伯里，"就彼展拓之说"，提出分界办法四条："一、中国所索问厄勒瓦谛江东边全地归中国，今改为中国边界应行展拓之地，距边界外扯算酌中之数，阔二十英里，自穆雷江起，至北纬度二十五度四十分止，归中国；二、自北纬度二十五度四十分之外之地，俟查得该处地理情形，稍详细后，然后两国再定；三、所有照以上所定地界之外，至厄勒瓦谛江之地，均归英国，英国须将江洪、孟连各处上邦之权，皆归中国，并将萨尔温江之东九乡之地，俗呼为科干者，让与中国，又由萨尔温江之西，中国属地猛卯城相近处，包括汉龙关在内起，作一直线，至萨尔温江对面马里百(麻栗坝)地方止，一切之地，皆归中国；四、所有兵寨，刻下或日后，两国之兵，倘遇驻于以上所说之地，非归其本国者，俟议定边界后，两国再定退兵日期。"② 提出四条后，薛福成还特别声明："如或不允此办法，则中国国家索问厄勒瓦谛江上游全地之权，仍旧如前耳。"③

薛福成上述四点要求，明确放弃了将伊洛瓦底江东边全

① 薛福成:《出使公牍》卷一〇，页二八。

② 薛福成:《出使公牍》卷九，页二十九。

③ 薛福成:《与英外部条拟展界让地办法》光绪十九年二月初五日，《出使公牍》卷九，页三十。

地归中国的条件,已在原来基础上作出巨大让步,按常理应得到英方的积极认同。可英国当局仍想得寸进尺。开始,英方对第一条提出异议,只同意中国于界外穆雷江两岸展拓五英里。薛福成当然于心不甘,明确宣告五英里太狭,“与本大臣所拟,迥不相符”,且昔董不归中国,“断难了结”;进而提出:“若照公平办法,以迈立开江及恩梅开江中间之地,分一界线,较为公允。”①

见到薛福成的态度如此强硬,英国当局不得不作出适当让步,在复文中“则又稍变五英里之说,改为以庚老开钦全地让我,约三百英方里,昔马亦在其内;又将坪陇之南界线以西地一小块,划归中国,约数十英方里。如此,则我所得地,仍与展五英里之说,通计不相上下”②。对英方的让步,薛福成表示欢迎。因为这里的昔马,并非盏达边内之昔马,而是去年冬天“印度发兵占踞,驻营筑台”之昔马,位于野人山地界内。薛福成以为,“彼既坚不肯让昔董,苟可收回昔马,亦稍足为固圉之计”。于是,他一方面要求英国议定退出昔马的具体期限,另一方面又提出将久沦于缅的汉龙关归还中国,因为它是腾越八关之一,理应属于中国。英方因对汉龙关的确切位置不明,答应派员查复,但表示:“若在猛卯土司东南,必可归还中国;若在猛卯西南,彼恐隔断与缅属南坎土司往来之路,势难归还。”③ 为此,薛福成立即函告国内,要求云贵总督王文韶立刻“派员会同猛卯土司勘实汉龙关所在地方,以

① 薛福成:《与英外部续拟展界让地办法》光绪十九年五月初六日,《出使公牍》卷九,页三十二。

② 薛福成:《出使公牍》卷二,页三十一。

③ 薛福成:《咨总理衙门并北洋大臣李云贵总督王滇边展界并请查勘汉龙关地方》光绪十九年四月初三日,《出使公牍》卷二,页三十一。

免勘界时为缅员所朦混"[①]。

界务谈判中，双方又发生另外一项争议：当时，滇缅边界尚在商谈之中，然而，英国却擅自从八莫(即新街)到南坎修筑一条道路，其中一段修在孟卯(即猛卯)天马关内山梁上。这明明是侵犯中国领土主权的行为，但英国居然蛮横地声称：这条"八莫、南坎往来之大路，断难隔断，历年所用工程费用，断难弃掷，且此时尚未竣工，缅官亦未肯罢役。"[②] 英国的态度，由两个"断难"表白得清清楚楚，决不愿意轻易放弃这条干犯中国主权的新筑天马关大路。薛福成的态度当然也很明确，既然天马关已从英国手中索还归中国，"固不能因此而遂不收回此关"。英方遂提出以"借用"名义继续占用这条新筑天马关大路。薛福成深知"借用"二字将会带来巨大隐患："盖既为彼自修之路，虽名为归我，若仍许借用，究恐喧宾夺主，彼将阻抑华人，我亦无从遥制。"[③] 于是，薛福成同英外交部仔细商议，双方达成如下共识：中国将南碗河之南、天马关之北的中国地界内的一条"最捷之大路，可姑允英人行走"，"而英路一条，即可永归中国，英人不复顾问，亦不借用"[④]，双方并同意就此"立约限制"。

---

① 薛福成：《咨总理衙门并北洋大臣李、云贵总督王滇边展界并请查勘汉龙关地方》光绪十九年四月初三日，《出使公牍》卷二，页三十一。

② 薛福成：《咨总理衙门并云贵总督王收回英员新筑天马关大路》光绪二十年二月初二日，《出使公牍》卷二，页四十七。

③ 薛福成：《咨总理衙门并云贵总督王收回英员新筑天马关大路》光绪二十年二月初二日，《出使公牍》卷二，页四十七～四十八。

④ 薛福成：《咨总理衙门并云贵总督王收回英员新筑天马关大路》光绪二十年二月初二日，《出使公牍》卷二，页四十七。

当滇缅界务交涉大体就绪后，薛福成又同英方展开滇缅商务会谈。薛福成以当年曾纪泽对英交涉的两条原议为依据，向英方提出两条要求：一曰大金沙江行船，一曰八募立埠设关。对此，英方“以停议既久，坚不承认”。在薛福成的心目中，中国若能取得在大金沙江行船的权利，将对云南经济的振兴提供极大的便利，因为，“滇西远隔边隅，宜有通海便捷之道，局势方为灵活”①。于是，他对行船一事，尤为关注，“设法磋磨”，但英方“始终支宕，以虑他国援照为辞”②。后来薛福成机智地提出一条“此系滇缅交涉之事，他国不得援例”的变通办法，英方总算“勉强答允”。可英方对中国在八募立埠设关的要求，更是“虑之尤切，拒之尤坚”③。虽经薛福成“再三开导”，并提出“立约试办”的办法，但英国当局仍然“不允设关”，甚至妄图“乘机要挟”，提出要在昆明等三处设立英国领事的非分要求。薛福成深知列强在西南地区多处设领，势必对中国主权和边境安全产生深重危害。于是，他在斥责英国当局“责报过奢”的同时，本着“未便争小利而堕诡谋”的原则，毅然放弃了“八募设关”的要求，并且采取相应措施：“亦撤约中英人所得权利，如缅盐不准运入滇境，英关暂不征收货税，领事仅设一员，并限制其驻札之地，商货仅由二条，并化去其开埠之名”④。经过再三较量，中英双方最后议定：中英各设领事一处，中国设在仰光，英国设在蛮允，而且规定，对于两地领事

① 《薛福成选集》，第517页。

② 《薛福成选集》，第517页。

③ 《薛福成选集》，第517页。

④ 《薛福成选集》，第517页。

“彼此各享权利，应与相待最优之国领事官所享权利相同”①；“两国人民，无论英民在中国地界，或华民在英国地界，凡有一切应享权利，现在所有或日后所添，均与相待最优之国一律，不得有异”(第17条)。从而在中国近代外交史上，破天荒地获得了中国人和外交官员在当时世界头等强国的占领地上，可以享有最惠国的待遇。这是对外交涉的巨大成功，也为薛福成的外交生涯增添了一笔浓重的色彩，连光绪皇帝也为之兴奋，褒奖薛福成“办事甚好”！

光绪二十年正月二十四日(1894年3月1日)下午三时，清廷出使英、法、意、比四国钦差大臣薛福成，身穿朝服，头佩顶戴花翎，乘坐马车，再次来到唐宁街的英国外交部，庄重地将清廷光绪皇帝颁发的签约全权证书，递给了英国外交大臣劳思伯里，旋即接过了对方手中的签约全权证书。接着，他们分别就坐，各自代表本国政府在中英《续议滇缅界、商务条款》的中英文本上，郑重地签下自己的姓名。

对于中英《续议滇缅界、商务条款》的20条内容，薛福成当年曾有过评价。他在《议定滇缅界务商务条约疏》中向朝廷自承：“西面则稍拓野人山内昔马等地，暨收回铁壁、天马等关，南面则稍拓宛顶边外之地，潞江以东科干之地，暨收回车里、孟连两土司全权。边圉既安，觊觎渐戢。……加以大金沙江行船，乘便利于境外，播声势于寰中，似稍足变旧规而张国体。”② 在《滇缅分界大概情形疏》中，一方面，他对滇缅边界达

① 《续议滇缅界、商务条款》，王铁崖编：《中外旧约章汇编》第一册，第579页。

② 《薛福成选集》，第517～518页。

成的协议持有保留意见,曾向朝廷呈述自家心境:"臣适探知欧格讷与印督,尚多方播煽,欲阻成议。事机呼吸,变态万端。此议虽未满臣初志,不能不审势而量力,见风而收帆。"另一方面,他对条约展现的"始变前规,稍展旧界"的政治意义又作了具体阐述:"虽获地无多,而裨益有五:风示各国,俾勿藐视,一也;隐备印度,杜其窥伺,二也;保护土司,免受诱胁,三也;扞卫滇边,防彼勘进,四也;援用公法,稍获明效,五也。"①"裨益有五"的积极效果能否成立,关键取决于薛福成"始变前规,稍展旧界"的判断是否正确。

"始变前规"是显而易见的。这里所说的"前规"或"旧规",指的是鸦片战争以来的历次中外交涉所缔结的条约中,只有清政府屈辱地被迫同意在中国开放通商口岸,出让内河航运权,同意片面最惠国待遇、领事裁判权,甚至丧失关税自主权等等。而如今薛福成签署的中英《续议滇缅界、商务条款》中,却使往昔的"旧规"呈现了新的变化,如第12条中规定:英国"答允中国运货及运矿产之船只,由中国来,或往中国去,任意在厄勒瓦谛江行走;英国待中国之船,如税钞及一切事例,均与待英国船一律"②。中国在境外河流获得自由来往的航运权,可谓史无前例。更加值得珍视的是,第13条规定,中国在同意英国设领蛮允的同时,可派领事官驻扎缅甸仰光,"中国领事官在缅甸,英国领事官在中国,彼此各享权利,应与相待最优之国领事官所享权利相同"③。第17条还规定:"两国人

① 《滇缅分界大概情形疏》,《庸盦海外文编》卷二,页六。

② 王铁崖编:《中外旧约章汇编》第一册,第579页。

③ 王铁崖编:《中外旧约章汇编》第一册,第579页。

民，无论英民在中国地界，或华民在英国地界，凡有一切应享权利，现在所有或日后所添，均与相待最优之国一律，不得有异。"[①]这些内容，都是对屈辱"旧规"或云"前规"的巨大突破，薛福成感慨系之地称之为"乘便利于境外，播声势于寰中，似稍足变旧规而张国体"，或曰"风示各国，俾勿藐视"云云，乃属题中应有之义，并非溢美、过誉之词。

至于"稍展旧界"的判断，直接关系到这一条约所规定的滇缅边界对中国是拓地还是失地的争议。对此，应作具体分析。在薛福成的心目中，认定条约规定的边界线，不但收回了车里、孟连土司全权，铁壁、天马等关，昔马、汉董等地，而且使中国云南边境在"西南两面均有展拓"：一是迫使英国把科干地块让给中国，计七百五十平方英里；二是猛卯土司边外包括汉龙关在内作一直线，东抵潞江麻栗坝之对岸止，悉划归中国，约计八百平方英里；三是滇西老界与野人山地毗连之处亦稍有展出。据此，薛福成得出结论，此次划界，"而我获益稍多"。薛福成是位务实的外交家，他认为"西南两面均有展拓"自有其立论根据：一是根据云贵总督提供的云南西部边境图，这幅地图是薛福成因交涉需要建议总理衙门责成王文韶派人调查绘制的；二是根据英国方面在谈判中所提供的资料和坚持的观点。

问题在于，薛福成立论的两条根据，皆有失实之处，这当然是薛福成所始料不及的。

前已提及，早在准备滇缅交涉时，薛福成便坦诚地向总理衙门声明："本大臣亦未知该地情形如何。"为了改变对滇缅边

① 王铁崖编：《中外旧约章汇编》第一册，第530页。

界情况的无知，他通过多种渠道进行努力，其中很重要的一条，就是恳请总理衙门责成云贵总督王文韶派员调查绘制云南西部边境图，以作对英谈判交涉的依据。但是，当时的“滇中官员，懵于边务”①，更兼对边境管理的松弛，勘查极不得力。明明滇缅边界线应在野人山西麓，而云南官员勘察诸土司边界时，因怕与英人发生冲突，故以滇边八关自限，而把关外的野人山视为既不属缅甸、亦不属中国的“瓯脱”之地，因此，他们提供的地图，是颇欠准确的。尽管薛福成在查阅有关中缅边界文献记载时已获知：“野人山本中国土司所分辖。如陇川、孟卯土司之地，以野人山地之洗帕河为界，麻阳（即铁壁关）、汉董两隘，尚在其内，此边民所共知也。允帽，一译浑门，一译黄麻，扼古勇、昔董两隘之口，在野人山外，厄勒瓦谛江东边，为盏达土司之属地，据厄勒瓦谛江上游，形势亚于八募，对江即为孟拱，江中有两大洲。南甸土司与旧时蛮暮土司，以野人山中之红奔河分界。红奔河，一译作红蚌河。”② 事实上，就连英国未吞并缅甸之前，也承认蛮暮、八莫以东的野人山为中国所属。但是，云贵总督王文韶在给薛福成的信中，却对滇缅边界作出如下“权威”性的说明：“滇缅交界，自前明以来，迄无一定，朝滇暮缅，朝缅暮滇，乾隆以后，缅事粗定，边衅不开，遂有相沿之定界，此次绘图只能以此为断。其实，红蚌河尚在野人山中偏西，野人向来于滇缅两非所属，亦非中国之老界也。现定之图，均就确有可据者，再三斟酌而出之，乃实在老本也。麻

① 姚文栋：《云南勘界筹边记》卷下，《再复薛星使书》。

② 薛福成：《出使日记续刻》卷五，页四十九～五十，光绪十八年八月十一日记。

汤在铁壁关外，非即铁壁关。汉董为陇川土司羁縻之野地(以相沿论，实在界外。盏西之昔董坝子亦然)，距陇川一百七十里，或云三十里者，误也。”①经王文韶如此考证论定，红蚌河、麻汤、汉董、昔董等等，统统被划到“中国之老界”以外去了。薛福成据此界标与英国展开交涉，将王文韶等论定的“中国之老界”之外的某些地块重新划归中国所有，顺理成章地得出了滇缅新约使中国云南边界“均有展拓”的结论。这一“展拓”说虽与实际状况不尽符合，但责任不能算到薛福成的帐上，更非薛福成故作溢美之辞。

至于“英国把科干地让与中国”说，不但是英国当局在谈判桌上表示的“高姿态”，更是明确写进《续议滇缅界、商务条款》的内容。其第5条写道：“现因中国不再索问永昌、腾越边界外之隙地，英国大君主于北丹尼(即木邦)地及科干，照以上所划边界，让与中国之外，又允将从前属中国兼属缅甸之孟连、江洪所有缅甸上邦之权，均归中国大皇帝永远管理。”②从这段文字看来，中国似乎真的得到了原来属于缅甸的科干，并获得了原来中缅两属的孟连和江洪。其实，这纯粹是英国故作姿态的信口雌黄。这是因为，科干原本属于中国，又称为果敢或麻栗坝。这里居住着傣族、崩龙族、景颇族、佤族以及从内地迁来的汉人，而以汉人占绝大多数。道光二十年(1840)，云贵总督奏准册封该地首领杨献才的后裔杨国华“世袭果敢县”，属镇康州管辖。光绪十七年(1891)，英国以考察边界为名，派兵侵入潞江下游和九龙江一带，从而侵占了麻栗坝。显而易

① 薛福成：《出使日记续刻》卷六，光绪十八年十月二十二日记。

② 王铁崖编：《中外旧约章汇编》第一册，第577～578页。

见,英国当局正是利用中方对云南边境实况的懵然无知以售其奸,将抢占来的中国领地归还中国说成是"让与中国",纯属欺世盗名的恶劣行径。至于条约中提及的孟连和江洪两地,有史以来一直在中国的版图之内,绝不是什么滇缅两属之地。可在《滇缅新约》中却将孟连和江洪写成是"属中国兼属缅甸"的两属之地,并规定不经英国同意,不得让与别国。这种规定,是一种有损于中国主权的侵略行为。

据有的学者考证,《滇缅新约》第3条所规定的边界地名与所规定的经纬度不相符合,为以后英国继续侵占中国边境提供了借口。关于这一点,薛福成作为中国对英谈判的主要代表,当然负有一定责任,但囿于当时的具体历史条件,尤其是落后的科技水平,薛福成面对"蓄谋已久"的英国,也难免出现"坠其术中"的疏漏。

由于薛福成的"西南两面均有展拓"说的两条立论根据都存有失实的弊病,从而使《滇缅新约》在界约部分呈现出薛福成始料未及的实际后果:在中英《续议滇缅界、商务条款》中,从滇缅界约中得大利者实际上是英国,它把缅甸的边界向中国属境推进,并取得了在中国云南天马关内建筑道路和孟连、江洪不经英国同意不得让与别国的权利,以及把本来与缅甸毫不相干的尖高山以北作为中英未定界地区。实际上拓界的是英国,不是中国,所谓"让与"中国云云,纯属英国欺世盗名的恶劣行径,薛福成则出于对边情的无知而"坠其术中"。还应予澄清的是,《滇缅新约》虽然使中国失去了"野人山"的一些土地,但也不应像某些论者那样不分青红皂白地将责任推到薛福成的头上,说什么"及薛福成签订滇缅界约,刘万胜(曾同英国官员勘界的腾越镇总兵)等实地履勘,不惟缅甸全疆及孟养、孟密、木邦、孟艮、景线诸土司地尽失，而陇川、猛卯、南甸、盏达四土司地亦丧失数十百里”①。上述谴责性意见的欠妥之处，在于缺乏历史主义的态度，没有考察明帝国的西南疆域和清帝国西南疆域的异同、变化，没有弄清楚乾隆年间中缅战争之后，木邦、蛮莫、孟拱、孟密、孟艮等土司已为缅甸控制或统治，以及清政府已经正式宣布木邦、蛮莫等地归属缅甸统治的历史事实。朝廷既已宣布木邦、蛮莫归属缅甸，那么在蛮暮以西的孟养、孟拱当然也就不为清朝所有了。既然如此，把一百多年前丢失的领土，算在一百多年后负责界务谈判代表薛福成的头上，甚至还提及“缅甸全疆”土地的“尽失”问题，不但有失公道，更是近乎荒唐。

事实上，薛福成为了捍卫国家的领土主权，已是竭尽心力了。对内，他主动请缨，负责挑起对英交涉滇缅界务的历史重担，甚至不惜忍辱负重。为了敦促朝廷尽早授权展开滇缅边界谈判，他甘冒大不敬之咎，写下《论不勤远略之误》的政论，委婉而又尖锐地批评了清政府以“我朝不勤远略”为名，不关心边疆安危的错误政策。他痛切地指出：“数十年来，中国不勤远略之名，闻于外洋各国，莫不欲夺我所不争，乘我所不备，瞷瑕伺隙，事端遂百出而不穷。夫惟不勤远略，是故琉球灭而越南随之，越南削而缅甸又随之。其北则黑龙江以南、乌苏里河以东，勘界一误，蹙地五千里；其西则布哈尔、布鲁特、哈萨克、浩罕诸回部，尽为俄罗斯所吞并，而哲孟雄、什克南、廓尔喀诸部，皆服属于英吉利。即朝鲜之近居肘腋，台湾之列在屏藩者，亦恒启他国眈眈之视。……以此应敌，以此立国，其不至召寇

① 李根源辑:《永昌府文征》列传卷三，诸祖辉《腾越两都司传》。

纳侮者几希。"[1] 正因为数十年来的惨痛事实证实了"不勤远略"的国策导致了"召寇纳侮"的结局，故薛福成恳请总理衙门在他同英国谈判时，要口径如一，坚定地支持他的交涉要求，不要受"不勤远略"谬说的影响；同时他还要求云南地方官员加强边防，以支持他的外交谈判。令人遗憾的是，薛福成的拳拳报国之心，并未被国人所理解并得到应有的支持。他从友人的信中得知，国内某些人还对他"与英廷磋磨滇缅界务，颖秃唇焦，筋疲力尽"的报国行动予以恶意中伤，"或以好名斥之，或以贪功疑之"。得知这些信息，薛福成真是感慨万千，他致信这位友人表白心志："此与名利二字渺不相涉，亦以既受此任，不能不为边境筹数十年之安；外以折强敌，上以对朝廷，庶不负此高官厚禄，与数万里之远行耳。"他进而指出："若果处优自便，以不忠为忠，见疆事之败坏，袖手推诿，处樽俎折冲之任，缄默不言，敷衍塞责，如世之庸庸者之所为，转可免悔吝而消谗忌，安行并进，未尝不弋高官而养后福。然如此以得后福，不如无厚福之愈也。"[2] 这封私信中表露的心迹，深刻透视出薛福成高于世俗之见的处事态度和处处以国事为重的人生哲学，也回答了薛氏在离任返国前夕还自寻烦恼地主动承担对英滇缅交涉并取得成功的精神支柱。至于对外交涉，上面已详述他同英国官员反复争辩，抗议英国入侵中国领土，经过反复较量，终于迫使不可一世的大英帝国作出适当让步，收回了被英国侵占的科干、昔马等地，签订了基本上同云贵总督王文韶提供的边界地图相一致的界约。在商务谈判中更加取得了令

① 《薛福成选集》，第478～479页。

② 《薛福成选集》，第490页。

世人瞩目的空前成果:中国不但取得了在境外伊洛瓦底江自由航行的利权,还以对等原则设领事于英属缅甸仰光,并使在该地的中国外交官和普通百姓皆享有最惠国待遇。这就是薛福成的功绩,应该予以如实肯定。

在同英国进行滇缅界务、商务交涉中,薛福成为了捍卫国家领土主权,已经本着爱国主义立场,做到他所能做到的一切。我们不要忘记,薛福成是个备受帝国主义欺凌的衰败的清王朝的使臣,要他同富有侵略性的当时世界头号强国英国签订一个更加辉煌的条约,这是绝对办不到的。对此,我们不能脱离具体的历史环境,苛求于古人。有比较才能有鉴别。如果我们把薛福成在滇缅边界谈判中的态度和作为,同当时负有守土之责的云贵总督王文韶作一比较,就不难发现,薛福成堪称竭力维护国家领土主权和民族利益的杰出爱国者,而王文韶则是对祖国边境领土极不负责甚至阻挠边境人民抗击英国入侵的昏聩庸人。当代有些学者把薛福成和曾纪泽相提并论,充分肯定他们是清季外交史上分别同英、俄进行边界领土谈判最出色的外交家①,这是符合历史实际的公允之论。

二、奉召返国,魂归故土

《续议滇缅界、商务条款》的签订,意味着薛福成胜利完成了在欧洲要办的最后一件交涉大事,也标志着已升任都察院左副都御史的钦差大臣薛福成,圆满结束了他的出使生涯。其

① 钱基博语,见钟叔河:《从东方到西方》,第415页,上海人民出版社1989年版。

实，这时的薛福成已在任第五个年头，按任期四年的规定，早该奉召回国了，只因滇缅界务谈判尚未了结，难于交卸，故奉旨继续与英国交涉。虽其本人早就"归心似箭"，也只能恪尽职守。如今，朝廷在几个月之前已任命候补三品京堂龚照瑗接替薛福成的使职，薛福成总算盼到了归期，立刻着手抓紧作好辞行、返国的各种准备。

说起辞行，还有一段戏剧性的小插曲。薛福成向英国女王辞行仪式，是在同英国外交大臣劳思伯里签署《续议滇缅界、商务条款》的五天前，也就是光绪二十年正月十九日(1894年2月24日)举行的。原因是，按外交礼仪，使臣任满返国，必须向驻在国首脑正式辞行。清朝政府虽然早在光绪十九年十一月十五日便发出了因薛福成出使任满故决定将其"特召回国"的辞行国书，可碍于路程遥远，直到光绪二十年正月十九日薛福成尚未收悉。偏偏这时他听说英国女王正准备赴意大利游览，"不能久待"，于是，返国心切的薛福成只得同英国外交部进行磋商。正巧，这一天新任荷兰、日本驻英公使将向英国君主呈递国书。于是，英国外交部建议薛福成"乘此便，先谒君主辞行，仍声明随后将国书递送外部衙门"。薛福成表示认可。这样，薛福成抓紧时机，于光绪二十年正月十九日，向英国维多利亚女王举行了先当面辞行、后递交国书的外交礼仪。

当天中午，薛福成率同英文参赞马格里，与荷、日两国公使乘火车前往伦敦郊外的温则行宫，谒见英国女王。薛福成首先入谒，向他心目中极为崇敬的维多利亚女王致以"颂辞"，表示由衷感谢。维多利亚女王对薛福成也极为敬重，答云："闻贵大臣将归，甚为怅怅。然贵大臣称我格外优待，我亦欢喜无量。我深愿两国辑睦之意，与贵大臣相同。贵大臣在此所办之事，我深嘉之。此行善自珍重，从此两国永敦和好，同享隆平，岂不快哉！”① 礼毕，薛福成在英国外交部副大臣山特生的陪同下，游览了温则行宫，复乘火车返回伦敦。

光绪二十年正月二十四日(1894年3月1日)滇缅条约画押后，薛福成抓紧将驻英使馆“公事摒挡了结”，准备离开伦敦，赴巴黎“静候交卸”。光绪二十年二月初六日，薛福成挈同眷属并率随员、翻译、武弁等离开了英国，来到巴黎的驻法使馆，进一步作好交卸的种种准备。

令人感佩的是，薛福成滞留巴黎“静候交卸”的日子里，仍然不忘国事，为朝廷积极建策。在此之前，他曾向朝廷呈递一份《密保洋员片》，他根据“自昔多事之秋，往往借材异国”的历史经验，建议朝廷：“诚以邻邦环伺，交涉多端，不收其俊，无以得敌国之情；不广其助，无以应事机之变也。”② 呼吁朝廷借鉴“借材异国”的历史经验，大胆引进和重用“洋员”，使外国的人才为我所用，以达到“收其俊”、“广其助”的效果。他还根据自己在英国任职数年的观察和考验，具体推荐“在驻英使馆当差近二十年”的英国人马格里，协助历任使臣处理若干交涉事件“赞襄机要，均有成绩”，甚至还“惟以裨益中国为心”，就是说能维护中国的利益。至于此人的才能，薛福成依据自己同其共事的切身体会说：“臣查马格里忠于所事，劳勚不辞，研求利病，动合窾会。倘遇交涉要务需人之际，马格里堪备任使。用其所长，必有明效可睹。”③ 应该承认，薛福成对人才的推荐一

① 薛福成：《出使日记续刻》卷九，页六十四。
② 《薛福成选集》，第519页。
③ 《薛福成选集》，第519页。

贯比较谨慎，尤其是对“洋员”，更加慎之又慎，过去他对赫德的仇视与戒心就是明证。如今，经过出使西欧的具体观感与体味，认识到“借材异国”的重要性，进而对马格里作出考评与推荐，都说明他在维护国家利益的前提下，已将选拔人才的眼光投向了国外，即便对“洋员”也作具体分析，大胆使用，开放意识有所增强。

为了使滇缅条约规定的内容得到落实，他于 1894 年初还向朝廷呈上《豫筹仰光领事拣员充补疏》，提出在新订滇缅条约蒙皇上批准互换之后，朝廷应及时任命驻仰光领事人选，“万一仰光领事遴选稍迟，恐致著著落后”[①]，英方甚或故意刁难。为此，他提出与英国驻蛮允领事“同时并设”的主张，“可以互相援照，互相抵制，彼亦自无异意”，并具体推荐曾任新加坡领事达十年之久的左秉隆为恰当人选，因为此人“精通英语，熟谙交涉，应付各事，刚柔得中”[②]。按理说，推荐驻仰光领事应是新任使臣龚照瑗应办之事，但薛福成出于对国家与侨民利益的考虑，主动推荐合格人选，实属不易。更何况他同左秉隆并无私交，个中不含半点私情。

在此期间，他还上了一道《保荐使才疏》，建议朝廷在“瀛环诸国，舟车相达，琛赆相输”的新的历史条件下，面对“交涉之端日益广，需才之事日益多”的形势，应该“尤以豫储使才为急务”。他依据自己奉使泰西的切身体验和实地感受，充分体会到使才的重要：“当夫安危得失，事机呼吸之秋，无使才则口舌化为风波，有使才则干戈化为玉帛，平时遇事措注，利弊所

① 《薛福成选集》，第 521 页。
② 《薛福成选集》，第 521 页。

倚,亦复动关全局。”① 他还根据“西洋诸国经理外务,莫不用专门名家”的成功经验,建议朝廷尽快识拔一批“识形势、揣事情、谙公法、究约章”的“使才之选”,予以引导和培养,使之成为善于“经理外务”的“专门名家”。他还依据自己的观感,从“贤才荟萃”的翰林院衙门中,按德才兼备、年力均富的标准,选中曾广钧、江标、王同愈三名“编修”,向朝廷鼎力推荐,“酌备出使之选”。这三位确实是各具特色的30岁上下的人才:曾广钧“才华卓越,博览多识,经世筹略,尤所饫闻”;江标“研究群书,好学不倦,留心时事,志趣卓然”;王同愈“谙晓舆图,兼涉西学,周历边塞,能耐劳苦”。据此,薛福成颇有信心地说,只要经过一二十年的锻炼,“该员等资望弥深,器识弥宏,授以重职,必有明效”②。上述三人日后能否在外交方面有所建树并不重要,薛福成对他们的保荐及其根据,可谓言之凿凿,认真负责,充斥着对国家利益的关护之情。

尤其值得一提的是,正当薛福成滞留巴黎等待东归之时,突然接到好友黄遵宪从新加坡邮寄来的《日本国志》书稿,恳请薛福成为之作序。黄遵宪的理由是:“方今研使力而又谙外国情势者,无逾先生,愿得一言以自壮。”③ 好友的这一过谦请求,蕴含着对薛福成的确切评价和无比敬慕。薛福成多年来十分关注东邻日本的历史与现状,尤其注意考察明治维新以来日本的维新经验及其动向,如今见到黄遵宪的这一新著,立刻抓紧阅读,浏览一周,不禁击节赞叹:“此奇作也,数百年来鲜

① 《薛福成选集》,第522页。
② 《薛福成选集》,第523页。
③ 《薛福成选集》,第525页。

有为之者!"[1] 于是,薛福成信手命笔,写就一篇千字佳文《〈日本国志〉序》。文中充分肯定了日本明治维新以来所取得的成就:"咸丰、同治以来,日本迫于外患,廓然更张,废群侯、尊一主、斥霸府、联邦交,百务并修,气象一新;慕效西法,罔遗余力。虽其改正朔,易服色,不免为天下讥笑,然富强之机,转移颇捷,循是不辍,当具可与西国争衡之势。"[2] 在如实肯定日本多难兴邦取得显著成效的同时,薛福成更警惕日本的崛起将对中国产生的种种影响。据此,他对中日关系的走向作出如下预测:"自今以后,或因同壤而世为仇仇,有吴越相倾之势;或因同盟而互为唇齿,有吴蜀相援之形。时变递嬗,迁流靡定,惟势所适,未敢悬揣。"[3] 虽然自称"未敢悬揣",但他将"或因同壤而世为仇仇"置于前列,作为第一种可能,就是不言自明地正告国人必须密切注意日本对中国的"相倾之势"。这一警世之言,写在中日甲午战争即将爆发的当口,数月后便得到验证,不啻向中国朝野上下敲响了警世钟,更加值得珍视。

光绪二十年二月十二日,薛福成总算盼到了总理衙门于80多天前寄来的辞行国书,满以为可以早日成行,返回日思夜念的祖国。然而,数日之后,他又突然风闻新任公使龚照瑗又向朝廷请假一月回故乡庐州省墓,不能如期赴任。薛福成不免担心,倘若再过二三个月,一至夏令,"红海更觉炎蒸",值此酷暑携带眷口远涉重洋,更为烦难。于是,他果断安排妻子盛氏及次女率领婢媪和几位已经销差的随员、武弁等,于光绪二

① 《薛福成选集》,第525页。

② 《薛福成选集》,第524～525页。

③ 《薛福成选集》,第525页。

十年二月二十四日离开巴黎，二十六日从马赛港登轮，先行返国。薛福成本人则继续在巴黎静候交卸。

光绪二十年四月初，薛福成终于得悉龚照瑗即将抵达的消息。当月初五日(1894年5月9日)，他在巴黎谒见法国伯里玺天德噶尔诺，呈递辞行国书。事后，他特地安排驻法使馆参赞庆常赶往马赛，迎候新任公使龚照瑗的到来。薛本人则于当月十五日，由使馆搬至大客店暂住。次日清晨，他又赶到使馆迎接继任者。当龚照瑗率领参赞随员踏进使馆时，薛福成则按礼仪"恭设香案行礼，谨请圣安毕，起而互相一揖，然后纵谈公私事。"① 薛福成向来办事认真，谦虚谨慎，一丝不苟。在具体交卸过程中，他"连日将英法两馆文卷暨书籍器具清册，并余存英法两馆经费英金五千余镑，湖北购运炼铁织布机器存款二千余镑，铜质关防一颗，移交清楚。暇则援旧政告新尹之谊，将交涉要务逐件告之，不惮烦琐。"② 真可谓细致、周到，又妥帖。

当然，新旧使臣交替还少不了相互宴请，名曰"接风"和"饯行"。光绪二十年四月二十日(1894年5月24日)，薛福成赴使馆正式辞行。第二天，薛福成离开巴黎奔赴马赛。二十三日，薛福成率领随员登上"堪尔图宁"号轮船，起碇出口，踏上东归的航程。

此时此际，望着岸上渐渐远去的欢送人群，薛福成心情难以平静。回想四年多前，他怀抱"驰观于域外"的急迫心情，肩负咨政俗、联邦交、护利权的出使重任，登上马赛港，奔波于欧

① 薛福成:《出使日记续刻》卷十，页五十一。
② 薛福成:《出使日记续刻》卷十，页五十一。

罗巴，同雄冠全球的英国、法国以及意大利、比利时等列强唇枪舌战，周旋了整整四个春秋。如今，又在马赛港载誉返航。出使四国的一千多个日日夜夜固然令人难忘，但他考虑得更多的是归国以后的打算，因他这时毕竟只有57岁。

多年身处异国他乡，繁冗的交涉事务，国内外生活和文化背景的巨大反差，劳顿过度导致的身体病弱，曾使薛福成一度产生归隐林下、安度晚年的消极观念。一年之前，他曾为无锡的新建宅第草拟了一副门联："情话悦亲朋，莫谈邑中狱讼钱粮事；交游择贤俊，愿识天下学问经济人。"① 个中强烈流露出倦于仕途，不问政事，愿与至爱亲朋研讨经世之学的悠然之情。

然而，值此多事之秋，身为名噪国内外的朝廷左副都御史，在客观上决不可能衣锦荣归、回乡隐居。几个月前，他从好友袁昶写来的信中得知，由于他在出使期间的杰出表现，引起国内的广泛重视，权倾朝野的湖广总督张之洞对他"奖挹过情"，曾向朝廷鼎力推荐，建议朝廷对载誉返国的薛福成委以巡抚或供职于总理衙门的重任。对此，薛福成打心底里并不愿意。他在写给袁昶的回信中流露，对"刓方为圆"的官场应酬早已厌倦，"弟非但不敢望膺疆寄，亦实不敢望入译廨是非之门，回京后或但盘桓台列，转可将平日心所欲云者多上数折，一入译廨，便有拘束矣。此意只可为知己一二人道也。"② 这是对知己好友表白的肺腑之言，反映出这时的薛福成只想做一个有虚名无实权的言官，可以无拘无束地多上几道利国利民的建

① 《薛福成选集》，第623页。
② 袁昶：《于湖题襟集》，文二，第178页。

策,凭借自己的才识,辅佐光绪皇帝除旧布新。

薛福成正是抱着这一善良的愿望踏上东归的航程的。这艘法国邮轮仍然沿着薛福成当年西行的航线向东行驶。这条由地中海穿越红海,折向印度洋,再驶向太平洋,进入南中国海的航线,主要经过亚、非热带地区,更兼炎热的夏天,天气复杂多变,风急浪高,气温始终在华氏 100°上下徘徊,致使十分讲究工作效率的薛福成常常为之胸闷气喘,被折腾得寝馈难安。他在航行日记中写道:当天“驶轮出口,风紧浪涌,船稍簸荡”;第二天又逢“骤雨”,“海面甚黑”;四月二十九日(6 月 2 日)由苏伊士运河驶向红海时,“是日寒暑表一百零四度”;五月初二日(6 月 5 日)“午刻寒暑表九十八度”;五月初五日,“风大,甚凉爽,然舟已荡矣,入夜舟荡尤甚,如是者四夜三日,余与同人皆不欲饮食”;五月初十日行抵锡兰岛之科伦埠时,总算登岸稍歇,乘便游历了“大花园及卧佛寺”;五月十六日船抵新加坡时,总领事黄遵宪登船迎候,薛福成至领事府暂息,两位志同道合的好友叙谈终日,岂料,二人这次的分手竟成永诀;五月十九日行抵西贡,他又冒雨登岸,拜会了当地侨商领袖张霈霖和李常,参观了市容,实地关怀侨胞的生计;五月二十四日行抵香港口外,他多么想上岸一睹祖国海岛的旖旎风光,可偏巧遇到“香港有疫气”,未能遂愿;五月二十六日航船沿着祖国的海岸继续北行,恰遇“吕宋陡发台风”正在台湾海峡肆虐,“风浪极大,行船颇险”,“遥望东北,云雾窈冥”,“船外高浪万叠如驾山云”,更兼“时逢骤雨”,薛福成乘坐的邮轮,只得在惊涛骇浪中“冒风前进”;五月二十七日,仍然“风涛汹涌”,“大雨终宵不止”,薛福成遥望当年曾经艰辛拱卫的浙东镇海口外,不禁心潮起伏,感慨万千;五月二十八日(7 月 1

日），薛福成乘坐的邮轮历经艰险，总算抵达吴淞口外，薛氏家人已乘着“钧和”号小火轮前来迎候，将疲惫不堪的薛福成接到上海，暂寓天后宫。

按理说，这位出使异邦的钦差大臣，重新踏上祖国的土地，见到阔别数载的亲友，内心自应分外激动。然而，薛福成由于在西欧长年累月的操劳，健康状况越来越差，再加上一个多月的海上万里颠簸，沿途经受的酷暑、暴雨、狂风的煎熬，终于使这位满腔抱负的使臣回到上海出使行辕之后，竟至病痛缠身，卧床不起。他原本打算在上海请医诊治、调理静养一段时日，回乡省墓，再赴京述职。

然而，薛福成是位敬业精神极为强烈的人，即使疾病缠身，仍然心忧国事。六月初一日（7 月 3 日），他便急迫地由上海致电李鸿章：“中堂：廿八抵沪，大为红海炎热、闽洋台风所苦，困顿殊甚，休养旬日，拟依原奏暂回无锡，滇缅界约互换，期在七月，约本已否寄英，念甚，请转总署，成朔。”① 病卧在床，仍然关心滇缅界约能否按期互换，甚至打算稍微休养十天半月，便由沪回乡省墓，早日回京述职。

在上海经过半个月左右的诊治调理，薛福成的病情总算稍为好转。这时，他已迫不及待地准备启程。六月十七日，他又致电李鸿章说：“日内即拟回锡，赶九月二十前到京，不误覆命及庆典。”② 此时此际，他多么想尽早回京覆命，接受朝廷指派新的使命，为国效力。可是，就在他命家人雇定几艘官船，准备赶回故乡无锡的当天，突然又感染上正在流行的传染病，发

① 薛福成：《出使公牍》卷十，页四十一。
② 薛福成：《出使公牍》卷十，页四十一。

起高烧，终日昏迷，难以支撑，终于在光绪二十年六月十九日(1894年7月21日)深夜，赍志长眠。这时，他只有57岁。

近代中国思想界一颗智慧之星，就如此突然地殒落了。薛福成与世长辞的噩耗，在刚刚揭开的中日甲午战争的炮火声中，从上海传到京城，传向全国，引起朝野上下的普遍震悼和关切。诚如其弟子张美翊所记：“自公薨后，东事益棘，朝廷咨嗟太息，深惜中道告逝，未尽其用，而忧时念乱之君子，群居私论，且谓使公而在，当不至此。盖其勋业声名，既殁而逾彰。”①确实，值此邦国多难、民族危亡之秋，国家却骤失一名栋梁之材，岂不令世人分外为之扼腕痛惜?!

薛福成病故行台的消息传到北京，光绪皇帝也为之唏嘘叹息。当年八月间，特地下达谕旨，决定将薛福成“照都御史例赐恤恩赐祭葬”，“赏其子知县薛翼运以知州用”②；光绪二十二年十月，又谕令收集薛福成的事迹“交国史馆立传”③。当朝皇帝的关爱，也算是对这位有作为的晚清外交家、爱国思想家、杰出政论家辛劳一生的些许慰藉吧。

薛福成不幸病逝后，上海各界人士为他举办了盛况空前的出殡仪式。当年十一月间，妻儿们扶着薛福成的灵柩，返回无锡故里，将他安葬于太湖之滨的军帐山麓。薛福成生前，曾向往着有朝一日能在故乡的青山绿水之间，“倚栏而遨，迎山而笑，吟弄风月，俯仰烟霭”。而今魂归故土，这一夙愿，总算得以实现。

① 张美翊：《出使公牍·跋》。

② 《光绪朝东华录》，总第3448页。

③ 《光绪朝东华录》，总第3895页。

三、丰硕的精神遗产

思想家的智慧，总是通过记录其言行的论著昭之于世的。出使泰西的四五个年头，是薛福成的启蒙思想，或者可称之曰改革思想，更趋成熟和完善的重要阶段，也是他的论著更加丰硕的历史时期。

首先，他坚持出使日记的写作，"凡舟车之程途，中外之交涉，大而富强立国之要，细而器械利用之原，莫不笔之于书，以为日记。"① 薛福成自同治四年(1865)入参曾国藩幕府开始，便坚持书写日记，二十多年未曾中辍。奉使泰西后，他依据朝廷关于"出使各国大臣应随时咨送日记等件"的规定，更加注意日记的写作。但历任使臣撰写日记并无一定体裁，郭嵩焘的《使西纪程》和曾纪泽的《出使日记》，"大抵详于所历程途，间抒议论，既抵英法之后，即皆戛然而止"②。因何"戛然而止"？郭、曾二位使臣都是思想开明、视角敏锐、注重向西方汲取新知的爱国人士，他们深知，这些出使日记应向朝廷"随事咨报"的，但国内朝野上下盲目排外的守旧势力盘根错节，倘若记载内容稍有不慎，反而授人以柄，导致不必要的责难。故只得采取"戛然而止"的谨慎态度，对在西欧各国交涉过程中的所见所闻，尽可能地缄口不言，以免惹事生非。薛福成对两位前任在撰写日记问题上的谨慎态度及其难言之隐是颇为理解的，尤其对郭嵩焘在《使西纪程》中"间抒议论"招致国内守旧势力

---

① 薛福成：《出使四国日记·跋》。

② 薛福成：《出使四国日记·凡例》。

群起攻讦更是充满同情,并为之忿忿不平。如今,薛福成何尝不想采取同样的谨慎态度?然而,薛福成是个善于把握"势"的人,他深知如今光绪皇帝刚刚亲政,急于了解世界,改善国政,企求国家的富强,同慈禧太后执掌国柄时有所不同。而自己又是年轻有为的光绪皇帝亲政后派出的第一位出使英、法、意、比四国的钦差大臣,有责任将遍骋四国之后的见闻向朝廷如实详报,"述事之外,务恢新义,兼网旧闻。凡瀛环之形势,西学之源流,洋情之变幻,军械之更新,思议所及,往往稍述一二"①,"并撮其事机之大者,入告于朝廷"②,否则,怎能对得起颇想振作有为的光绪皇帝对自己的信赖和重用?更何况,他根据"明其政刑,谁敢侮予"的古训,深知了解详情对朝廷决策的极端重要性。薛福成正是凭着不愿愧对光绪皇帝宠信的动因,和"详细记载,随事咨报"对朝廷作出正确决策的重要意义,不愿"仿照成式,别无发挥",而是采用"自备一格"的方法,"据所亲历,笔之于书,或采新闻,或稽旧牍,或抒胸臆之议,或备掌故之遗"③,坚持写就一部比郭、曾二位前任的日记内容翔实、材料丰富、观点新颖的出使日记,为世人留下一笔丰厚的精神遗产。光绪十七年(1891)底,他将启碇出洋(光绪十六年正月)第一月到次年农历二月底的日记,亲自整理,厘订为六卷,写上"自序"、"凡例"和"跋",用西洋糖印法印订成册,一面咨呈总理衙门,一面委托专人在国内刻写印行。这部18万字的《出使四国日记》一问世,立刻在社会上引起了巨大反响,数年

① 薛福成:《出使四国日记·凡例》。
② 薛福成:《出使四国日记·自序》。
③ 薛福成:《出使四国日记·咨呈》。

之内被一再翻印，成为世人了解和研究西方世界的重要读物，甚至流传到了东邻日本。《出使四国日记》付梓后，从光绪十七年三月起，直到光绪二十年五月二十八日（1894 年 7 月 1 日）返回上海止，薛福成又写下整整三年近 30 万言的日记。或因公务繁忙，或因其中包含不少评介西方政治体制的内容，薛氏本着“最宜审慎”的态度，“初拟东归续刻”，岂料返国后未及亲手整理即病故。嗣后，由其三子薛莹中（慈明）从薛氏遗稿中捡出，于光绪二十二年（1896）着手整理校录，厘订成十卷，交付妻兄沈林一于光绪二十四年（1898）正式刻印问世，名曰《出使日记续刻》。还应提及的是，薛福成离任之前，在巴黎使馆还将自己在出使数年中所写日记进行删节整理，“乃并前后日记，汰其冗琐无关宏旨，剌取要最，以类相从”①，并仿顾炎武《日知录》体例，将这部删节稿定名为《西轺日知录》，于光绪二十年（1894）春三月在巴黎写好自序，准备携回国内刊刻。

第二，他如饥似渴地猎取新知，写就大量富有时代特色的文稿。出使期间，他广泛接触驻在国的社会各界人士，悉心考察西欧各国的政俗民情，参观工厂、学校、孤儿院、博物馆、监狱，乃至军事设施，尤其注意阅读西方的报刊书籍，从中汲取新知，并注意将西方的历史与现状同中国的现实予以比较分析，从中寻求中西文化的异同。在公务之暇，写出了大量富有个性的文章，直到交卸回国之后，还抱病执笔，从未中辍自己的写作。他十分珍惜自己的精神成果，光绪十九年（1893）春，他在伦敦使馆将手头的 71 篇文稿亲自编订成四卷并且加序，邮寄国内，托请友人萧敬甫刊刻问世，名曰《庸盦文外编》，“以

---

① 《庸盦文别集》，第 226 页。

备他日自镜"[①]。这部《庸盦文外编》所录文章的写作年代"自甲子至壬辰",即1864年至1892年,其中既有"出使泰西,闻见恢奇,稍有论述,直抒胸臆"[②]的论文共十余篇。比如谈人种贵贱、弱肉强食的《檀香山土人日耗说》,谈矿政重要意义的《书周官丱人后》,批驳耶稣教天堂地狱说教的《天堂地狱说》,称赞西方七日休息一天、呼吁国人"不得以其异端而概摈之"的《西人七日礼拜说》,用世界各大洲的新知巧妙指证"邹衍称中国乃天下八十一分之一"说的《大九州解》等等,都涵新知、富新意。还包括数十篇历年"指陈时务",且薛氏本人"不忍卒弃",但在《庸盦文编》和《庸盦文续编》中未曾收录的旧文。比如,早年指斥时弊的三篇《选举论》,才识初露的《上曾侯相书》,代曾国藩和李鸿章起草的多篇酬酢文字和处理洋务的文稿,以古喻今或借古讽今、针砭时弊的多篇读史札记,以及议论时政、观点精辟的《审机》、《洋货加税免厘议》、《答友人论禁洋烟书》、《与张副都御史书》、《书涿州狱》等警世文章。

除了《庸盦文外编》收录的文章外,薛福成在海外还撰写了许多评析和介绍欧美各国经济、军事、外交、政治体制及其成功经验的政论文章,如《西洋诸国导民生财说》、《西洋诸国为民理财说》、《用机器殖财养民说》、《治术学术在专精说》、《论公司不举之病》、《振百工说》、《西法为公共之理说》、《枪炮说》等等;他还凭借新知重新审视中国内政外交乃至观念诸方面的弊端,写下了诸如《论不勤远略之误》、《论中国在公法外

① 薛福成:《庸盦文外编·自序》。
② 薛福成:《庸盦文外编·自序》。

之害》、《考旧知新说》、《叙督抚同城之损》、《答袁户部书》等等针砭时弊的名篇。此外，他在处理使事的余暇，还注意翻阅史乘，或追忆往事，写下《赵鞅论》、《晋执政诸卿考》等等考论史事的文字，以及《叙团练大臣》、《书科尔沁忠亲王大沽之败》、《书两江总督何桂清之狱》、《书昆明何帅失陷苏常事》等等追叙晚清史事的文章。这些文章，薛福成生前尚未得闲整理成册，直到他逝世后，由薛莹中从遗箧中整理出，交薛氏门生兼其婿陈光淞编订成四卷，名曰《庸盦海外文编》，于光绪二十一年(1895)十月刊刻问世。

第三，他在出使历程中，还草就了大量履行使事的公文。在此期间，他依据"忝列京卿有奏事之责"① 的规定，除了就保护侨胞和滇缅界务、商务谈判，以及帕米尔问题等等向朝廷呈递了有关奏疏外，还就如何处理教案、杜绝走私外洋军火、争取在英属领地设立领事、在"强邻环伺"条件下如何实现自强以及"豫储使才"等等问题，向朝廷上了不少颇有影响的奏稿。甲午之春离任返国前夕，薛福成对历年奏稿亲自予以选录编订，厘为上下二卷，计 36 件，"俟质当世，亦以自镜"②。并撰自序，交随侍门生张美翊于光绪二十年(1894)孟冬刻印问世。此外，薛福成在办理对外交涉过程中，还积累了大量公牍文字。由于这些资料更为具体地反映了他的外交活动和政见，故薛福成对这些公牍文字尤为珍惜，于光绪十九年(1893)冬亲自加以整理，从中精选出"稍关国计民生者"打算"厘存十卷，时

① 薛福成:《出使奏疏·自序》。

② 薛福成:《出使奏疏·自序》。

自览观，以备考镜”[1]。其中包括咨文二卷，书函四卷，照会、札文、批答一卷，洋文照会二卷，电报一卷。并亲自加序，定名为《出使公牍》，并委托随侍在侧的门生张美翊为之编校，准备带回国内付梓。岂料此书生前未能问世，直到光绪二十四年(1898)夏天，才由张美翊负责将其正式刻印问世。

第四，薛福成是位善于思考、勤于笔耕的思想家，从涉世时代开始直到垂暮之年，始终注意搜集见闻谈故，信手笔录，积累了大量见闻随笔。在奉使泰西即将任满之际，他本着“挽回世道人心”、“有裨经世之学”的宗旨，以及“务求戛戛独造，不拾前人牙慧”[2]的原则，对自己在同治四年(1865)至光绪十七年(1891)之间撰写的大量随笔予以删存编纂，厘订成六卷，分为史料、轶闻、述异、幽怪诸门类，定名为《庸盦笔记》。然是书薛氏生前未及刊行，后由其子薛慈明将其手定遗稿交陈光淞校理，并于光绪二十三年(1897)刊行问世。此书虽然夹杂着不少封建伦理说教、因果报应及荒诞不经的内容，然而更主要的是作者以优美而又洗炼的文笔，记述了许多宝贵的晚清政治、经济及社会习俗等方面的历史资料，也采录不少饶有情趣的古今遗闻轶事，为后人了解晚清社会提供了丰富的感性素材。比如，《史料》卷内，《裕靖节公殉难》一文，记述了道光年间裕谦在镇海抗英而英勇殉难的前后经过；《蒲城王文恪公尸谏》一文，记述了道光年间大学士王鼎为林则徐抱屈而犯颜直谏未遂，最后竟以“尸谏”的悲壮史事，薛福成在文末别具深意地写道：“世俗皆言自蒲城(即王鼎)薨后，宣庙(即道光帝)常

① 薛福成：《出使公牍·自序》。
② 薛福成：《庸盦笔记·凡例》。

闻空中呼林公姓名，故不久赐还。此说虽未尽然，然亦足见人心所归仰云。”[①] 迂回曲折地抒发了对爱国志士林则徐的敬仰之情。这些文字记载，都成为后人研习鸦片战争史事的重要参考篇什。又如《威毅伯攻克金陵》、《李秀成被擒》、《张洛行被擒》、《讷相临洺关之败》、《江忠烈公殉难庐州》等篇章，虽然同太平军持对立态度，但记述的史事，皆是研究太平天国史不可不读的参考资料。又如《咸丰季年三奸伏诛》、《肃顺推服楚贤》以及《戊午科场之案》等文，为世人弄清咸丰同治之交的政局变化提供了极为重要的资料。即便《轶闻》卷内，诸如《河工奢侈之风》、《六指人冤狱》、《太监安得海伏法》、《查钞和珅住宅花园清单》等等，都以典型而又生动的素材，为研究清代的官场面貌乃至政俗民情提供了在正史中难以寻觅的重要参考史料。至于《述异》卷内，不少记述晚清地震、火药局灾、轮船沉没、龙卷风之灾等内容，亦有重要的史料价值。其中不少内容虽然记述的大都是道听途说的奇闻怪事，但同样抒发着薛福成本人的观感。比如，《物性相制》写道：

> 尝见一蜘蛛布网壁间，离地约二三尺，一大蛇过其下，昂首欲吞蜘蛛，而势稍不及。久之，蛇将行矣，蜘蛛忽悬丝而下，垂身半空，若将追蛇者。蛇怒，复昂首欲吞之，蜘蛛引丝疾上。久之，蛇又将行矣，蜘蛛复悬丝疾下，蛇复昂首待之，蜘蛛仍还守其网。如是者三四次。蛇意稍倦，以首俯地。蜘蛛乘其不备，奋身飏下，踞蛇之首，抵死不动。蛇狂跳颠掷，以至于死。

① 薛福成：《庸盦笔记》卷一，页三～四。

蜘蛛乃蹔其脑,果腹而去。

又见一壁虎与一蝎相遇,蝎素无目,贸然前行。壁虎故以其尾略逗之,蝎怒,猛力螫之,壁虎之尾圆转光滑,即被蝎螫,毒亦不能骤入。而壁虎又性黠而行捷,早已缩避。蝎尾适自中其身,而怒愈不可遏,欲得壁虎而甘心焉。壁虎复以其尾以逗之,迅速缩去,蝎螫之不中,又自中其身。如是者三次,蝎遂不复动,盖已死矣。壁虎于是恣啖其躯,仅存壳焉。闻壁虎以是术制蝎,百不失一。盖其以蝎为粮也久矣,故又谓之蝎虎云。

又见一蜈蚣,盘旋蚓穴之上,蚓匿穴中,忽探首拔去蜈蚣一足。蜈蚣怒,欲入穴,而穴小不能容。正彷徨旋绕,蚓复乘间拔其一足,蜈蚣益怒而无如之何,守穴口不肯去。蚓遂渐拔其足。阅一时许,则蜈蚣已无一足,身虽未死,而不能转动,横卧于地,如僵蚕焉。蚓乃公然出穴,噬其腹而吸食之。

噫!万物并生并育,一相食之机也。余偶见之而偶志之,其未为余所见者,固不可以殚述,殆变态无穷矣。夫物之大小强弱有定,而相制之机则无定,得其机则小可以制大,弱可以制强,盖斗智不斗力云。①

这是一篇栩栩如生、脍炙人口的见闻写实小品。蜘蛛斗败大蛇,壁虎恣啖毒蝎,文弱的蚯蚓智取怒目蜈蚣,按常理,确实不可思议,然而,又恰恰都是薛福成亲目所睹的"偶见之而偶

① 薛福成:《庸盦笔记》卷四,页一三五~一三六。

志之"事实。据此事实，薛福成从中感悟出一点哲理：世界万物的大小强弱是"有定"的，也就是客观存在的、不可变更的。然而，万物之间的"相制之机则无定"。就是说，相互制约或控制的时机或机会，则是可以变化的，只要准确地把握好时机，"则小可以制大，弱可以制强"。薛福成的感悟渗透着辩证的因素，只要把握好"时机"，世界万物的大小强弱之间可以互相转化，自然界是如此，人类社会又何尝不是如此呢？他正是依据"得其机则小可以制大，弱可以制强"的自然界规律，剖析出世界各国的强弱变幻。当他奉命出使泰西时，虽然处于"虎视而鹰睨"的西方列强对贫弱的中国不断蚕食鲸吞的困境中，但他正是将"得其机则小可以制大，弱可以制强"的自然规律引伸到人类社会，悉心考察西方列强的政俗民情，"知我之短，知人之长"，尽心于对外交涉，从中寻求以弱制强的机宜，进而提出他的应敌方略："御之者有方，制之者有道。彼有大利，亦有大忌。操纵之权，固在我而不在彼也。"① 就是说，中国只要牢牢掌握"操纵之权"，制订出正确的御敌之方和治国之道，"通其变而应其机"，同样可以实现"弱可以制强"，摆脱受制于列强的悲惨命运，实现民族振兴。

最后，还应提及的是，当薛福成的论著陆续整理、先后付梓问世后，其子薛慈明及其门生故吏于光绪二十四年(1898)曾将《庸盦文编》四卷、《庸盦文续编》二卷、《庸盦文外编》四卷、《庸盦海外文编》四卷、《筹洋刍议》一卷、《浙东筹防录》四卷、《出使奏疏》二卷、《出使公牍》十卷、《出使四国日记》六卷和《出使四国日记续刻》十卷等薛氏十种著作汇刻成《庸盦全

① 薛福成：《出使四国日记·自序》。

集》,也叫做《庸盦全集十种》,重新校刊刻印问世。然而,《庸盦全集》并不能囊括薛福成全部论著,除《庸盦笔记》六卷外,尚有不少文稿未曾收录,尤其是薛福成生前在曾国藩、李鸿章幕下供职各八九年,曾为曾、李代拟大量书牍、疏稿,其中"多关系时局之文"。对这些论著,薛福成颇为珍惜,生前曾流露:"幕府代拟,除奏疏外,唯书牍一类为尤多,亦可藉以考核时事,表里史学。今因曾、李两相幕中所拟书牍卷帙不少,拟另选刻《别集》。"① 但薛福成生前未曾编就,直到光绪二十九年(1903)春才由其子薛慈明收录遗稿,纂辑成《庸盦文别集》六卷,刊刻问世。其中绝大部分为代李鸿章所拟之奏稿书札,为研究洋务运动、近代对外关系乃至薛福成的思想变迁,提供了可贵资料。

四、绵远的思想影响

以上陆续刊刻问世的薛氏论著,总数有一百多万言。这些论著,如实反映了薛福成毕生探索救国真理的艰辛历程及其精神成果。这些论著,也是时代的产物,曾在晚清时期近代思潮演进过程中产生过巨大影响。

薛福成早年在国内撰写的"研求时务"的论著,曾被广泛传播,引起思想界的普遍关注。葛士濬于光绪十四年(1888)六月编纂的《皇朝经世文续编》中,不仅收录了薛福成的《治平六策》、《禀抚部院》(原刊《浙东筹防录》)和《条议一则》,还收录了《筹洋刍议》中的《变法》、《矿政》、《约章》、《邻交》、《敌情》、

① 《庸盦文别集》出版说明,上海古籍出版社 1985 年版。

《船政》、《利权一》、《利权二》、《利权三》、《利权四》等十个篇章。这部《皇朝经世文续编》曾被一再刊刻，直到光绪二十八年(1902)还有天章书局的石印本问世，成为国人研习时务的重要参考书。

薛福成的论著，对近代思想家郑观应也产生过巨大影响。在郑观应的代表作《盛世危言》中，不但辑录了薛福成的许多论著作为附录，更大段摘引薛氏论著作为自己立论的依据。比如，《盛世危言》的《交涉下》收录薛氏《变法论》作为附录；《练将》收录薛氏的《选将练兵论》和《英德设课功局防敌法》作为附录；《水师》又收录薛福成和张之洞的《海军论》作为附录，并加评议云："二公之言可谓'知己知彼'切中时弊者矣。"①《边防五》中，郑观应专论曾纪泽、薛福成先后向英国交涉滇缅界务的经过和曲折，在谈到力争绵延数千里的"野人山地"归属时，如实指出"曾惠敏尝有此意，而未申其说。薛使因复照会外部，请以大金沙江为界，江东之境均归滇属"，但英国"坚拒不应，两次停商"，后来，"经薛使相机理论，刚柔互用，总理衙门复向英使欧格讷(欧格纳)辩论，力伸划江为界之议，因以滇境东南让我稍展边界"。在这篇专论中，郑观应不仅充分肯定了薛福成在滇缅界务谈判中的"全力争持"精神及其取得的积极成果，而且还重复薛福成的观点，无情抨击了"中国素守好大喜功之戒，避开疆生事之嫌，得之则曰犹获石田，失之则曰不勤远略"② 的错误观念。在《边防八》篇中，郑观应全文摘引了薛福成光绪十七年二月三十日所记关于"论俄罗斯立国之势"

① 夏东元编：《郑观应集》(上)，第 886 页，上海人民出版社 1982 年版。

② 夏东元编：《郑观应集》(上)，第 794 页。

的大段文字，并加按语云：“薛星使之言颇中肯綮。”[①] 在《炮台》篇的行文中，郑观应分别摘引了丁日昌、张之洞和薛福成关于制造炮台的论述，对薛福成介绍西方“炮台之要”尤为推重，并评论说：“西人造炮台之秘要大旨已可概见。”[②]

薛福成的论著，更引起戊戌变法运动中维新志士们的珍视。杰出的维新志士谭嗣同，曾从薛福成的论著中得到许多启迪。当中日甲午战争爆发后，谭嗣同难以忘却薛福成关于日本“为中国之大患”的告诫，从而得出“倭之蓄谋，当在二十年前，储峙钱粟，缮治甲兵，久为外人侧目”[③]的结论。谭嗣同更将薛福成视为“洞彻洋务，皆由亲身阅历而得”的楷模，曾感叹地说：“郭筠仙侍郎归自泰西，拟西国于唐虞三代之盛，几为士论所不容。薛叔耘副都初亦疑其抑扬太过，后身使四国，始叹斯言不诬。夫阅历者，人所同也。但能不自护前，不自讳过，复何难寤之有？即嗣同少时，何尝不随波逐流，弹抵西学，与友人争辩，常至失欢，久之渐知怨艾……”[④] 从而将薛氏的出使四国日记视为了解西学、认识世界的入门书，坚定了变法图强的决心。谭嗣同还从薛氏论著中感悟到“严变法之卫”，也就是根据“夫甲船枪炮，日出新奇，久之必更有一物焉，驾乎其上，而他具皆废”的道理，提出抓紧研制新式武器拱卫变法运动实现自强。他从薛氏出使日记中了解到西方人曾有“欲以电气施于枪炮之中”的设想，提出“创为电气飞船”的大胆创意，并认定：

① 夏东元编：《郑观应集》(上)，第820～821页。

② 夏东元编：《郑观应集》(上)，第837～838页。

③ 《谭嗣同全集》，第420页。

④ 《谭嗣同全集》，第427页。

“此与气球同为行军绝技，即薛叔耘副都所谓云军云战者也。今幸西人尚未极精，使中国从而精之，则可无敌于天下。”①至于谭嗣同的论著中，更大量汲取了薛福成著作中的观点和论据。比如，他在南学会讲授《论中国情形危急》时，便直接引用薛福成的观点作为论述“国耻”的佐证。他写道：“暹罗者，亦亚洲弱小之南国也；土地人民财赋，远不及中国，自从翻然变化，国势居然日盛。昔薛叔耘钦使日记中，已称为宇宙内第三等国。今其国君游历泰西各国，共倡实学，各国爱之重之，国势由此更见兴盛，且将升为第二等国矣。我中国以十八省之大，乃不能比一暹罗，其耻又何如也？”② 直接用薛福成的观点启发国人的忧患意识。

维新运动的旗手梁启超，更对薛福成的论著推崇备至，予以高度评价。梁启超在《读西学书法》一文中介绍说：“中国人所著言西事之书，所见者如曾惠敏之文集，薛叔耘之筹洋刍议、四国日记、海外文集，黎莼斋之文集，……皆佳者也。”③将薛福成的许多著作列为近代中国“言西事之书”的佳作，号召国人认真阅读。梁启超开列的《西学书目表附卷》中，更将薛福成的《筹洋刍议》和《海外文编》二书，同康有为的《公车上书记》和《四上书记》置于同等地位，作为宣传维新变法的重要参考书。

在维新运动杰出宣传家汪康年的论著及其同师友的往还书札中，薛福成的论著更是时常被关注的话题。薛福成在出使

① 《谭嗣同全集》，第429页。

② 《谭嗣同全集》，第127页。

③ 《戊戌变法》(中国近代史资料丛刊)第一册，第456页。

之前,便认真阅读徐继畬的《瀛环志略》,将它当作了解世界的启蒙书籍。由于徐著成书较早,对世界各国历史地理概况的介绍难免显得过于简单或疏漏,于是,薛福成在出使期间,有志于编一部比徐著更为翔实的《续瀛环志略》。为此,他在西欧各国利用各种渠道,广泛搜集世界各国的历史地理与现状资料,并委托专人翻译大量西籍和新闻资料。除了在出使日记中笔录大量材料外,还积累了译稿数十册,诚如薛氏姻侄沈林一所说:“公(按:指薛福成)尝议续瀛寰志略,分饬随员翻译泰西地志,已十得六七,而摘其大略于日记之中。”① 他准备返国后,以这些珍贵资料为基础,编纂一部《续瀛环志略》,以便为国人提供一部更为翔实、准确的认识世界、了解西学、冲破中世纪愚昧的启蒙著作。虽然薛福成生前未能完成《续瀛环志略》的编纂,但他遗箧中保存的大量有关资料,成为国人普遍关注的宝贵遗产。以倡议变法图强为己任的维新志士们,十分注重把传播世界地理知识作为唤醒民众的武器,势必对薛福成留下的这份遗产予以格外关注。汪康年曾为之积极奔走,尽力促成此书早日编纂问世。汪康年任《时务报》主笔时,对此曾作如下记载:“薛叔耘先生出使欧西,欲广采西籍,为续瀛环志略,译稿甚多,顾未能汇辑成帙。先生回国后,不久归道山,遗书存箧中,无虑百余册。鄞张君美翊与余言,余乃介张君假之,录副寄余友邹沅帆于鄂中,以邹君方治舆图公会事也。后张君掇其一二,为南洋海岛图经,余尚存先生家中。”② 至于汪康年等人参与薛福成续瀛环志略遗稿编纂整理的具体梗概,还反映在汪

① 薛福成:《出使日记续刻·沈林一跋》。

② 《汪穰卿笔记》卷七,雅言录。

康年的师友手札之中。光绪二十一年(1895)五月,陈光淞赴无锡拜谒薛墓前与张美翊相会于上海,张美翊作为薛福成门生,曾追随薛氏出使泰西。张美翊正在为薛福成刊刻出使奏疏,"更谋刻公所辑译东西洋地志,属光淞求其稿,且襄其事"①。陈光淞至无锡向薛莹中提起张美翊的打算,并从遗箧中发现"东西洋地志译稿十余册"。薛莹中这时正在谋刻薛福成全集,先把海外外稿的编刻任务交付陈光淞。光绪二十三年(1897)三月薛福成60寿诞时,张美翊赴无锡祭拜,在接受编定出使公牍遗稿的同时,又从薛莹中手里取走地志译稿,交给汪康年。张美翊在致汪康年信中称:"地志译稿亦为取来,计四十七本。然皆未定之稿,且多舛编,此弟所知。余亦未经润色,即润色者文笔亦陋,如顾延卿所编尚嫌简略,不甚合用,其他更可知矣。官书之弊,大致如此。窃谓此书整比增删,大非易事,似断不能刻板。非有沅帆为之主政,或以鄙人参预其间,再有翻译好手详细补译,不能集事。故弟南洋及俄属诸稿,准拟单行。又,土耳其稿曾经梁卓公询及,今在其内,乞赐政为荷。沅帆推奖过当,何以副之。"② 张美翊信中不仅揭示了汪康年、梁启超等人对这部遗稿的关切,而且对遗稿的整理出版提出了操作性的意见。汪康年收到这部遗稿的消息,立刻引起多方关注。如叶尔璟致书汪康年打听说:"薛叔耘《续瀛环志略》,闻拟付刻,现在已出书否?"③ 近代著名地理学家邹沅帆(即邹代钧),对此更是分外关切,多次致信汪康年,表示愿意参与对遗稿校

① 《庸盦海外文编·陈光淞跋》。

② 《汪康年师友书札》(二),第1753页。

③ 《汪康年师友书札》(三),第2521页。

刻和补续的心愿:“薛叔耘《续志略》能得,确否?此事鄙人尚可胜校刊、补续之事,如能得,可先寄一二卷与我一阅何如?”[①]在另一信中又提出建议说:“让三(即张美翊)信已悉,所言薛稿办法甚是。惟鄙人何敢主政,窃愿为让三之助耳。祈将此四十七本暂存贵馆(若须发抄,祈于图项内拨款抄之),俟报款充足,即请翻译补译。届时鄙人必来沪相助。”[②] 后来,可能是邹沅帆公事烦忙不能来沪,汪康年等人另聘他人整理。邹沅帆仍恳请“可否将稿借我一阅?”当他收到遗稿的抄件后,于光绪二十三年腊月二十二日(1898 年 1 月 14 日)又致信汪康年说:“蒙代发抄薛叔耘续志略稿,已如数收入,敬谢不已。抄赀五十余元,自应由鄙人筹补,断不可归入报款。其能补缀成稿发刊与否,容再商。然鄙人无一刻忘此事,奈事冗无暇耳。”[③] 鉴于这部遗稿存在汪康年的时务报馆中一时难以付刊,张美翊颇为心焦,曾于光绪二十三年(1897)冬天致信汪康年:“薛星使师译稿四十七本,有寄还慈明否? 务请从速,免弟失信。且因坊间假托薛公《续志略》之名编书出售(此书未见),疑弟图利也。”[④] 为了避免张美翊“失信”甚至“图利”的困惑,汪康年于次年春天,终于向张表示“译稿缴还”。薛福成的这部遗稿,虽经汪康年、梁启超、邹沅帆等人的关注,由于面广量大,续补任务重,戊戌维新期间未能如愿付梓问世。其中亚洲国家的志稿于 1902 年由薛福成后人刻印出版,书名为《续瀛环志略初

① 《汪康年师友书札》(三),第 2704 页。
② 《汪康年师友书札》(三),第 2725 页。
③ 《汪康年师友书札》(三),第 2750 页。
④ 《汪康年师友书札》(二),第 1755 页。

编》。

戊戌变法失败后，薛福成的论著仍然受到知识界的关注与珍爱。光绪二十七年(1901)初，清廷为了维护其摇摇欲坠的封建统治，被迫推行所谓“新政”。当年秋天，慈禧太后谕令科举考试废除八股，“改试策论”。科举考试内容的这一变化，既是清末新政的一项创新的举措，也为热衷于仕途的年青学子提供了新的机遇。为了适应士子们“应试”的需要，上海县令汪某组织元和顾厚焜等人编选了一套《新政应试必读》，于光绪二十八年出版石印本。该书为六卷，辑录各类文章计四百篇，其中除唐才常、江标、汪康年、钟天纬、蔡尔康、俞樾等名流文章外，在第一卷内还辑有汪都良的《薛叔耘先生出使四国日记书后》一文，文中写道：“近二十年间，中国使臣，于曾惠敏而外，其著书足以传之后世者，非惟我薛叔耘先生为首屈一指哉！……然吾读其书，每低首下心，有不惮再三玩索者，则以其论最中中西之窾要，使人人皆得其旨。……又况所重在探西国富强之本原，不事富强之糟粕，凡四国之山川地理，制造船械，既一一讲明而切究之，而尤于西邦之政治教化学术风俗，必详为记载耶。……而先生之书具在，当事者苟有意时政，其可以取而见诸施行耶。”① 可见，薛福成的遗著几乎成了当时士子们企望投身“新政”的知识阶梯。

即便到了辛亥革命时期，革命志士们同样从薛福成的遗著中得到不少有益的启迪。比如，1911年初，英国侵略军入侵云南片马，“筑营而居”，并扬言“高黎共山以西为其领地”，从而挑起了“片马问题”的边境纠纷。宋教仁怒不可遏地写就《滇

① 《新政应试必读》卷一，页六十九。

西之祸篇》,澄清事实真理,戳穿了侵略者的谎言。他写道:“考滇边界务之交涉,始于英灭缅甸以后,自光绪二十年与英人会同查勘划定,缔结条约,始克其事。……高黎共山以南,既有明约,固无所容其疑矣。其以北之境界,自昔原在野人山地之内。曩者薛庸庵为驻英星使,尝与英人力争野人山主权,滇缅条约成时,卒以总署王大臣援之不力,割以与英。然而潞江以西、恩买卡河以东之间,其境界未尝明定,此实当日之疏漏也。……由以上观之,则片马之地原为我属而非英属如是,原不可弃为英属而不可不保持为我属又如是……”① 宋教仁在《故纸堆中滇人泪》一文中,又对薛福成当年“锐意欲整顿滇缅界务”的努力予以赞扬,充分肯定了“薛氏与英人折冲数年”②,“收回昔马”的历史功绩。

薛福成的论著,何以具有如此巨大的魅力?为何早期启蒙思想家、维新志士、向往参与清末“新政”的学子,乃至革命党人,都从他的遗著中有所得益,或者汲取其论述当作自己立论的依据? 这些问号,只有从薛福成的遗著中,尤其是薛氏奉使泰西数年的论著中寻求确凿的答案。出使欧罗巴的四五年,是薛福成向西方寻求救国真理的巅峰时期,也是薛氏思想更趋成熟的阶段。对此,将通过下列章节分别论述。

---

① 《宋教仁集》,第155～158页。

② 《宋教仁集》,第732页。

第九章　对“天圆地方”世界观念的新诠释

记得一位德国哲学家曾说：“启蒙就是反对迷信和偏见，以及其他任何阻碍对实在进行最深入了解和反映的事物。”①启蒙的对立面是蒙昧。就直观而言，启蒙是对蒙昧的解脱或者超越；就其过程而言，启蒙也是一种破旧创新的过程，破迷信和偏见之旧，创科学和真理之新，实现精神上的解放。

薛福成作为中国近代启蒙思想家之一，他的论著之所以具有感召世人的魅力，正在于其论著所介绍的新知及其显现的识见和思想，具有破旧创新的启蒙效应，如实反映了近代爱国志士向西方寻求真理的阶段性成果。

走向世界必须首先了解世界。自觉走向世界的前提在于

---

① 雅斯贝尔斯：《智慧之路》中译本，第6页。转引自《学术月刊》1992年5月号，第18页。

科学地认识世界。“历聘四国”,“驰观于域外”,是薛福成的启蒙思想逐渐成熟、更臻完备的阶段。他在西行途中,为傅兰雅的《格致汇编》撰写序言,其中说道:“格致之学,在中国为治平之始基,在西国为富强之先导,此其根源非有殊也。”① 正因为科学是“治平之始基”,“富强之先导”,故薛福成在出使期间,对西方先进的科学文化知识处处留心注意。西学东渐,最先登陆的是西方地理科学。因此,西方地理科学便成为近代有识之士认识世界和走向世界的桥梁,在思想上破旧创新、实现变革的利器。薛福成通过实地考察,也在出使日记中写下:“西人皆知舆地之学。每村塾中,童子七八岁者,先读舆地诸书,四壁悬地球诸图,塾师随时指示。迨十三四岁后,则又择舆地书之精者读之。盖凡为官为士为兵为工为商,皆当周知舆地,惟其童而习之,所以无人不洞悉形势,谙练世务。”② 既然西方国家都将“舆地之学”作为培养后代“洞悉形势,谙练世务”的重要手段,急于向西方汲取成功经验的薛福成,势必将审视的目光首先聚焦在西方的先进科学,尤其是方兴未艾的“舆地之学”。

一、天圆乎,地方乎?

破“天圆地方”之旧说,立宇宙观念之新知,是薛福成出使泰西后获得的一个重要思想成果。

数千年来,天圆而地方,天动而地静,日月星辰绕地而行,

① 薛福成:《出使四国日记》,第5页。
② 薛福成:《出使四国日记》,第86页。

几乎成为中国先民观天察地毋庸置疑的传统观念。随着西方科学舆地知识的逐步传入，中国传统的宇宙观念受到了震撼：被视为"新地志之嚆矢"的林则徐《四洲志》告诉人们，地球不过是个圆形的球；魏源在《海国图志》中首次向国人介绍了日心说；徐继畬在《瀛环志略》中又"依图立说"，揭示了"日未尝动，地转动不停，受日光则昼，背日光则夜"① 的自然现象。这些有关天文地理新知的提出，不啻是对"天圆地方、天动地静"的远古意境的强烈震撼，更吸引着近代有识之士们进一步去探求宇宙的奥秘，围绕观天察地，实现观念的更新。

薛福成是抱着向西方寻求新知的强烈愿望踏上使西历程的。他以帝国外交使臣的身份，常驻当时科学文化最发达的西欧诸国达四五年之久，又是被英国女王誉为"学问极好，著书颇多"的清廷官员。这些特殊的条件，使薛福成得以更加贴近、更加真切地观察西方科学文化，多侧面地比较中西文化学术的差异，对传统观念进行反思，抒发自家的体验与心得。

薛福成是位勤于学习、善于思考的人，从踏上欧陆的第一天起，便对西方天文学的新成就抱有极大兴趣，坚持同科学家对话，参观天文台，还亲自用望远镜观察浩瀚的宇宙，由浅入深地探求宇宙的无穷奥秘。

光绪十七年正月初五日，薛福成在世界第二大都会巴黎，率领使馆随员参观亚拍岁候佛笃瑰尔天文台，不仅看到"各国古时仪象"、"五星月彗诸图"，还亲临天文台的"机器观星房"，透过镜面达十四英寸的"大千里镜 "，观测天际日月星辰"转移不息"的瑰丽景象：既有"其光熊熊"的行星，还有由"无数小

① 徐继畬：《瀛环志略》上卷。

星攒聚而成”的“星气”；当他移镜窥月时，只见望远镜中的月亮，“大于寻常所见者约数十倍，光浙映处，纹如冰裂，分出无数块垒，西人谓皆月面上山影也；至于沙碛之痕，如大戈壁”①。

通过亲眼观测，以及法国天文学家们的介绍和剖析，薛福成眼界大开，终于领悟到不少有关天文舆地的新知识。他在当天的日记中这样写到：

> 近来西人测天，谓地球亦行星之一。其绕日而行者，如金、木、水、火、土五星及地球及天王、海王星，皆行星也。其有定位而不移动，如二十八宿者，谓之恒星。人但见恒星之旋转，不知乃地球之旋转也。惟是恒星之旁亦有行星，以其离地过远，人之目力有见有不见耳。行星之旁，亦更有绕行星而行者，如西人近测填星内有八月、木星内有四月是也。惟火、金、水三星离日较近，尚无所见，或本无之，或为日光所夺，隐而不显，均未可知。②

对恒星、行星、月（即卫星）及其相互关系的介绍，尤其是太阳系八大行星的记述（当时尚未发现冥王星），在当时的西欧各国虽然是极普通的天文常识，可对薛福成来说，确实是新而又奇的知识，更促他思绪难遏，在接连数天的日记中，都在反复探求有关天体的新知。

① 薛福成：《出使四国日记》，第232页。

② 薛福成：《出使四国日记》，第232页。

地球为何绕着太阳运行？他在正月初七日的日记中说："地球及诸行星，皆为日之吸力所吸引而行；月又为地球之吸力所吸引而行，实则皆日之吸力所统摄者也。"①

行星为何也发光？他在正月初八日的日记中说："地球即一行星，行星亦一地球。自他星上望吾地球，固炳然一星也。光从何发？借日之光以为光也。"②

地球何以不坠？他在正月初九日的日记中说："或问地球在太空之中，四无倚着，即云为日之吸力所摄引，而以周围九万里如此重大之物，亘古虚悬，安能不坠乎？日之吸力，又安能若是之大乎？余据西人之说应之曰：'今人在地球者，习见重物下坠，此不过为天之压力所压、地之吸力所吸耳。压力吸力，皆趋重地心。地心以外，上下四旁，六面均平，并无偏重之处；既无偏重之处，则虽推之九十万里九百万里之大，亦如鸿毛之浮于太空耳。况再有日力以摄引之，焉得坠？'"③

经过初步考察，薛福成对西方天文学的研究动态及其新成就更加兴致盎然地予以搜集，既解决自己心中的谜团，更通过日记形式反馈给国内。

地球距太阳有多远？在光绪十七年四月初七日的日记中，薛福成摘录了《泰晤士报》有关泰西天文学家测算的先后不同的数据：公元前 150 年，协巴朝士认为地球距太阳 590 万英里；1543 年，高巴拿士谓地球距太阳 470 万英里；1628 年，基布拉谓地日相距 1350 万英里；1799 年，拉布厘士谓地距日

① 薛福成：《出使四国日记》，第 233 页。

② 薛福成：《出使四国日记》，第 233 页。

③ 薛福成：《出使四国日记》，第 233～234 页。

9280 万英里；1824 年，燕基厘谓地距日 9525 万英里；最近的天文学家均算得地距日 9289 万英里。薛福成最后感叹说：“前后各说不同如此，可见测算之难。”① 当然，科学认识总是逐步接近于事实的。薛福成记录有关地球和太阳之间距离的前后测算数据，为近代中国了解天文测算，提供了重要参考资料。

八大行星状况如何？除地球外其他行星是否存在着生命？对此，薛福成虽然未置然否，但本着生命存在的条件进行过假设性的推测。他在光绪十七年四月二十七日的日记中，记录了诸行星皆“自西而东”的运行轨迹，并指出：“凡行星皆小于日，然有大如地及大于地者。诸行星上设有动植诸物，其性质必较地面诸物不同。盖诸行星异于地球者三：受日之光热多少不同，摄力大小不同，体质疏密不同也。土星实径约二十二万五千里，体积大于地球约一千倍。”② 在这段记述中，薛福成强调影响星球上动植物性质的三个条件（受光热的强弱、引力的大小、星体质地的疏密），确实用唯物主义的眼光，抓住了生命存在和运动的要素。

彗星是如何形成的，在古代中国一直是个未解之谜，不少人还给以种种迷信的解说，视之为灾异的征兆。但薛福成在光绪十七年五月初六日的日记中作出如下解释：“至彗星借日光而明，无可疑者。盖彗乃薄气积成，能透日光，故内外通明也。盖彗体甚小，而包体之气甚大，体与气俱受日光而明焉。”③ 这一解释虽然过于简略，但基本反映了人类在十九世纪对彗星

① 薛福成：《出使日记续刻》卷一，页十八。

② 薛福成：《出使日记续刻》卷一，页二十九。

③ 薛福成：《出使日记续刻》卷一，页三十三。

的科学认识，更是对视彗星为灾祸预兆的传统愚昧观念以有力否定。

地球是从哪里来的？世上万物又是怎样形成的？这是人类上下求索数千年，而又百思不得其解的古老话题。历代唯心主义者都把客观物质世界说成是虚幻不真的，鼓吹“无”能生“有”，即是虚无缥缈的“无”能导出自然万物。至于“无”中怎样导出“有”，他们只能找出一个精神的主宰，给以神秘的解释。历代的唯物主义思想家则提出元气本体论的自然观与之抗衡，他们认为：“阴阳二气充满太虚，此外更无他物，亦无间隙，天之象，地之形，皆其范围也。”① 就是说，宇宙间充满了物质性的阴阳二气，气是原始的物质本原，正是气的“聚散变化”，构成了自然万物的物质实体。至于这个“阴阳二气”到底如何“聚散变化”为千姿百态的世界万物，囿于种种条件，他们没有也不可能说清楚。与先辈学人相比，求知心切的薛福成有了得天独厚的客观条件。他从落后的东方来到先进的西方，借助西方自然科学所取得的巨大成就，解开了这一令国人震惊的千古之谜。他在光绪十八年正月十一日的日记中有如下一段记载：

> 西士尝论太空中地球，其始或由日中流出余火，或系彗星所存之火，旋转空中，终古不熄，亘数百千万年，而火外渐生皮壳，包火在内，愈长愈厚，遂成坚石。久之而石在太空，不能不积受寒湿之气，而其内又极热，于是寒热相搏，燥湿相乘，而石之上有泥有

① 王夫之：《正蒙注·太和篇》。

沙有砂子三者生焉。久之而积泥稍厚，不能不生草木，草木腐烂，复为泥土，积土益厚，大地遂成。于是，石之凸出者为山，土之凹陷者为川。盖二之含孕既厚，未尝不积收太空中亘数百千万年之湿气在内，而又与空中之湿气相感，故能呼吸流通。其由沙土中喷涌而上出者为泉，其由太空中凝润而下降者为雨，皆水气也。地心之火，终古不熄，外与太阳之火，空中之火相吸引，其发而为声则为雷，激而为光则为电。而钻木击石，无不有火，则地球之上，无处无火气也。风则流行于空中，所以摄此地球而不坠，而水火之气，亦未尝不借风气以运之。

盖自土水风火咸备而植物生。又久之而化生、湿生之物生，虫鱼是也。又久之而卵生之羽族生。又久之而胎生之毛族生。最后人类蕃育，而地球于是乎大成。①

短短四五百字，本着进化论的原则，朴实地介绍了地球的形成、山川雷电的出现，尤其是地球万物由低级到高级的进化过程。地球、人与世界万物，都是自然进化的产物。这是对某个造物主创造世界或某种神秘的精神主宰世界等等谬说的有力批驳，在自然观上闪烁出近代唯物主义的光泽。

然而，薛福成毕竟是位背负着沉重传统包袱的先行者，在行进中不能不瞻前顾后，在中西文化的撞击中寻求某种彼此皆能沟通的桥梁，以图达到和谐甚或协调。关于这一点，在他

① 薛福成：《出使日记续刻》卷三，页四十五～四十六。

探求新的宇宙观念过程中也得到了验证:就在他借助西方科学家之口阐述地球形成以及地上万物由低级向高级进化现象的同一个月,在二十二日的日记中又就“天圆地方、天动地静”写下一段论说:

天圆而地方,天动而地静,此中国圣人之旧说也。今自西人入中国,而人始知地球之圆,凡乘轮舟浮海,不满七十日,即可绕地球一周,其形之圆也不待言矣。若天之全体,则星也日也,布满于太空之中,太空无外,空之又空,至于不可终穷,殆不能以方圆言矣。

西人又创地动日不动之说,以为地球绕日而行,每日运转一周,积年而绕日一周,而日则终古不动,其证据确凿,亦足自畅其说。

然则与吾圣人所谓天圆地方、天动地静者,不大相剌谬乎?余谓西人所测方圆动静,言其形也。圣人所论方圆动静,言其道也。夫阴阳始终,寒暑往来,循环无端,岂非天道圆乎?!华岱江河,各有定位,不能移易,岂非地道方乎?!圆之故由于动,夫日虽不动,而二十八宿之灿布于太空者,不能谓之不动也。且地绕日而行,安知非即日之挈地以行,人既在地,不能复测日之所以动。然西人以远镜窥太阳,见面有黑点,时时移动,故知日亦能自转也,自转则动也。方之故由于静,镇之以山而不重,流之以川而不泄,皆静也。譬如大舟行海,舟中之窗户几席,虽与舟俱动,而在舟中未尝不静。圣人在地言地,则谓之静而已矣。

> 或曰:《中庸》有言,夫妇之愚,可以与知焉,及其至也,虽圣人亦有所不知焉。夫妇之不肖,可以能行焉,及其至也,虽圣人亦有所不能焉。地球之圆,岂非今之夫妇所知,而古之圣人所不知乎。环游地球一周,岂非今之夫妇所能,而古之圣人所不能乎。应之曰:古之圣人,不能环游地球审矣,若谓不知地球之圆则未必然,但未到其时,圣人不肯显言,未涉其境,圣人不必赘言耳。①

第二天,他在日记中又郑重其事地对自己论述的“天地方圆之理”进行补充阐述,指出:“夫地球滚滚日夜,旋转于太空之中,故无不圆之体,即日也月也,及诸行星也,其理皆如是也。”进而提出圆乃“天地自然之形”,甚至人体的孔窍“无非圆者”,也因为“得天地自然之气也”。于是,他最后得出结论说:“是故论其道则天圆而地方,论其形则地圜而天亦圆,惟太空则无可名焉。”②(因为他认识到“虚空之界无终极也”)

这样,薛福成得出了自相矛盾的宇宙观念:一方面,他确认地球是圆的乃是无可辩驳的事实,更承认“地动日不动”学说也是“其证据确凿,亦足自畅其说”,从而接受了西方天文学所证实的真理性认识。然而,他又不敢断然否定“中国圣人之旧说”,不敢承担“非圣诬法”的恶名。于是,他采取“此亦一是非,彼亦一是非”的论辩手法,在西方新知和圣人旧说之间构

① 薛福成:《出使日记续刻》卷三,页五十五～五十六。

② 薛福成:《出使日记续刻》卷三,页五十八～五十九。

架起一座彼此相通、中西文化皆可言之成理的桥梁，从而导出一种似是而非的结论："西人所测方圆动静，言其形也；圣人所论方圆动静，言其道也"；"是故论其道则天圆而地方，论其形则地圆而天亦圆"。地球是圆的，地球绕着太阳转，这是西方先进科学业已证明的常识性真知，崇尚科学文明的薛福成在理性上不能不表示认同。但他毕竟是深受儒家思想长期熏陶的知识分子，摆脱不了圣人说教的羁绊，于是，设想出一套"形"与"道"的解释，为圣人之旧说补拙。他用"华岱江河各有定位，不能移易，岂非地道方乎"来为圣人之说论辩，毕竟显得苍白无力。至于他为古之圣人辩护时说什么"若谓不知地球之圆则未必然，但未到其时，圣人不肯显言，未涉其境，圣人不必赘言耳"，更是故意将圣人神化的不实之词，缺乏起码的说服力。可是，薛福成的辩解中也确实流露出惊人的智慧，比如他提出"地绕日而行，安知非即日之挈地以行"的观点，即预测到太阳对地球具有吸引力以控制其运行；又比如他对"日不动"说的商兑，提出太阳表面有黑点（即太阳黑子）"时时移动，故知日亦能自转也，自转即动也"的观点，无疑是正确的。

问题在于，虽然薛福成在汲取科学新知、论述新的宇宙观念时还夹杂着不少陈旧的传统观念，难以从根本上摆脱"圣人之旧说"的困扰，但他对日月星辰运行规则的简要解释，是同迄今为止人类已探知的自然科学常识基本吻合的；尤其是他对建立在日心地动说、地圆说等科学知识之上的西方新的宇宙观念的介绍，在近代中国思想史上毕竟具有承前启后的创新作用，不但鞭策他本人、更启迪世人用科学的观念去重新反省、认知中国的传统与现实，寻求与确立变革的观念，加速由蒙昧向科学的转化。

二、重新诠释邹衍的九州说

长期以来，中华民族都束缚在传统的“夷夏”观念中狭隘地看待世界，自以为中国居于大地的中心，君临四海。直到乾隆年间，人们对世界的描述仍然是：“中土居大地之中，瀛海四环。其缘边滨海而居，是谓裔，海外诸国亦谓裔。裔之言为边也。”①　正是这种“不知道地球的大小而又夜郎自大”（利玛窦语）的顽固夷夏观念，迫使初到中国的利玛窦不得不入乡随俗，违心地在带入的世界地图上抹去福岛的第一条子午线，并在地图两边各留一道边，使中国正好出现在地图中央，以迎合并争取中国朝野对其地理学的认同。正是这种对世界茫茫然的现状，造成道光年间英国人排闼而入时，清朝的统治者们还处于“所谓欢罗巴，尔时不知为何地”②的窘境之中。这就决定了一条规律性现象：当中国历史跨入近代，凡是“开眼看世界”的有志之士，必须首先打破对世界的无知，确立更加近乎实际的世界观念。

林则徐率先向无知开战，在《四洲志》中告诉人们：除中国之外，世界上还有几十个国家。徐继畬在《瀛环志略》中更证明，世界不是以中国为主，至多是“亚细亚以中国为主”，更具体列出世界上有 80 个国家。冯桂芬在《校邠庐抗议》中更指明：“神州者，东南一州也。今则地球九万里，……据西人舆图所列，不下百国。”这些对世界地理知识的介绍，把传统夷夏观

① 《皇朝文献通考》卷二九三，四裔考一。

② 《海国图志·英吉利国二》。

捅开了一个缺口，更引发了近代有识之士沿着他们开拓的思路去继续探求舆地新知，揭示世界的科学奥秘。

薛福成就是这批有识之士群中承前启后的关键人物之一。他是在接受了林则徐、徐继畬等先辈的舆地新知的基础上，携带着傅兰雅的《格致汇编》书稿踏上使西航程的。当他从上海黄浦江头出发，首次远涉重洋，入东海，经南海，越过印度洋，穿行于红海，“遂过亚丁之岸，复经埃及之河”，“遇风于地中之海”，“盖行三万五千程，历三十有四日，始至法国，继驻英京”①，足足绕了大半个地球。经过沿途的实地感受和悉心考察，他情不自禁地发出“睹大海之汪洋，念坤舆之广远”②的喟叹。还在跋涉途中，他便对中国居于四方大地之中央的“地方”旧说产生绝大怀疑；他跨出国门，由亚洲，中经非洲，抵达欧洲，再翻阅《瀛环志略》所载的世界地图，对古贤邹衍谈天时阐发的“九州说”产生了新的认识。邹衍认为，中国名曰赤县神州，不过占天下八十一分之一的陆地，赤县神州内划分为九州，但在中国之外，尚有“如赤县神州者九，乃所谓九州也”，各州之间“乃有大瀛海环其外，为天地之际焉”③。邹衍的九州说，曾遭历代儒者的讥评，有的斥其为“闳大不经”，有的则讥其为“迂怪虚妄”。薛福成由封闭走向开放，对邹衍学说也经历了一个重新认识的过程，他在日记中如实写道：“余少时亦颇疑，六合虽大，何至若斯辽阔？邹子乃推之至于无垠，以耸人听闻耳。今则环游地球一周者，不乏其人，其形势方里，皆可核实

① 薛福成：《出使四国日记·跋》。

② 薛福成：《出使四国日记》，第13页。

③ 薛福成：《出使四国日记》，第11页。

测算。余始知邹子之说，非尽无稽；或者古人本有比学，邹子从而推阐之，未可知也。”① 薛福成进而根据初出国门时掌握的地理知识，对邹衍的世界“九州”说，作了颇为牵强附会的诠释：当时世界仅有亚、非、欧、澳及南北美洲等六大洲（尚未发现南极洲），薛福成为了将六大洲凑成“九州”，依据亚洲大于欧洲五倍的事实，将亚洲分为三洲，又将广袤的阿非利加洲分为南北二洲，从而使邹衍的大九州之说，“可得而实指其地矣”。薛福成也承认，如此这般地硬凑“九州”，不过是“意有所触，因信笔书之”②，难免牵强附会。但这一举动，是在接受现代科学地理知识基础上的主观发挥，旨在承认“地外有地”，是对“地方”旧说的有力否定。

薛福成对邹衍“九州”说的重新诠释，虽然用现代人的眼光看来尚不科学，但在当时确实是颇为大胆且又新颖的观点，引起了同时代启蒙思想家王韬的重视和认同。光绪十九年二月（1893 年 3 月），王韬在《万国公报》上发表《论大地九州之外复有九州》一文，着意宣传了薛福成提出的这一新观点。王韬在这篇文章中，不但详细介绍了薛福成“以山水自然之势”将世界六大洲细分为“九州”的观点，并认同地说，如此，则“大地九州之说可得而实指其地矣”。王韬还依据薛福成当年日记的内容，在文章中进一步说明：大地九州之面积“八十倍于昔日之中国”，至于“禹迹之九州实不过大地八十一分之一，而《禹贡》所详之一州又不过得大地七百二十九分之一”。由薛福成率先提出、得到王韬赞同并力加宣传的大九州说，是他们以

① 薛福成：《出使四国日记》，第 11 页。

② 薛福成：《出使四国日记》，第 13 页。

近代世界地理概念对传统“九州观”的重新解释。他们扬弃了战国时期邹衍大九州说的虚幻性，而以某种貌似陈旧的方式输入了近代世界地理知识的实质性内容。薛福成、王韬的大九州说，不但是邹衍大九州说在近代条件下的一种升华，也是对长期占据人们头脑中的“九州”、“天朝”传统观念的巨大冲击或突破。他们的新观点虽然还背负着传统的因袭，但却以回归传统的假象完成着新陈代谢、吐故纳新的历史使命，客观上推动着近代世界地理观念的普及。这种以新知识对传统旧说作重新解释的文化现象，还揭示了近代新陈代谢的思想变迁中存在的“欲新还旧”的时代特点：以传统的文化架构容纳西学，这是近代中国中西文化交融中出现的特殊现象。事实上，在西学东渐的历史进程中，正是传统中的某些遗存架起了中西文化会通的桥梁，它以一种兴西学保中学的双重效应推动着近代中国“变外来为内在”这一自我更新的历史进程。薛福成正是近代思想界实现“变外来为内在”、自我更新的积极探索者和推动者之一。薛福成对邹衍大九州说的重新诠释，王韬对“九州之外复有九州”的着意宣传，不仅向国人揭示了世界之大且广的简单知识，而且使国人从这类简单的世界地理知识得到某种启迪：中国，并非是高踞于世界大地中央的“天朝上邦”，更不是天下唯一，而仅仅是天下之一，如此而已。

当然，薛福成对世界地理新知的探求并未就此止步。经过数年考察和悉心探求，他对世界各大洲的地理形势、历史沿革、风土人情有了更加广泛的了解，并根据自己获得的新知，按照“欲新还旧”的习惯思路，补正前人的不足和谬误。我国古籍《释典》将大地分为四大洲，其名曰南赡部洲、西牛贺洲、北具卢洲、东胜神洲。明代来华传教士的《西洋图说》首次向中国人介绍了世界四大洲：亚细亚洲、欧罗巴洲、阿非利加洲和亚美利加洲。近代思想家魏源在《海国图志》中依据《释典》的四大洲说而将地球陆地牵强附会地划分为两大洲。魏氏认为，《西洋图说》之四大洲，仅得《梵典》(即《释典》之别称)四洲之二。魏氏以为，水中可居曰洲，亚细亚、欧罗巴、阿非利加皆有陆地可通，实为一洲，盖即《释典》之南赡部洲；亚美利加即《释典》之西牛贺洲；至于北具卢洲则隔于北冰洋，东胜神洲则隔于南冰洋，海舶不能至其地，遂不能遇其人。也就是说，后二洲是否真的存在，还是个谜团。对于魏源将地球分为两大洲的说法，王韬曾表赞同。王韬于十九世纪七十年代撰写《论地球仅得二大洲》一文，也将东西半球的五大洲视作两大洲，并揣测“地球或有二大洲在，未可知也”①。薛福成虽然对魏源和王韬非常崇敬，但在四大洲的问题上，仍本着科学求真精神与之切磋。薛福成在光绪十九年四月十八日的日记中，曾就此对魏源的观点展开论辩。他虽然承认：“魏氏解《释典》之四洲，视洋人图说之四洲，益辽阔矣。”但他坚持认为：“《释典》之四洲，殆即《西洋图说》之四洲无疑也。魏氏引《说文》水中可居曰洲之说，谓亚、欧、阿三洲皆有陆地可通，实为一州，未免失之太泥。盖《说文》之意，不过就大势而言，假令其地四面有九分为水所环，仅有一分通陆，固亦可谓之州矣。今虽不能就《释典》之四州，确为注解，大约美洲即西牛贺洲，其南赡部洲似指印度及南洋各岛言之，则东胜神洲为亚洲无疑，而北具卢洲为欧洲无疑矣。阿洲或附印度或附亚洲，未可知也。魏氏之说难免闳大

① 王韬：《瓮牖余谈》卷四。

不经之讥已。”①这一争论，虽皆属于以新知附会古义的争执，但对《说文》中“水中可居曰洲”的理解，薛氏似乎比魏源更为贴切、融通，不仅以“欲新还旧”的形式维护了世界数大洲的客观存在，尤其是对魏源“未免失之太泥”、“难免闳大不经”的讥评，更显露出薛福成敢于向权威论点挑战的理论勇气。

对世界地理知识的宏观把握，更激励着薛福成将视角伸向各大洲内部，对每个大洲内部的国家分布、地理环境及其历史变迁进行深层考察。诚如他在《出使四国日记·跋》中所说：“窃尝远稽大地四隤之说，近览环球万国之形，沿革必详，广轮胥准。”在出使泰西的几年中，他通过各种途径，广泛收集世界各国的地理资料，准备撰写《续瀛环志略》，为国人更准确地了解世界奉献一部更为翔实的世界地理著作，以图达到“惟能明地势、审敌情，故应机决策不为所蒙”②的现实目的。基于此，薛福成在西欧任内，曾分饬随员翻译泰西各国地志，装订成40余册，已完成了六七成原始资料的搜集与整理。对这些丰富的各国地志资料，薛福成总是认真审读，并“摘其大略于日记之中”。在薛福成的数十万字出使日记中，记述世界各国地理的内容，几乎占了三分之一的篇幅。就其日记中记载的内容来看，薛福成对世界各国概况的介绍，首先以其精详性超越前人。比如，光绪二十年三月下旬的日记，他连续六天记述荷兰，不但准确地记述了荷兰的地理位置、历史沿革、海陆交通、工农业产品、进出口货之大宗，还记述了荷兰的政治体制、人口构成、教育、信仰、海陆军队及其装备，甚至对荷兰在世界各地

① 薛福成：《出使日记续刻》卷七，页五十八～五十九。

② 薛福成：《出使日记续刻》卷十，沈林一跋。

的“属地”也作了具体介绍。其次，薛氏的介绍还以其视角的广泛性见称于世。比如，他在详细介绍欧亚各国概况的同时，还对国人较为陌生的南北美洲的各国概况作了较为广泛的介绍。他不但以浓重的笔触介绍了同中国已有交往的美国、加拿大、古巴、巴西、秘鲁、海地的概况，还介绍了厄瓜多尔、哥伦比亚、乌拉圭、歪阿那（即圭亚那）、波多黎各等国的概况，甚至对西印度群岛包含的大安的列斯群岛、巴哈马群岛和小安的列斯群岛的风土人情也分别作了介绍。尤其令人吃惊的是，薛福成在介绍圭亚那时，还分别介绍了英属圭亚那、荷属圭亚那和法属圭亚那的地情与社情，为国人提供了更加全面而又具体的国别知识。难怪薛福成归国不久病故后，他搜集的这份世界舆地资料，成为国人普遍关注、争相寻觅的目标。

在人类历史上，地理知识的拓宽和变化，往往成为引发人们思想觉醒、寻求变革的重要前提。欧洲在15～16世纪的“地理大发现”，曾大大拓宽了西方人的视野，并由此改变了他们的世界观念，更驱动欧洲人迅猛地走向世界，从而揭开了欧洲资本主义向全球拓展的序幕。曾几何时，封闭的地理环境和狭隘的世界观念为中国社会提供了一个比较强固的隔离机制，使大一统的封建体制和文化观念一脉相承，导致社会发展长期处于保守和停滞的状态。而今，舆地新知的东传为国人展现了一个迥异而又陌生的新世界，更直接地震撼着薛福成，促进他在思想上冲破中世纪的蒙昧，诱发他的好奇心和求知欲，更自觉地走向世界，并抓住奉使泰西这一得天独厚的条件，由表及里地实地考察、悉心探求西方世界的内在奥秘，通过中西文明各个侧面巨大反差的强烈对比，较长论短，从中寻求改变祖国贫弱状况的救国方略。

第十章　对西方文明的全方位考察(上)

薛福成是一名善于汲取他人长处的思想家,他服膺这样一则信条:"天下之善知人长者,又即善于知人之短者哉。"①正是这则信条,驱使他在"恪恭使职","联络邦交",尽心尽力搞好对外交涉的同时,十分注重"觇国势、审敌情"的神圣使命。他在"默察西国之情势"的过程中,对西方文明进行了全方位的悉心考察,"大而富强立国之要,细而器械利用之原"②,都在他的探求范围之内,真可谓事无巨细,"逐事考求",力求纲举目张,摸清西方社会的"真伪虚实,得失利病"③,更希望

① 薛福成:《出使四国日记·自序》。

② 薛福成:《出使四国日记·跋》。

③ 薛福成:《出使四国日记·咨呈》。

通过自己的实地考察,达到一个非常现实的目的:“亦期裨益中国之要务也。”①

更应指出的是,薛福成是由落后的大清帝国向先进的欧洲列强派出的首批外交官员之一。在西方人的眼中,头顶顶戴身着补服的中国使臣不过是马克思所形容的“陈腐世界的代表”②,可他们面对的恰是已完成工业革命和民主革命任务,且正在从自由资本主义阶段向帝国主义阶段转化的西方世界。一方面,大清帝国外交使臣的特殊身份,使薛福成得以贴近观察西欧诸国的权力运作状况,了解其体制和政局的内在结构及其走向;得以俯瞰工业化世界的社会生活的诸多侧面之实况,感知西方文明的创造及其成果;得以接触西方国家朝野上下的各色人等,了解西方文明熏陶下的臣民心态及其内在素养。另一方面,中西社会文化的巨大差异,又决定处于中西政治冲突前哨位置上数年之久的薛福成,在泰西考察的灵敏度、感受的对比度,都较诸长期落籍异域者或短暂赴西方游历者更为强烈,更为独到,往往能抓住中西文化相互碰撞的交会点,产生出夺目的思想火花。

鉴于社会文明是人类创造的物质产品和精神产品的总和,内涵极为宽泛,但其主要通过器物、制度和精神三种存在形式具体展现。薛福成对西方文明的考察,视野十分宽广,几乎触及到西方社会的各个层面;成果也非常丰富,涵盖着社会文明展现的器物、制度和精神等三大范围。薛福成对西方文明考察过程中所获得的思想成果,主要体现在如下几个方面:

① 薛福成:《出使四国日记·凡例》。

② 《马克思恩格斯选集》第2卷,第26页,人民出版社1972年版。

一、富国强兵，全藉于商

“欧洲立国，以商务为本，富国强兵，全藉于商”①。这是薛福成考察西方社会、寻求泰西各国富强原因的一条重要认识。当他奉旨西行途中，目睹香港、新加坡等地由荒岛辟为巨埠的巨大变化时，便感受到这种变化的动因在于：“以英人于商务最精也”②，进而从中领悟到“商”的极端重要性。他在日记中写下一段重要心得：

> 夫商为中国四民之殿，而西人则恃商为创国、造家、开物、成务之命脉，迭著神奇之效者，何也？盖有商，则士可行其所学而学益精，农可通其所植而植益盛，工可售其所作而作益勤：是握四民之纲者，商也。此其理为从前四海之内所未知，六经之内所未讲；而外洋创此规模，实有可操之券，不能执中国“崇本抑末”之旧说以难之……③

素来持论较为慎重的薛福成，在这里公开向中国传统的“崇本抑末”之旧说挑战，将商由“四民之殿”列于四民之首，其立论依据便是西方国家之所以繁荣昌盛的成功经验：“恃商为创国、造家、开物、成务之命脉”，并且“迭著神奇之效”。应当承

---

① 薛福成：《出使四国日记》，第147页。
② 薛福成：《出使四国日记》，第16页。
③ 薛福成：《出使四国日记》，第16～17页。

认,薛福成首先着眼于“商”来洞悉西欧国家富强的动因是颇具眼力的,抓住了西方社会勃兴的本质要素。因为,薛福成所论列的“商”及“商务”,指的是资本主义的商品生产和市场经济,这确实是使社会生产力从封建桎梏下解放出来并获得飞速发展的根本原因。

令人惊叹的是,比薛福成年长20岁的无产阶级革命导师马克思,虽然长期生活在西欧几个最发达的资本主义国度里,但他在剖析资本主义社会的经济运动规律时,同样是从商品的分析着手。马克思在分析资本主义生产关系时首先抽出最简单的、最普遍的、最大量的关系——商品生产及其交换,就此揭示商品作为资本主义经济的最基本的细胞,既是资本主义生产关系发生和发展的起点,又孕育着资本主义社会矛盾的萌芽。在资本主义制度下,商品生产及其交换具有统治的、普遍的特性,也是资本主义社会赖以生存和发展的基础。资本主义国家向外扩张时,商品也是他们手中极其锐利的武器。马克思在论述资产阶级按照自己的面貌创造世界、尤其是征服落后民族时曾尖锐地指出:“它的商品的低廉价格,是它用来摧毁一切万里长城、征服野蛮人最顽强的仇外心理的重炮。”① 从十九世纪中叶开始,拥有“万里长城”的封建闭塞的中国,正是西方列强用洋货这一“重炮”重点轰击的目标。它们采取种种威胁手段,甚至多次使用武力,迫使中国成为列强的商品销售市场和原料供给地。

生活在中国土地上的薛福成,目睹洋货如潮水般地涌进中国城乡,造成中国传统手工业的破产和民族经济的凋零,更

① 《马克思恩格斯选集》第1卷,人民出版社1972年版,第255页。

是导致中国“近日民穷财尽”的重要祸源。这一现实，促使他不能不对商品这一“重炮”的巨大冲击力及其严重后果引起高度重视。于是，他在光绪五年(1879)撰写的《筹洋刍议》中，已专列《商政》一章，既痛惜地看到洋货每年进口逐年递增，每年“约计洋商所赢之利，当不下三千万两”，更从中感悟到“以工商为先”正是“西人之谋富强”的重要经验。但他并不盲目排外，当时已认识到商品竞争乃是不可逆转的大势所趋：“所以地球各国，居今日而竞事通商，亦势有不得已也”①；“然则为中国计者，既不能禁各国之通商，惟有自理其商务而已”②。进而本着“夺外利以润吾民”的宗旨，明确提出振兴中国商务的多项建策。如果说，当年的薛福成的重商意识尚停留在对洋货造成中国“民穷财尽”的切肤之痛的感性认识之上的话，那么，十多年后亲身置于西欧社会，通过数年的实地观测与探求，他已对商务的重要意义上升到理性思考。上引他对“握四民之纲者，商也”的阐述，便是结合中国国情所阐发的理性认识。过去，中国的士，也就是知识阶层，历来沿着“学而优则仕”的路径摸索前进，想方设法“从政”，挤进仕途，对“从商”这一“末”业向来不屑一顾；而今，薛福成却提出“盖有商，则士可行其所学而学益精”。这就告诫士子们，商品经济同样是大有学问的，值得认真钻研，只有商品经济发展了，士子们的学问才大有用武之地，而且使学识愈钻愈精。过去，农业是自给自足的自然经济的基础——本业，农产品主要是为了维系自己生存的需要，而不是当作商品拿到市场上去交换；而今，薛福成却告诉

① 《薛福成选集》，第541页。
② 《薛福成选集》，第541页。

人们,在商品经济条件下,"农可通其所植而植益盛"。就是说,农产品同样应该适应市场的需求,"通其所植",拿到市场上去流通交换,商品交换还可刺激农民的生产积极性,促使他们"植益盛",为市场提供更加丰盛的农产品,这就从根本上动摇了农业作为"本业"的自然经济基础的地位,将农业推向市场经济的浪潮中去经受价值规律的洗礼。过去的"工",也就是小手工业,也是扎根自然经济基础上的家庭经济,"男耕女织",主要是为了自身消费的需要;而今,在商品经济条件下,工商已联为一体,工可通过商品渠道"售其所作",工业品纯粹是当作商品去销售,通过市场销售还可刺激工人"作益勤",更加勤快地劳动,创造更多适销对路的产品。薛福成这一番"六经之内所未讲"的关于商"握四民之纲"的道理,确实是对商品经济的内涵、地位及其意义的理解与阐发,尽管同马克思所阐明的商品生产和价值规律学说有天壤之别,但他已从商品的使用价值论述到交换价值的重要意义,并就此论及士农工商之间的社会分工,已凸现出这位启蒙思想家已超脱封建自然经济的束缚,勇敢地跨进资本主义商品生产经济规律的理论范畴进行思考,探索将资本主义生产方式引进中国,尤其是大力发展商品经济以实现经济振兴的进步愿望。

随着时间的推移,在泰西各国考察的深入,薛福成对商品经济在西方国家中的地位与作用有了更为透彻的认识。光绪十六年(1890)四月初,他提出"工商日旺"是"欧美两洲各国勃焉兴起之机"①。就是说,日益兴旺的商品贸易,乃是欧美各国实现富强的重要关键所在。光绪十六年八月上旬,薛福成更明

① 薛福成:《出使四国日记》,第67页。

确指出："欧洲立国以商务为本，富国强兵全藉于商，而尤推英国为巨擘。"① 为此，他还专门考察了英国数百年间对外通商的历史：为了保证通商，先后运用政府权力制订"商船律法"，在国内颁定"市舶赋税"法律，还同周边国家"立约通商"；为了保证通商，还不惜向"商贾日兴"的荷兰、西班牙策动战争，以武力争通商之利；为了保证通商，英国更"不遗余力"地同列强争夺美洲、亚洲（包括对中国"以贩运鸦片启衅"）和非洲。至道光二十五年（1845），英国已成为雄霸全球的头等强国。"当此之时，通商船舰三万八千艘，水手二十九万人，其富如此。迄今数十年来，经营开拓，又加倍焉。自有地球以来，商务之盛，未有如英今日者也。"② 正是通过对英国这一典型实例的剖析，薛福成对资本主义国家政权与商务活动之间的密切关系，用自己的语言作了如下描绘："平时谋国精神，专在藏富于商，其爱之也若子，其汲之也若水。盖其绸缪商政，所以体恤而扶植之者，无微不至，宜其厚输而无怨也"③；"商务为上下所注意，风气既开，经营尽善，五洲万国，无货不流，各挟巨资以逐什一之利，是不但鸠之境内，又辇自境外矣"④。这两段描述，不但形象地揭示了资本主义国家政权对商务活动无微不至地关怀、爱护、扶植的经济动因，欧美国家之所以推行"藏富于商"

---

① 薛福成：《出使四国日记》，第147页。

② 薛福成：《出使四国日记》，第149页。

③《薛福成选集》，第417页。在这篇论著中，薛福成在资本主义国家推行"藏富于商"政策的同时，还揭示了商贸活动对资本主义国家提供了巨额捐税："于商，则既税之于货物，又税之于市廛，又税之于契票"。（《薛福成选集》，第416页）

④《薛福成选集》，第367页。

的国策，正因为商品经济的盛衰直接关系着国家的利益和社会的稳定；而且，薛福成还形象地刻画出欧美国家商贸活动的范围，不仅逐利于国内，促进国内贸易的发展，还要开拓国外市场，在"五洲万国"的广阔天地中攫取高额利润。正是立足于以上分析，薛福成得出了欧美资本主义列强"其治国以经商为本"① 的结论。这是一条抓住了资本主义重要特征的结论。这是因为，经商，也就是从事商品流通的职能，是将工业产品推销到消费者手中的桥梁，更是加速资本周转、实现超额利润的重要环节。在资本主义制度下，产业资本家对工人阶级剩余价值的榨取，必须通过商业资本家承担的商品销售这一中间环节，将商品转化为货币，才能最终实现。而日益发达的商业资本为产业资本所提供的巨额赋税，又是资本主义国家赖以生存的重要财源。因此，资本主义国家为了保护和仰赖自己的社会基础——资本家阶级，必然将其"治国"的主要职能，置于积极干预经济生活、维护"经商"这一生命支撑点上，既要采取诸如保护关税政策之类措施千方百计保护和开拓国内市场，更要不择手段地向外扩张，竭力为资本家寻找新的商品销售市场和原料产地，为了争夺世界市场，哪怕诉诸武力也在所不惜。诚如列宁所指出，资本主义是"广阔发展的、超出国家界限的商品流通的结果"②。

当然，薛福成是从封建中国走向欧洲大陆，向资本主义发达国家寻求救国真理的代表人物，他没有也不可能从当时的无产阶级革命导师的经典论著中获取对资本主义国家通过商

---

① 薛福成：《出使四国日记·跋》。

② 列宁：《俄国资本主义的发展》，第 35 页，人民出版社 1953 年版。

务活动榨取国内外人民的剥削本质认识，但他关于商务活动对欧美国家富强关系的探求，对当时商品经济尚不发展的中国，无疑具有非常重要的现实意义。

二、智创巧述，日异月新

“智创巧述，日异月新”①，这是薛福成对西欧各国“艺器”之学飞速发展的赞誉。

早在光绪五年(1879)，薛福成在撰写《筹洋刍议》时，已明白了“以工商为先”乃是泰西列强“谋富强”的重要成功经验。他在筹划如何振兴中国商务时，更将讲求“制造之利”当作三大举措之一，已明确看到近代工业制造给经济发展带来的巨大推动：“英人用机器织造洋布，一夫可抵百夫之力，故工省价廉，虽棉花必购之他国，而获利固已不赀，每岁货价之出中国者数千万两。”② 如今，通过对欧美各国商务活动的考察，他对商业和工业之间的关系有了更加理性的认识：“泰西风俗，以工商立国，大较恃工为体，恃商为用，则工实尚居商之先；士研其理，工致其功，则工又必兼士之事。”③

“以工商立国”的欧美资本主义国家，工为“体”，商为“用”。在这里，薛福成沿用了“体”与“用”这一对中国古老的哲学范畴来区别工与商的关系或效能，虽然其含义难以明确界定，但总不外乎轻重、本末、主辅甚或先后之间的区分，不可能

① 薛福成：《出使四国日记·跋》。

② 《薛福成选集》，第542页。

③ 《薛福成选集》，第482页。

是道器之间的分野。然而,联系薛福成在《筹洋刍议》的《商政》篇中曾说过的"然论西人致富之术,非工不足以开商之源,则工又为其基而商为其用"① 的观点,以及他在《出使四国日记·跋》中用"智创巧述,日异月新"来刻画西方火船、铁路、枪炮、电器、纺织机等等"艺器"制造飞速发展的景况,可以论定,薛福成已认识到工业是商业的基础,而"士研其理,工致其功",也就是科学技术的发明创造又是发展工业的前提。工业是基础,工业产品是提供商品贸易的前提,离开了制造业,商业也就失去了可资交换的实质内容;但商贸活动作为生产和消费间的中介环节,可刺激制造业的发展,商业的盛衰又往往决定着制造业的成败。这就规定了欧美资本主义列强必须"以工商立国"。诚如马克思在论述资本主义的历史地位时所指出:"古老的民族工业被消灭了,并且每天都还在被消灭。它们被新的工业排挤掉了,新的工业的建立已经成为一切文明民族的生命攸关的问题;这些工业所加工的,已经不是本地的原料,而是来自极其遥远的地区的原料;它们的产品不仅供本国消费,而且同时供世界各地消费。"②

基于对以"艺器"制造为主体的近代工业重要地位的认识,薛福成在出使泰西的数年间,从不放松对西欧各国工业生产和技术的考察,并在论著中以大量篇幅介绍西方国家的物质文明。光绪十六年(1890)二月下旬,他初到法国巴黎,刚从前任手中接过"大清钦差出使大臣铜质关防",便对法国发达的制造业产生浓厚兴趣,悉心予以考察。他在日记中写

① 《薛福成选集》,第540页。

② 《马克思恩格斯选集》第1卷,第254～255页。

道：

一切材料亦少，所仗者制造耳。制造有二——织布、造糖、玻璃、瓷器、时样衣饰、奇巧器物，尚其小者。——船炮、机器，其国所制，种种皆佳，不让于英之安蒙士唐、德之克鹿卜诸厂。国人生计，恃此一著。钢甲之厂，无地不有，最巨者为科鲁苏厂，有气锤力一百吨，天下罕有其匹。所炼之北斯迈炉钢，质纯而坚，性匀而脆，各国制机、造炮，咸喜购之，谓其不亚于克鹿卜之罐钢也。造船官厂五，曰多郎，曰白海士登，曰罗淑佛，曰罗里温，曰削浦。所制快船、炮船，但供国用，不转售也。铁舰则属民厂，曰地中海厂，曰保尕厂，曰哈富厂，曰马赛地中海分厂，曰卢华河厂。五厂之制，各有所长，各国多取资焉。造炮官厂二，一名布呵次，一名卢爱里。造枪官厂名汕答佃。向俱为官专造枪炮，不准私授外人；近因军需已足，工匠赋闲，遂下准代他国承造之令，未及四年也。此外尚有民厂，皆须请官准示，方能准领他国工程。①

短短数百字，对法国轻重工业的生产状况及其管理体制，进行了简明扼要的介绍，使人一目了然。在法国，他还对西方国家工业制造十分注重检验的制度表示赞赏。他在光绪十六年闰二月初三日的日记中写道："西国制造，皆有验器之器。大要船则验之驶行，枪炮则验之演放，机器则验之旋动；惟锅炉不准

① 薛福成：《出使四国日记》，第32～33页。

试烧,则以水代火验之。”① 接着,还具体介绍了验船、验枪、验炮、验锅炉、验机器的具体方法,进而探求西方工业产品质量精良的关键所在。

光绪十六年三月初次抵达伦敦后,薛福成对有“世界工厂”之称的英国的工业发展及其经验尤为关注。他考察了英国从乾隆元年(1736)议造小火轮船开始直到咸丰二年(1852)造出铁甲轮船为止的轮船百年发展历史,感慨地说:“盖此器由创造迄于今日,仅及百年;畅行无阻,不过三四十年耳。殚无穷之财力,积数国奇智异能之士之苦心经营,有美必备,无间不寻,然后无遗憾矣。英国创制轮船较早,其收利亦最远。用为商船,则贸易独盛;用为兵船,则水师尤精。然则握富强之枢者,岂非以轮船为第一要图乎?”②

在英国,他又考察了“火轮车”(即铁路、火车)的发展史。他从康熙年间英国人罗哲尔诺尔德首倡用马车在木轨上运煤开始,直到道光五年始创铁路公司,改用蒸汽火车,嗣后逐渐推广,致使“铁路六通四辟,殆如蛛网”。目睹铁路与火轮车在英国飞速发展的盛况,薛福成在日记中写下如下感触:“数十年来,智能之士研精经理,日臻美备,殆亦集思广益而成,非一人所能专其功也。夫西人之所以横绝宇宙而莫之能御者,火轮舟车之力为最多,而皆发轫于英;且其缔造,不过在百年数十年之内,宜其独擅富强之效欤。”③

薛福成还不失时机地考察了欧美各国邮电通讯事业发展

① 薛福成:《出使四国日记》,第34页。
② 薛福成:《出使四国日记》,第56页。
③ 薛福成:《出使四国日记》,第56～57页。

的历史进程。他在光绪十六年三月初八日(1890 年 4 月 26 日)的日记中记载道:“泰西之士讲求邮政,殚精竭智以求传信之便捷,五六十年前,始得电气传信一法。昔人见云中电光闪烁,常以比作事之速,从未有知取而用之者。迄今能将雷电收置器中,俾为我用,可谓探千古未发之秘。然格致家考察电气,亦已匪朝伊夕。”① 接着,他从乾隆年间美国人弗兰林(即富兰克林)发明避雷针和干电开始,谈到意大利人嘎剌法尼(即伽伐尼)和佛尔塔(即伏打)分别发现湿电流和发明电池;又谈到嘉庆二十五年(1820)丹麦人倭斯得(即奥斯忒)发现电流的磁效应、法国人安贝尔(即安培)发现电流的安培定则和磁铁效应,导致“电学由此益精”;进而谈到道光十八年(1838),英国人惠子敦设电线于伦敦;道光二十四年(1844)法国人设电线于巴黎,同年美国人莫尔斯设电线于华盛顿。至此,“以电运笔而画字”的电报业便在欧美各国迅速发展,更兼“以电传声为德律风者”——电话(系美国人贝尔于 1876 年发明)投入使用,致使以电报、电话为主体的邮电通讯事业迅速风行于世界。薛福成惊诧地记载道:“迄今泰西各国,郡邑村镇,电线密如蛛网。虽在一城之中,相去二三里,如有要信,即发一电。迩今大东公司新得保护海线之法,尤为精审,遂能沉线海底,东至中国、日本,南至新金山,西至美国,虽数万里外,通传要信,捷于影响,迩于户庭。奇妙至此,神乎技矣,真令人不可思议矣。”② 确实,中国古代传说中的“千里眼”、“顺风耳”之类,不过是先民们想象中的神话。而今,恰在资本主义文明蕃育中的

① 薛福成:《出使四国日记》,第 57 页。

② 薛福成:《出使四国日记》,第 58 页。

欧美各国付诸现实，怎能不使刚刚从中世纪中跨出的薛福成为之赞叹不已？

问题在于，薛福成初次来到最早发动且顺利完成工业革命的英国，在考察这个具有“世界工厂”之称的“日不落帝国”的物质文明时，首先以轮船、火车等近代交通和以电报、电话为标志的近代邮电通讯事业为切入点，是颇具慧眼的。诚如马克思在论述西方产业革命的运作规律时所揭示：“工业和农业生产方式的革命，又特别地使社会生产过程的一般需用的条件，那就是，使交通一运输工具有发生革命的必要”；“手工制造业时期留传下来的交通一运输工具，对大工业来说，也马上变成了不能忍受的障碍，因为大工业有热病似的生产速度，有庞大的生产规模，有大量资本和劳动者不断由一个生产领域投入别一个生产领域，还有新创造的世界市场的联系。所以，撇开已经完全变化的帆船建造术不说，交通一运输系统也逐渐靠内河轮船、铁路、海洋轮船和电报的系统，而与大工业的生产方式相适应了。”① 近代化交通运输工具和通讯手段的革命，既是产业革命的结果和重要标志之一，又是资本主义国家同“世界市场的联系”的主要载体，近代交通运输和通讯事业的变革，又必然推动世界文明建设的更快发展。因此，薛福成考察英国的物质文明时首先从轮船、铁路和电报电话切入，是抓住了重心的。他所得出的“至其所以横绝地球而莫与抗考，不过恃火轮舟车及电线诸务”② 的观感，就西方先进科学技术所建树的物质文明角度着眼，仍有其相当的合理性。

---

① 郭大力、王亚南译：《资本论》第1卷，第408页，人民出版社1963年版。

② 薛福成：《出使四国日记》，第67页。

光绪十六年四月下旬,当薛福成首次来到比利时履行使职,初次拜会比国外部尚书郎贝尔芒时,即向这位学识渊博的外交部长了解"比国工艺及制造军械船炮"的现状;还参观比利时的万恩尼织纱厂,对这家拥有二千多位女工的工厂的生产、管理及其销售状况,产生极大兴趣;他还参观了比利时的铸铜机器厂、啤酒厂,并了解到"长于制造"的比利时有一家名曰"廓克立耳"的钢铁大厂,"包造轮路火车诸料,及兵商轮船汽机等物,兼制小钢炮。厂地依山,山有煤矿,挖煤、炼铁、炼钢,皆萃于一地。西国推为克虏伯厂之次,英法名厂尚无此宏博也"①。据此厂的生产规模,薛福成从中领悟到一条"惟炼铁必与开矿相济为用"② 的成功经验。

德国自 1871 年实现统一后,经济发展迅猛,很快成为直接威胁英国霸主地位的欧陆强国。薛福成极为关注德国的富强经验,虽然无缘出使德国,但他利用派遣医官赵元益和翻译王丰镐前往柏林学习治疗痨症新法的机会,令二人俟机考察德国的现状,还特地叮嘱王丰镐"详记路程及所见闻,以资考证"。当王丰镐由德返英后,薛福成从王的日记中了解到德国的"自强之道",尤其是德国名冠全球的克虏伯厂的历史和现状。在这个原先只有六名工匠经三代人努力而发展成为拥有六七万职工的"欧洲制造枪炮著名绝大之厂"中,"分为子厂者数十百所","其业能专",分工十分细密,包括演炮厂、造炮所、铸钢板所、造铁路钢条所以及"每十分钟可出钢六吨"的炼钢所等等,规模如此巨大且技术先进的重型企业,确实使薛福成

① 薛福成:《出使四国日记》,第 34 页。

② 薛福成:《出使四国日记》,第 103 页。

惊叹不已。薛福成还从王丰镐的日记中了解到德国著名的伏尔铿造船厂的盛况:"厂中机器房所造船身中之机器,高与屋齐,约有丈余建方,德国所定战船机器也。其小件各式机器房,有凿孔之机,有琢光之机,有磋磨之机,有切断之机……"①如此宏大的规模,如此先进的技术,使薛福成真正领略到近代化巨型企业的雄姿,更从中感受到西欧诸国富强的真正含义:"由是智创巧述,日异月新。火船则铁胁钢甲,远胜于木轮;铁路则穿洞造桥,较难于平地。炮则圆径殊制,枪则速率异宜。而且障以露堡暗台,辅之蚊船雷艇。悉属用兵之要,允为制胜之经。"②正是建立在先进科学技术基础之上的高度发达的社会生产力,造就了欧美国家发达的近代物质文明。

更应提及的是,薛福成出使西欧的1890年前后,正是欧美列强在陆续实现了以"蒸汽机时代"为标志的第一次产业革命的基础上,又开始了以电力的广泛应用为主要标志的第二次产业革命。欧美列强正在抓住机遇,向电气时代和钢铁时代迈进,这就决定了善于把握时代动向的薛福成,注意观察欧美各国的电学发明及其运用。

前已述及,薛福成首次来到英国,在考察近代交通邮电通讯事业时,便对电报、电话的发明及其投入应用的历史进程,进行了审慎的探索和热情的赞扬。由于十九世纪的最后三十年世界上未发生大规模的战争和革命,欧美列强获得相对和平发展的历史契机,更兼资本主义第一次产业革命的成功,刺激了以电子学和化学为先导的科学发现、技术发明的成果涌

① 薛福成:《出使四国日记》,第220页。
② 薛福成:《出使四国日记·跋》。

现,致使人类历史上出现了一个发明时代。伴随着科技成果的投入应用,科学技术更直接推动了欧美国家由蒸汽机时代向电气时代迈进,致使欧美国家的技术更新和产业结构纷纷调整,社会生产力得到了更大幅度的发展。目睹西方列强在技术开发和产业调整方面出现的强烈竞争,薛福成不能不予以极大的关注。在他的出使四国日记中,记述科学发明尤其是电力运用者不下数十处。比如:

光绪十七年十月初六日(1891 年 11 月 7 日)记有:"泰西诸国近十五年间,所得新法以利用者尤多,若电学内之代拿模,又名互生电机;若电气灯;若德律风,即通言器;若记声器等。又如天文学内之极大折光远镜,火轮车之新式机器,刊印新报机器,照相印书器,开矿制金器,医家所用之哥哥爱呫,即闷药,更有印写机器照相新法,此类不胜枚举。"①

光绪十七年十二月二十七日(1892 年 1 月 26 日)记有:"西人精研汽学、化学、电学,以得御水御火御风御电之法,而一切制造,遂能极人巧而夺天工。余尝问西士将来尚能得御云之法乎?西士云,云于天地间最无力,不过乘风气以飞扬,恐不能得其用也。大抵水火风电,其力皆甚大,西人窥其奥妙,驱而用之,无不如志,遂致富强。"②

光绪十八年六月十三日(1892 年 7 月 7 日)记有:"电报之法奇矣,德律风则奇之又奇。此器成于光绪三年(西历 1877 年),有美国人倍尔者,用电气投入人声,由线通彼处之电气,复发为人声。……近又有美国人爱迭生(即爱迪生)者,制成纳

① 薛福成:《出使日记续刻》卷二,页五十七。
② 薛福成:《出使日记续刻》卷三,页三十五。

音器，开其机轴，装以蜡筒，一人口向皮带语之，则声留蜡筒上，可邮致他处，供人听闻，虽相距数万里，远隔数十年，无殊语对，此则尤变化出奇矣。"①

光绪十七年十二月初六日(1892 年 1 月 5 日)的日记中，薛福成还向国人特地介绍了电学的"无穷"功用："电学有无穷之妙，其大用不外四端：一曰治病，……一曰传报，……一曰传声，……一曰燃火……以上四端，皆实用之载在电学书者也。此外用以镀金，可饰器皿；用以代炬，可照昏宵；用以运机，可助工艺；用以航海，可得南针。信乎，格致之学之精妙也。"②

电的广泛应用，尤其是将电"用以运机，可助工艺"，正是西方列强向"电气时代"转变的重要手段。为此，薛福成在日记中注意收集用电动机取代蒸汽机革新工艺的最新信息。在光绪十八年四月初七日记有："德国近有新制纺织机器，专以电气运行，较之人力，更觉事省而功倍。"③ 在光绪十八年五月二十七日记有："奥国现议设铁路一道，舍煤炭而用电气，每点钟可行一百二十西里至一百五十西里，议先设于奥京及毕打卑士两处，待试验合宜，再为推广；并闻美英德法皆将踵而行之，俄国之车，亦已次第改用电气矣。"④ 电力机车较诸蒸汽火车的运行效果如何？薛福成还率领翻译王丰镐亲自乘坐英国在伦敦首设的电气火车，穿越泰晤士河底之下，十里之遥，坐了一个来回，具体感受是："车上及其两旁，较火车尤为洁净，无

① 薛福成：《出使日记续刻》卷四，页六十七～六十九。
② 薛福成：《出使日记续刻》卷三，页二十七。
③ 薛福成：《出使日记续刻》卷四，页二十六。
④ 薛福成：《出使日记续刻》卷四，页五十九。

则奇肱氏之飞车,必有乘云御风之一日,其在百年或数百年之后乎?"① 薛福成关于飞车"乘云御风"之设想,关于在天空中进行"云战"的预测,曾给维新志士提供极大的启发。数年之后,谭嗣同在阐述"严变法之卫"时,便曾提出研制"电气飞船"的设想,并指出:"此与气球同为行军绝技,即薛叔耘副都所谓云军云战者也。今幸西人尚未极精,使中国从而精之,则可无敌于天下。"② 谭嗣同研制"电气飞船"的设想虽然在落后的中国根本无条件付诸实践,然而,从美国的莱特兄弟于 1903 年研制出第一架飞机开始,薛福成关于飞车"乘云御风"乃至计算"云程"的空中交通、进而在战争中展开"云战"的预言,不久即得到应验,甚至比薛福成当年所设想的"百年或数百年之后"还要快捷得多。

更加值得珍视的是,薛福成在考察西方先进的物质文明的过程中,还以极其敏锐的观察力和严肃的科学态度,剖析了西方近代物质文明给人类生活带来的负面效应。具体表现在:

其一,工业化是否会给人类带来自然资源和能源危机?十九世纪六七十年代,欧美资本主义列强先后完成了以蒸汽机的广泛使用为标志的第一次产业革命。蒸汽机首先被用于矿井抽水,提高井下采煤率,接着被扩大应用到交通运输、冶金、机械、化学等一系列工业部门,从而使社会生产力以前所未有的速度和规模发展起来,将人类从农业社会推进到工业社会。然而,蒸汽机时代是建筑在对煤铁为主体的多种矿产资源的开发和利用的基础之上的。薛福成在感受到欧美列强工业化

① 薛福成:《出使四国日记》,第 106 页。
② 《谭嗣同全集》,第 429 页。

创造出的丰硕物质文明的同时,不能不对人类所拥有的矿产资源的日益销竭产生无穷忧虑。他第一次来到英国,便实地感受到煤铁等矿产资源对经济持续发展的重要意义,并就此向英国化学专家进行专题请教。

英国化学专家声称:“英伦三岛煤矿,尚可供一千年之开挖。”

薛福成就此发问:“英之商务所以甲于地球者,恃煤铁也。若一千年后,恐英之商务竟至衰歇,将并轮船、轮车无以驾驶矣。”

英国化学专家答曰:“一千年后驾驶船车似可不必用煤。盖轮车之改用电气,今已有行之者。化学家又研思化水之质,用水之法。若此事通透,将来可激水力以驶舟车,用代火力。”

这位化学专家的解说也颇在理。人类可以凭借科学技术不断开辟新的能源,君不见,电气火车已开始取代以煤为燃料的蒸汽火车。这一事实确实给薛福成带来鼓舞:“夫水,取之不尽,用之不竭,比之开矿挖煤,难易悬殊。以水代火若有把握,实为宇宙间日用民生之大益。”① 好学深思的薛福成,既担心工业发展给人类带来的矿产资源危机,但他相信科学的无穷力量,更企盼着科学技术能不断创造出奇迹,给人类日常生活带来“大益”。

“以水代火”的科学难题虽然有破解的可能,然而,人类所能拥有的自然资源毕竟是有限的。薛福成曾从欧洲一位“精矿学”的专家口中得知:“地中之金、玉、银、铜、铅、铁、锡、煤等物,多系太古以来所含孕,非若五谷草木之随取随产也。”原

① 薛福成:《出使四国日记》,第62页。

来，地下之宝藏并非如地上之草木般地随取随产，而是经过千百万年"含孕"而成。鉴乎此，薛福成在日记中写下如此体会："余于是知宇宙间开辟日久，人民日多，攻取日繁，千万年后必有销竭之时。"①他还列举中国地上巨大木材千百年来采伐将罄，地下美玉、金和铜等矿产"销磨熔铄，日用日少"的事实，得出如下认识：

> 若宝物之稀，盖因中国开辟最早，取之愈尽，用之愈竭。虽西洋矿师谓中国宝藏甚富，然其上层，古法所能取者，殆已罄竭无余。若用机器开挖之力，则中国未泄之宝气，犹多于外洋。盖因千余年来，矿政不修，转得藏富于地之道。迩来觊觎者多，势难久闷，是矿政必将陆续兴办。再到四五千年后，当有告罄之势，而外洋则必已先罄。彼时物产精华，中外并耗，又将如何？此余所以不能不为地球抱杞人之忧也。②

这是一段言之凿凿的警世之言，曾引起近代不少有识之士的强烈共鸣。二十世纪初年，主张开民智、兴民权的进步知识分子孙宝瑄，在其光绪三十二年(1906)正月十六日的日记中，将薛福成这一大段关于人类矿产资源"取之愈尽，用之愈竭"的阐述全文照录，并写下一句评语："人果为天地之蠹"③。孙宝瑄的这句评语虽然过于偏激，但薛福成就人类矿产资源"用之

① 薛福成：《出使四国日记》，第104页。
② 薛福成：《出使四国日记》，第105页。
③ 孙宝瑄：《忘日庐日记》，第821页，上海古籍出版社1983年版。

愈竭”的预测和警告，随着时代的变迁，岁月的流逝，愈来愈显示出其历史价值的宝贵及不可低估。当年，薛福成根据当时的生产水平，曾预测“四五千年后”，人类矿产资源“当有告罄之势”。其实，在他发出忠告的一百来年后的今天，西方发展国家的资源枯竭且勿论，就拿矿政开发晚于欧美数百年的中国来说，如今已面临资源贫乏的困扰。因此，如何重视薛福成当年的告诫，提高人类的“资源意识”，加强对人类自然资源的科学管理、合理开采和综合利用，不仅是中国经济发展过程中必须认真对待的问题，更是全世界面临的关系全人类生存和发展的共同难题。

其二，工业化是否会对人类生存的生态环境造成破坏？薛福成有句名言：“盖利病相倚，丰耗相因，循环之理也。”[①] 看来，资本主义文明也摆脱不了这一“循环之理”的困扰。资产阶级在它不到一百年的阶级统治中所创造的生产力，比过去一切世代创造的全部生产力还要多，还要大。这一不可否认的历史功绩，固然为人类创造出丰厚的物质文明，然而，欧美列强所造就的这种史无前例的生产力，是具体表现在对自然力的征服、机器的普遍采用、化学在工业和农业中的广泛应用等等诸种侧面之中的。这就决定了以追逐商品利润为唯一目的的资本主义文明，必然要对人类赖以生存的自然环境产生相应的破坏和污染。这就是欧美资本主义文明给人类“创造”的另一种负面效应。

当然，欧美资本主义文明给人类带来的生态环境的破坏，是以渐进方式呈现的。对此，长期生活在欧美国度里的

① 薛福成：《出使四国日记》，第238页。

人往往不易觉察。可是，从农业社会中突然跨进工业社会的薛福成，却能敏锐地感受到这种生态环境的强烈反差，从而产生生存环境的忧患意识。这可称之为“当事者迷，旁观者清”。

工业化起步最早的英国，也是自然环境遭受破坏最为深重的国家。薛福成初次来到英国首都伦敦，立刻强烈感受到这个“地球第一繁盛之区”的伦敦生态环境是何等恶劣。在他当年的日记中曾作如下记载：

（光绪十六年十月）初六日（1890 年 11 月 17 日）记　伦敦惟四月至八月天气较为清朗。九月以后直至三月，几于无日不阴，无日不雾；虽有时天气稍晴，而日为烟雾所遮，但见红轮晃漾，其光不甚明亮。盖英伦三岛，四面皆海，本多白雾；而伦敦五百万烟户之煤烟，又为雾所掩，不能冲霄直上，聚为黄雾。往往白昼晦冥，室中皆燃灯火，方能观书写字。冬春尤盛，每五日中必有两三日昼晦者，盖天气稍冷，则人皆拥炉，又多五百余万人终日夜焚煤之烟，非特灶突之烟也。大抵伦敦为地球第一繁盛之区，洋房几无隙地，又多三层四层之楼，平房之下尚有地室，已不啻五六层矣，是不啻以一伦敦化为三四伦敦也。所以英之官绅，每自夏冬必移居乡间一两月，名为避暑避寒，实则欲换吸新气，谓可却病养身。盖煤炭薰灼之气，与人身脏腑之浊气，惟伦敦为最盛也。此人烟过去稠密之患也。①

工业化使人口急遽向大城市集中,“地球第一繁盛之区”的伦敦,拥有五百万人口,密集的楼群,五百万人生活产生的废气、浊气,更兼众多工厂的“灶突”(即烟囱)产生的烟尘,使伦敦常年充满烟雾,成为环境污染严重的都市。人们长期在“煤炭薰灼之气,与人身脏腑之浊气”的包围之下生活,将产生何种后果,是可想而知的。薛福成当然也不例外,同样是恶劣自然环境污染下的受害者之一。他的身体本来就不算健壮,每次到伦敦,常常咳嗽不止。光绪十六年(1890)冬,他到巴黎使馆供职时,仍对伦敦的恶劣环境颇有点谈虎色变,曾在十二月初二日的日记中重又记下如下感受:

先是,余在伦敦,连日大雾者已两阅月。伦敦数百万户燃煤之烟,为雾所罩,猝不能散,往往白昼晦冥,烟气四塞,受之者无不咳呛。余颇不能耐,亟欲避去。是日亦烟雾蔽塞,讵知出伦敦未及十里,则旭日晴朗,天无纤云。余以数月未睹此景,神气为之一清。②

薛福成是位善于权衡利弊的思想家。他在竭力称道火车为国计民生带来种种裨益的同时,又清醒地看到“火车之煤烟灰土,尤觉可厌”③,积极赞成用电气火车取代以煤为燃料的

① 薛福成:《出使四国日记》,第177～178页。

② 薛福成:《出使四国日记》,第209页。

③ 薛福成:《出使四国日记》,第184页。

蒸汽火车，尽量减少对环境的污染。

薛福成还敏锐地看到欧美资本主义工业化给生态平衡造成的严重破坏。光绪十八年五月二十六日（1892 年 6 月 20 日）的日记中，他记下意大利生态平衡遭受破坏的状况：

> 意大利近百年来，多伐树木，用之于铁路工程，并供水师制造之需，而久不补种，地上之水，无所归宿，日光蒸之成气，腾至空中，降为大雨，下流之水，洗刷泥土，带入大溜，填于海口，泛滥横流，贻害地方，而瘴气亦因之而生也。①

为了满足工业化的需要而滥伐树木，导致植被破坏，水土流失，造成了洪水泛滥甚至疠疫流行，这一可怕的后果，正是资本主义文明造成的另一种负面效应。

薛福成在揭露这一负面效应的同时，也在积极筹思如何防止这一恶果的出现。比如，他曾提出用“栽种树木花草，使地转有生机”的办法，来保持生态平衡。他曾在日记中写道：

> 草木丛生之区，能引雨下降；空旷不毛之地，易摧雨外散。间有树林阴翳，花草蕃芜之处，经火焚过，且烧坏泥中滋养植物之料，则土枯泥败，草木不生，即不能引雨下降。必须栽种树木花草，使地转有生机，则雨能年多一年。尝见旷野黑云密布，久之散而不雨，有若云霓者，盖云中水气，落至半空，全为地面

① 薛福成：《出使日记续刻》卷四，页五十八～五十九。

干空气噏收,不及坠于地面而散,因地面无湿力摄引之也。如近地一层,空中已含草木所放之湿气,则能引雨雾下降,且地面空气常湿,则能生云,云中之水,仍降为雨。若无草木之地,空中积雨过多,必致有大雷电,使雨骤降,河不能容,必至涨溢泛滥。故多植草木,可免旱灾,亦免水患。①

这是薛福成根据自己的观察所获得的保护自然环境及生态平衡的一条重要经验。"多植草木,可免旱灾,亦免水患",这既是中国保护水土平衡的传统经验,更对世界人类在充分利用自然资源实现工业化进程中如何保护自然环境及生态平衡具有十分重要的意义。

值得警惕的是,薛福成在一百多年前关于保护自然环境和生态平衡的呼吁,并未引起世人的应有重视。

悟已往之不谏,知来者之可追。人类在改造世界、征服自然的进程中,如何更加科学地利用自然资源,更加合理地保护人类赖以生存的生态环境,尽量摆脱"利病相倚,丰耗相因,循环之理"这一怪圈的困扰,防止自然界的报复,仍然是全人类应予高度重视并且认真研究的重要课题。

三、尊卑泯其等差,选举凭以声望

"尊卑泯其等差,选举凭以声望"②,这是薛福成在考察欧

① 薛福成:《出使日记续刻》卷二,页五十八。

② 薛福成:《出使四国日记·跋》。

美各国政治体制时所得出的一条重要感受。赞赏的背后,流露出对欧美各国议会民主政治制度的认同与向往。

薛福成是位颇具政治洞察力的思想家。他在对西欧各国进行"逐事考求"的过程中,十分注意对西方各国政治体制的访察,尤其对这些国家的议会民主和政党内阁制度表现出极为浓厚的兴趣。

耐人寻味的是,薛福成身为封建专制大清帝国的钦差出使大臣,不能也不敢直接抨击君主专制,然而,却又情不自禁地广泛搜集欧美各国的政治体制及其运作状况,还以白描式的手法记录在准备"咨呈"朝廷的出使日记之中,客观介绍之余,时而还对西方国家的不同政体进行比较甚或加几句评论。其目的十分明显,同日记中记载的其他内容一样:"以期有益于国。"[①] 或用薛福成自己的话来说,叫做"亦期裨益中国之要务也"[②]。至于朝廷的当轴者群阅读后作何感想,当然不是薛福成所能代庖的了。

薛福成在出使泰西的四五个年头里,对欧美政治体制的了解和认识有一个渐进过程,致使他著作中的有关记述不下数十处之多。兹按时间为序,摘引数段如次,以便探索薛福成对欧美政治体制的认识轨迹。

(光绪十六年闰二月)十六日(1890年4月3日)记:

> 泰西立国有三类:曰蔼姆派牙,译言王国,主政者或王或皇帝;曰恺痕特姆,译言侯国,主政者侯或

① 薛福成:《出使四国日记·咨呈》。

② 薛福成:《出使四国日记·凡例》。

侯妃;二者皆世及。曰而立泼勃立克,译言民主国,主政者伯理玺天德,俗称总统,民间公举,或七岁或四岁而一易。①

这是薛福成初到法国向法国总统呈递国书后不久所写下的对欧洲各国不同政体的蒙眬而又粗浅的认识。虽然提及君主国、侯国及民主国,但除了"世及"与"公举"之别外,并未认识尚有其他本质性差异。

(光绪十六年三月)十三日(1890年5月1日)记:

昔郭筠仙侍郎每叹羡西洋国政民风之美,至为清议之士所诋排。余亦稍讶其言之过当,以询之陈荔秋中丞、黎莼斋观察,皆谓其说不诬。此次来游欧洲,由巴黎至伦敦,始信侍郎之说,当于议院、学堂、监狱、医院、街道征之。②

这是薛福成出使西欧以来第一次提及"议院"③,并将其视为"西洋国政民风之美"的头条佐证,然而"议院"的具体内涵,尚未述及。

(光绪十六年七月)二十二日(1890年9月5日)记:

---

① 薛福成:《出使四国日记》,第39页。

② 薛福成:《出使四国日记》,第59页。

③ 薛福成于1875年在《代李伯相复部获舟观察书》中曾有"昨闻英国议院……"一语,虽首次提及"议院",但"英国议院"作为一个国家提及,并非指为政体;另外,他是在为李鸿章代拟的复信中提及,并未以他个人名义将"议院"一词昭之于世。

西洋各邦立国规模，以议院为最良。然如美国则民权过重，法国则叫嚣之气过重；其斟酌适中者，惟英、德两国之制颇称尽善。德国议院章程，尚待详考。英则于八百年前，其世爵或以大臣分封，或以战功积封，聚而议政，谓之“巴力门”，即议院也。其后分而为二：凡世爵大者、富者，辅君治事，谓之劳尔德士，一名比尔士，即上议院员绅也；其小者、贫者，谓之高门士，即下议院员绅也。宋度宗元年(1265)，英廷始令都邑公举贤能，入下议院议事，而上议院之权始替。

上议院人无常额，多寡之数因时损益。……政府必有世爵数人，故上议院中皆有政府之人，宰相得举百官之有才能者入上议院。

而下议院之人，皆由民举。举之之数，视地之大小，民之众寡。……举而不公，亦废其例，使不得举。……

上议院世爵，多世及，无贤愚皆得入。故其人多守旧，无故不建议。下议院所议，上诸上议院，允者七八，否者二三，其事简。下议院为政令之所出，其事繁。西例每七日一礼拜，则休沐；礼拜一二四五日，议事时长；礼拜三日，议时较短；礼拜六日，议否不定。……议院人无早暮，皆得见君主，上议院人独见，下议院旅见。凡议院坐次，宰相、大臣及与宰相同心之官，皆居院长之右；其不同心者居左；其有不党者，则居前横坐。世爵不在议院及各国公使入听议者，皆坐楼上。余于前月尝往听一次焉。①

① 薛福成：《出使四国日记》，第134～136页。

这是薛福成介绍欧美议院制最为详尽的一段文字记载。尤其对英国议院的由来及其沿革、上下议院的职能、议员的产生过程、议事的程序甚至不同党派的坐次,都作了较为具体的介绍。他还认定英国与德国的议院制“斟酌适中”而且“颇称尽善”,但对取消君主制度的美国和法国的民主共和政体则持贬斥的态度,说明薛福成对英国式君主立宪政体的首肯与认同,然而对此尚未作具体阐述。

(光绪十六年九月)初九日(1890年10月22日)记:

> 英国上下议院,有公保两党,迭为进退,互相维制。公党者,主因时变通,裨益公务。保党者,主保守旧章,勿使损坏。两党胜负之数,视宰相为转移。保党为宰相,则保党在院皆居右,而公党皆居左;公党为宰相,则公党居右,亦如之。今之首相侯爵沙力斯伯里,实保党也。沙侯若退,则公党必有为相者。一出一入,循环无穷,而国政适以剂于平云。①

这是薛福成以英国为例,对欧美列强的政党内阁制度简明扼要的介绍。虽然尚未触及政党内阁系维系资产阶级政治统治的工具这一本质特征,但是,他已从“公保两党迭为进退”的现象中,把握住“互相维制”,导致欧美列强“国政适以剂于平”的实质,亦可谓由表及里,入木三分。

(光绪十六年十二月)二十九日(1891年1月31日)记:

① 薛福成:《出使四国日记》,第165~166页。

地球万国内治之法，不外三端：有君主之国，有民主之国，有君民共主之国。凡称皇帝者，皆有君主之全权于其国者也。中国而外，有俄、德、奥、土、日本五国。巴西前亦称皇帝，而今改为民主矣。美洲各国及欧洲之瑞士与法国，皆民主之国也。其政权全在议院，而伯理玺天德无权焉。欧洲之英、荷、义、比、西、葡、丹、瑞典诸国，君民共主之国也。其政权亦在议院，大约民权十之七八，君权十之二三。君主之胜于伯理玺天德者无几，不过世袭君位而已。英主在英伦三岛称君主，而又称五印度后帝，则其君权在印度较重。其本国所以仍称君主者，以数百年来为其民所限制，骤难更张也。法国前称皇帝，而今改为民主，始稍安谧。夫法国人心好动恶静，固多事之国也；既为民主，其权乃散而不一，佳兵黩武之风，其稍戢乎。①

薛福成向朝廷具体介绍了世界主要国家的三种不同政体：君主制、民主制和君民共主制，及其国家元首的权力轻重。值得注意的是，他明确指出法国由君主制改为民主制后，由于“其权乃散而不一”，不但出现了“始稍安谧”，即政局稳定，而且“佳兵黩武之风，其稍戢乎”的局面，对民主制的积极作用，大胆予以肯定。

光绪十七年长至日②，薛福成在《出使四国日记·跋》中，

① 薛福成：《出使四国日记》，第225～226页。

② 长至日，即夏至节的别称，应为当年农历五月十六日，1891年6月22日。

写下如下一段赞赏泰西各国“政俗”的文字：

> 至于君主、民主、官绅共治之主，爵员、武员、上下议院之员，尊卑派其等差，选举凭以声望。其分曹治事，任久而责专；其出政施刑，令严而法简。公会所以成务，学堂所以储材。①

这是对泰西各国在政治上推行选举制，取消封建等级和世袭特权的赞赏和认同，也显示了薛福成在政治体制取向问题上的勇气。

(光绪十八年二月)十八日(1892年3月16日)记：

> 泰西诸大国自俄罗斯而外，无不有议院，实沿罗马之遗制也。其所由来，数千年矣。议院者，所以通君民之情也。凡议政事，以协民心为本。大约下议院之权，与上议院相维制；上下议院之权，与君权、相权相维制。英国有公、保两党。公党退，则保党之魁，起为宰相。保党退，则公党之魁，起为宰相。两党互为进退，而国政张弛之道以成。然其人性情稍静，其议论亦较持平，所以两党攻讦倾轧之风，尚不甚炽，而任事者亦稍能久于其位。法国有左右中三党，而三党之中，所分小党甚多，又有君党、民党之别。其人皆负气好争，往往嚣然不靖。凡宰相所行之政，议院中是之者少，非之者多，则宰相必自告退。宰相退，而其所

① 《薛福成选集》，第592页。

举之各部大臣莫不告退,由伯理玺天德另举一人为宰相。……法自庚午年改易民政,二十二年之中,已易相二十七次。其人虽多喜事,而强横之势,稍逊于前者亦实由此。夫宰相不能行其意则告退,颇有不得其职则去之意。……既进不难骤退,既退亦常复进,即如法之现任兵部大臣佛来西尼,已三为宰相,五掌兵部矣。①

这段记述,有两点值得注意:一是揭示了议院制的由来及其作用——"以通君民之情"和"以协民心为本",并同君权、相权起着"相维制",也就是相互制约的作用,从而反映出薛福成对议院政治体认的深化;二是以英、法为例证,具体揭示了欧美政党内阁制度的诸种特征。尤其是关于"两党互为进退,而国政张弛之道以成"的观点,形象地刻画出西方两党政治的"互为进退",乃是欧美列强的国家政权在统治手段或策略方面的一张一弛,以达到维系国家稳定的目的。

(光绪十八年三月)二十八日(1892年4月24日)记:

地球五大洲各国,或君主,或民主,大要不外此两端。民主之国,其用人行政,可以集思广益,曲顺舆情;为君者不能以一人肆于民上,而纵其无等之欲;即其将相诸大臣,亦皆今日为官,明日即可为民,不敢有恃势陵人之意。此合于孟子民为贵之说,政之所以公而溥也。然其弊,在朋党角立,互相争胜,甚且各

① 《薛福成选集》,第603～604页。

挟私见而不问国事之损益;其君若相或存五日京兆之心,不肯担荷重责,则权不壹而志不齐矣。君主之国,主权甚重,操纵伸缩,择利而行,其柄在上,莫有能旁挠者。苟得贤圣之主,其功德岂有涯哉。然其弊,在上重下轻,或役民如牛马,俾无安乐自得之趣,如俄国之政俗是也。而况舆情不通,公论不伸,一人之精神,不能贯注于通国,而诸务有堕坏于冥冥之中者矣。是故民主、君主,皆有利亦皆有弊。然则果孰为便,曰得人则无不便,不得人则无或便。①

这是薛福成经过整整两年的考察,对君主制与民主制的利弊所作出的剖析。虽然薛福成尚立足于传统人治的立场上而不是从法治的视角上看待君主和民主的利弊,然而,作为清廷的外交官,他对民主制之"利"的肯定和对君主制之"弊"的揭示,更凸现出薛福成的政治取向及其理论勇气。一个奉君主专制王朝之命出使异域的清廷外交官,公然向朝廷陈述"民主之国,其用人行政,可以集思广益,曲顺舆情;为君者不能以一人肆于民上,而纵其无等之欲;即其将相诸大臣,亦皆……不敢有恃势陵人之意";进而揭露君主之国的弊端"在上重下轻,或役民如牛马,俾无安乐自得之趣",甚或"舆情不通,公论不伸",导致国家"诸务有堕怀于冥冥之中者矣"。一褒一贬,中国的政治体制应向何处发展,也就不言而喻了。

(光绪十八年)四月己丑朔(1892 年 4 月 27 日)记:

① 《薛福成选集》,第 605 页。

中国唐虞以前，皆民主也。观于舜之所居，一年成聚，二年成邑，三年成都，故曰都君。是则匹夫有德者，民皆可戴之为君，则为诸侯矣。诸侯之尤有德者，则诸侯咸尊之为天子，此皆今之民主规模也。迨秦始皇以力征经营而得天下，由是君权益重。秦汉以后，则全乎为君矣。若夫夏、商、周之世，虽君位皆世及，而孟子“民为贵，社稷次之，君为轻”之说，犹行于其间，其犹今之英、意诸国君民共主之政乎？夫君民共主，无君主、民主偏重之弊，最为斟酌得中。所以三代之隆，几及三千年之久，为旷古所未有也。①

在这里，薛福成借助于他心目中的中国古代的“民主”传统，寻求到他理想中的最佳政体方案：“夫君民共主，无君主、民主偏重之弊，最为斟酌得中”。耐人寻味的是，薛福成所说的“君民共主”，就是指英国、意大利正在推行的君主立宪政体，可他却偏偏说成是中国夏、商、周三代的古老模式，这是认识上的无知，还是现实处境所囿的立论需要？看来，是兼而有之的。其中原由，以后章节再予以剖析。这里需指出的是，不管是出于何种原因，薛福成终于寻求到了一个理想的政体模式：“夫君民共主，无君主、民主偏重之弊，最为斟酌得中。”

实际上，薛福成心目中的最佳政体模式，是英国式的君主立宪制度。在以后的岁月里，他将考察西方政治体制的首选目标，集中在英国。他考察了英国议员产生的过程及其标准：“西洋各国议院员绅，由民推选，大抵皆取器识明练，才辩锋生者，

① 《薛福成选集》，第606页。

而尤以家道殷实为第一要义,群谓之体面人。"① 就是说,议员除了才识超群之外,更主要的还要拥有财产——"尤以家道殷实为第一要义",方能有资格竞选。言下之意十分清楚,议院员绅乃是有产者们的"扬名成业之具",不是寻常平民百姓弄权干政的场所。他还专门考察了英国议院制度的职能及其流弊,(光绪十八年七月)二十九日(1892年9月19日)记:

英国上下两议院,凡制度、刑法、军政、度支,悉由院中定议而后举行。上院诸员均系世爵旧臣及教中大长等,贵显异常。但政事均由下议院议定,而详诸上议院。上议院照行者十之七八,驳改及暂停者十之二三。下议院诸员,例由民间公举,凡诸郡县各举一人。预其选者,即为该郡县建白一切事宜,其权甚重,故有宁弃封圻之任,而以举授议员为荣者。英国下议院人员之额,向惟六百五十二人,嗣因国中郡县增多,光绪十一年,已增至六百七十人。……英民俗尚,向称敦朴。然至今推选议员,亦觉隐弊丛生,一则植私党以广扶持,一则散财货以延虚誉也。即如六月间所举诸员,格兰斯登为公党首领,其党得举者二百七十五人;沙侯为保党首领,其党得举者二百六十九人;此外阿尔兰党七十二人,巴尼路党九人;更有公党之人,而持论又常与其党相违者,共四十五人。其后,阿尔兰党又为格兰斯登所笼络,党势遂盛,故得

① 《薛福成选集》,第607页。

居相位云。①

这段记述有如下要领：一是薛福成如实记述了议院是立法机构，具体掌握着国家的"制度、刑法、军政、度支"等决策大权；二是"由民间公举"的下议院执掌着国家"政事"直接议定权，而世袭权贵及教会长老们虽然"贵显异常"，却无实际决策之权，意味着对封建特权的否定；三是揭示了议院制度的"隐弊丛生"，呈现出结党营私和用金钱贿选等黑幕；四是揭露了党派之间的明争暗斗。经如此描述，使国人可从多方位认识英国议院制度的利和弊。

薛福成在对欧美各国的议会制度和不同政体形式进行悉心考察的同时，还对西方国家的各种管理职能及其政权建设进行了必要的了解。他得出的总体印象是："其分曹治事，任久而责专；其出政施刑，令严而法简。公会所以成务，学堂所以储材。"②

他赞赏西方国家的任官制度，尤其对官员的专职化十分注意："英法诸国外部尚书虽不时换人，而其下办事之侍郎总办等，则皆数十年在此署中，往往终身不换。……盖职业专则志壹而不杂，经画久则才练而益精。所以西人办理交涉，措注周详，鲜有败事，阅历使然也。"③

他推崇西方政府要员的务实图强精神："各国君相，亦能实事求是，力图自强"④，并认为这是确立"国家之威"的关键

① 薛福成：《出使日记续刻》卷五，页三十九～四十。
② 《薛福成选集》，第592页。
③ 《薛福成选集》，第613页。
④ 《薛福成选集》，第615页。

所在。

他十分注意欧美各国的法制建设。据他的广泛考察,英、法、德诸国的刑律原先“皆本罗马”。古罗马刑律以严酷著称于世,推行结果却是“民不堪命,然犯罪者益众”,不得不逐步改茧,“旋改旋轻”。为了改变“法益苛而民益顽”的状况,1750年英国“议院乃议尽改旧法,减省刑罚,罚锾监禁以外,至重不过缳首而已。又得延状师申辩,无威吓逼勒之虞,无搒掠锒铛之苦;邑犯罪不得相屈辱,牢狱亦亢爽洁净,不致酿为疫疠;且设学堂、书库、医院、庖厨于其中。复考核通国罪人之数,若少若多。苕尤多,究其获谴之故,察其为恶之由,以施惩戒。行之不过五六十年,而顽梗潜消,民多知耻。其收效之捷,有如此者”[①]。为了获取感性认识,他还实地参观了法国巴黎的“伯列藏麻寨”监狱,分别对其中的“初捕尚未定罪之狱”、“重犯之狱”、“轻罪之狱”及关押违禁犯人之“黑狱”逐一查勘,还亲眼看到这所监狱中的配套设施:“有教士讲经之台”,“有药室,有病房以待病者,有书库以待各犯之愿观书者,凡各学诸艺,以及游历教门之书,无不有之,亦使之散闷,且警觉改悔也。”[②]通过实地考察,薛福成似乎感觉到西方国家的刑律强过中国的封建刑律,进而得出如下观感:“无拘挛,无鞭挞,而人皆知畏刑,不敢犯法,几于道不拾遗。”[③]

他还击节称道西方国家政权对“工商诸务”等经济活动的提倡、保护和奖掖的举措。首先设置专官保护:“如西洋各国,

---

① 《薛福成选集》,第621页。

② 《出使日记续刻》卷三,页二十。

③ 《薛福成选集》,第627页。

有商部尚书以综核贸易之盈亏，又有商务委员以稽查工作之良窳是也。”① 其次是制订必要的法规：“立保护公司之法，议整顿公司之规”②，以保护民间正当的经济活动。与此同时，国家还通过必要的政策措施鼓励创造发明和保护工商业的发展：“国家定例，凡创一器者，得报官核给凭单，专享其利”③；“凡创一业，官给准照，独享其利者若干年，剿袭诈伪者罚无赦”④。他特别注意研究欧美各国制订的税收政策，重点考察了英国的税收政策：“旧时英关于绸缎、米麦等，亦莫不有税。厥后用议院之议，渐裁各税，而以其税加之烟、酒、咖啡、茶叶之中。然近来英关收数仍不减于旧者，以烟、酒、咖啡、茶叶之销数甚繁也。议院之言，盖谓布、谷等物，民所仰为衣食者，税之则碍民生计，故竟裁之；烟、酒、咖啡、茶叶，并非人生必需之物，而人必欲用之者，不过徇一时嗜好，而其力亦必稍有余者也，彼既可已而不已，虽重榷之亦不为过。”⑤ 英国对国人生活必需品“无不优免关税以广招徕”，而对非人生必需的消费品则采取“重收关税”的政策，不惜“值百抽百或抽二百”，如此税收政策，使薛福成从“恍然”之中受到极大启迪。通过对西方国家对经济活动的种种干预，薛福成更加明白了一个道理：“夫泰西百工之开物成务，所以可富可强，可大可久者，以朝野上下敬之慕之，扶之翼之，有以激厉之之故也。”⑥ 他多么希望

① 《薛福成选集》，第 616 页。
② 《薛福成选集》，第 616 页。
③ 《薛福成选集》，第 492 页。
④ 《薛福成选集》，第 611 页。
⑤ 《薛福成选集》，第 624 页。
⑥ 《薛福成选集》，第 483 页。

中国也能学习泰西的经验,变贫弱为富强。

综上所述,可以发现薛福成在探索与介绍欧美以议会民主体制为核心的政治制度过程中,存在着一种认识上的矛盾现象:他对"大约民权十之七八,君权十之二三"的英国式"君民共主"体制持认同和赞赏的态度,认识到"夫君民共主,无君主、民主偏重之弊,最为斟酌得中",提倡"民权";然而,对美国和法国式的民主共和体制则予以贬斥,并不赞成"民主"。比如,当他查明巴西由君主制改为民主制后,认为这是"系出兵部海部一两人之私谋,意在擅权劫胁君民",于是立即函复总理衙门,"请暂缓认"[①],后来,还进而斥责巴西"自改民主以后,民气转为不靖",导致"政令断难画一"[②];他对推行民主共和政体的美国和法国,并无好感,认为"美国则民权过重,法国则叫嚣之气过重"[③];他对美国式的民主共和政体,更是深恶痛绝:"大抵民主之国,政柄在贫贱之愚民,而为之君若相者,转不能不顺适其意以求媚。夫至可凭者民情也,所谓天视自我民视,天听自我民听也;至无定者亦民情也,彼其人杂言庞,识卑量隘,鼓其一往之气,何所不至,是以不能无待于道之齐之也。美国之政,惟民是主,其法虽公,而其弊亦有不胜枚举者。"[④]"民主之国"的"政柄"是否握在"贫贱之愚民"之手?美国之政是否"惟民是主"?都是出于无知所产生的大问号。然而,这段笔尖颇带感情的评述,却充分暴露出薛福成内心对

① 薛福成:《出使四国日记》,第96页。

② 薛福成:《出使日记续刻》卷七,页四十一～四十二。

③ 薛福成:《出使四国日记》,第134页。

④ 薛福成:《出使日记续刻》卷三,页六十九～七十。

"民主"的恐惧和敌视。

薛福成因何褒"民权"而贬"民主"？这是一个值得深究的问号。按理说，"民权"和"民主"两词在含义上并无原则性区别。在英文中，"民权主义"和"民主主义"原本是同一个词语，都叫"democracy"。在日语中，"民权"意为"政治上人民的权力"，这与西方"民主"的本义"人民的权力"是同一个意思。可是，在中国历史上，"民主"和"民权"是十九世纪后半叶才闯进中文词汇里的舶来品。虽然在中国古代典籍中早有"民主"这一词汇，如《尚书》在论述成汤取代"淫昏"的夏桀时，便记有："天惟时求民主，乃大降显休命于成汤，刑殄有夏。……乃惟成汤，克以尔多方，简代夏作民主。……天惟五年，须暇之子孙，诞作民主，罔可念听。"[①] 短短数百字内，多处使用"民主"二字。古代典籍中的"民主"何义？据《左传》述义，乃"民之主也"[②]之谓也，并非近代意义上的"民主"含义。意为"人民的权力"的"民主"二字，直到鸦片战争以后方才陆续出现在中文书刊之中。比如在1864年出版的丁韪良翻译的《万国公法》中已多次使用"民主"一词；1874年9月5日出版的《万国公报》第301卷，已称美、法、瑞士等国为"民主"国；光绪元年(1875)，早期启蒙思想家郑观应在其《易言·论公法》中便沿用了"民主"这一词汇，称："泰西有君主之国，有民主之国，有君民共主之国"[③]。薛福成于光绪十六年(1890)起在出使日记中用"民主"、"民主国"向国人介绍欧美各国有别于"君主"和"君主国"

① 《十三经注疏》，第228～229页，中华书局1991年影印本。

② 《十三经索引》，第280页，中华书局1983年版。

③ 夏东元编：《郑观应集》(上)，第65页。

的政治词语，乃是他在国内注意关心时政，及时采纳并沿用了具有近代意义的“民主”这一新鲜政治术语。

至于“民权”一词，中国古代典籍中未曾出现过，纯属近代国门被打开后涌进中国的新鲜词汇。据国内学者考释，在中文书刊中最早使用这一词汇的是郭嵩焘，他在光绪四年四月十八日(1878年5月19日)的日记中写有：“西洋政教以民为重，故一切取顺民意，即诸君主之国，大政一出之议绅，民权常重于君”①。其次为黄遵宪于1887年纂成的《日本国志》一书中，多次使用“民权”一词。这时，黄遵宪正以参赞身份驻使日本，而日本正在推行“自由民权运动”，创造了“民权”一词。日文中的“民权”一词，本来就借用汉字的“民”和“权”两个字组成，于是黄遵宪就在《日本国志》中将“民权”二字照搬进来。薛福成于光绪十六年(1890)的出使日记中也开始频繁使用“民权”这个新词。有的学者依据薛福成曾为《日本国志》作序，据此论定薛福成的“民权”乃沿用了黄遵宪的用语，出典同样来自东邻日本。然据笔者考释，薛福成的“民权”用语，极大可能来自郭嵩焘而非黄遵宪。理由是，薛福成对郭嵩焘十分敬重，关系也极为密切，他曾倾心研读郭嵩焘的《使西纪程》，并曾在光绪十五年五月二十一日(1889年6月19日)向光绪皇帝陛辞请训时，还特地向亲政不久的光绪皇帝推荐了这本《使西纪程》，自己当然不可能不熟知书中关于“民权”的词语；至于黄遵宪的《日本国志》一书中虽也多次使用“民权”二字，但薛福成在《日本国志·序》中明明白白地写道：“岁甲午，余蒇英法

① 熊月之：《中国近代民主思想史》，第11页，上海人民出版社1986年版。

使事，将东归，公度邮致其稿巴黎，属为之序……”① 这就说明，薛福成读到《日本国志》乃在光绪二十年（1894）由欧洲离任返国的当口，足以证明薛福成不可能从《日本国志》中方才得悉“民权”二字的旨趣，进而频频使用于自己的论著之中。

既然“民主”和“民权”在西方原本是同出一源的词汇，含义并无原则性差异，那么，像薛福成这样的有识之士缘何对其谨慎使用，甚或褒“民权”而贬“民主”呢？其实，这是一个具有深刻社会背景、关系到中国社会变革的政治导向，绝非仅是词汇释义上的是非纠葛。

大凡经过长期历史培育起来的文化，都具有传播和稳定的双重特性。文化的传播性决定着民族文化与外来文化的必然交流，从而使民族文化在交流过程中获得新的动力，更加丰富；而文化的稳定性又必然驱使每个民族对外来文化进行适合本民族特点和需要的取舍、消化乃至扬弃，从而继续保持本民族文化的传统特色和活力。中国文化具有深厚的民族传统，对外来语汇的引进、渗透，历来依据本民族的文化传统、语言习惯乃至政治背景予以理解、修饰和使用。虽然“民权”和“民主”在西方的本义原无原则区别，然而在十九世纪后半叶传到中国后，却在含义上产生了分野：“民权”被理解成为“人民的权力”，用薛福成的理解，民众具有“推选”之权，“由民推选”出来的“议院员绅”，起着“通君民之情”和“协民心为本”的效用，这就意味着“民权”；“民主”则被理解为“人民作主”，即民众统治国家，用薛福成的理解，民主则意味着“惟民是主”，“政柄在贫贱之愚民，而为之君若相者，转不能不顺适其意以求媚”。经

① 《薛福成选集》，第525页。

过如此这般的消化和理解,“民主”便意味着民众直接当家作主,掌握“政柄”,而与君权直接对立;而“民权”则被解释为民众可以行使某些权力,可以通过“推选”之权,选出自己的利益代表,在议院中制约君权、相权的专制。于是,提倡“民权”,可以在不推翻君权的前提下,起到民权与君权“相维制”的互补作用,避免出现“上重下轻,或役民如牛马”的不良状况,以维系社会秩序的稳定,实现政治的清明。

正因为“民权”说倡导给民众以部分权力,可以消除君民之间的隔阂乃至对立,既有制约君权的一面,更具有与君权并存共处的一面。这种灵活的协调性,正是薛福成这类启蒙思想家既想革新封建专制弊政而又不愿推翻君权统治的政治取向所追求的思想武器。于是,倡“民权”就理所当然地成为晚清新兴资产阶级代言人既要享有政治权力又不推翻封建制度的最理想的口号。关于这一点,早期启蒙思想家薛福成是如此;与薛氏同时代的陈炽一边讲“民权”,要求开议院,一边却痛诋“民主”为“犯上作乱之滥觞”①。比薛氏稍晚的何启、胡礼垣则阐发得更为明白:“民权者,其国之君仍世袭其位;民主者,其国之君由民选立,以几年为期。吾言民权者,谓欲使中国之君世代相承,践天位于勿替,非民主之国之谓也。”② 即便康有为、梁启超、严复等维新思想家,同样都提倡“民权”、反对“民主”。如维新思想家梁启超在戊戌变法失败后还再三辩白说:“吾侪之昌言民权,十年于兹矣,当道者忧之嫉之畏之,如洪水猛兽然。此无怪其然也,盖由不知民权与民主之别。而谓言民

① 陈炽:《盛世危言·序》。

② 何启、胡礼垣:《劝学篇书后》。

权者，必与彼所戴之君主为仇，则其忧之嫉之畏之也固宜。不知有君主之立宪，有民主之立宪，两者同为民权，而所以驯致之途，亦有由焉。”①

从薛福成到梁启超，对“民权”和“民主”的诠释及其态度，深刻说明了新词的选择和然否，不但体现了思想的变化，更反映近代中国社会新陈代谢的特点：中国近代启蒙思想家，正如他们所代表的新兴资产阶级一样，一出场就带有明显的对深厚的封建专制制度既斗争又妥协的两面性。斗争性体现着他们的先进与贡献，而妥协性又决定了他们努力的最终结局：不能成功地完成社会新陈代谢的历史重任。

① 梁启超：《立宪法议》，《清议报》第八十一册。

第十一章　对西方文明的全方位考察（下）

一、西洋各国教民之法，莫盛于今日

"西洋各国教民之法，莫盛于今日。"这是薛福成考察"西洋国政民风"过程中的一条重要感受，也是他深入考察欧美各国精神文明的切入点。

教育，是衡量一个国家和民族的人才素质、道德风貌、审美情趣、行为方式、价值观念乃至社会风气的重要窗口。善于观察的薛福成，在考察欧美各国的精神文明层面时，果断地将审视的目光集中在西洋的教育方面。经过一年考察，他在光绪

十七年正月初三日(1891 年 2 月 11 日)的日记中写下一段感受:

> 西洋各国教民之法,莫盛于今日。凡男女八岁以上不入学堂者,罪其父母。男固无人不学,女亦无人不学,即残疾聋瞽喑哑之人亦无不有学。其贫穷无力及幼孤无父母者,皆有义塾以收教之。在乡则有乡塾,至于一郡一省,以及国都之内,学堂林立,有大有中有小,自初学以至成材,及能研究精微者,无不有一定程限。文则有仕学院,武则有武学院,农则有农政院,工则有工艺院,商则有通商院。非仅为士者有学,即为兵为工为农为商,亦莫不有学。其书多,曲折赅备,有读之十年不能罄其奥者。平时所见所闻,莫非专门名家之言,是以习之而无不成,为之而无不精。近数十年来,学校之盛,以德国为尤著,而诸大国亦无不竞爽。德国之兵多出于学校,所以战无不胜。推之于士农工贾,何独不然?推之于英法俄美等国,何独不然?夫观大局之兴废盛衰,必究其所以致此之本原。学校之盛有如今日,此西洋诸国所以勃兴之本原欤?①

薛氏对西洋各国教民之法简明扼要的介绍,充分反映了西方近代教育体制的完备,教育机构的繁茂,教育程度的广泛与普及,使世人从中强烈地感受到一条结论:国家强盛教育为本,

① 薛福成:《出使四国日记》,第 229～230 页。

用薛福成的话来说，叫做："学校之盛有如今日，此西洋诸国所以勃兴之本原欤?"回溯在八个月之前，他在日记中曾有"欧美两洲各国勃焉兴起之机，在学问日新，工商日旺"① 的记述，如今却从科技发明与工商业等物化技术层面上转向学校教育这一精神层面，来探究"西洋诸国所以勃兴之本原"，这证明薛福成对西方富强经验的探索，已从表层文明逐渐向深层文明穿透。

薛福成是位比较注重实证的思想家，既然西洋各国的"教民之法"是如此完备，那么，推行的实际效果又如何呢?他采取点面结合的调查方法，进行了审慎的考察。

面上考察，他抓住学校教育在欧洲"极一时之盛"的荷兰为典型，在光绪二十年三月二十六日(1894 年 5 月 1 日)记下考察结果：

> 荷兰书院林立，官为督察，章程美备，英国尝取法焉。为师者必给官照，否则不许授徒也。光绪乙酉丙戌间，公私幼学各塾一千四百三所，学生十万九千六百七十六人；公塾初学馆二千九百二十三所，四十四万四千六百七十八人；私塾中等学各馆一千二百九十四所，十八万八百九十七人。弦歌之声，达乎里巷矣。②

这是一段颇有说服力的记述。荷兰本土人口当时仅有 456 万，

① 薛福成：《出使四国日记》，第 67 页。

② 薛福成：《出使日记续刻》卷十，页四十三。

可公私中小学却有5620所，在校中小学生达73万多人，全国平均800多人就拥有一所中学或小学，可见教育普及之程度；其次，荷兰订有严密的教育章程，尤其重视师资的质量，只有经过考核取得“官照”者方有授徒的资格，从而使教育质量能得到相应保证。观乎此，就不难理解，为什么荷兰会出现“学校古为欧洲之冠，诗人文士，极一时之盛，多能精究实学”① 的盛况。

点上的考察，薛福成选中一所不易被人重视的英国“贫孩院”(即孤儿院)为目标。光绪十八年七月十八日(1892年9月8日)，薛福成率领随员走出伦敦使馆赴海滨游览，中途忽见道旁有一所“贫孩院”，于是，乘便叩门参观，并在当天的日记中写下这么一段见闻：

> 院中男女孩凡三百余人，有厨房，有书库，有浴室，有饭厅，有读书堂，有讲经堂，有做工所，有演艺场，有洗衣所，有男孩卧室，有女孩卧室，秩然不紊。养牛二十五头，日取其乳以供院中之用。凡贫孩二岁以上，即可送入院中，迨二十岁左右，皆成一艺以去，俾能自给衣食，无饥寒之虑焉。②

在参观过程中，他还目睹有些孩童正在认真地操演枪法、阵法，“无不手势娴习，步伐整齐”；听到一群十岁左右的孩童奏乐，“按之乐谱，悉协宫商”；更看到几个约七岁左右的孩童正在演

① 薛福成：《出使日记续刻》卷十，页四十二。

② 薛福成：《出使日记续刻》卷五，页三十一。

唱,“调皆一律,虽甚幼稚而意象严肃”;他还参观了孩童们边读书、边实习所制作的成品,“诸孩所造器皿,无不精巧,即代鬻之以供本孩之用”。真可谓耳听为虚眼见为实,目睹英国的贫苦孤儿在“贫孩院”中得到如此妥帖的培育,如此颇有成效的教养,如此健康的成长,薛福成不由自主地从内心发出赞叹:

> 於戏,至矣尽矣,毫发无遗憾矣。吾不意古先圣王慈幼之道,保赤之经,乃于海外遇之也。①

敬老爱幼,保护弱小生命,乃是中国古代圣贤再三倡导的伦理道德规范,也是薛福成一直引以为自豪的中华文明优良传统,如今,恰恰在他曾以此傲视的西方国家得到了具体显现乃至印证。看来,即便在伦理道德问题上,也必须“礼失求诸野”了,岂能不使薛福成为之产生莫大的震撼?! 根据这一典型事例,薛福成由此及彼,对欧美国家保护人民正当权益的有关举措有了更加深切的感受,确信“保民生”三字,同样是“西国富强之原”,并在日记中摘录了报章上刊载的一段“西国致治之要”:“凡人身家田产器用财贿,绝无意外之虞。告退官员,赡以半俸;老病弁兵,养以终身;老幼废疾阵亡子息,皆设局教育之”②。据此观感,薛福成进而对如何学习西法提出一个新的看法:“知西国所以坐致富强者,全在养民、教民上用功。而世之侈谈西法者,仅曰精制造,利军火,广船械,抑末矣。”③ 这就

① 薛福成:《出使日记续刻》卷五,页三十二。

② 《薛福成选集》,第626页。

③ 《薛福成选集》,第627页。

是说，学习西方，只引进工艺制造、坚船利炮等等先进物质文明，是舍本逐末；更应该学习西方“全在养民、教民上用功”之类的制度和教育文化建设，才算是抓住了“本”，也就是抓住了西方国家的“富强之原”、“致治之要”。

对西洋教育体制和实践的考察，促使薛福成对欧美各国的家庭伦理和人际关系产生了新的认识。

其一，“泰西风俗无男女之别”。

“凡男女八岁以上不入学堂者，罪其父母，男固无人不学，女亦无人不学。”在目睹西洋妇女同男子一样享有国家严格规定的受教育权利的同时，薛福成在同西洋朝野交往的过程中更加惊诧地看到：“西俗宴会则男女杂坐，行步则男女携手”①。不仅男女可以公开在大街上携手同行，而且居然存在“贵女贱男”的习俗：“男子在道，遇见妇女则让之先行。宴会诸礼，皆女先于男。妇人有外遇，虽公侯之夫人，往往弃其故夫，而再醮不以为异。夫有外遇，其妻可鸣官究治，正与古者扶阳抑阴之义相反。女子未嫁，每多男友，甚或生子不以为嫌。所以女子颇多终身不嫁者，恶其受夫之拘束也。”② 西洋妇女在社会地位、家庭生活，甚至在两性关系上都比男子享有更高的礼遇。这种现状，确实使长期生活在男尊女卑伦常规范下的薛福成感到不可理喻，由此发出“此其夫妇一伦，稍违圣人之道者也”③ 的慨叹。

“泰西风俗无男女之别”是否为西方自古以来的传统习

① 《薛福成选集》，第605页。

② 《薛福成选集》，第585页。

③ 《薛福成选集》，第585页。

俗？薛福成经过调查终于弄清真相：原来，“古者欧洲妇女守礼之严，大旨亦与中国相似，男女不同席而坐，不共几而食，恪循阃训，不出户庭。”① 那么，泰西风俗如何从“男尊女卑”变为“贵女贱男”的呢？薛福成解释说，这是三四百年前从法国开始的一项“改妇女之礼”的社会改革措施。“其用意专以谋致富强为主”，用现代语言来说，为了解放妇女劳动力：“法王思致富强之术，莫先于人民之繁庶；繁庶不可骤几也，则莫如化妇女之无用为有用；欲求妇女之可用，则莫如略其礼法，去其防闲。于是毅然以改俗变礼为务。”②

泰西这场“改妇女之礼”的社会改革的效果如何呢？薛福成实事求是地肯定道：“厥后风气寖成，而妇女之为用，果不异于男子。用之战守，则男子荷戈，妇女馈饷矣。用之学问，则男子精锐，女子沉静矣。于是通国之中，向之有十万人者，不啻骤得二十万人；向之有百万人者，不啻骤得二百万人。”③ 虽然薛福成还认为这是泰西国家因地狭民寡又“欲创霸国之雄图”而“不得已而出此”的措施，但他毕竟承认了西方妇女在为国家建造富强业绩中的不可磨灭的贡献。原先带着“男尊女卑”思维定势的薛福成，能实事求是地正视西方“改妇女之礼”的积极成果，如实肯定“妇女之为用，果不异于男子”，确实难能可贵。

先哲有言，妇女解放的程度乃是人类解放的尺度。人类社会男女不平等是指男女的社会差异和男子对女子的性别歧视，其社会经济根源是劳动形式由母权制向父权制演变所导

① 《薛福成选集》，第 604 页。

② 《薛福成选集》，第 604 页。

③ 《薛福成选集》，第 604 页。

致的生产方式变化的结果。这是人类的两大性别集团由自然差异演变成社会对立的观念表现。但男女不平等的存在仅仅同人类劳动形式和生产力水平发展的一定历史阶段相联系，并由此转化为道德准则和风俗习惯。当社会发展到一定阶段，尤其是妇女成为解放生产力的对象时，势必使人类对“男尊女卑”的思维定势和伦理规范产生某种冲击。这就驱使着资本主义文明在冲击和取代封建文明时，也势必要对封建纲常礼教束缚下的妇女地位问题产生某种冲击乃至变革，从而出现西欧率先“改妇女之礼”的举措。尽管这种冲击和变革在实现妇女解放的历史长河中还是极其有限的，并不能实现男女之间的真正平等，但这毕竟是资本主义文明造就的一次巨大的社会变革。薛福成能亲身感受到这种变革，体认到这场变革给男女社会地位带来的变化，虽然在思想深处还有某种保留，但这种勇于承认变化事实、肯定变革结果的态度，在中国士大夫群中，可谓得风气之先。

其二，“诸商之致此巨富，实众工人胼胝辛勤所致也。”①

这是薛福成在考察欧美各国社会人际关系过程中得出的又一条重要心得，反映出他对西方劳资关系以及由此引发的社会矛盾的基本看法。

欧美资本主义列强在以新的生产方式取代旧的生产方式的过程中，以其“学问日新，工商日旺”创造了“独擅富强”的丰厚物质文明，足以傲视千古；且以其先进的科学技术装备和大量商品，获得“横绝宇宙而莫之能御者”的逞雄世界的魔力。对此，薛福成确实为之叹服，赞誉有加。他曾细心地统计了美国、

① 《薛福成选集》，第595页。

英国、法国产业增长的速度，并在日记中写道："近百年来，西洋诸国，多得养民新法。其最盛者：美国产业于八十年之内，多至四十三倍；英国于八十五年之内，产业多至六倍；法国于六十年之内，产业多至三倍。"①

然而，这些飞快的发展速度，急遽增长的社会生产力，又给社会的人际关系造成何等结果呢？薛福成在《出使日记续刻》中有如下记述：

> 美有七家，共得银四百兆两。英有五家，共得银一百兆两。德有二家，共得银二千五百兆两。法有一家，得银一千兆两。诸商之致此巨富，实众工人胼胝辛勤所致也。因此各工人设会，曰同心会，又曰同合会。计德、美各有六十余万人，英有八十余万人，法国人数更多。动辄停工，实非与上为难，不过求工资饶裕，且一日中限定作工四个时辰，以资养息也。②

这段重要记述，凸现出薛福成旁观者清的识见：(1)欧美资本主义创造的巨大财富，日益聚集在极少数资本家手中，不能不使社会产生严重的两极分化；(2)资本家手中拥有的"巨富"，"实众工人胼胝辛勤所致也"，这就说明"众工人"创造了巨额社会财富；(3)基于资本家用剥削手段占有了工人创造的社会财富，所以各国工人们要"设会"，组织起来同资本家抗争；(4)薛福成更用同情的眼光看待工人的罢工斗争，不论是要求增

① 《薛福成选集》，第595页。
② 《薛福成选集》，第595页。

加工资还是争取八小时工作制，都是为了“以资养息”，改善自己的生活需要（养活自己及家庭的必需生活需要）和生存条件（恢复工人消耗的精力必需的休息时间）。

在这里，薛福成虽然没有也不可能运用剩余价值学说，从资本家无偿占有工人的剩余劳动来揭示资本主义剥削的本质，但是，作为封建王朝派驻西欧的使臣，他能够睿智地看到资本主义“富强”背后社会成员之间的贫富悬殊，能够看到工人阶级“胼胝辛勤”创造了资本家手中的“巨富”，更以同情的态度看待工人阶级组成工会向资本家进行罢工斗争的事实，确实大大超越了一个封建士大夫知识分子官员所能企及的思想境界及其识见，即便在中国近代启蒙思想家行列中，也是极为罕见的。

薛福成对欧美工人群众“胼胝辛勤”生活处境的同情，是同他对中国苦难同胞生计的关切分不开的：“近数十年来，中国民穷财尽，小民竭终岁勤动之力，往往不能仰事俯畜。生计之艰，视百年以前，不啻三四倍焉；视二百年前，又不啻七八倍焉。”① 这是他一贯崇尚孟子“民为贵”思想并以此关切“小民生计”的合理逻辑。正是基于对民众生活的关切，他曾对西方列强为了争霸于世界而穷兵黩武，不惜耗费巨资研制毒气弹、机关炮等等新式武器的行径，发出强烈的义愤：“呜呼，杀人之器，愈出愈精，而苍生之受毒无穷期矣！”②

---

① 《薛福成选集》，第619页。

② 薛福成：《出使日记续刻》卷五，页四十一。

二、对中西文化的比较辨析

人们看待世界,往往摆脱不了自身固有的立场、观点和环境的制约,这就是特定文化背景的效用。薛福成在考察西方文明的过程中,自然难以超越近代中国固有文化背景的制约。每当遇到中西文化发生碰撞时,他总以中国文化背景所决定的特殊视角,以审慎的态度来辨析中西文化之间的"真伪虚实,得失利病",从而在主观上力求避免"或拘于一隅,而不能会其通;或震其一端,而不能究其极"① 的弊病。于是,他在考察过程中,对中西文化进行了几乎是全方位的比较研究。

第一,关于器物层面的中西比较。

薛福成目睹中国传统特产茶叶出口的逐年递减而俄国、印度、日本等国茶叶产销的日渐兴旺,从而对中国特色产品的前景产生无穷忧虑。他以福州口岸的茶叶出口为例:"光绪六年出口七十四万担,十二年减至六十六万担,十四年减至五十五万担,十六年减至三十九万担"的事实,找出两条原因:"一则闽茶年逊一年,久为英人所弗喜;一则印度茶日盛一日,英人以其味浓,乐于购用。"② 为什么引种茶叶只有三十年的印度茶能够赶超历史悠久的闽茶,光绪十六年(1890)印茶出口量竟然达到一百万余担呢?薛福成在日记中作了如下剖析:

因印人讲求种茶之法,树宜易者易之,宜植者植

---

① 薛福成:《出使四国日记·咨呈》。

② 薛福成:《出使日记续刻》卷二,页四十八。

之，摘茶合乎天时，制茶需乎机器，故货色均归一律，虽天气不时，无虑也。不数年后，恐印茶愈盛而闽茶愈减矣。闽省种茶买茶之人，均不肯留心讲究。据洋商云，印茶味色之美，因其种制得宜；闽人则不肯渐易其老树，以致所出之叶，难以制作好茶。果能幡然改图，茶务仍有振兴之日，否则不堪设想矣。今闽省种茶之地，已有改种地瓜者，其人亦有别谋生计者，宜亟仿印度种制之法以整顿之也。①

中印茶叶盛衰的差距在于茶叶种植和制作过程能否运用先进的科学技术。闽茶欲振兴，只有"幡然改图"，学习印度的先进种茶之法，改变"不肯留心讲究"的因循保守的心态。此乃探源之论。

蚕丝，中国这项传统特产，同样遇到了国外产品的严重挑战。薛福成选择了新崛起的竞争对手日本进行比较：

夫日本蚕丝，并非良于中国，西人所以多购之者，其价廉也。日丝之廉于湖丝、广丝者，以中国缫丝概用人力，而日本制丝多用汽机也。中国诚能多购机器以缫丝，而于西北各省，教以蚕桑，出产既宏，人工亦简，则丝价必较日本更廉矣。②

中日蚕丝出口量的消长，关键在于价格的廉昂，而日本蚕丝价

① 薛福成：《出使日记续刻》卷二，页四十九。
② 薛福成：《出使日记续刻》卷五，页六十二。

廉的秘诀在于用先进的机器制作。中国蚕丝质地虽佳,但价昂也难以与之抗衡,出路只有一条:“多购机器以缫丝”,以更廉的价格方能保持竞争的优势。

当然,缫丝之外还有一个科学育蚕的问题。对此薛福成曾专门请教过巴黎育蚕会的专家郎都。郎都介绍说,西欧各国不但坚持用显微镜检测蚕子的优劣,以便取舍;各国还办起养蚕学堂,讲求科学养蚕的工艺。郎都还具体指出:“中国数年前寄到蚕子,皆已有病,此等蚕子约重八两,所出之蚕计可收丝二十五斤;现在意、法等国拣择精良,其蚕子约重八两,所出之蚕计可收丝七十五斤,最多有收至百斤者。”法国专家的这一比较,引起薛福成的高度重视,在当天日记中抒发如下感想:

> 夫饲蚕桑叶之费,育蚕人工之费,中西相同,而中国收丝仅得西人四分之一者,以蚕子未经拣择也。不但此也,蚕子之病者不去,则次年所出之蚕有病,即所产之蚕子亦皆有病。一以化百,百以化万,恐中国之蚕务日渐衰息,数十年后,将如印度之歇绝无余矣。欲救其弊,莫如每年多寄蚕子到巴黎育蚕会中,代为查验精拣,然后寄还,分给江浙民家,并劝令各购显微镜一具。华民果能渐自辨别,且知其实有明效,则互相传习,风气益开,中国蚕务方可保也。①

由于不能科学检测蚕子的优劣,居然造成收丝率的四倍差距!如何振兴“日渐衰息”的中国蚕务?薛福成及时提出首先从科

① 薛福成:《出使四国日记》,第214～215页。

学检测蚕子抓起，借助西欧的科学方法，在国内大力倡导科学育蚕的风气。

印刷术，这是中华民族引以为骄傲的四大发明之一，曾对人类文明的发展产生过不可磨灭的贡献。但数百年前西传后，中西印刷技术却产生了微妙的变化，连薛福成本人的论著也喜爱“用西洋糖印法”印刷装订。那么，薛福成如何看待中西印刷术的差异呢？

> 华书刻板，在西人前五百余年。惟西人初创遽用活板。而中国则始用镌板，后用活板，活板起于宋，大约在西历千一百年。活板之字，宋人用泥，明人用木，国初又用铜铅，逼肖西法。只印机为西人独倡，迩来中国亦多用之。大抵木板与活板，各有利弊，不相掩也。①

虽然薛福成承认欧洲率先用铅字活板印刷的文字“朗若列眉”，使世人“争相仿效”，也承认“印机为西人独倡”，从而使印刷术趋于现代化，但他却还强调什么“木板与活板，各有利弊，不相掩也”，颇有点过于珍爱旧传统的保守意识。

造纸，这是中华民族又一项促进人类文明长足进步的四大发明之一，造纸术西传后，又取得了较为迅猛的技术进步。对此，薛福成进行了较为缜密的比较研究：

> 中国自蔡伦作纸之后，继起者争奇竞胜，美其名

① 薛福成：《出使日记续刻》卷三，页三十四。

曰蚕茧，曰乌丝，或以松花为之，或以栲皮捣就，然皆以竹素为盛，类能欺霜浣玉，滑泽晶莹，格物可谓精矣。近日欧洲新法，更能用破布败絮，及鸟毛、鱼皮、兽皮等制纸，质坚价贱，即起蔡伦于此时，亦觉后来居上。今又有美国人以麦心之皮制纸，光滑耐久，其化学之功更妙矣。格致之学苟精，殆可使天下无弃物欤。①

薛福成崇尚科学促使文明的进步，承认西方造纸工艺的先进，造出“质坚价贱”的纸张，是“后来居上”的创举。那么，中国的造纸术应否迎头赶上，也就在不言之中了。

瓷器，这是中华民族数千年前对人类作出的又一项重要贡献。制瓷工艺西传后，同样在西欧生根开花，结出了丰硕的成果。祖国这项古老的发明西传后，如今达到了何等生产水平？薛福成十分关注，于光绪十八年三月十八日(1892 年 4 月 14 日)，亲率随员参观了法国被称为“泰西第一”的赛佛尔官瓷新窑。此窑已有近 150 年的历史，“乾隆十年，法国在文散纳设窑造瓷，后移至赛佛尔，是为旧窑，以公司集股为之，嗣归国家经理，由是制造大兴，通行渐广。复受法于日耳曼之萨克索国，寻取泥于巴黎南之里母市，遂建新窑于旧窑之西南，始事于咸丰十一年，竣工于光绪二年，即今官瓷窑所称为泰西第一者也。”② 赛佛尔还设有“瓷器博物院”，不但陈列法国当代名瓷，还有包括中国在内的世界各国古今陶瓷佳作。其中，赛佛

---

① 薛福成：《出使日记续刻》卷三，页三十六。

② 薛福成：《出使日记续刻》卷四，页十二。

尔官瓷新窑的上品佳制，曾使薛福成惊叹不已，他在当天日记中写下观感如次：

> 油色既佳，绘画尤妙，有淡青色如董窑者，有象牙色如象窑者，有如朱砂红、鹦哥绿者，惟天青不如柴窑，纯白不如定窑，馨红不如饶窑。又有以铜作身，以瓷作饰，如古所谓大食窑佛郎嵌及戗金者。其画有人物、花果、虫鸟、鱼藻之属，方之中国古窑佳瓷，殆无以过。……闻法人始造瓷器，尝取中国瓷之油色泥料，细刮精研，用法化分，求之既久，方得其诀，盖制瓷必赖化学也。中国之窑横而长，西洋之窑椭而圆，而上安泥坯，下烧柴火则同。①

法国制瓷仿自中国，如今其上品佳制已同中国古窑佳瓷相埒，而晚清中国瓷品却已相形见绌。这种青出于蓝而胜于蓝的现象固然令薛福成为之惊叹，然而，薛福成惊叹之余，却能寻求法国制瓷"胜于蓝"的原因在于法国运用先进的科技手段——"盖制瓷必赖化学也"。正因为法国能用先进的化学分析方法，将中国瓷的油色泥料，拿来进行"细刮精研，用法化分"，终于"方得其诀"，掌握了中国瓷的内在秘诀，实现了赶而超之。既然法国如此，那么，中国制瓷工艺如何"必赖化学"予以革新，也就成为顺理成章的问题了。

纺织业，在薛福成出使之前，国内已开始引进西方的先进技术设备，开始制造纺织机，办起机械化纺织厂。然而，中西纺

① 薛福成：《出使日记续刻》卷四，页十三。

织业间还存在多大差距?对此,薛福成拳拳在心,注意考察,并在日记中写下一段考察结果:

> 外洋纺纱织布,皆用机器,故费省而工速。英国尤擅此利,所用棉花,多自美国、印度购运而来,国中局厂林立,1868年,棉花厂有2470处,织机有40万座,纺纱挺子有3200万根,以后逐年添厂,厥数更多。……美印等处土产棉花,而其利为英所独擅者,则以能讲求工艺,考究机器故也。中国沪上已设织布局,所出新布,价值既廉,购者渐众。闽省不出棉花,近由绅士于省会创造织布局,购洋纱以供织,试办两年,城乡出布日多。卞制军以官局所出布,行销不畅,奏请暂免税厘,民局所出布,照六折征收。惜乎所出仅系土布,以仅购中国织机,未购外洋机器也。①

近代化纺织业尚处于起步阶段的中国,同当时"独擅富强"而雄冠全球的英国相比,当然没有多少可比性。但薛福成揭示的观点值得珍视:其一,英国虽然拥有众多的纺织厂,但原料棉花却来自美国和印度,美、印之"利"也为英国所"独擅",其故在于英国善于"讲求工艺,考究机器",这就说明,是否拥有先进的技术和设备,乃是保证产品市场竞争力的重要前提;其二,同样不盛产棉花的福建省,进口洋纱织出的却是土布,虽然地方政府给予"暂免税厘"的优惠,同样摆脱不了"行销不畅"的窘境,其故在于"织机"落后,生产不出细滑平整的优质

① 薛福成:《出使日记续刻》卷四,页三十八。

布匹，又可作为“讲求工艺，考究机器”的一条佐证。看来，“工欲善其事，必先利其器”的古训，古今皆然，近代中国实业要振兴，及时引进先进的工艺设备以取代陈旧落后的传统工艺设备，乃是重要前提。

第二，关于制度层面的中西比较。

制度层面的中西比较是颇为敏感的问题。虽然薛福成在出使过程中，明确将泰西各国的“政事风俗”当作考察的重要内容之一，在向朝廷呈送出使日记时，也明确表示“大抵政治风俗，易地而不同”①，故不能不涉及对中西现存国家政治体制的对比。但是，他也深知，自己身为大清王朝的出使大臣，在呈文中提到“国朝”、“圣谕”、“圣朝”、“特旨”、“敕”、“朝廷”、“皇上”、“朱批”、“御览”等等字眼，都得另行抬头恭谨书写，有何权力将大清王朝的国家政治体制同“化外之邦”的欧美各国进行直接对比，甚至还得说三道四，辨析其“真伪虚实，得失利病”？想当年，郭嵩焘在出使日记中仅仅赞叹一番“西洋国政民风之美”，便招致国人的“牴排”，引发一场风波，其本人也就此成为朝野的众矢之的。既有前车之鉴，素来谨慎的薛福成即便介绍西方各国君民共主、民主及议院制度时，决计不将其同清王朝的体制进行直接对比。他只是坚持在不触及清王朝国家根本体制的前提下，对国家的具体制度进行个案式的中西比较，以寻求彼此的异同和利钝。

关于中西官制的比较，是薛福成非常注意的课题，通过对西欧各国的考察，他居然得出中西官制彼此“暗合”的观点。他在出使日记中写道：

---

① 薛福成：《出使四国日记·跋》。

欧美诸洲,从古与中国隔绝不通。……然观各国设官之意,颇有与中国暗合者。如英法义比等国办事,亦各分厥部,每部设一尚书。有内部、户部、学部、兵部、刑部、工部、藩部等尚书。内部即吏部,学部即礼部,藩部即理藩院也。又有外部、海部,中国近亦仿照其意,已设总理各国事务衙门、总理海军事务衙门矣。又户部之外有农部,颇见重农之意。外部之外有商部,殆犹中国之通商大臣,惟在内在外之不同耳。印度部尚书,军机处尚书,惟英国有之。又英法义等国有邮部尚书,比国有所谓铁路驿递电报部者,核其义实即邮部;近年各国以此为要务,故特设专官也。世袭之爵亦有五等,译者即以公侯伯子男称之;惟俄德等国有君主之全权者,五等之上又有王爵。王有二等,无异亲王、郡王之分。丞相只有一人;往往有以首相而兼一部尚书者,或内部,或外部,或户部,或兵部,各视其时所重而兼之,亦与中国相仿佛。惟出使一途,系属专门。……必视其娴习外务者而用之。①

经过薛福成如此精心编排与对照,似乎1890年前后清王朝的官制已与当时西欧各国的官制基本雷同,相差无几了。其实,这一中西官制对比中尚有薛福成有意设置的缺漏。比如,清王朝的君主是君主专制体制下的至高无上的独裁者;而西欧的君主则是君主立宪政体下的国家元首,并不拥有治理国家的

① 薛福成:《出使四国日记》,第228～229页。

真正实权。又比如,西欧国家推行的立法、司法和行政三权分立的权力机构不见了踪影,似乎只有行政机构。而且,即便在薛福成的对比中,也有望文生义的牵强附会。比如将中国的通商大臣比拟为西方的商部即为一例:西欧国家的商部乃管理全国商贸活动的最高行政机关;而清王朝在国门被打开之后设立的南北洋通商大臣,只是办理辖区内的对外通商、交涉事务,兼督海防和办理其他"洋务",并不能起到国家商业部的职能。然而,薛福成的对比中也具有迎合近代化趋势的良苦用心。比如,他赞赏西方为"重农"而特设农部,为适应近代化交通通讯事业这一"要务"而设置邮部,强调出使办外交"系属专门",必须遴选"娴习外务者"委以专任。如此等等,对清王朝设官任职向近代化转向,都具有某种导向作用。

关于中西军事制度的比较,是薛福成悉心考察的又一重要内容。中西水陆武器装备之间的巨大悬殊,已是毋庸置喙的老话题。中国朝野上下早已震慑于西洋的坚船利炮,并已着手引进,不仅直接向英、德等国订购炮舰,甚至引进设备在国内创办兵工厂和造船厂。因此,薛福成在考察西方军事的过程中,除了关注西方新式武器的研制外,还密切注意对中西军事制度的比较研究,从中寻求差距。他在日记中写道:

> 西洋各国,陆军以德国为最胜,水师以英国为最精,固已然。不必英与德也,余观各国营伍,无不步伐整齐,操练精熟,多有一定步骤,非可尺寸逾越。其所以骤胜中国之故,厥有两端:
>
> 一则中国三代以前,文武原未尝分途,汉唐犹存此意;宋明以来,右文轻武,自是文人不屑习武,而习

武者皆系粗材。积弱不振,外侮迭侵,职此之由。泰西各国,选将练兵,皆出学校。武备一院,选聪颖子弟读书十数年,再令入伍习练。虽王子之贵,皆视为急务。历练既深,又多学问,故无不精娴韬略。夫西人选择精,读书久,阅历深,而始能当一兵,其所以制胜者在此。一隶营籍,则平日见重于闾里,如中国诸生之列胶庠。即年满告退,亦有半饷以赡其老。所以能使乐于从事,不惮致其毕生之力,而将才亦因以辈出也。

一则兵事不尚空谈,贵乎实练。中国兵法之有专家,始于战国之时。厥后汉之韩信、唐之李靖,皆有兵法传于世。盖此中窾要,非可卤莽,宜有心得也。宋明以后,渐失其传,非乌合之众侥幸于一胜,即疲弱之卒縻饷于平时耳。……欧洲各邦,以战立国一二千年矣。上下一心,竞智争雄,目见耳闻,濡染已久,又复互相师法,舍短集长。凡阵法之变化,号令之疾徐,船械之良楛,枪炮之利钝,无不罄其秘要,确有程度;非若中国之承平稍久,或并古所习之兵法而失其传也。

以上二者,彼之所以获此成效,本非易易。中国虽不必尽改旧章,专行西法;但能明其意而变通之,酌其宜而整顿之,未始非事半功倍之术也。①

在这里,薛福成从两个侧面比较了中西军制方面的差距:一是

① 薛福成:《出使四国日记》,第72～73页。

中国自宋、明以来推行“右文轻武”政策，不重视军事建设和军事人才的培养，从而导致“积弱不振”；而泰西各国选将练兵“皆出学校”，聪颖子弟皆以“隶营籍”为荣，政府又对从军将士的生活提供充裕的保证，故能出现将才辈出的局面。二是中国治军不重视“实练”，宋、明以后连古代的兵法都已失传，致使中国军队不是“乌合之众”即属于“疲弱之卒”；而欧洲各邦坚持“以战立国”的传统，治军不但倡导“竞智争雄”的高昂斗志，而且对阵法、号令、船械、枪炮都有明确规定，从严要求，注重实练，故能产生较强的战斗力。虽然薛福成是位文职官员，对军事科学并不精通，但他依据自己的观察，能从军事人才的培养、军事的管理、军队的作风建设和规范化训练等方面寻求中西军事差距，对晚清开展军事改革和整顿，仍有现实意义。

关于中西法律的比较，也是薛福成十分注意的考察课题。法律，是保证国家机器的正常运转、维系政权统治、调节社会矛盾、维护社会秩序稳定的重要手段。清代历朝统治者都按《大清律例》治理国家，然而，这些法律规定大都着眼于国内，很少考虑外来因素。到了鸦片战争之后，随着外国侵略者的蜂拥而入，又带来新的社会矛盾，如何解决中外之间的矛盾纠葛，规范外国人在中国的活动，就成了新的问题。西方列强以中国律例刑罚太重为借口，攫取了领事裁判权，致使中国丧失了应有的治外主权。直到薛福成出使泰西，这种局面并未有丝毫改变。薛福成对治外主权的丧失是痛心疾首的。为了挽回中国的“内治之权”，他曾专题考察了英、法、德诸国刑律“旋改旋轻”的历史过程，并对中西法律之间的异同进行了比较研究，于光绪十八年十二月十七日（1893年2月3日）的日记中写就如下心得：

中西律有相合者，如断罪无专条斗殴，上书陈言，官吏受财，伪造印信，犯奸，发冢，赌博，屏去人服饰，嫁娶违制，钱债，强盗窃盗，费用受寄财产，得遗失物，强劫抢夺，恐吓取财，诈欺取财，是也。

有相类者，如积累罪名，类二罪俱发以重论；罪犯分第一二等，类罪分首从；贩鬻掠卖奴婢，类掠人、卖买人；袒护唆讼捏控，类教唆词讼；故杀、谋杀、误杀，类人命故杀、谋杀、戏杀；令人服毒、危人性命，类造畜蛊毒杀人；抛弃遗失各物，类得遗失物；白昼攻进人家取财，类白昼抢夺；入室图宿，类夜无故入人家；杀盗马牛畜产，类盗马牛畜产；巫卜诈欺，类术士妄言祸福；钱币诸条，类私铸铜钱；放火诸条，类放火故烧人屋是也。

虽出入互见，而原其意大都不甚悬殊。所以扞格者，非法异也，刑异也。要之法生于义，中律尚理，西律原情。尚理则恐失理，故不免用刑。原情则惟求通情，故不敢用刑。然理可遁饰，情难弥缝。故中律似严而实宽，西律似宽而实严，亦各行其是而已。①

在这里，薛福成列举若干法律条款和事项，指出中西律例之间确有不少相同(即“相合”)和类似(即“相类”)的内容，这些当然言之有据。问题在于，如何看待中西法律之间的“扞格”，也就是相互抵触之处？薛福成认为，并非法律本身的区别，而是

① 薛福成：《出使日记续刻》卷六，页五十九。

量刑上的差异。他进一步解释说:"中律尚理,西律原情",就是说,中国法律强调事理、原则,而西洋法律则注意人情、实情。强调事理则要坚持原则,便注重用刑;推求人情、实情则注意"情"的沟通与协调,便不轻易用刑。据此,他进而评析道:"然理可遁饰,情难弥缝,故中律似严而实宽,西律似宽而实严。"这是颇为一针见血的评论,公开指出"理"的是非曲直是可以"遁饰"的,纯粹握在执法者手中,故中国法律"似严而实宽";真情实况却不能轻易予以"弥缝"的,因为这是难以抹煞的客观存在,故西洋法律"似宽而实严"。鉴乎此,人们就不难理解,薛福成在介绍西洋政俗时,因何称赞"其出政施刑,令严而法简"!当然,薛福成不是法律专家,他没有也不可能站在西方立法、司法与行政三权分立的高度来批评或指斥清王朝司法与行政混而为一的旧体制,呼吁对封建司法制度予以改革。但他在介绍西方的政治体制时,曾经客观介绍了西方鉴于"法益苛而民益顽"的历史教训,采取了"尽改旧法,减省刑罚"的政策,制订了"罚锾",罪犯"得延状师申辩","虽犯罪不得相屈辱"①,"监狱亦清洁无比,又教以诵读,课以工艺,济以医药"②等措施,对中国的司法改革都具有某种导向意义。应该承认,二十世纪初年,刘坤一和张之洞在有名的《江楚会奏变法三折》中,提出禁讼累、省文法、省刑责、重众证、修监羁、教工艺、恤相验、改罚锾、派专官等改革法律的主张,③ 似乎也难免同薛福成十多年前对西方司法制度的介绍存有某些因果联系。

① 《薛福成选集》,第621页。

② 《薛福成选集》,第627页。

③ 《光绪朝东华录》光绪二十七年八月,总第4746页。

当然，薛福成毕竟是位背着沉重传统包袱的思想家，他对西洋律例中关于"私罪"和"公罪"的认定和处理，便持不苟同的态度。他介绍西洋人"大抵最重奸盗拐骗之罪"，"虽不抵死，亦必与以终身监禁苦工之罚，盖犹中国所谓私罪也"；然而，"至于隐图弑逆篡夺，或谋为君主，或要结众心，谋为大伯理玺天德，虽未成发觉，亦只驱之禁之而已，不甚予以重辟。而舆论非惟不贬绝之，转有钦佩其为英雄者，盖犹中国所谓公罪也。"① 在中国，周秦以来的历代王朝对那些"隐图弑逆篡夺"的犯上作乱者，历来采取严酷手段施以"重辟"，绝不手软；而西方对这类"觊觎"神器的乱臣贼子，却采取较为宽容的态度，"只驱之禁之而已"，社会舆论甚至"钦佩其为英雄"。这确实使薛福成感到十分惊诧。他公开指斥西洋对犯有"公罪"者的宽容与放纵乃"不知春秋大义之故也"。理由是："夫大逆不道，不能不重其辟者，所以定一尊而禁邪谋也。故胜则为王，败则为寇，古今通义。今西人则于其败者，并不指为寇焉，人孰不思侥幸以希神器哉。"② 对西洋"公罪"的指斥，深刻反映了薛福成忠心维护封建王朝"家天下"的政治态度，也证明他摆脱不了"君君臣臣父父子子"封建纲常的制约，坚持用"孔子著春秋，乱臣贼子惧"的传统伦理道德规范来看待西方议会民主政治体制下围绕权位所展开的明争暗斗。

第三，关于精神层面的中西比较。

精神层面的中西文化比较，是更深层次的文化内涵的比较，集中展现在意识形态的各种范畴之中，诸如人们的信仰、

---

① 《薛福成选集》，第 602～603 页。

② 《薛福成选集》，第 603 页。

价值观念、心理意识、风俗习惯、伦理道德等等，内容相当宽泛。唯其积淀较深，排它性较强，故相互间的穿透力相对较弱，难以传播，更难以互补。但薛福成在对西方文明进行全方位考察的历史过程中，并未放松对精神层面的文化比较研究。他以中国传统的意识形态为坐标，用开放的心态，悉心探求中西文化在精神层面中的异同和优劣。

中西绘画，各具特色。绘画，是体现一个民族艺术创造精神和鉴赏能力的重要窗口。薛福成虽然不是绘画艺术家，但在西欧各国的出使生涯中，确实观赏到了许多颇有艺术特色的西洋名画，"夫以西洋油画之奇妙，则幻者可视为真"① 的艺术魅力，曾令他为之倾倒，信手命笔，写下了诸如《巴黎油画院记》等传世名篇。尤其是意大利都城罗马的摆而安时油画院，"集古今最精之画"，这些价值连城的"珍贵难得之品"，更使薛福成眼界大开。观赏之余，他从中领悟到中西绘画之间的不同艺术特色和风格，并在当天的日记中写下一段感受：

> 中国之有画，亦数千年矣，然重意不重形，后世所推神品者，专以超脱高淡为宗。如倪云林、唐伯虎之用水墨作画，惟其写意，斯称大雅。又如王石谷之山水，恽南田之花卉，虽著颜色，而务取远神、显真趣，亦得于虚处者为多。
>
> 西人之油画，专于实处见长。旧法尚无出色之处，四百余年前，义国人辣飞尔(一译作赖飞野耏，即拉斐尔)创寻丈尺寸之法，务分浅深远近，阴阳凹凸，

① 《薛福成选集》，第580页。

不失分秒,始觉层层凌空。数十步外望之,但见为真山川、真人物、真楼台、真树林,正侧向背,次第不爽,气象万千,并能绘天日之光、云霞之彩、水火之形,及即而谛视之,始知油画一大幅耳。此诣为中国画家所未到,实开未辟之门径。院中油画纵横大小数十百幅,尤以辣飞尔真迹为贵。男妇数辈到此临习,日日有之。前岁英人有以英金七万镑购得辣君手迹者,颇秘为希世之宝云。①

这是对中西绘画的不同风格与特点的精当分析,短短数百字,高度概括出中画写虚追求意境妙在传神,而西画务实刻意求真妙在形似。虽然薛福成十分钟情于国画大师倪瓒、唐寅、王石谷、恽南田等人"专以超脱高淡为宗"的神品佳作,但他对西洋油画泰斗拉斐尔真迹的"正侧向背,次第不爽,气象万千"同样报以赞佩的目光,并认定"此诣为中国画家所未到,实开未辟之门径",显示出他在艺术观点上决不主张固步自封的开放心志。不言而喻,他主张中国画家也能汲取西洋油画的长处,为中国国画的发展拓开一个"未辟之门径"。

中西医理,互有得失。中华民族在探求人类生命过程和同疾病作斗争的过程中,逐步摸索和总结出一整套具有民族特色的中医学理,曾对人类文明的进步作出过巨大贡献。但西洋各国,同样也摸索出一套诊病、治病、防病的科学方法。鸦片战争以后,西医也随着西学东渐的进程传到中国。如何看待中西医理的异同?也是薛福成出使期间难以回避的问题。薛福成

① 薛福成:《出使四国日记》,页二百六十一。

早年也对祖国的传统医学有相当了解，何况兄长薛福辰曾以精于“岐黄之学”而供奉宫廷。于是，他从探求中西文化和学理宗旨出发，对中西医理进行比较研究，写有如下心得：

　　中西医理不同，大抵互有得失。西医所长在实事求是。凡人之脏腑筋络骨节，皆考验精微，互相授受。又有显微镜以窥人所难见之物。或竟饮人以闷药，用刀剜人之腹，视其脏腑之秽浊，为之洗刷，然后依旧安置，再用线缝其腹，敷以药水，弥月即平复如常。……此其技通造化，虽古之扁鹊、华佗，无以胜之。……

　　余谓西医之精者，其治外症固十得七八，但于治内症之法，则得于实处者多，得于虚处者少。其用药，但有温性而无寒凉敛散升降补泻之用。以视古医书之精者，如张仲景、孙思邈、王叔和之方，金元四大家之论，近代喻嘉言、陈修园之说，其深妙之处，似犹未之得也。惟中国名医，数世之后往往失其真传。外洋医家得一良法，报明国家，考验确实，给以凭照，即可传授广远，一朝致富，断无湮废之虞。所以其医学能渐推渐精，蒸蒸日上也。其他诸学之能造深际，率恃此道，又不仅医学也。①

薛福成对中西医理之区别作了较为精当的评析：首先，他如实承认“西医所长在实事求是”，因为具备先进的解剖学，更拥有

① 薛福成：《出使四国日记》页九十六～九十七。

显微镜之类先进仪器,故能准确地诊断病灶、医治痼疾。他列举西医腹腔开刀、截去脚骨、诊治眼疾的成功实例,充分肯定"此其技通造化,虽古之扁鹊、华佗,无以胜之",从而承认西医的外科技术确实比中国传统医术先进。这种对西医实事求是的肯定态度,在当时也具有一定的针对性。因为曾纪泽当年有一子在海外患病由西医诊治不幸身亡,黎庶昌也曾在西医手中"损失一目",当时国人为此对西医颇有微词,进而"颇咎其笃信西医之过"①。其次,薛福成坚持以两点论看待中西医理的区别,在承认西医外科技术胜过中医的同时,又如实指出其治内症之法"得于虚处者少",尤其对内科病症的辨证医治,尚不及中国传统医学"深妙"。这个观点对国人正确看待中西医理的短长,颇有启迪性。第三,他严正指出了中国名医往往失传"湮废"而外洋医家良法却能"传授广远",其原因在于西医的科学成果能报请国家验核给以"凭照",获得专利权,从而使先进技术公开化,为社会所共享,进而促使"其医学能渐推渐精,蒸蒸日上也"。这对中国医学改变不利于医学发展的诸如"祖传秘方"、"传子不传女"之类的陈旧传统,是个有力的鞭策。

耐人寻味的是,薛福成尽管对西医的长处尤其是先进的"治外症"技艺赞誉有加,却对西洋培养医科学生时搞人体解剖十分反感。光绪二十年春,他在巴黎参观"医生博物院",见到院里"罗列死人之枯骨全具,无虑数百件",还用药水浸泡着人体内外的各种器官,供人阅验;又在一室内见到"赫然新死之人,陈尸案上,累累然如新宰之豕,皆已破腹断体,血肉狼

① 薛福成:《出使四国日记》页九十七。

藉”。薛福成何尝见过如此惨不忍睹的情状，惊骇之余，询问这些尸体从何而来？答曰：“大抵皆在院中医病之贫人，自知不起，而自鬻其尸于院中，以供医生之割验，大约每人不过十七佛郎而已。”薛福成又询及这些尸体派何用处？答曰：“学生学医，不可一日无此尸，以其时时须阅验也。”按理说，学生要习医，必须对人体构造乃至各种器官的分布和结构时加阅验，才能确凿无误地掌握病理知识与医治技能，院方为他们提供人体实验的必须条件也是极其平常的事。可是薛福成却对此发出感叹：“拙哉西医，中国之良医，亦能知人之窍穴脉络而百无一失，然不必亲验诸死人，亦未尝为此惨酷之事也，忍哉西人也。”① 听到薛钦差如此强烈的责难，院方陪同人员的直觉反应是：“瞠目不能对。”一个斥其“拙哉”、“忍哉”，另一个却为之“瞠目”，形象地反映出中西文化观念上的差异。就薛福成来说，虽然在理智上、在价值取向上，能够如实地肯定“西医所长在实事求是”，承认西医“技通造化”，即便中国古代医圣也“无以胜之”，从而清醒地主张学习和引进包括医理在内的西学；但是在感情上、在历史铸就的传统观念上，又割不断和中国传统文化的血肉联系。于是，自小深受“身体发肤受之父母”、“仁者无不爱也”观念熏陶的薛福成，一旦果真目睹西医本着实事求是的原则“割验”尸体，也就必然发出“不仁之讥”式的惋叹，凸现出他内心深处还存有难以解开的中国传统文化情结。

消费观念，中西有别。消费观念，指的是人们在满足物质和精神生活需求而消耗社会产品过程中所持有的观念、态度乃至习惯。社会存在决定社会意识，人们的消费观念往往由各

---

① 薛福成：《出使日记续刻》卷十，页五十。

自在社会生产、分配和交换中的地位所决定;而消费观念又在以下两个侧面具体展现:如何安排收入和消费之间的关系,如何对待满足生存和享受之间的关系。薛福成从传统农业社会的中国跨进西欧工业社会,不能不对中西消费观念的巨大落差予以必要的反思。

其一,"奢豪"之风,洋不如华。

薛福成在日记中曾对中西社会追求"奢豪"的风气作如下比较:

> 近世人情多震惊于西洋风气之奢豪,器物之精致,以其能顺人意趣,适人嗜好也,是固然矣。
>
> 然余谓亦有洋不如华者。中国宴席,山珍海错,无品不罗,干湿酸盐,无味不调;外洋惟偏于煎熬一法,又摈海菜而不知用,是饮食一端,洋不如华矣。中国绸缎绫罗,男女各用以章身,均极华美,至于冬裘,百兽之皮,无所不用,尤觉异常灿烂;洋人不论贫富贵贱,皆以黑呢为衣,既短且紧,大不登样,妇女制衣,虽多奢费,然亦仅于茶会用之,且究不逮中国妇女服饰之百一,是衣服一端,洋不如华矣。中国房屋起于平地,辅以亭台楼阁,乃有玲珑曲折之观,每平屋一进,皆有天井,于是假山奇石,曲槛清池,名葩异树,可以随宜布置;外洋专尚四五层之楼房,而别无他式,虽名为宫殿者,不过楼房高大而已,尤乏趣者,纵有绝坚致之楼房,而全宅中无一天井,不过四面皆临街衢,以街衢为天井而已,是宫宅一端,洋不如华矣。

> 夫饮食、衣服、宫室，人生日用之最大者，而外洋皆不如中国，然则智者慎毋震惊于西洋之风俗，以为事事胜于中国也。①

薛福成列举事实，证明在吃、穿、住等方面的消费观念，“外洋皆不如中国”，旨在驳斥近世国人以为西洋“事事胜于中国”的观念，其用心可嘉，似乎在阐扬爱国主义，然而其比较的视角恰恰暴露出薛福成在消费观念上的封建士大夫偏见：我们中国在衣食住等方面的人生享受远胜于西洋。问题在于，中国能享用薛福成所罗列之“山珍海错”、“绸缎绫罗”、“亭台楼阁”者，非封建统治阶级莫属也。确实，穷奢极侈的消费观念，正是封建豪门固有的生活追求，也是晚清封建统治者腐朽没落的征象之一。就西洋资产阶级而言，虽然通过资本主义生产的进展，也为自己“创造了一个新的享受世界”，从而同样要追求“奢豪”的消费观念，但是资产阶级追求“世俗豪华”，同时作为“炫示富有和获得信用的手段”，甚至是一种“营业上的必要”，这就使他们的“奢豪”消费观念同封建阶级有所区别。诚如马克思所揭示：“因此，资本家的滥费虽然从来不像浮华封建君主的滥费那样具有天真烂漫的性质，宁可说在它背后总是潜伏有肮脏的贪欲和忸怩不安的打算，但是他的滥费还是和他的积累在一同增大，一方并不一定会限制另一方。所以，在资本家个人的突出的胸膛内，同时会展开积累冲动和享受冲动的浮士德式的冲突。”② 当然，薛福成意识不到西方资产者内

---

① 薛福成：《出使日记续刻》卷五，页十四～十五。

② 郭大力、王亚南译：《资本论》第1卷，第651页。

心的这种“浮士德式的冲突”，只能从表相上比较中西的“享受冲动”中“洋不如华”，并不了解西方资产者因顾及“积累冲动”（马克思又称之为“致富冲动”），故其生活享受的“奢豪”之风远不及东方的封建君主那般“天真烂漫”。

其二，养身之道，华不如洋。

薛福成在日记中还对中西不同的养身之道进行了比较：

> 西俗于养身之道，无论贫富贵贱，皆较华人为讲究。凡稍有身家者，每膳必食兼味，必有牛肉，有洋酒一二品，……日用之需，约须以洋银三四圆为度。……大抵洋人性情，好洁好整，好便捷，好示阔气，好有益于身体而却疾病。虽工人仆御之流，每七日亦必食牛肉一二次，否则谓无以养生也。
>
> 华民之佣工外洋者，每日可得工赀洋银二圆或三四圆，而其自奉甚菲，衣食至为滥恶，意在节啬以蓄余资。洋人往往嗤鄙之，其议以为天地之间人为贵，天本予人以自养之权，今华民欲等人道于牛马，则我亦不能以人道待之。
>
> 美国所以有驱逐华民之政也，虽由贫民之忌人夺其生计，然使华民稍自修饰，不露寒俭之态，其被嫉当不至若是之甚，风气所趋，有不得不然者耳。①

从生活质量上着眼，确实能反映中西的消费观念存有重大差异，西方人注重“养生”，而华民“自奉甚菲”，力求“节啬”。但薛

① 薛福成：《出使日记续刻》卷七，页五十六。

福成责怪海外华民为何不注意“修饰”、“露寒俭之态”而遭洋人贱视，未免过于苛求。因为深受洋人盘剥的海外华民收入毕竟有限，不能不注意收入和消费之间的平衡，这些侨胞还得承担故乡亲属的生活消费。何况，“节”、“俭”乃中华民族的传统美德，更是平民百姓的生活信条，因何成为“嗤鄙”之口实?!

其三，“三纲之训”，西洋究逊于中国。

“父子有亲，君臣有义，夫妇有别”①，这是儒家为了维护古代社会统治秩序而宣扬的“三纲之训”，并为历代封建统治者奉为常行不变的道德标准和行为规范。薛福成从小深受“圣人之道”的教诲，也将“三纲之训”作为立身处事的道德规范，奉使泰西后，他继续以“三纲之训”为坐标，用以权衡中国和西方社会人际关系的孰优孰劣。

经过对西方各国社会习俗的考察，薛福成得出一条结论：“夫各国当勃兴之际，一切政教均有可观；独三纲之训，究逊于中国。”② 其立论根据是：当他见到西方国家一顶顶王冠落地，不胜感触，尤其是眼看当时巴西和智利的一二权臣武将，“潜设异谋”，公然“迫令其君退位”，更感到不可思议，从而叹息道：“此其君臣一伦，稍违圣人之道者也。”当他见到西方成年子女婚嫁不听命于父母，“有自主之权”，成家后与父母“别居异财”，甚至“父殴子者”，按法律也得“坐狱三月”，薛福成就此论定：“此其父子一伦，稍违圣人之道者也。”当他见到西方风俗贵女贱男，妇女在社交场合处处优先，夫有外遇其妻可鸣官究治，但妻子有外遇却可“弃其故夫”，甚至“再醮不以为异”，

① 《十三经注疏》，第2705页，中华书局影印本。

② 《薛福成选集》，第585页。

更觉得这种现象同中国的“扶阳抑阴之义相反”,从而认定:“此其夫妇一伦,稍违圣人之道者也。”[1] 就“三纲之训”引发的中西社会习俗的比较,是同薛福成自恃“中国为教化最先之邦”的思维定势密切相关的。在薛福成的心目中,“盖圣人之道,不偏不易,深入人心”;“孔子之教,则如日月经天,阅万古而益明”。[2] 那么,孔子所倡导的“圣人之道”,尤其是儒家推崇的纲常礼教,也就成为中国文明教化的核心内容。于是,薛福成也就顺理成章地成为儒家纲常礼教的忠实维护者。虽然他推重孟子的“民为贵”之说,反对封建君主“一人肆于民上”,但却不主张臣民推翻君主,乱了君为臣纲;虽然他也羡慕西方男子自小享有受教育之权,成年后更能“自给衣食”,自主自立,但却反对儿子寻配偶不听命于父母,尤其对“父殴子”和“子殴父”施以同等处罚更加不能忍受,认为这是乱了父为子纲;虽然他赞赏西方为了“谋致富强”而“改妇女之礼”,“化妇女之无用为有用”,也承认妇女在“战守”和“学问”等方面之贡献“果不异于男子”,但对妇女可以有外遇甚至“再醮”,而夫有外遇妻可鸣官究治的习俗甚表反感,认为这是乱了夫为妻纲。这就深刻说明,薛福成在向西方学习的过程中,既能如实肯定并接受西方社会伦理道德方面的某些进步,但又最终摆脱不了儒家“三纲之训”传统规范的束缚。

其四,中西宗族制度,有文野之别。

薛福成在比较中西伦理道德方面所显示的既纳新又守旧的双重性格,还表现在对中西宗法制度的比较剖析之中。

---

① 《薛福成选集》,第585页。

② 《薛福成选集》,第581页。

众所周知，以“家天下”为特征的封建社会，十分讲究以血缘为纽带的家族系统，从而形成一套较为严密的以嫡长子继承为主要特征的封建宗法制度，以维系封建王朝的世袭统治。西方资本主义在取代封建主义的过程中，则用自由、平等、博爱的旗帜，有力地冲击了封建宗法制度，从而实现了用议会民主政治取代封建专制统治的巨大胜利。薛福成在向西方学习过程中，能否冲击封建宗法制度的羁绊，确实是个重大的考验。

如何看待“族姓”观念上的中西差异？作为中国古代社会一项重要的社会组织原则和行为规范的宗法制度，是在具有同一父系血缘的人群内实行的一种政治等级制度，故历来讲究“族姓”的亲疏，形成了嫡长子继承制的传统习俗。根据这一传统观念，薛福成在西方考察中却惊奇地发现：“西洋各国通例，有子立子，无子立女，女复传其子，则以外孙为孙矣。又有立其姊妹之子者，则以甥为子矣。即如英君主维多利亚，赘日耳曼某国公为夫，生子为太子，是英之国统，暗中已易姓矣。在中国必有莒人灭鄫之嫌，且有不歆非类、不祀非族之说。然耶稣之教，本以祭祀为非，英人视之，并不谓为易姓也，以为仍系旧主之后人而已矣。”① 确实，类似英国这样入赘别国贵胄生子继承国统的“易姓”现象，在西欧各个王国之间并非罕见，倘若发生在极端强调父系血缘继承制的中国，岂不成了咄咄怪事？为此，薛福成感叹道：“余是以知西人辨别族姓，究不如中国圣人之精。”②

如何看待“嗣续”观念上的中西差异？在中国诅咒人的词

① 薛福成：《出使日记续刻》卷四，页十四。
② 薛福成：《出使日记续刻》卷四，页十四。

语中,最为刻毒的莫过于“断子绝孙”四字。薛福成也自承“中国以嗣续为最重”,认定“孟子谓不孝有三,无后为大”乃是人世间的常理。可是,他又惊奇地发现:“泰西风气则不然。往往有富拥巨万而终身不娶,将死则输之教堂,分之朋友者;往往有贵为总督,或各部大臣,年近耆艾,犹孑然一身,晚乃娶一耆艾之处子,不过聊以自娱,意本不在生育者。盖彼本视子孙为甚轻,若居可有可无之列。”① 为何西方人的嗣续观念如此淡薄?薛福成了解到:“所以然者,彼谓人死之后,归于溟漠,无所谓求食也。此耶稣之说之与儒、佛不同者也。洋人无事不讲核实,大抵如此。”② 原来,这是西方人相信耶稣的说教,以为人死后灵魂升天归附上帝,因而不像中国习俗以为人死后变成鬼转入轮回需要子孙祭祀供奉。但薛福成受传统嗣续观念的制约,坚信“祖宗与子孙,实有相依相系之理。人人知此,则为善者有所劝,为恶者有所惩,而报本追远之意,油然而生。”正是基于认定嗣续观念有劝善惩恶、报本追远的社会效应,故薛福成对西方人淡薄嗣续颇不以为然,进而斥责道:“耶稣之教,非不核实,然而难免不仁之讥矣。”③

如何看待名讳观念上的中西差异?中国封建社会十分讲究尊尊亲亲之道,对于君亲之名,无论在生前和死后,都要尽量加以回避,这就是避讳。其中包含避国讳和避私讳两种。避国讳即是对国君及其祖先的名字实行避讳;避私讳又称避家讳,即对自家尊长及祖先的名字实行避讳。避讳是儒家尊君亲上人伦观

① 《薛福成选集》,第623页。
② 《薛福成选集》,第623页。
③ 《薛福成选集》,第623～624页。

念的一种反映，也是家族宗法式的社会结构对上层建筑的折射。当它由民间习俗上升到礼法制度之后，便成为人们的行为规范。倘若有所违背，就称为触讳或犯讳，被视之为对尊长不敬不孝，既为社会舆论所谴责，也为国法家规所不容。

薛福成作为中国封建王朝的钦差大臣，当然深谙中国的避讳传统习俗，但到了西欧，经过同西方各界人士的实地交往，却发现同中国传统习俗截然相悖的现象：

> 中俗以直斥其名为贱简之意。西俗非尊而敬之，则不呼其名。凡寻常之人，只有姓氏，即或有名而人亦未必知。惟曾封五等之爵及赐宝星者，始以其名冠于姓上，一国之人有尊之之意，始兼呼其名姓，尤尊之者乃置其姓而独称其名。至于用其名以名其子孙，名其鸟兽，名其器具，而敬爱之意乃愈挚矣。故西人有以父母之名名其子孙者，人即谓之孝于父母，以其不忘父母也。即如英国今之君主，名维多利亚，虽未必即系其幼时之名，大约介于名与号之间，英人或以名其舟车，名其狗马，名其厂栈，名其山泽，而其国家功令，非但不以为禁，且转表其有尊君亲上之志焉。此殆与周人讳名之训相反，虽有殷人尚质之意，然而近于野矣。①

"野"者，未开化、欠文明之谓也。虽然薛福成也曾肯定西方指名道姓的习俗"有殷人尚质之意"，具有质朴的一面，然而，"质

① 薛福成：《出使日记续刻》卷三，页七十四～七十五。

胜文则野,文胜质则史"(《论语·雍也》),他最终还是认定西方的习俗不如中国古代的"讳名之训"来得文明、进步。平心而论,薛福成斥其"近于野",颇有点将"讳名之训"强加于人的味道,似乎是在用自己的身材硬性为他人裁剪衣衫。按理说,"尊君亲上"乃人类之本性,至于世界各个民族如何体现"尊君亲上",完全依据本民族的特点与习惯自然形成,方式方法是多元化的,不能强行纳入一个模式。更何况,中国传统的避讳习俗,为尊者讳、为亲者讳,乃封建宗法制度的派生物,体现着封建统治者唯我独尊的心理状态,"君臣父子,上下尊卑,秩然如冠履之不可倒置"①,属于一种阻碍社会进步的传统陋习;而西方以直呼其名的方式表示对尊者和亲者的敬重和挚爱之情,既简洁,又质朴,反映出社会人际关系的平等交往,比起中国传统的"讳名之训"所规定的繁文缛节,体现着时代文明的进步,故而此俗流传绵广,愈来愈为包括中国在内的更多的国家所接纳。由此可见,社会习俗也是随着时代的文明进步而不断变化的,能否为人类所普遍认同,乃是某一社会习俗存亡的关键所在。

三、凡兹西学,实本东来

"凡兹西学,实本东来。"② 这是薛福成在考察西方文明发展源流过程中得出的一个结论性的观感。这一观感,使薛福成成为中国近代思想界鼓吹"西学中源说"的重要代表人物。

---

① 曾国藩:《讨粤匪檄》,《中国哲学史资料选辑·近代之部》,第98页。

② 薛福成:《出使四国日记·跋》。

云其为重要代表，正因为薛福成认定历史悠久的中华民族是人类文明发展的源头，而西方文明乃是中华文明教化“西被”的结果。具体表现在：

首先，从器物层面着眼，他认为艺器制造发端于中华。

> 上古之世，制作萃于中华。自神圣迭兴，造耒耜，造舟车，造弧矢，造网罟，造衣裳，造书契。当鸿荒草昧，而忽有此文明，岂不较今日西人之所制作尤为神奇，特人皆习惯而不察耳。即如《尧典》之定四时，《周髀》之传算术，西人星算之学，未始不权舆于此。其他有益国事民事者，安知其非取法于中华也。①

这是光绪十六年四月初一日（1890 年 5 月 19 日）薛福成刚抵伦敦不久抒发的感受，先以“星算之学”为例，进而对西方“其他有益国事民事者”是否取法于中华，提出一个有待探索的大问号。

数天之后，薛福成又借助泰西人士之口，反证自己的“西学中源”观点：

> 西国博雅之士，论及创制，每推中国。如新报之仿邸钞，化学之本炼丹，信局则采孛罗之记，印书则为冯道之遗，煤灯之本于四川火井，考试之本于岁科取士。至于南针、火药、算学、天文之开于中国，更无

---

① 薛福成：《出使四国日记》，第 68 页。

论矣。惟西人日求其精,中国日失其传耳。①

经过一年多的考察,他更具体地论定:

凡兹西学,实本东来。故制作因于《考工》,测算昉于《周髀》。唐一行铜轮之转,效之为车船;元驸马火器之遗,演之为枪炮。由是智创巧述,日异月新。②

不仅工艺制造和数学源于中华,连西方用以征服全球的坚船利炮,也肇始于中华。

光绪十七年十月二十三日(1891年11月24日),薛福成在日记中又对运转机器的动力问题进行专题考释,结果如下:

盖尝考之,机器之制,肇自三皇,庖牺制浑仪,轩辕作刻漏,《书》言璿玑玉衡,说者谓玑为转运,衡为玉箫,运机使动,以箫规之。汉张衡以漏水转铜仪,唐僧一行尝为木人,每刻击鼓,每时击钟,张思训更为摇铃撞钟击鼓之制,木偶按时而奏,分杪不忒,即自鸣钟之权舆也。后泰西有俄汝者,始造水自鸣钟,或谓得思训之遗法,而金运石运之钟表继出焉。又周偃师作傀儡,不手而自舞;公输子作木鸢,不翼而自飞;诸葛亮作木牛流马,不胫而自走,其巧思洵出西人之

① 薛福成:《出使四国日记》,第73页。

② 薛福成:《出使四国日记·跋》。

上。至水火既济、火水未济两卦爻辞，皆曰曳其轮，是隐言以水火曳之矣。周官挈壶氏有以火爨鼎水而沸之之法，是又汽运之嚆矢也。昔人言火轮船为木牛流马遗法，岂虚语哉。丁韪良尝言周公作指南车，盖用磁石定方向也。磁石吸力同于电气，其法似由中国流入西洋，人谓丁君是言不忘本云。①

这是一段颇具心力的考释，中国历代之能工巧匠在机器制作和运转方面确实有许多可贵的创造发明。然而，西方近代以机器代替人工的机械化大生产是以蒸气和电气为动力的，薛福成以传说和卦辞为据，证明中国早有"汽运之嚆矢"，未免过于牵强附会。

光绪十八年十二月十一日（1893 年 1 月 28 日），薛福成又对中西"格致"② 之学的源流关系提出了结论性的意见：

昔轩辕氏见飞蓬而作车，见落叶而作舟，即中国制造机器之始。风车水碓，相传亦久。至于双锭纺车，提花织机，则愈变愈巧者也。然则机器之用，始于中国，泰西特以器力助人力之不足耳。非特机器也，即化学、光学、重学、力学、医学、算学，亦莫不自中国开之。如稼穑种植及造酿酒酱、染色、漂白、烧瓷器、玻

① 薛福成：《出使日记续刻》卷二，页六十九～七十。

② 薛福成将"格致"理解为整个自然科学，他在《出使四国日记》中说："格致如化学、光学、重学、声学、电学、植物学、测算学，所包者广。"不像有些近代学人将"格致"仅仅理解为理化学科或单指物理学。

璃、瓦缶、炼丹药、铅粉、银朱、打铁、点铜、制火药和石灰,皆化学也。光学则以水晶作眼镜。重学则造桥梁作环洞。力学则建亭台,起楼阁。医学则药物之外,亦尚针刺。算学则九章悉备。

所谓西学者,无非中国数千年来所创,彼袭而精究之。分门别类,愈推愈广。所以蒸蒸日上,青出于蓝也。①

光绪十九年四月二十一日(1893年6月5日),薛福成又列举并论证天文历法也在声教西被之列:

西人浑盖之器,地圆之说,皆不出周髀范围,而周髀之学,直接羲和,亦可知源流之由中及西,西人特加精之耳,何容以中西之见歧之哉。②

在这里,薛福成列举实证,说明西学的各个门类在中国历史上都有所表现,更有所建树,然而据此得出"亦莫不自中国开之"的结论,尚欠起码的说服力。因为薛氏对西方的科学发展历史毕竟不甚了了,对每个学科缺少具体的比较研究,就很难辨清中西之间孰为源,孰为流。鉴乎此,他的"所谓西学者,无非中国数千年来所创,彼袭而精究之"的断语,即便从逻辑推理着眼,也就成为缺乏严密性的、尚有待进一步论证的问号。但是,薛福成坦然承认西方在格致之学方面"蒸蒸日上,青

① 《薛福成选集》,第620页。

② 薛福成:《出使日记续刻》卷七,页六十。

出于蓝也”，说明他以开放的心态肯定西方在器物层面上成果斐然，远比中国进步。

其次，从制度层面着眼，他认为西方近代民主和君民共主制度同样肇始于中华。

薛福成在光绪十八年四月初一日（1892年4月27日）就西方近代民主制度的源流问题，发表了一通值得推敲的见解：

> 中国唐虞以前，皆民主也。观于舜之所居，一年成聚，二年成邑，三年成都，故曰都君。是则匹夫有德者，民皆可戴之为君，则为诸侯矣。诸侯之尤有德者，则诸侯咸尊之为天子，此皆今之民主规模也。迨秦始皇以力征经营而得天下，由是君权益重。秦汉以后，则全乎为君矣。若夫夏、商、周之世，虽君位皆世及，而孟子“民为贵，社稷次之，君为轻”之说，犹行于其间，其犹今之英、意诸国君民共主之政乎？夫君民共主，无君主、民主偏重之弊，最为斟酌得中。所以三代之隆，几及三千年之久，为旷古所未有也。①

这里提出了一个西方近代民主制度中国古已有之的观点。首先，他从传说中的唐尧虞舜时代去寻求“民主”的依据，因为当时君主没有世袭制度，民可以拥戴“有德者”为“君”（即诸侯），诸侯则可尊诸侯行列中的“尤有德者”为天子。夏、商、周三代则是典型的“君民共主之政”，因为三代中虽然已是君位世袭的家

① 《薛福成选集》，第606页。

天下,但流行孟子的民贵君轻之说,这就是"最为斟酌得中"的当今英国、意大利式的"君民共主之政"。最后,他竟然在夏、商、周三代同三千年后的英国、意大利政体之间划上一个等号,认为当今英、意的君主立宪制度,直接因袭于中国古代的"三代之隆"。非但"西学中源",而且西方民主制、君主立宪制也在"中源"之列,可谓煞费苦心,且用心良苦。虽然尧舜之世的昌明和夏、商、周"三代之隆"在后人的心目中是海市蜃楼式的幻境,虽然实证的论断总是难以令人信服,但它毕竟起到"借中国之古,喻当代西方之今"的现实效用:如今西方没有独裁、选贤与能的"良法美政",就是往昔"中国古风"的继承和发展。然而,从理性认识上剖析,薛福成为西方近代政治体制寻求"中源",将尧舜之世民众拥戴君主视为"皆民主也",将夏、商、周奉行孟子的民贵君轻之说而出现"三代之隆"等同于西方"君民共主之政",乃是对西方近代民主政治学说缺乏深入了解、又对儒家传统古训过于执著和偏爱而产生的牵强附会。因为儒家学说中的君主禅让、民贵君轻、民本主义同近代西方的民主制、君民共主制及民主主义内含,完全是根本不同性质的概念。诚如后来陈独秀所揭示:"民主主义是什么?乃是资产阶级在从前拿他来打倒封建制度的武器"①;"夫西洋之民主主义乃以人民为主体,……所谓民视民听、民贵君轻,所谓民为邦本,皆以君主之社稷——即君主祖遗之家产为本位,此等仁民、爱民、为民之民本主义,皆自根本上取消国民之人格,而与以人民为主体,由民主主义之民主政治,绝非一物。……以古时之民本主义为现代之民主主

① 《独秀文存》三,第110页。

义,是所谓蒙马以虎皮耳”[1]。

暂且勿论在立论上是否科学,但薛福成终究在形而下和形而上的双重层面,精心勾勒出一个“西学中源说”的思维框架。这一思维框架,是薛福成跨出国门后取得的新成果,比他十几年前在《筹洋刍议·变法》中述及的“算学肇自中华,而精于西土”的观点更加成熟、全面、精致。

对“西学中源说”应作何评说?由于这一命题的产生及其内涵极为错综复杂,故不能简单地以然或否来判断它的是与非。

首先,“西学中源说”的创始权并不属于薛福成,而是西学传入中国后,中国知识界面对西学浪潮的冲击,在论及中西文化关系时经常触及的一个热门话题。这一话题最早出现于明末清初,当时,西方传教士将西方的天文历算等等自然科学知识介绍到中国,黄宗羲、方以智等知名学者就发挥了孔子“天子失官,学在四夷”的观点,认为西方人的天文历算其实是拾中国圣人的余绪。接纳西学的清代“圣祖”康熙皇帝也认定耶稣会教士带来的西学“源出自中国,传及于极西”[2],成为西学中源说的积极倡导者,更引起不少士大夫的纷纷附和。鸦片战争后国门洞开,西学以更为强劲的势头东渐,西学中源说成为中国士子们广泛议论的命题,有的引经据典,论证“西学出于墨子”[3],倡西方科技起源于中国说;有的论证议院制等西方政治体制也来源于中国的“三代遗风”;有的更直率地声称“中

① 《独秀文存》二,第328～329页。

② 《康熙政要》卷一八。

③ 邹伯奇:《学计一得》卷下。

国为西土文教之先声"①。尤其值得注意的是,在围绕"西学中源说"展开的唱和声中,既有主张学习西方的革新者,也有力阻变革的守旧者,更有一些并不抱有特定政治倾向的读书人出于对中国文化典籍的偏爱而持西学中源说者。他们虽然都在论证西学中源说,但彼此的旨趣却截然不同。因此,对各色人等的"西学中源说"必须细加辨析,方能明白其旨趣所在,予以正确的价值判断。

其次,"西学中源说"的内涵也是一个是是非非交织在一起的杂拌儿,其中既包含着许多真理性,比如火药、陶瓷、指南针、造纸术、育蚕缫丝、印刷术、数学上的二进位制等等,确实皆发轫于中国,显现出中华民族对包括欧洲近代文明在内的全人类文明进步作出的巨大贡献,这是举世公认的事实,云其"西学中源"并非诳语;其中有些内容,虽然持论可能不够确凿,论据也不够充分,但也包含有待进一步论证的合理成分,比如薛福成所罗列的"化学之本炼丹"、"制作因于《考工》"、"元驸马火器之遗,演之为枪炮"等等,皆点到了中西之间的源流、因承关系的课题,尚有待于进一步考释论证,不能武断地斥之为荒谬;其中也确实包含不少牵强附会、生拉硬套、失之武断的内容,比如,有位名曰王仁俊的学人撰写《格致古微》一书,专门从中国古代典籍中考求西方格致之学如何出之于中源。此公依据《论语》中有冉求"好学博艺"的话,考释推理,最后竟然断定《几何原本》乃孔门弟子冉求所著;他还依据《墨子·尚同》有"是故选天下之贤者立以为天子"一语,便轻率地

① 王韬:《弢园文录外编·原学》。

断言“泰西有合众国，举民主，有万国公法，皆取诸此”①，简直近乎荒唐。至于薛福成比较中西源流的某些论说，也同样存在经不起推敲的弱点，比如，他曾列举出数种中国在化学、力学、算学、光学、重学、医学中的某些造就，所断言“所谓西学者，无非中国数千年来所创，彼袭而精究之”云云，便犯有以偏概全之嫌，更有悖于人类文化起源于多元的事实；至于将西方的蒸汽机说成是源于“周官挈壶氏有以火爨鼎水而沸之之法”，更是纯属无稽之谈。据此，倘若对“西学中源说”所列举的方方面面论点、论据进行逐一考核，只能得出是非、正误犬牙交错的模糊结论，对“西学中源说”最终也得不出一个明晰的评说。

那么，对薛福成竭力倡导的“西学中源说”应作如何评析呢？这是本书不能回避的问题，应本着实事求是的科学原则，予以具体分析。

把问题提到一定的历史范围之内，对具体情况作具体分析，这是剖析任何一个社会问题的科学方法。对薛福成的“西学中源说”，只有将其置于十九世纪末叶的中国这一特定的历史背景下进行剖析，才能予以正确的价值判断。

薛福成的“西学中源说”，是在他跨出国门、出使泰西期间提出的，观点形成于 1890 年前后，代表着他全面考察西方文明所得出的一条重要体认。这时中国社会思想界的新旧斗争，已不同于三十年前要不要“师夷之长技”所展开的较量，而是中国引进西方船炮技艺，近代化开始举步，面对中西文化的激烈冲突，如何将学习西方的内容由表及里、由浅入深向前推进的问题。就此问题而涉及的如何看待中西文化关系，就成为人

① 王仁俊：《格致古微》卷三，页三十八。

们关注的热点之一。当时,倡"西学中源说"者极其庞杂:有些反对学习西方的保守人士,曾假此说以阻挠变革,他们认为,既然西学也源于中国,这证明了中华文化之博大精深、雄冠全球,那么,"堂堂中国何至效法西人",舍自家之源而逐他人之流,岂不成了"用夷变夏"了么?但是,更有许多主张学习西方的有识之士,纷纷力倡此说以廓清变革之障碍,如陈炽、黄遵宪、王韬、郑观应、钟天纬和薛福成等人便是力倡此说的代表人物。他们认定西学"溯其本源,实事事胚胎于中土"①。既然西学源于中国,那么,取法泰西,便不是用夷变夏的不体面行为,而是"礼失而求诸野"的正当举措。诚如郑观应所言:"不知我所固有者,西人特踵而行之,运以精心,持以定力,造诣精深,渊乎莫测。所谓礼失而求诸野者,此其时也。"② 应该指出的是,在力倡"西学中源说"的近代思想家群体中,薛福成对此说的倡述更显得面广量大,态度更加坚定。

虽然薛福成不是"西学中源说"的首创者,在他围绕"凡兹西学,实本东来"而展开的阐述和论证中尚有不少牵强附会、有悖科学之处。但难能可贵的是,薛福成之所以力倡此说,始终站在文化互补的发展高度,诱导国人能够更正确地认识域外新知,承认自己的落后,更加勇敢地学习和引进西学,进而推动国人以改革开放的心态迎接西方的挑战,在西方现有的文明基础上"踵事增华",以便有朝一日使眼下贫弱的中华民族能够赶上和超过西方。诚如薛氏所说:

---

① 钟天纬:《格致之学中西异同论》。

② 郑观应:《盛世危言·西学》。

> 昔者宇宙尚无制作，中国圣人仰观俯察，而西人渐效之；今者西人因中国圣人之制作，而踵事增华，中国又何尝不可因之？若怵他人我先，而不欲自形其短，是讳疾忌医也。若谓学步不易，而虑终不能胜人，是因噎废食也。夫青出于蓝而胜于蓝，冰凝于水而寒于水，巫臣教吴而弱楚，武灵变服以灭胡，盖相师者未必无相胜之机也。吾又安知数千年后，华人不因西人之学，再辟造化之灵机，俾西人色然以惊，瞿然而企也？①

这是一段极富思辨性和感召力的精辟论析：中西文明是在"相师"、"相胜"的进程中取得进步和发展的，中国古老文明虽然是西学之源，但西人"因中国圣人之制作，而踵事增华"，获得了"青出于蓝而胜于蓝"的可喜成果。那么，中国人又何尝不可以"因之"，也就是"相师"（学习西方的长处），在西方已有成就的基础上"踵事增华"，获得"相胜"的结果，"再辟造化之灵机"，取得"俾西人色然以惊"的伟大建树。这个"相师未必无相胜之机"的精辟论断，为国人架起一座中学与西学之间互通互补的桥梁，对中国人学习西方的先进文明，具有极大的鼓舞力量。尤其对根治国人在改革问题上的"讳疾忌医"和"因噎废食"的消极心态，勇敢地走出传统、迈向未来，通过变革实现中华之振兴，不啻是一剂苦口良药。

---

① 《薛福成选集》，第582页。薛福成当时曾将这段日记改写成《西法为公共之理说》一文，在文中将"吾又安知数千年后"改为"千百年后"。

第十二章　他山之石，何以攻玉

在晚清派驻外国的数十名使臣行列中，论及对西方文明考察之广度与深度，薛福成可谓独树一帜。他不但对西方文明的“真伪虚实，得失利病”进行了全方位、多层次的悉心探索，而且坚持横向思维，注重中国与西方各个方面的比较，注重中国和外部世界的双向交流，力求从无限广阔的世界联系中多维省察中国现实，找准中国和西方世界的差距所在，“知我之短，知人之长”①，“亦期裨益中国之要务也”。他悉心考察西方，有一个非常现实的目的：“他山之石，可以攻玉。”借助西方实现富强的经验，改变中国既贫且弱的现状，希望中国与世界在不断联系中同步发展，甚至有朝一日能后来居上，雄冠全球。

---

① 薛福成：《出使四国日记·自序》。

他山之石，何以攻玉？薛福成凭借对西方的观察和对中国国情的了解，在奉使泰西的四年多日子里，提出了以下几条救国方策：

一、通变方能持久

“惟是通变方能持久，因时所以制宜。”[①] 这是薛福成审慎考察了世界列强“遂勤东略”（争夺东方）的侵略格局和中国处于“四面环逼”的困境后，于光绪十九年向光绪皇帝直接提出的一条重要建策，也是薛福成继十几年前在《筹洋刍议·变法》中提出“世变之亟”的时代命题后，经过多年的探索，面临愈演愈烈的新形势再次发出的恳请朝廷变通成法的强烈呼喊。

薛福成因何提出“通变方能持久”的重要建策？其主要立论依据是：中国已面临“强邻环伺，世变方殷”[②] 的危急关头。他列举鸦片战争以来的五十余年中，西方列强的不断侵略，造成中国“元气已大损”，中间虽然有过一段“稍持和局”，但真实的局面却是“外警之迭起环生者，几于无岁无之”；中国曾经引进坚船利炮加强海防，但万里海疆防不胜防，更何况“狡寇窥逼之大势，又不仅在海而在陆矣”。[③] 中国如此柔弱，疲于应付，那么，列强的动向又如何呢？薛福成依据自己的考察，明确指出，英、俄、法三国已将其主要扩张目标指向远东地区，尤其

① 《薛福成选集》，第501页。

② 《薛福成选集》，第499页。

③ 《薛福成选集》，第499页。

是“不重边地”的中国更成为它们的蚕食对象。英国并吞印度，胁服阿富汗、克什米尔等地，“其大势骎骎北向，既越葱岭而与我之回疆相接，南并缅甸，而云南之以南、以西，悉与毗连矣”；俄国对中国东北、西北地区的“侵夺之谋，无时或息”，“自是俄境亦接回疆，其地匝我三陲，回环殆不下二万余里”；法国自并吞越南、胁取真腊（柬埔寨）后，“近又侵割暹罗湄江东岸之地，疆圉愈固，气势自雄，而两广、云南边外益以多事”。据此，薛福成不禁喟然叹息：“由斯以观，中国东南两面，大海绕之；其自东北以讫西南，则三强国之境绕之。防于海者，动虞诸国窥伺；防于边者，日与三国周旋”；“此殆宇宙之奇变，古今之创局也！”① 面对如此严重的局面，薛福成无情地驳斥了国内某些权贵们尚存的侥幸心理。如有的人认为：“彼虽盛于一时，终将衰于异日。”② 薛福成依据自己的考察新知斥责道，西方列强的“图治之原，颇有条理”，它们的发展势头不仅没有衰息，尚处于“炎炎之势”，也就是还处在蒸蒸日上的发展阶段。具体表现在：“今其制胜之术，屡变益精”，“新艺迭出，殆无穷期”，这些都证明西方尚处于“恃强逞威”的发展阶段，预卜它们“终将衰于异日”，未免言之过早。也有些人聊以自慰地认为：“彼既与我和好，未必遽蓄狡谋。”③ 对此糊涂观念，薛福成针锋相对地指出：“顾国必自强而后和可恃。”他依据自己在海外直接同列强打交道的经验，明确提出和局能否保持取决于国力的强弱。列强是“贪得无厌”的，中国数十年的沉痛教训说明，“彼既

① 《薛福成选集》，第500页。
② 《薛福成选集》，第500页。
③ 《薛福成选集》，第500页。

撤我藩篱，稍久必窥堂奥”；如今的中国正处在欧洲强国“四面环逼”的困境之中，“今欲以柔道应之，则启侮而意有难餍；以刚道应之，则召衅而力有难支；以旧法应之，则违时而势有所穷；以新法应之，则异地而俗有所隔。交涉之事，日繁一日，应付之机，日难一日，诚不知何所底止矣。”① 这确实是对清政府艰难处境鞭辟入里的剖析：以柔道一味妥协只能“启侮”，以刚道盲目抵抗又会“召衅”，按祖传“旧法”又难免迂腐而“势有所穷”，贸然搬用西方“新法”又受国情阻隔而难以奏效。

那么，中国的出路何在？薛福成正是基于对国内外形势的分析，大胆建策：“惟是通变方能持久，因时所以制宜。伊古盛时，或多难以保邦，或殷忧而启圣。臣愚以为皇上值亘古未有之奇局，亦宜恢亘古未有之宏谟。夫英国地多而势散，俄国土旷而人稀，法国政烦而民困。彼有所长，亦有所短；我有所短，亦有所长。诚能弃所短而集所长，自可用所长而乘所短。未得其术，则难者益难；苟握其要，则难者亦易。”② 应该承认，薛福成“多难以保邦”的忧患意识，是历史经验的总结，也是激励民族振兴的响亮口号；“弃所短而集所长”和“用所长而乘所短”，更是改变敌我力量对比和促使位置转化的根本途径。

“通变方能持久，因时所以制宜”，从宏观着眼，只是实现中国由贫弱变为富强的战略决策。那么，如何实现这种战略性的转变呢？薛福成择其“约而易行”之“术”，也就是依据当时中国国情比较容易推行的具体措施，向光绪皇帝提出四点建议：一曰“励人才”，尤其强调“而论致用于今日，则必求洞达时势

① 《薛福成选集》，第501页。

② 《薛福成选集》，第501页。

之英才，研精器数之通才，练习水陆之将才，联络中外之译才”①；二曰“整武备”，特别强调“中国练军不能不参仿西法”；三曰“浚利源”，重点在于借鉴“泰西诸国，竞筹藏富于民之法，然后自治自强，措之裕如”②，建议“官为设法提倡，广招殷商，设立公司，优免税厘，俾资鼓励，收回利权”③，以实现商务之振兴；四曰“重使职”，强调西方国家“其视使职与将相并重，大抵相臣襄内政，使臣襄外务，外与内相表里也；将臣尚武力，使臣尚文辩，辩与力相补救也”④，请求朝廷重视对外交涉，尤其要发挥使臣“纾外患而固邦本”的应有功能，以改变鄙视外交工作的积习。

尽管薛福成的上述四点具体建策在中国近代改革进程中并未增添多少新鲜内容，即便在薛氏本人的思想认识过程中也多半属于“陈言”。然而，不能忽视的是，这是薛氏作为外交使臣直接向皇帝提出的建策，持言势必十分谨慎。就在围绕“通变方能持久”而提出四点建策后，薛福成最后还是勇敢地发出了震慑人心的强烈呼喊：“傥因循而不早为计，则敌已迫矣，患已深矣，傀焉不可终日矣。”⑤ 这句赤胆忠言，对年轻的执政者光绪皇帝来说，不啻是当头棒喝；对于沉睡的亿万民众而言，更起了警世钟的时代效应。

薛福成的“通变方能持久”，在中国近代变法图强的观念上，更具有承前启后的时代价值。就字面而言，“通变方能持

① 《薛福成选集》，第501页。
② 《薛福成选集》，第502页。
③ 《薛福成选集》，第503页。
④ 《薛福成选集》，第503页。
⑤ 《薛福成选集》，第504页。

久"直接剥胎于古代典籍之"穷则变,变则通,通则久"[①],似乎在论及宇宙的思维法则方面并无任何创新。然而,不可小觑的是,正是这则"穷变通久"的古老命题,成为推进中国近代变革进程的重要思想武器。曾几何时,活跃于十九世纪后半叶的中国追求时代进步的有志之士,几乎无一例外地借助于这则"穷变通久"说,以求演出历史的新场面。

鸦片战争前后,敏锐把握时代脉搏的哲人龚自珍,正是依据《周易》的变易哲理,提出了"一祖之法无不敝"[②],"与其赠来者以劲改革,孰若自改革"[③] 等响亮的时代命题,进而提出一系列改革弊政的倡议,从而成为近代中国"更法"口号的首倡者。同龚自珍齐名的魏源,更将先秦的变易哲学推演为一种历史进化观,他通过诸如"五帝不袭礼,三王不沿乐"[④]、"后世之事胜于三代"[⑤]、"变古愈尽,便民愈甚"[⑥] 等等明快论断,呼唤变革,进而提出"师夷长技以制夷"[⑦] 的口号,使之成为中国早期启蒙思想家的先驱人物。

龚自珍、魏源倡导的"更法"思想,随着近代"外患"的日益深重,逐渐演变成为要求变革弊政以求"自强"的社会思潮。正是在"更法"思潮的影响下,曾国藩、李鸿章等洋务大吏以"外

① 《易·系辞下》。

② 《乙丙之际箸议第七》,《龚自珍全集》,页六。

③ 《乙丙之际箸议第七》,《龚自珍全集》,页六。

④ 魏源:《默觚》,《中国哲学史资料选辑·近代之部》,第41页。

⑤ 魏源:《古微堂内集》卷二,页九～十,国学扶轮社本。

⑥ 魏源:《默觚》,《中国哲学史资料选辑·近代之部》,第41页。

⑦ 魏源:《海国图志叙》,《中国哲学史资料选辑·近代之部》,第19页。

须和戎，内须变法”① 为号召，开创了晚清以借法“自强”为中心的洋务运动，力求在器物层面上效法西方，使清朝政权由弱变强。曾国藩、李鸿章等洋务大吏从“器可变”的观念出发，虽然促使中国近代化事业向前迈开了可贵的一小步，留下了一批近代工业、近代教育、近代军事等等洋务实绩。但是，他们又深受“道不可变”的制约，力图用洋技维护清王朝的封建专制制度，使洋务运动的借法自强始终局限于舍本逐末的樊篱之中，经甲午一战，最终遭到严重挫折，证明这场运动并不能使中国由弱变强。

历史总是辩证向前发展的。就在晚清洋务运动如日中天的时刻，洋务大吏麾下的某些门生故吏或厕身洋务的某些学人，已对洋务运动进行再思考，重新构筑“更法”的蓝图，从而在思想认识上达到出于洋务又高于洋务的境界，成为承前启后的早期启蒙思想家，薛福成就是其中的重要代表人物之一。

这批早期启蒙思想家有个共同特点是，他们对于西方“新知”的了解，都比他们的座主或上司洋务大吏更为深广，因而他们所构思的“更法”方案，也远比洋务大吏们的“更法”观更深更广。比如郑观应在1884年《南游日记》中就有一段代表性的论述：“余平日历查西人立国之本，体用兼备。育才于书院，论政于议院，君民一体，上下同心，此其体；练兵、制器械、铁路、电线等事，此其用。中国遗其体效其用，所以事多扞格，难臻富强。”② 这是光绪十年闰五月十九日（1884年7月11日）所写，可见有识之士在中法战争期间已对洋务运动的“遗其体

① 李鸿章：《复王壬秋山长》，《李文忠公全书》朋僚函稿，卷一九。

② 夏东元编：《郑观应集》（上），第967页。

效其用"予以尖锐批评。

值得注意的是,早期启蒙思想家在构思自己的"更法"蓝图时,几乎无一例外都将"穷变通久"古训引为立论之依据。王韬《变法》一文开宗明义即写道:"《易》曰:'穷则变,变则通。'知天下事未有久而不变者也。"① 就此推论,从古代到近代,从中国到西方,无不贯穿变易之道。郑观应在《易言·论公法》中,谈到"夫天道数百年小变,数千年大变",尤其到鸦片战争后"一变而为华夷联属之天下"时,感慨地说:"是知物极则变,变久则通。虽以圣继圣而兴,亦有不能不变、不得不变者,实天道、世运、人事有以限之也。"② 同样离不开"穷变通久"说。汤震则从"穷变通久"古训中推导出变法可以纠谬的观点:"往往防一弊增一法,增一法滋一弊,驯致繁于牛毛,聚若凝脂,积伪生欺,吏反得玩法以嬉,而君且作法自缚,民则无所厝手足,内忧成,外侮至矣。夫弊者病也,法者方也、药也。天下病状万变,而牢牢欲执不变之方药以治之,虽樵僮筍妇,能不笑其病之日绵惙哉?!"③ 在早期启蒙思想家中依托"穷变通久"古训阐述变革思想者,薛福成可谓独树一帜。他早年在《筹洋刍议·变法》中便提出"世变之亟"的时代命题,并把这种历史性变易观按时代变迁归结为"天道数百年小变,数千年大变","世变小,则治世法因之小变;世变大,则治世法因之大变";并指出这种变易乃是"时势为之也",并非人为因素所能勉强的。基于此,他当年发出强烈呼喊:"今天下之变亟矣,窃谓不变之道,宜变

① 王韬:《弢园文录外编·变法中》。

② 夏东元编:《郑观应集》(上),第66页。

③ 汤震:《危言·变法》。

今以复古;迭变之法,宜变古以就今。呜呼!不审于古今之势、斟酌之宜,何以救其弊?"① 这里的"宜变今以复古",指的是效法古代"圣人能变圣人之法"的变易传统,而"宜变古以就今",则是指勇敢地变革当今"积数百年末流之弊",使中国实现"变而后能胜",能尽快地赶上甚至超越西方列强。十多年后,薛福成根据对西方世界实地考察的感受,尤其是对中国在世界范围内所处的危急局面的认识,再次凭借"穷变通久"古训,直接向光绪皇帝发出了"惟是通变方能持久,因时所以制宜"的强烈呼喊,实际上是怀着"不胜战栗彷徨之至"的心情,告诫当政者,要审慎考虑中国还能否立足于世界的问题,从而具有强烈的时代紧迫感。

继往才能开来。早期启蒙思想家依托"穷变通久"古训所阐发的变易观念,也为戊戌维新志士们构筑托古改制蓝图提供了重要思想基础。戊戌维新领袖康有为在其全面陈述维新变法"大计"的《上清帝第二书》(即"公车上书")中,为了驳斥"祖宗之法不可变"的谬说,更直接引用"穷则变,变则通"的古训作为立论依据,强烈呼吁:"不变法而割祖宗之疆土,驯至于亡,与变法而光宗庙之威灵,可以大强,孰轻孰重,孰得孰失,必有能辨之者。不揣狂愚,窃为皇上筹自强之策,计万世之安,非变通旧法,无以为治。"② 以康有为为首的维新志士们,正是依托"穷则变,变则通"的古代哲理,以中国之古论证西洋之今,构筑出维新变法的宏伟蓝图,于十九世纪末叶在中国掀起一场近代化政治改革运动,希图将封建专制的中国推向君主

① 《薛福成选集》,第555页。

② 《中国哲学史资料选辑·近代之部》,第145～146页。

立宪的彼岸。虽然这场政治变革在守旧势力的残酷扼杀下失败了，但他们为了“救亡图存”，围绕“通变方能持久”所进行的不懈努力，确实为中国近代史写下了浓重的一笔。

二、用机器殖财养民

“用机器殖财养民”①，这是薛福成在考察并总结了西方工业社会的成功经验后提出的重要建策，集中反映了他力图将中国从中世纪农业社会导向近代工业社会的良苦用心。

十九世纪中叶开始步入近代社会的中国，首先是作为欧美资本主义的商品销售市场和原料供给地而被卷入世界市场的。这就决定了国人在相当一段时期内，虽然震慑于洋货对国货的排挤和压迫，但对西方社会的生产和流通、工业与商业的关系不甚明了，常常将包括近代工矿交通事业在内的资本主义工商业统称为“商务”、“商政”，并就此提出了诸如振兴商务、商战等口号以表述发展近代工商业的主张。薛福成作为近代开眼看世界的代表人物之一，原先也是“商政”的积极倡导者，在《筹洋刍议》中已认识到“西人致富之术，非工不足以开商之源，则工又为其基而商为其用”②，对资本主义的工商关系有了初步的认识。出使西欧后，他经过实地考察，对欧美以机械化大生产为标志的近代工业的重要地位有了进一步的认识，从而萌发出中国也应实现工业化的进步设想。

如前章所述，薛福成在考察西方物质文明过程中提出了

① 《薛福成选集》，第420页。

② 《薛福成选集》，第540页。

“是握四民之纲者商也”和“工实尚居商之先”的“工体商用”思想。在此认识基础上反观中国，他明确提出了“用机器殖财养民”的经济思想。他指出：

> 西洋各国，工艺日精，制造日宏，其术在使人获质良价廉之益，而自享货流财聚之效，彼此交便，理无不顺。所以能致此者，恃机器为之用也。有机器，则人力不能造者，机器能造之；十人百人之力所仅能造者，一人之力能造之。夫以一人兼百人之工，则所成之物必多矣。然以一人所为百人之工，减作十人之工之价，则四方必争购之矣；再减作二三人之工之价，则四方尤争购之矣。然则论所成之物，一人可兼十百，论所获之价，一人可兼二三，加以四方之争购其物，视如减十减百之便利，而谓商务有不殷盛，民生有不富厚，国势有不勃兴者哉。①

短短二百余字，比较出机器生产和手工生产所导致的劳动生产率的巨大差异：机器取代了人工，造成产品具有“质良价廉”的强大优势，使其在市场上获得四方“争购”的竞争优势，从而使拥有机器生产的国家也随之取得了“货流财聚”的丰厚经济效益。这一比较，令人信服地诱导国人应从产品价格、成本和利润等视角来认识机器大生产乃是大幅度提高劳动生产率、推动社会生产力进步的巨大杠杆。

然而，机器生产取代手工劳动也是一场重大的社会变革，

---

① 《薛福成选集》，第420页。

势必充满种种阻力。当时,国内有的人根据“中国人民之众,十倍西洋诸国”这一国情,提出如下异议:“谓广用机器,不啻夺贫民生计,俾不能自食其力”①。对人口众多的中国来说,这确实是个难以回避的现实问题:机器取代人力,将使以工具为技术基础的手工生产者失去赖以谋生的手段。那么,如何才能“养民”,使中国众多的手工劳动者不至丧失生计呢?薛福成同样依据中国国情,尤其是从落后的中国遭受西方资本主义盘剥的现实出发,以前瞻的眼光阐述了“用机器殖财养民”的重大意义。他认为,倘若“中国以屏除机器为养民之法”,那么,只能导致更加深重的社会后果:

> 必有人所能造之物,而我不能造者;且以一人所为之工,必收一人之工之价,则其物之为人所争购,必不能与西人之物相抗也明矣。自是中国之货,非但不能售于各国,并不能售于本国;自是中国之民,非但不能自食其力,且知用力之无益,亦遂不自用其力;自是中国之民,非但不能成货,以与西人争利,且争购彼货以自供其用,而厚殖西人之利。然则商务有不衰歇,民生有不凋敝,国势有不陵替者哉。是故守不用机器调济贫民之说者,皆饥寒斯民,困阨斯民者也。此从前闭关独治之说,非所施于今日也。②

这是一段站在时代高度、极其精当且富有穿透力的辨析。尤其

① 《薛福成选集》,第420页。

② 《薛福成选集》,第420~421页。

是通过三个“自是”排比论列，雄辩地证明：倘若屏除机器，非但不能达到“养民”的目的，反而造成商务衰歇、民生凋敝、国势陵替的后果，这当然是反对广用机器者所始料不及的。

令人叹服的是，薛福成对中国广用机器积极后果的剖析，更洋溢着维护民族利权的爱国情怀。他指出：

> 必也研精机器以集西人之长，兼尽人力以收中国之用，斟酌变通，务使物质益良，物价益廉，如近年日本之夺西人利者。则以中国之大，何图不济？余观西洋用机器之各厂，皆能养贫民数千人，或数万人。盖用机器以造物，则利归富商；不用机器以造物，则利归西人。利归富商，则利犹在中国，尚可分其余润以养我贫民；利归西人，则如水渐涸而禾自萎，如膏渐销而火自灭，后患有不可言者矣。①

在这段论述中，他巧妙地勾勒出中国发展近代工业的巨大意义：机器——殖财——养民，最终达到与洋人争利、维护民族利权的现实效果。

当然，薛福成也清醒地意识到，在中国要用以机器为技术基础的大工业生产取代以工具为技术基础的手工生产，实现工业化，也并非是件轻而易举的事。除了必须排除因循守旧的陈腐观念和小生产习惯势力的干扰外，国家还必须采取相应的保护措施，为其健康发展提供必要的政策保证。为此，他向朝廷提出如下建议：

① 《薛福成选集》，第421页。

其一，“仿西洋纠股之法”，鼓励官绅商民“鸠集公司”。

十几年前，薛福成在《筹洋刍议·商政》中，曾提出“经始之际，有能招商股自成公司者，宜察其才而假以事权，课其效而加之优奖”的建议，积极鼓吹扶持民营企业“夺外利以润吾民”①。然而，中国的民营公司至今举步维艰。如今，在海外经过实地考察，薛福成亲身感受到西方国家在经济运作中推行公司体制的巨大成效：

> 迄于今日，西洋诸国，开物成务，往往有萃千万人之力，而尚虞其薄且弱者，则合通国之力以为之。于是有鸠集公司之一法，官绅商民，各随贫富为买股多寡。利害相共，故人无异心；上下相维，故举无败事。由是纠众智以为智，众能以为能，众财以为财。其端始于工商，其究可赞造化。尽其能事，移山可也，填海可也，驱驾风电、制御水火，亦可也。有拓万里膏腴之壤，不藉国帑，借公司者，英人初辟五印度是也；有通终古隔阂之涂，不倚官力，倚公司者，法人创开苏彝士河是也。西洋诸国，所以横绝四海，莫之能御者，其不以此也哉。②

在薛福成的笔下，欧美国家推行的股份公司制，确实具有巨大的凝聚力和开拓性。它以纠集众财认购股份为纽带，充分调动和发挥股东们的智慧和才能，从而使企业的经营管理卓有成

---

① 《薛福成选集》，第543页。

② 《薛福成选集》，第480页。

效，不但使公司的经济效益蒸蒸日上，而且在许多重大事务中，能起到国家政权不能起的作用。应该承认，这些肯定性评述还是言之有据的，并非主观臆造。

经过比较才能找出差距。薛福成也实事求是地看到，中国开埠以来，国内也模仿“西洋纠股之法”，创办了诸如轮船招商局、水陆电报局、开平煤矿局和漠河金矿局等类似股份公司的经济实体，但同外洋公司相比，总显得“气不厚，势不雄，力不坚，末由转移全局”①。更令他为之痛心的是如下事实：“曩者沪上群商，亦尝汲汲以公司为徽志矣，贸然相招，孤注一掷，应手立败，甚至干没人财，为饮博声技之资，置本计于不顾，使天下之有余财者，相率以公司为畏涂。”② 国内在“鸠集公司”方面出现的惨痛教训，尤其是光绪初年上海某些商贾和无业游民，曾打出“立公司招商股”以开矿的旗号，常常集股数十万金，但经不住这些家伙“恣其挥霍，饮博声伎，穷极奢豪”，致使“商本早罄”③。这种行径，纯属欺诈行为，更加促使薛福成不能不对中西之间在创办公司问题上呈现的巨大反差作深层次的思考，终于悟出症结所在：

> 夫外洋公司所以无不举者，众志齐，章程密，禁约严，筹画精也。中国公司所以无一举者，众志漓，章程舛，禁约弛，筹画疏也。四者俱不如人，由于风气之不开；风气不开，由于朝廷上之精神不注。西洋旧俗，

① 《薛福成选集》，第481页。
② 《薛福成选集》，第481页。
③ 《薛福成选集》，第429页。

各视此为立国命脉，有鼓舞之权，有推行之本，有整顿之方，明效应之，捷于影响。中国骤行此法，无力者既懵然试之，当轴者辄恇然置之，风气岂有自开之理？是故风气不变，则公司不举；公司不举，则工商之业，无一能振；工商之业不振，则中国终不可以富，不可以强。①

这段抓准要害、入木三分的层层剖析，将矛头直指“朝廷”，直指“当轴者”，确实充分显露出薛福成立论的勇气和目光之敏锐。“中国公司所以无一举者”，虽然有创办者自身的种种问题，但更主要的原因在于“风气之不开”，而“风气不开”的根源在于“朝廷上之精神不注”，“当轴者辄恇然置之”。创办股份制公司的成败关键，取决于朝廷当轴者们对它是否重视，是否提倡，是否关爱，是否有一套保护和管理的政策措施。如果缺乏了政府的倡导和政权力量的保护，单靠社会上“懵然试之”，确实是很难见效的。这就是薛福成的结论，也就是晚清时代“中国公司所以无一举者”现象为历史提供的重要经验教训。

薛福成关于“鸠集公司”的强烈呼吁，尤其是将举办公司同国家富强直接相联系的议论，也为继起的维新思想家们提供了必要的参考。康有为在《上清帝第二书》中论及“养民之法”时，也曾提出“合公股”倡办公司的建策：“一人之识未周，不若合众议；一人之力有限，不若合公股。故有大(商)会、大公司，国家助之，力量易厚，商务乃可远及四洲。”② 真可谓前后

① 《薛福成选集》，第481页。

② 康有为：《上清帝第二书》。

呼应,所见略同。

其二,"凡创一器者,得报官核给凭单,专享其利。"

对民间创造发明的科技成果,由国家核定并发给"凭单",使其独享专利权,这是薛福成探究欧美各国科技新成果频频涌现的原因时所得出的重要认识。他指出:"西洋制造之精,以汽学、重学、化学、电学为本原。人人用力格致,实事求是,斯其体也;国家定例,凡创一器者,得报官核给凭单,专享其利,斯其用也。"① 这里的一"体"一"用",回答了西洋制造工艺迅猛发展的内在原因:首先依靠科技工作者实事求是的钻研创新,但也不能忽视国家运用专利权所产生的鼓舞、激励和保护的作用。在西欧,薛福成切身感受到,不少潜心研究的科学家,"因攻新艺而致贫困",可是一旦发明成功,便可凭借专利而"富拟王侯","其君若相必从而宾异之,旌以显爵",无比荣光。不仅如此,他还了解到专利权可以转让的规定。薛福成初到伦敦时,见到一位美国科学家,发明一项"然灯妙法",但在美国卖不出高价,特地拿到英国兜售。英国工部"为之核价英金三万五千镑,未及五旬,挈金如数以归"②。目睹欧美各国对科学家及其创造发明如此重视,薛福成不禁发出感叹:"吁! 此其所以能率数十百万人之心思才力,以窥造化之灵机,而尚无穷期也。"③

薛福成的喟叹并非偶然,而是他在工艺制造问题上反观中国现状所产生的必然结果。他明确指出:

---

① 《薛福成选集》,第 492 页。

② 《薛福成选集》,第 492 页。

③ 《薛福成选集》,第 493 页。

> 中国则不然。此兴一艺而彼效之，此营一业而彼夺之，往往有缔造者大受折阅，摹袭者转获便利者矣。而一二千年以来，亦竟无一人研精阐微，为斯民辟妙用，为天下扩美利者，此无他，政权不足以鼓舞之也。一镜于彼之所以得，则知此之所以失矣。①

长期以来，中国在工艺技术和创造发明问题上，由于国家政权没有尽到激励鼓舞和必要的保护及管理的职责，从而使社会对工艺技术及其产品革新处于无序竞争的混乱状态：某甲发明一种新型工艺，某乙可恣意仿造；某丙开办一个新兴营业，某丁可施诡计夺为己有，如此这般，致使"缔造者"大受亏损，而卑劣的假冒者却大获其利。长此以往，还有谁愿意"研精阐微"，去从事工艺革新和发明创造呢？鉴乎此，薛福成在出使日记中曾将"精制造以兴工利"列为当今中国的"务本之道"，明确提出："如有能制新奇便用之物，给予凭单，优予赏赐，准独享利息若干年，不许他人仿制，而又酌其资本，代定价值。"②坚决主张运用国家政权的权力杠杆，对工艺制造的创造革新予以鼓励、保护和管理。

此外，薛福成还清醒地看到，中国近代工艺技术之所以落后，还有一个更为严重的社会原因："宋、明以来，专尚时文帖括之学，舍此无进身之涂"，用科举制度束缚知识分子，在举国上下形成一种"轻农工商而专重士"的病态社会风气，将从事工艺制造者"皆斥为粗贱之流"。于是，千百年来，知识分子只

---

① 《薛福成选集》，第 492 页。

② 《薛福成选集》，第 598 页。

知“攻时文帖括”，读圣贤经典，对儒家经典以外的学问“懵然罔省”，“寖假风俗渐成，竟若非性粗品贱，不为工匠者。于是中古以前智创巧述之事，阒然无闻矣”①。为此，薛福成提出“振百工”的呼吁，明确指出：

> 中国果欲发愤自强，则振百工以前民用，其要端矣。欲劝百工，必先破去千年以来科举之学之畦畛，朝野上下，皆渐化其贱工贵士之心；是在默窥三代上圣人之用意，复稍参西法而酌用之；庶几风气自变，人才日出乎。②

薛福成在这里提出了一条中国实现富强的重要思路：中国发愤自强取决于“振百工以前民用”，即为提高人民的生活需求而振兴工艺制造；而奖劝工艺制造的关键又在于革除科举制度，朝野上下改变“贱工贵士”的陋俗，切实提高“良工”的社会地位；求得工艺的振兴，还要继承中古以前“智创巧述”的优良传统，参用西方对“创一法，兴一厂”者“国家给予凭单，俾独享其利”③的成功经验。这样，才能促使中国“风气自变”，良工辈出，“开物成务”，“可富可强”。

薛福成关于创设专利权以鼓舞工艺制造、振兴百工的呼吁，也曾引起有识之士的强烈共鸣。康有为在其《上清帝第二书》中也曾向光绪皇帝明确提出“劝工”的建议：“凡有新制，绘

① 《薛福成选集》，第482页。
② 《薛福成选集》，第483页。
③ 《薛福成选集》，第483页。

图贴说，呈之有司，验其有用，给以执照，旌以功牌，许其专利。工人自为身名，必殚精竭虑，以求新制，枪炮之利，器用之精，必有以应国家之用者。”异曲同工，如出一辙，先后反映了促使祖国富强的共同心愿。

三、倚厥专长，各尽所用

“倚厥专长，各尽所用”①，这是薛福成晚年出使泰西期间，借助欧美各国实现富强的成功经验，在人才的培养和使用问题上提出的重要政见，旨在积极倡导为发展中国资本主义而大力培养和充分使用新一代的专门人才。

近代中国何以贫弱?以“经世”为己任的薛福成，早就痛切感受到人才问题是个关键。他在早年刚刚步入社会时，便撰写上中下三篇《选举论》，对封建科举制度，尤其对明、清两代一直沿用的八股取士制度束缚与摧残人才的真相，予以无情地揭露和抨击。他列举大量耳闻目睹的事实，论证八股取士制度不仅达不到培养和选拔人才的目的，而且适得其反地导致如下直接恶果：一曰耗费人的精力，二曰灌输不切实际的无用之学。在他看来，在八股制度下，封建士子平素所学，不是那些“阐发圣贤意”的“制艺”，便是“相嬗成风”的“小楷试帖”之类，而这些学问，都属于“隳人志气，锢人聪明，所谓自侮自伐者也”②。他曾十分痛心地揭示科举制度下士子们的悲怆状况：“孰知夫二百年来，聪明才杰之资，迍邅场屋、槁项黧馘以老死

① 《薛福成选集》，第422页。

② 《薛福成选集》，第8页。

牖下者，肩相望也。”[①] 那么，那些凭借八股正途侥幸挤进仕途、爬上高位的幸运儿，是否真正具有“治国平天下”的实际才干呢？薛福成在有关论著中联系实际，抓住道光年间徒有虚名的昏瞶大僚陆建瀛、叶名琛、何桂清的生动事例，通过对这三名“正途出身”的朝廷显赫要员在处理内外事务中的昭昭劣迹[②]，作出如下评论：“近世如陆建瀛、叶名琛、何桂清等，皆专精小楷试帖者也，一出而殃民辱国，为世大僇，岂不哀哉。何者？所用非所学，所学非所用也。”[③]鉴于八股取士制度对人才的束缚与摧残，薛福成竭力称道明末顾炎武等有识之士提出的“秦皇以不读书愚黔首，明祖以读书愚黔首”的精辟论断，认为这是“殆有为言之也”。尤其令人注目的是，他还用读史札记的形式借古讽今，在《叶向高论》中，叙述了明代阁臣叶向高虽然“忠清练达”颇有才情，但屡有切中时弊的建白终不得明神宗的信用，最终导致国家“衰乱”这一史实，为此，薛福成发出惋叹：“人才既敝，祸败随之”[④]。

“人才既敝，祸败随之”，这是多么发人深省的历史教训。为了改变在人才识拔与使用上的种种弊端，薛福成在1875年的《答友人书》中，提出如下“救弊”建议：“乌乎！中国不图自强，何以善其后。夫今日中国之政事，非成例不能行也，人才非资格不能进也”；[⑤]“弊在不能删成例以修政，破资格以

① 《薛福成选集》，第2页。

② 详情参见薛福成的《书汉阳叶相广州之变》、《书昆明何帅失陷苏、常事》等论著。

③ 《薛福成选集》，第7页。

④ 《薛福成选集》，第55页。

⑤ 《薛福成选集》，第93页。

求才”[①]。在他看来，这种论资排辈的传统恶习，乃是导致国家贫弱、政事腐败的重要因素。为了改变这种现状，他进而大胆提出在人才问题上也必须“宜变更一切成法”的积极主张，明确提出：“黜浮靡，崇实学，奖荐贤，去一切防闲，破累朝积习，则庶乎可以得人矣。”[②]当然，这个时期的薛福成，心中渴求的是企望朝廷能识拔与重用德才兼备的“崇实学”的经世之才，在处理内政外交方面能起到“匡时济世”的作用，说到底，也就是能辅佐朝廷“治国平天下”的政治干才。

真正促使薛福成从传统的人才观向近代人才观转化的是有缘出使泰西之后。正是实地考察并总结了世界上某些国家由弱变强的历史经验，才使他萌发出更具有时代价值的人才观。

“国不在大小，而在人才之奋兴”，这是他出使西欧后在人才问题上的第一条重要感受。在西欧的广泛交往和考察，尤其是东邻日本“步趋新法”，推行“维新之政”，日渐“致富强”的新鲜经验更引起薛福成的密切关注。在他的心目中，日本明治维新的效果是积极的，成功的；相形之下，清王朝却显得步履维艰，望尘莫及。彼此何以会拉开了显著的差距？薛福成将中国和日本最近三十年来的状况进行了对比，无限感慨地指出：

> 盖日本之地，小于中国不啻十倍；而风气之开，先于中国则不啻十年。斯所以能转贫弱而渐基富强也，藉非多难以磨砺之，激砺之，安能若是？是故国不

① 《薛福成选集》，第 94 页。

② 《薛福成选集》，第 2 页。

在大小，而在人才之奋兴；才不限方隅，而惟识时务者斯谓之俊杰。吾于今之日本见之。①

多难兴邦，关键在于“人才之奋兴”，这是何等深辟的经验总结！薛福成从比较中敏锐地提出这一见解，既是对当时中国贫弱现实的强烈不满，更是对祖国未来的热诚期待，字里行间，充满着炽热的爱国情怀。中国和日本，一衣带水，文化同源，不但都有着闭关自守的过去，也同样有过遭受西方列强欺凌的共同经历。为什么这东邻小国竟能“步趋西法”，“转贫弱而渐基富强”，终于出现“蒸蒸日上之势”，而偌大一个中国，反而面临“强邻环伺，世变方殷”的危局，沉沦于落后挨打的困境？关键在于“人才之奋兴”。如何才能改变这一局面，使祖国也能“转贫弱而渐基富强”呢？薛福成1893年向光绪皇帝提出的头条“大略”，便是“励人才”，建议朝廷依据“多难以保邦”的古训，不失时机地“必求洞达时势之英才，研精器数之通才，练习水陆之将才，联络中外之译才”②。这里罗列的“英才”、“通才”、“将才”、“译才”，已远远超出原先他所企求的“治国平天下”的人才结构，如实反映出已经走向世界的薛福成迫切希望贫弱而又多难的祖国，也能出现人才济济的可喜局面，涌现出一大批适应时代需求的各种“俊杰”，效法日本，多难兴邦，“步趋西法”，使中国也能呈现出一个“转贫弱而渐基富强”的历史契机。这是一个顺应时代潮流的进步呼声，也是对昏聩无能的封建统治现状的忿懑。

① 薛福成：《出使日记续刻》卷一，页四十七。

② 《薛福成选集》，第501页。

那么，中国在人才培养和使用方面究竟应该建立一个什么样的人才框架呢？薛福成对中外古今使用人才的历史和现状进行了比较研究，依据“器因时转，人随事迁”① 的认识原则，明确提出了一个“倚厥专长，各尽所用”的人才框架。用今天的话来说，就是主张人才的专业化，积极培养和充分使用具有各种专门科学知识和技能的专业人才。

薛福成的人才专业化主张，是对传统封建任人制度的否定。在他看来，宋、明以降的“教民之法”，是同时代的需求背道而驰的，也是培养专业人才的极大障碍。他曾指出：

> 自取士专用时文试帖小楷，若谓工其艺者，即无所不能；究其极，乃一无所能。仕于京者，忽户部，忽刑部，忽兵部，迄无定职；仕于外者，忽齐鲁，忽吴楚，忽蜀粤，迄无定居；忽治河，忽督粮，忽运盐，亦迄无定官。夫以古之圣人，所经营数十年而不敢自谓有成效者，乃以今之常人，于岁月之间而望尽其职守，岂不难哉？②

这段对封建任官制度弊端的揭露是颇为透剔的。在八股制度下，靠封建科举挤进仕途的人才，从表面上看来，确乎是有点儿“无所不能”的，因为他们在口头上能将老八股背得滚瓜烂熟，且字面上又能运用自如。但实际本领如何呢？薛福成的结论是：“究其极，乃一无所能。”因为这些人头脑里装的只是封

① 薛福成：《出使日记续刻》卷五，页二十三。

② 《薛福成选集》，第 422 页。

建经典中记载的陈腐教条，应付科举的“时文试帖小楷”之类，毫无“经世致用”的实际才干。封建朝廷依赖这类人才治理国家，更兼在使用中又把他们当作“无所不能”的通才，走马灯似地调来调去，还要求他们胜任职守，做出政绩，岂能奏效?! 更兼这种以“时文试帖小楷”蹊径实现“学而优则仕”的错误人才导向，必然导致社会风气的严重扭曲。诚如薛福成1893年在《振百工说》一文中所揭示：“宋、明以来，专尚时文帖括之学，舍此无进身之途。于是轻农工商而专重士；又惟以攻时文帖括者，为已尽士之能事，而其他学业，懵然罔省；下至工匠，皆斥为粗贱之流。”① 薛福成进而认为：“中国承宋、明以来之积弊，日趋贫弱；贫弱之极，恐致衰微。必也筹振兴之善策，求自治之要图”②。他的培养造就专门化人才的设想，正是作为“振兴”中国的一大“善策”而提出的，不能不体现出这位爱国思想家的远见卓识。

薛福成的人才专业化主张，也是他努力学习西方先进经验的可贵思想成果。他在向西方寻求救国真理的历程中，曾将中国传统的培养和使用人才的制度同西方的进行过对比。据他考察，泰西诸国所以能“骤致富强”，其中一条重要经验，就在于人才的专业化。他根据自己的切身感受，认为西方用人制度同中国“颇异”，具体表现在：西方各国的行政管理人员，从事外交的，“数十年不改其用”，任军政职务的也相对稳定，“数十年不变其术”，不像中国那样“迄无定职”、“迄无定居”、“迄无定官”般地随意调来调去，故能培养出精通业务、胜任职守

① 《薛福成选集》，第482页。
② 《薛福成选集》，第423页。

的行政管理人才；至于科学技艺方面的人才，在“恃工为体”的西方国家，不但得到高度的重视，而且有着明确的分工，“或娴工程，或精会计，或谙法律，或究牧矿，皆倚厥专长，各尽所用，不相搀也，不相挠也”①。为了进一步强调人才专业化的意义，他还具体介绍了西方国家体力劳动者和脑力劳动者各自的严密分工：“士之所研，则有算学、化学、电学、光学、声学、天学、地学，及一切格致之学；而一学之中，又往往分为数十百种，至累世莫殚其业焉。工之所习，则有攻金、攻木、攻石、攻皮、攻骨角、攻毛羽，及设色搏埴；而一艺之中，又往往分为数十百种。……各有专业而不相混焉，……各有专家而不相侵焉。”② 在薛福成看来，泰西诸国对科学技术的极端重视，对人力培养的力求专业化及其严格分工，正是西方世界“骤致富强”的奥秘所在，也是“轻农工商而专重士”的中国所望尘莫及的。

正是通过正反两方面的反复比较，薛福成从他的爱国立场出发，发出学习西方先进经验，改革中国传统任人制度的强烈呼喊。他大声疾呼：“中国果欲发愤自强，则振百工以前民用，其要端矣。欲劝百工，必先破去千年以来科举之学之畦畛，朝野上下，皆渐化其贱工贵士之心；是在默窥三代上圣人之用意，复稍参西法而酌用之；庶几风气自变，人才日出乎。”③ 他多么企望贫弱的中国也能发愤图强，一改按八股取士的传统积习，效法泰西，培养和造就一大批适应近代化需要的专业人

① 《薛福成选集》，第422页。

② 《薛福成选集》，第422～423页。

③ 《薛福成选集》，第483页。

才，急起直追，使中华民族“因西人之学，再辟造化之灵机”①，也能呈现出繁荣昌盛的景象，自立于世界之林。

正如任何一个历史人物都难免要受到时代、阶级或本人认识水平的限制一样，薛福成虽然提出了许多反映时代需要的闪光的人才观点，然而他毕竟是十九世纪后半叶从封建营垒中向新兴资产阶级代言人转化的爱国知识分子，对西方资本主义文明的认识又有肤浅与偏颇之处，因而在他的人才观中，也夹杂着某些唯心甚至荒唐的观点。比如，他对人才优劣的看法，盲目强调地理环境的决定作用，错误地认为在热带地区，“以其地在赤道下，有发泄而无收敛，生人皆颓散呑懦，才智不生也”，只有气候凉热适中的温带地区，方可“兴人才”、“张国势”、“为人物精华所萃”② 云云，便是一例。但我们不能依据这类体现其认识局限性的谬见，便一笔抹煞薛福成人才观的时代价值。

应该承认，在中国近代社会的演进过程中，薛福成的人才观具有承前启后的时代价值。比薛福成早一辈的杰出思想家，在探索救国方案时，都曾就人才问题提出过识见。龚自珍针对当时“万马齐喑”的“衰世”，发出了“我劝天公重抖擞，不拘一格降人才”的时代强音，至今脍炙人口；林则徐出于抗击外来侵略的满腔激愤，提出了“有才而不用与无才同，用之而不使之尽其才与不用同”③，抨击朝廷阻塞才路的行径；魏源目睹当时“人材之虚患”的严峻局面，曾提出人才必须“革虚而之

① 《薛福成选集》，第299页。

② 薛福成：《澳大利亚可自强说》和《赤道下无人才说》。

③ 林则徐：《云左山房文钞》卷四。

实”① 的积极主张，认为中国只要“人材进”，就可以“军政修，人心肃，国威遒”②；比他们稍晚的冯桂芬，也曾提出“人无弃才”的主张，建议朝廷改革“禁锢生人之心思才力”的八股取士制度，注意培养与选拔“经世致用”的人才。这些前辈的主张，虽然反映了十九世纪中叶的中国在人才问题上的迫切感，然而由于时代的局限，他们向往并追求的只是具有“通经致用”才干的治国人才。而薛福成不但继承了这些前辈的人才观点，还加以发展，提出了一套粗具规模的适应于中国近代化需求的人才观，不能不从一个侧面反映出近代有识之士认识上的一大进步。薛福成的人才观点，更具有启后的时代效应。康有为在《上清帝第二书》中，一方面为了应付“世变甚急”的严重局面，建议光绪皇帝下“求才之诏”，“不拘资格”，“密选将才”，“宜选振作有为之人，不宜用衰老资格之旧”，“宜选精于制造、操守廉洁之士”，“以厉新制”；另一方面，康有为又依据“夫才智之民多则国强，才知之士少则国弱”的观点，提出了广泛培养新型人才的要求，建议朝廷改革八股取士制度，通过“劝学”广开“民智”，“令乡落咸设学塾，小民童子，人人皆得入学，通训诂名物，习绘图算法，识中外地理、古今史事，则人才不可胜用矣”③，从而为维新大业造就一大批新型人才。这就说明，薛福成关于培养近代化人才的呼吁，在维新变法纲领中得到了应有的回应。

---

① 魏源：《海国图志叙》。

② 魏源：《圣武记》序。

③ 引文皆见康有为：《上清帝第二书》。

四、苟无新法以养之，则必有人满之患

“苟无新法以养之，则必有人满之患”①，这是薛福成跨出国门之后，通过对中西社会问题的比较研究，就如何解决中国社会日趋严重的人口问题所提出的重要建策。

晚清的社会积弊是多方面的，急剧膨胀的人口问题也是其中之一。忧国忧民的薛福成，不仅对清王朝面临的诸如内政、外交、军事、农工商业若干突出问题予以严重关注，难能可贵的是，他对当时不易为人们注目而又十分重要的社会问题——人口问题，也予以正视，充分表明这位爱国思想家敢于正视社会现实、善于捕捉社会症结的务实作风。

关于清代的人口数字及其增长速度，史籍记载不一，今人论说纷纭，不过有一点是公认的，即道光年间全国人口已逾四亿大关，比清代前期有了较大幅度的增长。薛福成虽然身处海外，但他凭借对中国国情的深切了解，1891年在思考是否允许外国来华立约招工问题时，曾对中国二千年来的人口增长趋势及其在世界上的位置，作出如下专题考释：

> 今天下诸国人民之众，中国第一，英国第二，俄国第三。中国人数在四万万以外，大约四倍于英，五倍于俄。余因考二千年来，以汉平帝、元世祖、明神宗

① 《薛福成选集》，第614页。

> 为户口最盛之世，然户多不逾一千二三百万，口多不过六千万以内而已。国朝康熙四十九年，民数二千三百三十一万有奇；乾隆五十七年，民数三万七百四十六万有奇，较之康熙年间，已增十三倍之多；道光二十八年，会计天下民数，除台湾未报外，共得四万二千六百七十三万余人，则阅时未六十年，又增一万一千九百余万人矣。[①]

对这一人口剧增的社会现象该如何理解？一般封建士大夫认为这是国家兴旺发达的大好事，并不予以重视。薛福成则不然，他从清代"户口蕃衍"的现象中，尖锐地看到了其中存在着"利病相倚，丰耗相循"[②]的因果关系。一方面，他承认清代户口蕃衍是康乾以来维系二百年"民生不见兵革"，相对安定政治局面的结果，并将这归功于大清王朝"煦濡涵育，泽及群萌"的功德；另一方面，他又敏锐地看到"户口蕃衍"日益造成中国的"人满之患"，从而导致"生计之艰，物力之竭"[③]的严重社会后果。

在他看来，"人满之患"必将导致人口消费与生活资料之间的矛盾。他曾感叹地说："余尝闻父老谈及乾隆中叶物产之丰，谋生之易，较之今日，如在天上。再追溯康熙初年物产之丰，谋生之易，则由乾隆年间视之，又如在天上焉。无他，以昔供一人之衣食，而今供二十人焉；以昔居一人之庐舍，而今居

① 《薛福成选集》，第365页。
② 《薛福成选集》，第365页。
③ 《薛福成选集》，第365页。

二十人焉。”①

在他看来，“人满之患”更是造成晚清贫弱局面的一个重要社会因素。诚如他在《西洋诸国导民生财说》中指出：“西洋富而中国贫，以中国患人满也。”② 他在《出使日记续刻》中还指出了人口增长同人民生活水平呈反比例发展的现象：“近数十年来，中国民穷财尽，小民竭终岁勤动之力，往往不能仰事俯畜。生计之艰，视百年以前，不啻三四倍焉；视二百年前，又不啻七八倍焉。”③ 从而把“人满之患”同中国“民穷财尽”的社会现实联系起来，进一步揭示了人口急剧增长所造成的社会危机。

在他看来，“人满之患”也是造成晚清社会动荡的一个重要激化原因。他曾指出：“中国人数众多，人工之廉，减于泰西诸国十倍，竭一人终岁勤动之力，往往不能仰事俯畜。彼知力终不能自赡，则益好逸恶劳，或流为游手，为佣丐，为会匪者，所在多有。仓廪不实，不知礼节，衣食不足，不知荣辱，自然之势也。”④ 这段议论，虽然充斥着封建士大夫的阶级偏见，但他将人口剧增同晚清社会动荡联系起来考察，对世人深刻剖析晚清农民起义连绵不断的社会根源，也并非毫无裨益。

值得注意的是，薛福成不但从中国历代人口的增长情况阐述了“人满之患”这个严重的社会问题，而且通过对全世界人口增长速度的考核，对包括中国在内的世界人口发展趋势

① 《薛福成选集》，第 365 页。
② 《薛福成选集》，第 367 页。
③ 《薛福成选集》，第 619 页。
④ 《薛福成选集》，第 366 页。

表示极大的关切和忧虑。他曾指出:"盖查地球中版籍之数,大抵每年一百人中,必添一口。欧洲人民约三百五十兆,每年可增三百五十万口;中国约四百兆,每年可增三四百万口。苟无新法以养之,则必有人满之患。何以养欲而给求耶?"①正是抱着对人口增长速度过快的忧虑,他在奉使西欧期间,还同当地知识界人士研讨"今人类既日生日繁,而旷土亦日垦日少,倘再千百年后,地力不足以养民生,将若之何"的问题,从而对世界人口的不断膨胀同自然界所能提供的生活资料之间将会出现的矛盾,表示极大的关切。当他听到西方学者作如下回答:"今民生之所以日蕃者,究因空地之尚多也。若空地已无可再辟,则天地间之生气,已一泄无余,而民生之蕃,亦当有截止之期矣。"② 薛福成"细思其言",感到"亦颇有理"。他多么希望,随着自然资源的日益销蚀,人类会自然而然地主动控制人口的增长。

薛福成在晚清人口问题上的独到见解,不但表现在他对当时"人满之患"及其导致的严重社会后果的剖析,更表现在为解决这一社会问题而"欲筹补苴之策",提出了若干"补偏救弊之术",主要有如下数端:

第一,"浚其生财之源"。薛福成提出,"人满之患"虽然是构成中国贫弱局面的一个重要原因,但是,根据国外的先进经验与国内的现有条件,中国人口急剧增加所造成的严重负担完全是可以解决的,其关键便在于"浚其生财之源"。他在《西洋诸国导民生财说》一文中说:"余考欧洲诸国,通计合算,每

① 《薛福成选集》,第614页。

② 薛福成:《出使日记续刻》卷四,页五十三。

十方里（每英方里合中国十里）居九十四人，中国每十方里居四十八人，是欧洲人满，实倍于中国矣。而其地之膏腴，又多不逮中国。以逊于中国之地，养倍于中国之人，非但不至如中国之民穷财尽，而英法诸国，多有饶富景象者，何也？为能浚其生财之源也。"① 接着，他还列举英、法等国"浚其生财之源"的具体办法，在于讲求"艺植之法"、"富牧之方"、"农田水利之益"，"研矿学"、"审矿苗"、"兴矿利"，振兴"工艺"和"商务"。他认为，要抓好这几件"导民生财"之事，还必须"国家皆设官以经理之，又立法以鼓舞之"，只有这样，才能达到"不但不遗地力，又善用人力"，"不但孳之地上，又铲自地下"，"不但鸠之境内，又辇自境外矣。"② 薛福成对西洋各国上述"导民生财"的办法是十分仰慕而又认同的，他曾感叹地说："噫！彼以此法治民，虽人满何尝不富也，而况其能使不满也；若中国之矿务、商务、工务，无一振兴，坐视民之困穷而不为之所，虽人不满，奚能不贫也，而况乎日形其满也。"③

第二，效法西方制订"养民最要之新法"。薛福成认为，人口众多的中国之所以民生凋敝，一个重要原因便是生产方式落后，生产水平低下。面对中国人口超过欧洲各国人口总数的严重局势，"苟无新法以养之，则必有人满之患"。那么，中国的养民新法何处寻觅呢？只有借助他山之石。为此，他专门考察了西方国家发展生产满足民生的成功经验，并把欧美各国的成功经验总结为二十一条"养民新法"：一曰造机器以便制造，

① 《薛福成选集》，第367页。

② 以上引文见《薛福成选集》，第367页。

③ 《薛福成选集》，第367页。

二曰筑铁路以省运费，三曰设邮政局、日报馆以通消息，四曰立和约通商以广商权，五曰增领事衙门以保商旅，六曰通各国电线以捷音信，七曰筹国家公帑以助商贾，八曰立商务局以资讲求，九曰设博物院以备考究，十曰举正副商董以赖匡襄，十一曰设机器局以教闾阎，十二曰定关口税以平货价，十三曰垦荒地以崇本业，十四曰开矿政以富民财，十五曰行钞票以济钱法，十六曰讲化学以精格致，十七曰选贤能以任庶事，十八曰变漕法以利转输，十九曰清帐项以免拖累，二十曰开银行以生利息，二十一曰求新法以致富强。① 这二十一条“养民新法”，内容极其广博，不仅涉及资本主义生产、管理和流通的各个方面，还触及促进和保证近代化工矿、交通、商贸、农垦各业发展的货币金融、报馆信息、科学研究、关口税收等各项事业的兴革，尤其注意国家职能的变革——“选贤能以任庶事”、“变漕法以利转输”、“增领事衙门以保商旅”等等，无疑是以“养民”为切入口，为当时的中国精心设计了一幅迈向近代化的全景蓝图。

第三，鼓励华民到国外谋生。薛福成认为，光靠开拓国内的“地有遗利”来解决“人满之患”，总是有一定限度的，因为本土可资利用的资源有限，总有“垦辟无余”之日；至于在国内解决“人有遗力”问题更是困难重重，因为中国人口众多，要在短时期内解决劳动力的就业问题是十分困难的。于是，他根据“地狭人满”的欧洲各国“善寻新地”，不断向“地广人稀”的美洲、澳洲大量移民垦拓的经验，以及欧美国家“乘中国之患人满，而鸠我闲民，辟彼旷土”的社会现象，提出向国外输送劳动

① 《薛福成选集》，第614页。

力的建议，允许世界上某些地旷人稀、迫切需要“招徕远氓”的国家到中国“立约招工”。为了防止他国对旅外华民的歧视和迫害，他特别强调中国政府必须在当地“设立领事馆，以保护而约束之”，以保证海外同胞“不至为远人所欺”。他认为，这一举措也是解决国内“人满之患”的又一善策：

> 华民在此，皆可买田宅、长子孙，或有数世不忘故土，挚运余财，输之中国者。如此则合于古之王者，有分土无分民之意。且不啻于中国之外，又辟一二中国之地，以居吾民，以养吾民也。于以张国势，厚民生，纾内忧，阜财用，广声气，一举而五善备焉。救时之要，莫切于此。①

当然，生活在十九世纪后半期的中国早期启蒙思想家薛福成，在人口问题上的基本观点，当然也摆脱不了时代的局限。比如说，在人口问题与国家贫弱的关系上，他没有也未能站在民族压迫和阶级剥削的高度，从根本上揭示晚清社会“民穷财尽”的社会原因；又比如说，在解决“人满之患”的方法上，他未敢涉及“对人的生产进行调整”的积极措施，不仅提不出节制人口生育的正确办法，而且受“中国以嗣续为最重，孟子谓不孝有三，无后为大”之类传统道德观念的束缚，嘲笑西方社会“视子孙为甚轻”为“不仁”。然而，这些认识上的局限并不能掩盖薛福成在人口问题上显现出的思想火花。在一个世纪之前，当中国人口刚逾四亿大关时，薛福成便敏锐地将日趋严

① 《薛福成选集》，第366页。

重的“人满之患”当作一个严重的社会问题加以考察，尤其是在如何解决“人满之患”的问题上，他认真汲取西方的先进经验，以“养民”为切入口，为中国设计了一套旨在发展资本主义的蓝图，认为只有实现近代化，提高物质生产能力，才能从根本上解决“人满之患”所造成的严重社会问题，使祖国摆脱贫弱局面，甚至“能驾而上之”，赶上或超过世界上的先进国家。尤其应该肯定的是，薛福成从爱国主义立场出发，在新的历史条件下，为解决“人满之患”所提出的种种方策和识见，虽然尚显零散和粗糙，但不仅比同时代的人远为尖锐而深刻，而且比乾隆时代洪亮吉的人口理论更富有新时代的特点和内容。因此，在我国人口学理论宝库中，薛福成的有关思想应该占据一席地位。

五、曷若以公法为依归

“余尝谓中国如有秦始皇、汉武帝、唐太宗、元太祖之声威，则虽黜公法，拒西人，其何向而不济？若势有不逮，曷若以公法为依归，尚不受无穷之害。”① 这是薛福成根据自己在海外同列强数年交涉的切身体验，具体分析了中外古今形势的变化，尤其是总结了鸦片战争以来清廷对外交涉的惨痛教训，对晚清外交策略所提出的重要建策。“曷若以公法为依归”，也就是依托和运用国际法同列强打交道，不但反映出薛福成对西方文化主动融合的近代化外交思想，更显露出希冀改变中

① 《薛福成选集》，第415页。

国对外交涉的屈辱处境，争取以平等地位参与国际事务的良苦用心。

所谓国际法，晚清时期国人又称之为“万国公法”。这是西方列强面对国际间交涉与矛盾纷争的日益频繁而逐步制订的一系列处理国际间和战、经济交往等等的协议和约章，对于处理国际关系具有普遍性和拘束力的原则和规范。然而，中国政府在鸦片战争后的近二十年期间，对国际法懵然无知；而西方侵略者狡猾地利用清政府的昏聩无知，极尽欺诳、讹诈之能事，更以武力为后盾，迫使清政府签订一系列丧权辱国的不平等条约，攫夺了大量的侵略特权。1863年，美国传教士丁韪良带着他翻译的英人惠顿所撰《万国公法》来到北京，经美使蒲安臣介绍，将其译作送给总理衙门参考。不久，恰好发生普鲁士军舰在天津口外拘捕丹麦商船的事件，总理衙门便依据《万国公法》中有关领海权规定与普使交涉，致使普鲁士同意释放所捕商船。这次交涉成功，使总理衙门体味到国际法的实用价值，于是向朝廷呈称：“查该外国律例一书，衡以中国制度，原不尽合，但其中亦间有可采之处。”进而委派四名总署章京协助丁韪良修饰文辞，并于同治三年(1864)奏准由总署出资京师同文馆刊行，“言明印成后，呈送三百部”给总理衙门，“将来通商口岸，各给一部”①。由此，《万国公法》所载的内容成为清政府对外交涉的参考。

但是，国际法并未真正成为清政府处理国际关系的依据与准绳。这是因为，清政府从第二次鸦片战争后提出了“以信义笼络”的对外方策，即发扬中国讲信修睦传统来协调中外关

① 《筹办夷务始末》(同治朝)卷二十七，页二十六。

系，总理衙门更就此公开宣称："办理各国事务，以守约为主，以践言为先。"① 就是说，对外严格遵守不平等条约，以中外约章条款内容作为交涉依据。于是，总理衙门虽有一本《万国公法》，但它不过是遵守不平等条约的补充，只期望能守住中外约章，毋使侵越，已属万幸，根本谈不上用国际法来修改不平等条约，挽回已失之利权。与此同时，西方列强在侵略中国过程中更对国际法进行实用主义的曲解和利用。当中国不答允他们的侵略条件时，列强便援引国际法条款加以"诘责"；当中国依据国际法条款与之抗争时，列强又会抬出"中国为法外之国"之理由，断然予以拒绝。如此这般，致使中国始终被排拒在国际平等交往的范围之外，不能享有国际法所规定的独立国家的应有权益。

薛福成对中国鸦片战争以来数十年中的屈辱外交及其造成的深重后果，有着切身体会和深刻的认识。于是，他依据出使泰西的实地考察，于1892年写成《论中国在公法外之害》一文，对国际公法的实质以及中国对国际公法的应有态度，进行了清醒的论析。

首先，他对国际公法的性质和功能作了辩证的分析：

> 泰西有《万国公法》一书，所以齐大小强弱不齐之国，而使有可守之准绳。各国所以能息兵革者，此书不为无功。然所以用公法之柄，仍隐隐以强弱为衡，颇有名实之不同。强盛之国，事事欲轶乎公法，而人勉以公法绳之，虽稍自克以俯循乎公法，其取盈于

① 《筹办夷务始末》(同治朝)卷四十三，页三。

公法之外者已不少矣；衰弱之国，事事求合乎公法，而人不以公法待之，虽能自奋仰企乎公法，其受损于公法之外者，已无穷矣。是同遵公法者其名，同遵公法而损益大有不同者其实也。虽然，各国之大小强弱，万有不齐，究赖此公法以齐之，则可以弭有形之衅。虽至弱小之国，亦得藉公法以自存。①

这是一段鞭辟入里的评析。他在肯定《万国公法》具有"齐大小强弱不齐之国"和"能息兵革"的前提下，又尖锐地揭示了《万国公法》名公实不公的本质：强盛之国"俯循乎公法"，但实质上却"事事欲轶乎公法"，总是获得"取盈于公法之外"的种种利权；那些衰弱之国，虽然尽力争取"仰企乎公法"，但强国总是"不以公法待之"，常常落得个"受损于公法之外"的各种损害。《万国公法》诚然具有"同遵公法而损益大有不同者"的本质一面，但薛福成还是承认它具有"弭有形之衅"的积极作用，即便弱小国家，也可"藉公法以自存"。这就为中国"曷若以公法为依归"的建策，提供了充足理由。

中国被排拒于国际公法之外将会导致何种结果呢？薛福成根据中国数十年沉痛教训作出了回答。他列举事实：中西立约之初，西方列强曾援引公法要挟中国开放门户，可当时清廷的"秉钧者"却回答说："我中国不愿入尔之公法。中西之俗，岂能强同；尔述公法，我实不知。"② 由于无知而对国际公法产生情绪上的抵触和抗拒，致使授人以柄，造成中国对外交涉的极

① 《薛福成选集》，第414页。

② 《薛福成选集》，第414页。

为被动局面:"自是以后,西人辄谓中国为公法外之国,公法内应享之权利,阙然无与。如各国商埠,独不许中国设领事官;而彼之领事在中国者,统辖商民,权与守土官相埒;洋人杀害华民,无一按律治罪者;近者美国驱禁华民,几不齿中国于友邦。此皆与公法大相剌谬者也。公法外所受之害,中国无不受之。"① 列强正是利用中国"为公法外之国"的机会,不顾国际公法,对中国加紧侵略,迫使中国签订了一系列不平等条约,攫夺了大量侵略特权,将中国推向半殖民地半封建的苦难深渊,致使中国成为西方列强恣意劫夺、宰割的对象。"公法外所受之害,中国无不受之",这就是薛福成感受到的悲惨现实,也是中国自拒于国际公法之外所造成的苦难后果。

当然,薛福成也清醒地认识到,西方列强之所以"悍然冒不韪以陵我者",倚仗着他们的国力远比中国强盛,故能肆无忌惮地推行强权政治。贫弱的中国处于虎狼环伺之下,势必成为列强任意宰割鲸吞的俎上之肉。据此,他非常怀念秦皇、汉武、唐宗、元祖时代中国的"声威",更痛惜晚清时期国势的衰败,就此提出应对之策:"曷若以公法为依归,尚不受无穷之害",企望能利用国际公法同列强抗争,最终尚能达到"藉公法以自存"的现实目的。薛福成是位敢于同列强抗争的外交家,在出使泰西的外交生涯中,他为了"收利权于西国,念流寓于南洋",也多次"援据公法为辩论之资",虽有奏效也有不奏效的经历,终于使英、法政府当局对他这位顽强的外交官刮目相看。但是,来自朝廷内部的干扰和阻难,更使他痛心疾首。他在此文的末尾曾激忿地回顾说:"往岁余殚竭心力,与英廷议

① 《薛福成选集》,第414～415页。

定设立香港领事官，此可为风示他国张本，即可为隐抽昔日受亏条约张本。无如当事诸公，有一二人挟私怀忌，出死力以阻之。余独不解其是何肺肝？中国办事之难，一至于此，可胜叹哉！可胜叹哉！"[①]连续两个愤激的惊叹号，道出了薛福成力图以国际公法为武器同列强抗争"隐抽昔日受亏条约"的爱国壮举，更道出了这位爱国外交家壮志难酬的悲凉心境。

不可否认，薛福成提出的"曷若以公法为依归"的外交思想，也是近代爱国志士们的共同心声。王韬的"驭外"思想中，曾提出"泰西立约不足恃"的主张。他认为"公法"可签可守，呼吁"熟稔国际知识与目标公法"但不可盲目迷信，"盖国强则公法我得而废之，亦得而兴之，国弱则我欲用公法，而公法不为我用。"[②] 据此，他提出"强中驭外"的主张，认为只有国家强盛，国际公法才能为我所用，也才有独立的外交，否则，在强权即是公理的资本主义世界中，弱国是没有外交的。郑观应在《易言》和《盛世危言》中，都列有《公法》篇，他指出："公法者，万国之大和约也"；"公法者，彼此自视其国为万国之一，可相维系而不能相统属者也"[③]。但他又以列强攫夺中国侵略特权为例，揭示公法不公的事实："种种不合情理，公于何有？法于何有？"[④] 据此，他在赞成中国可利用国际公法的同时，又尖锐地提出了"公法固可恃而不可恃者也"的观点，认为："公法仍凭虚理，强者可执其法以绳人，弱者必不免隐忍受屈也。是故

---

① 《薛福成选集》，第415页。

② 王韬：《弢园文录外编》卷二，《洋务上》。

③ 夏东元编：《郑观应集》（上），第387页。

④ 夏东元编：《郑观应集》（上），第388页。

有国者，惟有发愤自强，方可得公法之益。倘积弱不振，虽有百公法何补哉？噫！”① 王韬和郑观应的公法观，同薛福成的观点何其相似！如果说薛福成、王韬、郑观应等早期启蒙思想家将合理运用国际公法当作推进中国外交近代化、实现国际平等交往的一大举措的话，那么，维新志士谭嗣同则站在实现政治体制改革的高度来认识国际公约的作用。他说：“《万国公法》为西人仁至义尽之书，亦即《公羊》《春秋》之律。惜中国自己求亡，为外洋所不齿，曾不足列于公法，非法不足恃也。”② 为此，他提出“援万国公法”以改变中国现状的主张，明确提出：“每逢换约之年，渐改订约章中之大有损者，援万国公法，止许海口及边口通商，不得阑入腹地。今无论东西大小各国皆如此，独中国任人入腹地耳。如不见许，即我通商于彼国之轮船，亦当阑入彼之腹地，此出洋贸易之船，所以万不可少。所谓‘即以其人之道，还治其人之身’也。援各国之例，加重洋货进口之税，如不见许，即我往彼国之进口税，亦当视他国而独轻矣。”③ 在谭嗣同看来，“援万国公法”不仅是同列强正面抗争、收回利权的重要手段，而且是改革中国政治制度、废除不平等条约、使中国自立于世界民族之林的契机。

六、考旧知新

1892年，薛福成写就了一篇名曰《考旧知新说》的短论，

---

① 夏东元编：《郑观应集》(上)，第389页。

② 《谭嗣同全集》，第423页。

③ 《谭嗣同全集》，第412～413页。

寥寥四百字，从理论高度阐述了他的新旧观：在中国近代社会新陈代谢的历史进程中，处理新与旧的关系时，应把握这样一个基本原则："宜考旧，勿厌旧；宜知新，勿骛新。"① "旧"者，中国的古老传统也，对此，应审慎地探究，不可轻易厌弃；"新"者，西方的新知也，应认真学习、汲取，但也不宜勉强地生搬硬套。

中国向何处去？这是中国近代社会无数志士仁人悉心探索的根本问题。这个反映时代脉搏跳动的根本问题，在政治思想文化领域中表现为"古今、中西"之争，其内容就是如何向西方学习，并且对传统进行反省，从中寻求救国救民的真理，以便使贫弱的中国走上独立富强的道路。在鸦片战争之后的近百年历史中，对"古"和"今"、"中"和"西"所展开的争论从未间断，争论的内涵也在不断地变化着，但始终未能摆脱对"新"与"旧"两者关系的认识与处理。

薛福成的"考旧知新"说，在近代志士仁人行列中是独树一帜的。他以此立论有着现实针对性，正如他在文章开头所指，当时西方有句评论："华人尚旧，西人尚新。"因为他们"自憙其能创一切新法以致富强，而微讽中国不知变计也。"② 对于西方人士这句颇为自傲的评议，薛福成不以为然，提出了一个近乎怪诞的驳论："讵知不忘旧，然后能自新；亦惟能自新，然后能复旧。"③ 按说，新与旧是相比较而存在的矛盾对立面，为何"不忘旧"成为"能自新"的前提，而"能自新"又同"能复

---

① 《薛福成选集》，第424页。

② 《薛福成选集》，第424页。

③ 《薛福成选集》，第424页。

旧”构成了因果关系？似乎令人费解。但是，薛福成对自己的怪论作出了诠释。

首先，他以自然现象为例：“夫日月，日新也，而容光之照，万古如旧；流水，日新也，而就下之性，万古如旧。”① 这是一则富有思辨性的解析：尽管日月光华瞬息更新，但其普照大地却“万古如旧”，并未改变；虽然江河流水不断更新，但水往低处流的本性“万古如旧”，同样没有任何变更。就此类自然现象而言，薛福成的解析尚能自圆其说。确实，流水倘若失却“就下之性”，就不可能在流动中“日新”；日月光华如果不能普照大地，也就显示不出它的“日新”。它揭示了一个规律性现象：就自然界的光照现象和流水现象而言，总是存在着新质与旧质相互依存、相互交替的规律。

其次，他又以中西的社会现象为例，对新旧关系进行了更有现实意义的解说。他指出，西方的器械制造“所以能参造化精微者，亦本前人已阐之学，屡研而益进耳，并非一日豁然超悟，骤得无上之秘诀也。”② 就是说，科学技术的发展离不开前人创建的基础，一项新的科技成果总是在旧的（即“前人已阐之学”）肩膀上“屡研而益进”的，不存在“豁然超悟”的出新现象。西方如此，那么中国又如何呢？他指出：“即如中国上古之世，继天立极之圣人，应运迭兴，造卦画，造市易，造网罟，造耒耜，造舟车，造弧矢，造衣裳，造书契，能使鸿荒气象，一变为宇宙之文明。盖新莫新于此矣。”③ 就是说，中国古代的圣人，不

① 《薛福成选集》，第424页。

② 《薛福成选集》，第424页。

③ 《薛福成选集》，第424页。

但以无穷的智慧，为全人类建树了震铄古今的“宇宙之文明”，而且这种勇于创新的精神更是傲视全球，“盖新莫新于此矣”。正是中国先民们这种可贵的创新精神伴随着古代文明成果“由东而西”，到了近代，甚至导致西方各国得以在中国古代文明的基础上“屡研而益进”，进而“能创一切新法以致富强”。中国何以相形见绌？薛福成又指出：“降及近古，中国之病，固在不能更新，尤在不能守旧。”[①] 就是说，中国数百年来相对落后于西方，问题表现在不能自我“更新”，但更重要的在于“不能守旧”，也就是丢弃了中华民族先民们固有的勇于创新的优良传统，致使中国古代的许多创造发明的杰出成果也随着创新精神的丧失而“早已尽失其传”[②]，国家安能不衰落？！

正是基于对中国科学技术创造发明由盛转衰的历史变化，薛福成揭示了一条规律性认识：“夫惟其轻于忘旧，所以阻其日新也。”[③] 但他坚信，中西文化总是在相互交流、融合过程中产生新旧转化的。当年，西方国家抓住中国古老文明“由东而西”的历史契机实现了富强；如今，贫弱的中国面对“西学有东来之法”[④]，同样可以抓住这一“是能新中国”的历史机遇，学习西方的先进文明成果，发扬中国古代勇于创新的优良传统，实现民族的振兴和国家的富强。尤其难能可贵的是，薛福成的“考旧知新”说还包含着赶超西方的雄心壮志：“藉令因其旧法，相与潭思竭能，庸讵不能出西人上乎？”[⑤] 就是说，中华

---

① 《薛福成选集》，第 424 页。

② 《薛福成选集》，第 424 页。

③ 《薛福成选集》，第 424 页。

④ 《薛福成选集》，第 424 页。

⑤ 《薛福成选集》，第 424 页。

民族倘若在西方已有的文明成果的基础上，群策群力，“潭思竭能”，进一步创新，定能造就比当今的西方更加灿烂的文明成果。

薛福成的“考旧知新”说虽然显露出强烈的爱国主义色彩，他的主观解析也能自圆其说，然而，终究摆脱不了时代的局限，尤其是他所竭力阐扬的“西学中源说”的思维框架。从某种意义上看，“考旧知新”说正是薛福成将“西学中源说”推衍到会通中西、考察古今、认识新旧递嬗所构成的一种本能的反应模式和立论原则。于是，“考旧知新”说凸现出薛福成以瞻前顾后的视角，既恪守儒学文化本体，又以开放的心态迎接西方文化的挑战，力图融合中西、“返本开新”的中西文化观。所谓“返本”者，乃“返圣学之本”之谓也，也就是坚信尧舜禹汤文武周孔之道“乃乾坤所系”的天下不易之真理，甚至“其道亦必渐被乎八荒”①；所谓“开新”者，即以开放的心态吸纳西方文化的新知，知人之长，补己之短，为中华民族的振兴与发展寻求一条新的途径。

这条通过“考旧知新”达到“返本开新”的中西文化观，不但成为薛福成整合中西文化的重要方法，也成为他改革中国弊政、提出开新方案的根本思路。比如，薛福成提出的重商、振百工、用机器殖财养民、导民生财等“兴利”方案中，就凭借“考旧知新”的立论方法，对中国传统的“义利之辨”作出了符合时代需求的新解释，从而达到更加明正言顺地“言利”和“兴利”的现实目的。

“义利之辨”是中国的古老命题。中国传统中的“义”，指人

① 薛福成：《筹洋刍议·变法》。

们的思想和行为都要符合一定的准则，主要就是儒家的“仁、孝、忠、悌”之类的道德规范；而“利”，则是指人们的物质利益或经济利益。在古代中国，许多思想家都表现出重义轻利、崇义贬利的倾向，尤其是历代正统派儒学代言人更明确将义奉为“天理之所在”，而把利贬之为“人情之所欲”，从而通过“存天理灭人欲”之类的道德说教，否定“功利”，确立封建“三纲五常”的绝对统治地位，以维护建立在自然经济基础之上的封建专制统治。只有到了近代，随着社会由自然经济逐渐向商品经济转变，传统的“重义轻利”观念方才受到功利主义思潮的冲击。为“利”正名，成为从龚自珍、魏源开始的近代思想家们的一个共同话题，而薛福成就是其中的一个重要代表人物。

薛福成是一名善于把握时代脉搏的思想家。1865年，他在入世的代表作《上曾侯相书》中，便提出若干兴利除弊的重要建策。为了给“兴利”主张提供充足理由，他机智地援引中国古训为立论依据：“《大学》‘生财之大道’，《易》之所谓‘以美利利天下’，《书》之所谓‘利用厚生’，不外是也。”① 嗣后，他在《应诏陈言疏》和《筹洋刍议》等代表作中，都曾就如何“兴利”、如何“隐分洋商之利”等提出若干建策。他作为钦差大臣出使泰西，经过实地考察，更加清醒地看到，西方世界从国家至每个社会成员的行为举止，似乎无不受着利益所驱动：国与国之间“竞利争雄”，国家制订内外政策也“择利而行”，国人经商务工固然为了“逐利”，即便搞创造发明也为的是能有朝一日“官给准照，独享其利”……欧美国家围绕“利”字展示的社会现实，不能不诱发薛福成对中国传统的义利观进行理性的再思

① 《薛福成选集》，第22页。

考。

光绪十八年六月三十日(1892年7月24日),薛福成写下一篇七百余字的日记,运用“考旧知新”的立论手法,提出了他的富有时代特色的“义利之辨”,公开为“利”正名。他指出:

> 中国圣贤之训,以言利为戒,此固颠扑不破之道。孔子曰:“放于利而行,多怨。”孟子曰:“苟为后义而先利,不夺不餍。”其言尤为深切著明。然此皆指聚敛之徒,专其利于一身一家者言之也。《大学》平天下一章,半言财用。《易》言乾始能以美利利天下。可见利之溥者,圣人正不讳言利。所谓生财有大道,生之者众,食之者寡,为之者疾,用之者舒,此治天下之常经也。后世儒者不明此义,凡一言及利,不问其为公为私,概斥之为言利小人,于是利国利民之术,废而不讲久矣。①

这是用“考旧”的方法为“利”正名。援引孔孟原典,证实“圣人正不讳言利”,而且“生财有大道”乃是“治天下之常经也”。进而指明“言利小人”之类的贬利斥骂,虽然是“后世儒者”对圣人原旨的无知或歪曲,但其后果十分严重,导致“利国利民之术,废而不讲久矣”。以寻根究底的手法,公开为“言利”的合理性作了理性辩护。

接着,薛福成又联系鸦片战争以来的社会现实,结合中西对“利”的不同理解和追求,倡言“兴利”对国家贫富强弱的决

---

① 《薛福成选集》,第611~612页。

定性意义。他根据世界范围内“通商之局大开”的新形势下，西方“各国于振兴商务之道，无不精心研究。其纠合公司之法，意在使人人各遂其私求；人人之私利既获，而通国之公利寓焉”的事实，明白指出：“故论一国之贫富强弱，必以商务为衡；商务盛则利之来，如水之就下而不能止也；商务衰则利之去，如水之日泄而不自觉也。”① 在这里，薛福成不但揭示了西方国家依靠振兴商务大牟其利而建树富强之业的经验，而且还剖析了个人“私利”同国家“公利”之间的因果关系，“通国之公利”系由“人人之私利”积聚而成，个人对“私利”的追逐非但不会损害“公利”即群体、国家的利益，相反还能成为“公利”的一部分，从而为“私利”的合理性作出进一步的论证。

他又依据西方国家兴利致富的成功经验，反观中国的现实，十分痛心地指出：

> 中国地博物阜，本为地球精华所萃，徒以怵于言利之戒，在上者不肯保护商务，在下者不肯研索商情，一二饶才智知大体者相率缄口而不敢言，偶有攘臂抵掌而谈之者，则果皆忘义徇利之小人也。即使纠合巨款为孤注之一掷，无不应手立败；甚至干没人财以售其诈，致使天下之人，相率以商为畏途。试取各关贸易总册阅之，中国之财，每岁流入外洋者白金二三千万两。以三四十年通计之，则白金之一去不复返者，已有十万万两之多矣。再阅一二十年，中国将何以为国乎？吾用是叹息流涕于当轴者之不知变计。即

① 《薛福成选集》，第612页。

有一二知变计者，而又未尽得其术也。①

这是一段情理交融的血泪控诉，严正揭示了“怵于言利”给近代中国造成的困境，既有“在上者”的原因，也有“在下者”的因素，更有那些“忘义徇利之小人”以经商为名“干没人财以售其诈”的罪恶行径，从而导致国人“相率以商为畏途”的状况，而根本原因在于“当轴者之不知变计”，矛头直指朝廷执权柄者；进而通过中国白银大量外流的严酷事实发出忠告，长此以往“中国将何以为国乎?”不啻为举国上下敲响了警世之钟，告诫国人必须改变“重义轻利”的陈腐传统，“不讳其利”，借鉴西方国家“振兴商务之道”和“利国利民之术”，以“振兴商务”为措手，大力促进近代化事业的发展，为民兴利，为国谋利，也能使中国像近几年来的日本和暹罗那样，呈现“蒸蒸日上”的好势头。

由此可见，薛福成的“考旧知新”说，是以实现“返本开新”的变革目标为其旨归的。就“考旧知新”而言，虽然在走向上具有明确的前瞻性，“考旧”是为了“知新”，而不是一味拘守传统的“守旧”。然而，他在“知新”的过程中过多地强调“宜考旧，勿厌旧”，对新与旧关系过于拗口的诠释又令人难以理喻的事实，对十九世纪末叶背负深重传统包袱的中国士民来说，并不能启迪人们更积极更主动地去“知新”，只能证明薛福成主观意识中传统文化的积淀还较深厚，在“知新”的进程中念念不忘“考旧”。关于这一点，康有为的观点就显得高出一筹。康有为在《上清帝第六书》中指出：

① 《薛福成选集》，第612页。

> 夫物新则壮，旧则老；新则鲜，旧则腐；新则活，旧则板；新则通，旧则滞，物之理也。①

彼此同样是阐述新旧观，但康有为的观点就显得明快有力，对于启迪国人弃旧图新、共铸维新大业，具有极大的激励与鼓舞作用。但是，也不能否认，康有为这段新旧观仍然是以“《大学》言日新又新，《孟子》称新子之国”的古训为立论依据的，最终还是选择了“托古改制”的维新方案。就其源流来说，同薛福成的“考旧知新”之间，也存在着不可忽略的历史联系。这种现象，诚如历史学家陈旭麓教授所言：“‘新旧如环’，环者圆圈也，但它不是循环的圆圈，乃是新旧不断地起承转合的圆圈。”②诚哉斯言。薛福成的思想及其建策，在近代中国新陈代谢的过程中，同样是新旧交替“起承转合”中的一环，更是颇具光泽且又打着特定时代烙印的一环。

---

① 《戊戌变法》(中国近代史资料丛刊)第二册，神州国光社1953年版，第196页。

② 《陈旭麓学术文存》，上海人民出版社1991年版，第1372页。

附　录

一、主要参考文献

庸盦全集十种　薛福成撰　传经楼校本

按：又称《庸盦全集》，由薛福成子薛慈明将薛福成遗著十种汇刻而成，包含如下著作：

庸盦文编	四卷
庸盦文续编	二卷
庸盦文外编	四卷
庸盦海外文编	四卷
筹洋刍议	一卷
浙东筹防录	四卷
出使奏疏	二卷
出使公牍	十卷
出使日记	六卷
出使日记续刻	十卷

时务报　第四十八册

林则徐集(奏稿)　中华书局 1985 年版

曾文正公年谱　李瀚章、黎庶昌合编　大达图书供应社民国二十四年刊行

曾国藩全集　岳麓书社 1986 年版

清史稿　赵尔巽等撰　中华书局 1977 年版

庸盦笔记　丁凤麟、张道贵点校　江苏人民出版社 1983 年版

庸盦文别集　施宣圆、郭志坤点校　上海古籍出版社 1985 年版

薛福成选集　丁凤麟、王欣之编　上海人民出版社 1987 年版

出使四国日记　安宇寄点校　湖南人民出版社 1981 年版

光绪朝东华录　朱寿朋编　中华书局 1958 年版

李鸿章全集　顾廷龙、叶亚廉主编　上海人民出版社 1985 年版

戊戌变法(中国近代史资料丛刊)　中国史学会主编　神州国光社 1953 年版

郑观应集(上)　夏东元编　上海人民出版社 1982 年版

郭嵩焘日记　杨坚校　岳麓书社 1983 年版

忘日庐日记　孙宝瑄著　上海古籍出版社 1983 年版

于湖题襟集　袁昶编录　商务印书馆民国二十六年版

郭嵩焘诗文集　杨坚点校　岳麓书社 1984 年版

洋务运动(中国近代史资料丛刊)　中国史学会主编　上海人民出版社 1961 年版

中国海关密档　陈霞飞主编　中华书局 1992 年版

赫德传　卢汉超著　上海人民出版社 1986 年版

东行三录　马建忠撰　上海书店 1982 年印行

中外旧约章汇编(1～3)　王铁崖编　生活·读书·新知三联书店 1957 年版

汪康年师友手札(1～4 册)　上海古籍出版社 1986 年版

皇朝经世文续编　葛士濬编于光绪十四年　光绪二十八年天章书局石印

湘绮楼日记　王闿运撰

筹办夷务始末(同治朝)　宝鋆等编,中华书局1979年版
中国近代外交制度史　王立诚著　甘肃人民出版社1991年版
皇朝政典类纂　席裕福等编
人境庐诗草笺注　黄遵宪著　钱仲联笺注　上海古籍出版社1981年版
张文襄公全集　张之洞著　北京文华斋刻本1928年
中英滇缅疆界问题　张诚孙著　1937年哈佛燕京学社出版
云南边界说略　李生庄撰　载《云南边地研究》下卷
清季外交史料(光绪朝)　王彦威辑　民国二十一年北京铅印本
云南勘界筹边记　姚文栋撰
永昌府文征　李根源辑
谭嗣同全集　蔡尚思、方行编　生活·读书·新知三联书店1954年版
宋教仁集　陈旭麓主编　中华书局1981年版
汪穰卿笔记　汪康年撰、汪诒年编　商务印书馆丙寅(1926年)出版
新政应试必读　光绪二十七年元和顾厚焜鉴定
瀛环志略　徐继畬著　道光二十八年刊印本
正蒙注·太和篇　王夫之著
海国图志　魏源撰　光绪二年平庆经固道署重刊本
皇朝续文献通考　刘锦藻撰　商务印书馆影印
瓮牖余谈　王韬著　上海申报馆1875年铅印本
四洲志　林则徐编撰　1931年上海石印
校邠庐抗议　冯桂芬撰　光绪二十三年刊本
龚自珍全集　上海人民出版社1975年版
魏源集　魏源著　中华书局1976年版
李文忠公全书　李鸿章撰　光绪三十一年金陵刻本
弢园文录外编　王韬撰　中华书局1959年版
危言　汤震撰　光绪二十一年石印
中国哲学史资料选辑·近代之部　中华书局1959年版

康有为诗文选　人民文学出版社编辑部编注　人民文学出版社 1958 年版

康有为全集　姜义华、吴根梁编校　上海古籍出版社 1987 年版

云左山房文钞　林则徐撰　光绪丙戌刻本

圣武记　魏源撰　中华书局 1984 年版

陈旭麓学术文存　上海人民出版社 1991 年版

近代中国社会的新陈代谢　陈旭麓著　上海人民出版社 1992 年版

十三经注疏　中华书局 1991 年影印本

十三经索引　中华书局 1983 年版

中国近代民主思想史　熊月之著　上海人民出版社 1986 年版

清议报

新政真诠　何启、胡礼垣撰　光绪二十七年上海格致新报馆铅印本

盛世危言序　陈炽撰

独秀文存　陈独秀撰　亚东图书馆 1921 年版

康熙政要　章梫撰　1910 年刊本

学计一得　邹伯奇撰

格致古微　王仁俊撰　光绪二十二年刻本

洋务运动(中国近代史资料丛刊)　中国史学会主编　上海人民出版社 1961 年版

从东方到西方　钟叔河著　上海人民出版社 1989 年版

薛福成　丁凤麟、张道贵著　江苏人民出版社 1983 年版

薛福成　费成康著　上海人民出版社 1983 年版

梁启超选集　李华兴、吴嘉勋编　上海人民出版社 1984 年版

郭嵩焘日记　湖南人民出版社 1981 年版

中华元典精神　冯天瑜著　上海人民出版社 1994 年版

二、薛福成年谱

公元 1838 年（清道光十八年　戊戌）　一岁

4 月 12 日（农历三月十八日），生于无锡宾雁里的读书人家。薛家世居无锡县西漳寺头，自祖父薛锦堂始迁居城中前西溪。

曾祖薛世琛，赠光禄大夫。祖薛锦堂，诸生，曾著《经说标异》等书，赠光禄大夫。父薛湘，道光二十五年进士，历知湖南安福县、新宁县、广西浔州府，赠光禄大夫；母顾氏，赠一品夫人。兄福辰、福同，弟福保、福祁、福庚，五人皆有名于时。

公元 1858 年（咸丰八年　戊午）　二十一岁

春，偕四弟福保在家乡同应童子试，经主考李联琇的识拔，兄弟双双考中秀才。

盛夏，时任湖南新宁县知县的薛湘刚接到擢升广西浔州知府的任命，未及上任，便不幸病故。薛福成兄弟奔丧湖南，料理父亲丧事后又协助当局处理薛湘经手的“官逋”。

公元 1860 年（咸丰十年　庚申）　二十三岁

在湖南风闻太平军挥戈直下苏、锡、常地区，匆忙赶回家乡，得知其母顾氏已率家小离乡避乱。薛氏兄弟历经周折，方在苏北宝应东乡找到家人。薛氏兄弟僻居宝应，刻苦研读经世之学。

公元1861年(咸丰十一年　辛酉)　二十四岁

薛福成在宝应成婚,娶妻陈氏。

公元1862年(同治元年　壬戌)二十五岁

长子翼运生。翼运字南溟,1880年中秀才,1888年中举人,后创办实业,成为创办近代缫丝业的著名民族资本家。

公元1865年(同治四年　乙丑)二十八岁

6月28日(闰五月初六日),薛福成得知曾国藩北上剿捻途中张榜招贤,在长兄薛福辰的陪同下,在宝应运河码头曾国藩座船上谒见曾,递上万言《上曾侯相书》,就当时社会问题提出建策,曾国藩"阅毕嘉赏不已",立即将其留在身边当幕宾。薛福成由此以"门下晚学生"的身份师事曾国藩。

公元1866年(同治五年　丙寅)二十九岁

农历四月中旬,随曾国藩在山东巡阅河防,顺道游览东岳泰山,写下脍炙人口的《登泰山记》。

公元1867年(同治六年　丁卯)三十岁

秋闱大比,参加乡试,考取不能进京会试的副贡生,由此对科举正途绝望。

公元1869年(同治八年　己巳)三十二岁

撰《上李伯相论西人传教书》,对教案迭起的原因及其危害予以剖析,并提出重新修订中外约章的主张。

同年夏,途经济南探访四弟福保,为山东巡抚丁宝桢执杀权阉安得海出谋划策。

公元1872年(同治十一年　壬申)三十五岁

春,曾国藩、李鸿章奏遣陈兰彬率幼童赴美国“究习西学”,薛福成撰写《赠陈主事序》,提出“夺彼所长,益吾之短,并审彼所短,用吾之长”的学习西方以图“自强”的主张。

3月,曾国藩于南京病故。因剿平西捻而叙功为直隶州知州的五品官员薛福成,在曾幕协助曾纪泽料理完丧事后,来到苏州书局任职。

公元1875年(光绪元年　乙亥)三十八岁

春,光绪帝承嗣帝位,朝廷“博采谠言”。农历四月,薛福成请山东巡抚丁宝桢代奏《应诏陈言疏》,其中包括“治平六策”和“海防密议十条”两部分,就内政外交如何变通陈法、讲求自强提出建策。此疏一出,朝野上下为之震动,时论评之为:“当此疏初上时,京师颇多传诵者。议论一播,鼓动中外,建言者往往响应而起。”

同年秋,应直隶总督李鸿章之邀,在保定入参北洋戎幕,成为李鸿章的主要文案。

公元1877年(光绪三年　丁丑)四十岁

3月,母顾氏病逝于山东,薛福成兄弟按例“丁忧”,扶柩回乡落葬。

公元1879年(光绪五年　己卯)四十二岁

8月10日(农历六月二十三日),风闻总理衙门已同意总税务司赫德兼任总海防司,立刻撰写《上李伯相论赫德不宜总司海防书》。认为赫德是个“阴鸷而专利,怙势而自尊”的人,建议“宜告赫德以兵事非可遥制,须令亲赴海滨,专司练兵,其总税务司一职,则别举人代之”。后来,赫德果然贪恋权利,不肯舍此就彼,此议不罢而罢,中国南北洋海防大权,赫德未能染指。

同年秋冬,他目睹列强借“修约”之机大肆讹诈,造成中国“事变愈繁,时艰未艾”的困局,撰写系统反映其抵御外来侵略政见的代表作《筹洋刍议》,凡十四篇,计二万余字,呼吁“变法”,经李鸿章呈送总署后,在海内外广泛流传,成为中国近代早期改良思想的代表著作。

公元 1881 年(光绪七年　辛巳)四十四岁

年底,奉旨署理直隶宣化府,履任四个月后,因实授知府到任,薛又返回北洋幕府供职。

公元 1882 年(光绪八年　壬午)四十五岁

8 月 12 日(农历六月二十九日),朝鲜因宫廷党争爆发内乱,日本乘机派遣陆海军干预,薛福成撰《上张尚书论援护朝鲜机宜书》,呈请署理直隶总督张树声奏请朝廷火速发兵援助朝鲜“平乱”,终于抢先一步稳定了朝鲜政局,打乱了日本的侵朝部署。事后,薛福成因“赞画军谋”有功,晋升为四品道员,尽先补用。

公元 1883 年(光绪九年　癸未)四十六岁

该年,法国殖民主义者大肆侵吞越南,薛福成连续写下《援越南议》上中下三篇政论文字,坚决主张援越抗法,并称赞在越南坚持抗法的黑旗军首领刘永福为“其志可嘉,其才足用”的“豪杰之士”。

公元 1884 年(光绪十年　甲申)四十七岁

夏,被朝廷实授为宁绍台道,从此结束了二十年的幕僚生涯。薛立刻奔赴浙东抗法前线,坐镇宁波,“综理营务,尽护诸军”,负责筹划浙东防务,以抵御法国远东舰队的侵袭。

公元 1885 年(光绪十一年　乙酉)四十八岁

3 月初,法国远东舰队连续多次偷袭镇海,都被严阵以待的浙东守军击退。当月 20 日夜,薛福成授意清军统领钱玉兴率领敢死队,向盘踞镇海口门外洋面的法国侵略舰队发动突然袭击，命中五炮，法远东舰队司令孤拔也于此役身受重创。薛福成因筹防浙东军务有功，晋衔为布政使。

同年冬，《筹洋刍议》刻印出版。

公元 1887 年（光绪十三年　丁亥）五十岁

年初，从历年撰写的文稿中精选出五十余篇，厘订为四卷本《庸盦文编》，付梓刊刻问世。

农历七月，将筹防浙东期间的文稿函电编订为四卷本《浙东筹防录》付梓问世，“用为防海之嚆矢焉，亦以鸣安不忘危之意”。

公元 1888 年（光绪十四年　戊子）五十一岁

10 月 10 日（农历九月六日），奉旨升任湖南按察使。

公元 1889 年（光绪十五年　己丑）五十二岁

5 月 15 日，未及赴湖南上任，又被朝廷委任为出使英、法、意、比钦差大臣，以三品京堂候补，并赏给二品顶戴。

6 月 19 日（农历五月二十一日），赴京城向光绪皇帝陛辞请训，并奏准赏假二月省墓。

同年秋冬，利用回乡省墓和养疴之机，将自己于八十年代写就的文稿，厘订为上下两卷本的《庸盦文续编》刊刻。

公元 1890 年（光绪十六年　庚寅）五十三岁

1 月 31 日（农历正月十一日），在上海金利源码头登乘法国“伊拉瓦第”号邮轮，启碇西行，奔赴欧罗巴就任使臣之职。随行者包括二等参赞黄遵宪在内共三十余人，经过 30 多天航行，于 3 月 6 日抵达法国马赛港。

3 月 24 日（农历闰二月初四），在巴黎勒立色宫，向法国伯理玺天德

(总统)噶尔诺递交国书。

4月12日(农历闰二月二十三日),在巴黎登铁塔;次日参观蜡人馆和油画院,写下脍炙人口的《观巴黎蜡象馆记》和《观普法交战画图》。

5月5日(农历三月十七日),在伦敦温则行宫向英国维多利亚女王递交国书。

6月13日(农历四月二十六日),在布鲁塞尔向比利时国王赖乌布耳第二递交国书。

10月10日(农历八月二十七日),向朝廷呈《通筹南洋各岛设立领事保护侨民疏》,痛切陈述侨胞在海外备受"欺凌剥削"之情,向朝廷提出在南洋各岛设立领事馆以保护侨民的建议;并于次年秋天推荐黄遵宪担任驻新加坡总领事。

10月15日(农历九月初二),奉旨补授光禄寺卿。

公元1891年(光绪十七年　辛卯)五十四岁

3月4日,向英国外交部递交照会,要求双方重新会商"勘定中缅边界与磋商通商事宜"。

3月30日(农历二月二十一日),在罗马向意大利国王呈递国书。

农历六月,调太常寺卿。

9月12日(农历八月初十),奉朱笔补授大理寺卿。

公元1892年(光绪十八年　壬辰)五十五岁

9月,在伦敦与英外部副大臣山特生举行滇缅边界和商务问题谈判。

10月11日(农历八月二十一日),补授为都察院左副都御史。

公元1893年(光绪十九年　癸巳)五十六岁

6月,呈递《请豁除旧禁招徕华民疏》,恳请朝廷制订"保护出洋华民良法",开放海禁,允许侨胞来去自由。后来,终于促成朝廷下达了保护归侨的谕令。

公元1894年(光绪二十年 甲午)五十七岁

3月1日(农历正月二十四日),代表清政府同英国外交大臣劳思伯里签署了《中英续议滇缅界、商务条款》,条款中包含薛在谈判中为祖国争回了被英国侵占的云南边境部分领土和清廷可在英国属地仰光设立领事馆并享受"最优之国"权益的合法要求。

5月27日(农历四月二十三日),任满回国,同新任钦差大臣龚照瑗办妥交接手续后,于是日在马赛港登上"堪尔图宁"号邮轮,启程返国。

7月1日(农历五月二十八日),平安抵达上海,暂寓天后宫。

7月21日(农历六月十九日)深夜,不幸病逝于上海,享年五十七岁。光绪帝于当年八月下达谕旨,"照都御史例赐恤恩赐祭葬",还下令收集薛福成的事迹"交国史馆立传"。当年十一月,薛福成灵柩安葬于故乡太湖之滨的峄嶂山麓。

索　引

人名索引

A

安得海(45—49)

B

巴德诺(111、173)
巴兰德(135、256)
柏郎(79)
宝海(147)
贝蕾(282、287)
卞宝第(189)

C

蔡尔康(328)
岑毓英(80、156)
陈宝箴(76)
陈炽(393、443)
陈独秀(439)
陈光淞(316、317、326)
陈季同(212)
陈兰彬(荔秋)(53、55、75、221、377)
陈钦铭(203)
陈星庚(钧侯)(207)
陈旭麓(495)

陈中孚(193)
成正邦(171)
崇厚(109)
慈安太后(45、46、48、49、75)
慈禧太后(那拉氏、西太后)(20、45—49、62、75、203、204、313、328)

D

道光皇帝(6、198)
丁宝桢(稚璜)(12、45—49、56、62、63、77、84)
丁日昌(87、323)
丁汝昌(103、105、106、224、225)
丁韪良(390、436、481)
杜冠英(163、165、167、168、170、181、184、186—188)
段光清(193)

F

方存之(40)
方以智(440)
斐礼(茹斐礼)(215)
冯桂芬(35、341、472)
冯焌光(87)
福禄诺(160)
傅兰雅(342)
傅卫廉(208)

G

噶尔诺(213、307)
葛士濬(143、321)
葛显礼(172、173)
龚照瑗(302、304、306、307)
龚自珍(9、17、18、450、471、491)
孤拔(173、176—183)
顾厚焜(328)
顾锡爵(延卿)(207)
顾延卿(326)
顾炎武(亭林)(15、16、465)
固威林(173—175)
光绪皇帝(载湉)(62、76、204、205、213、215、219、244、245、293、309、311、313、391、446、448、449、453、463、467、472)
郭栋臣(247—251)
郭家骥(208)
郭嵩焘(筠仙)(75、77、202、204、205、221、224—226、312、323、377、391、412)

H

汉恩培德第一(214)
何桂清(57、199、465)
何金寿(204)
何璟(56)
何启(393)
何如璋(75、221)
赫德(85、94—101、196、218、304)
洪亮吉(480)
洪仁玕(85)
洪秀全(9)
胡承祖(193)
胡礼垣(393)
胡惟德(馨吾)(207)
胡元洁(191)
花房义质(102、103、105)
华尔身(235、236)
黄锦文(188)
黄爵滋(6)
黄宗羲(440)
黄遵宪(公度)(207、208、211、213、223、226、232、240、241、305、309、391、443)
黄佐炎(155)
惠顿(481)

J

江标(305、328)
金登干(94、95、100)
井上馨(102)

K

康有为(4、324、393、453、460、463、472、494、495)
克蕾(279)
孔子(492)

L

赖文光(20、40)
赖乌布耳第二(213)
郎贝尔芒(362)
劳思伯里(284、285、288、289、293、302)
黎庶昌(莼斋)(22、38、39、42、102、107、142、177、186、196—198、324、377、423)
李宝(256)
李凤苞(75、123)
李瀚章(56、86)
李鸿章(3、20、31、34、40、49、

51、53—56、65、77—81、83、85—87、91—96、99—101、109、122、142、145、150、153、158—160、162、178、179、196、198、205、206、220、237、251、279、310、315、321、377、450、451)
李可琮(193)
李联琇(13)
李梅(237)
李昰应(101、102、104—106)
李熙(101)
利玛窦(341)
联豫(健侯)(207、208)
梁启超(4、143、324、326、327、393)
廖寿丰(76)
林则徐(2、6、34、54、65、85、317、318、332、341、342、471)
刘秉璋(160—170、174、176—180、184—186、188、190、195)
刘坤一(91、92、237、418)
刘铭传(91—93、150)
刘瑞芬(202、206、212、247、271)
刘永福(147、148、153、155—158)
陆建瀛(57、465)
吕提宜(250)

M

马格里(清臣)(214、226、227、232、247、248、273、282、284、287、288、302—304)
马国贤(247、248、250)
马嘉理(79、80、82、111、221)
马建忠(103、105、106)
马克思(351、353、357、361、426)
毛慈望(143)
梅生(252、260—267)
孟陨(270)

N

那三(华祝)(208)

O

区谔良(75)
欧格纳(271、272、281、322、294)
欧阳利见(健飞)(162—165、

167、181、182、184、188—191)

P

潘承烈(景周)(207)
彭玉麟(40)
彭蕴章(200)
蒲安臣(220、481)

Q

祁寯藻(200)
乾隆皇帝(270)
钱恂(念劬)(196、207)
钱玉兴(162、167、180、181、183、184)
庆常(237、307)

R

任柱(40)
容闳(75、221)

S

僧格林沁(21)
沙力斯伯里(226、228、379)
山特生(227、232、255、256、282、287、288、303)
沈葆桢(86、96)
沈林一(314、325)
沈梦兰(192)
沈翊清(逋梅)(207)
施密司(209)
世增(208)
斯蒂文生(85)
崧骏(189)
宋教仁(328、329)
孙宝瑄(370)
孙家谷(220)
孙毓汶(234)

T

谭嗣同(4、17、323、324、368、486)
汤震(寿潜)(452)
唐才常(328)
唐炯(156)
同治皇帝(载淳)(45、46、62、217—219)

W

汪都良(328)

汪康年(143、324—328)
汪龙珠(191)
王承淮(76)
王鼎(317)
王尔禄(193)
王丰镐(省山)(207、362、363、365)
王凤喈(仪亭)(207)
王莘钼(41)
王韬(子潜)(343—345、443、452、485、486)
王同愈(305)
王文韶(202、274、275、277、279—281、286、290、295—297、300、301)
王锡庚(鹏九)(208)
王咏霓(子裳)(207)
威妥玛(80—84、111、217、221、256)
维多利亚女王(213、302、430、432)
魏源(2、9、34、54、68、85、171、332、345、346、450、471、491)
卫荣光(189)
吴安康(178、180—182)
吴长庆(104—106)
吴杰(162、165、166、170、181、182、184、186—190)
吴汝纶(挚甫)(42、188)
吴煦(198)
吴引荪(194)
吴宗濂(214)

X

夏燮(197)
咸丰皇帝(14、45、217)
向师棣(伯常)(22、38)
谢满禄(160)
徐崇立(4)
徐继畬(2、325、332、341、342)
徐建寅(75)
徐同善(75)
徐用仪(233)
徐振翰(191)
许景澄(75)
许珏(静山)(207)
许钤身(75)
薛福保(季怀)(11、12、22、45、47)
薛福辰(12、13、41、62、164、185、206、422)
薛锦堂(7)
薛世琛(7)
薛湘(晓帆)(7、8、13、22、45)

薛翼运(南溟)(311)
薛莹中(慈明)(79、314、316、317、320、321、326、327)

Y

严复(68、393)
阎敬铭(45、50、159)
杨楷(172)
杨岐珍(162、167、181、184)
杨振镳(叔平)(207)
姚鼐(40、44)
姚文栋(274、275)
奕劻(234、271)
奕䜣(20、34、46、48、218)
叶尔璟(326)
叶名琛(57、197、465)
叶向高(58、465)
叶源濬(75)
英翰(56)
应宝时(85)
俞樾(328)
裕谦(317)
袁昶(308)

Z

曾广钧(305)
曾国藩(3、12、13、19—23、26、30—32、34、38—45、47、49、53—56、60、77、78、86、111、162、196、198、202、253、258、312、315、321、450、451)
曾国荃(178、179、185、205)
曾纪泽(55、101、142、225、269—274、279、282、292、301、312、322、423)
张家骧(91、92)
张美翊(让三)(196、207、311、316、317、325—327)
张佩纶(158)
张树声(101—107、158)
张荫桓(233)
张裕钊(42)
张之洞(93、308、322、323、418)
张宗禹(40)
赵保禄(174、175)
赵新(47、48)
赵元益(静涵)(207)
赵占魁(208)
郑成功(242)
郑观应(143、322、323、390、443、451、452、485、486)
郑鸿章(165)

志刚(220)
钟天纬(328、443)
朱亮生(64)
宗源瀚(163、165、168、169、181、182、184、187、191)
邹衍(208、342—344)
邹沅帆(代钧)(325—327)
左秉隆(231、232、304)
左运玑(子衡)(207)
左宗棠(50、65)

后 记

这部《薛福成评传》经过数载爬梳，总算于日内杀青，使我颇有点如释重负之感。

我谨将这部论著敬献给革命前辈匡亚明同志和我的研究生导师陈旭麓教授，实因没有这两位前辈对我的指点、教诲、敦促和引导，也就不可能有这部书稿的问世。记得1994年，大病初愈的匡老由海南返宁路过上海，同我单独谈了一个多小时，再三叮嘱我要抓紧写出一部体现当代新水平的薛福成评传，并就治史原则和立论方法予以亲切指导，使当时正处于写作困惑阶段的我，茅塞顿开，焕发了动力，理顺了思路，加快了写作进度。我虽然受过系统的近代史教育，但二三十年来一直从事的是新闻工作，只能在业余时间搞点史学研究。记得七十年代末，当我对研究目标举棋不定时，陈旭麓老师向我郑重推荐了薛福成这一历史人物，说此人思想丰富且具特色，尚未受到研究者的应有重视，大可研究，从而将我引向了研究薛福成之路。如今，这两位令人敬仰的前辈皆已仙去，但"饮水思源"，我只能以这部不很像样的论著，聊寄追思和告慰之情。

当然，我也忘不了茅家琦教授对我的具体指导和为此书问世付出的艰辛。忘不了吴新雷、蒋广学、陈效鸿、徐梁伯、周群和责任编辑黄继东等同志的热情鼓励和帮助。同样忘不了叶君伊女士对此书问世付出的辛劳。另外，本书在撰写过程中，也参考并汲取了海内学术界不少学者的学术成果。在此，一并致以诚挚的谢意！

由于本人才疏识浅，又在业余时间仓促研究，书中存有之错漏在所难免，敬请读者不吝指正。

丁凤麟

1997年3月28日

图书在版编目(CIP)数据

薛福成评传/丁凤麟著. —南京：南京大学出版社，1998.12
(2006.4重印)
(中国思想家评传丛书/匡亚明主编)
ISBN 7-305-03198-4

Ⅰ.薛...　Ⅱ.丁...　Ⅲ.薛福成（1838～1894）-评传
Ⅳ.K827=52

中国版本图书馆CIP数据核字(2002)第014407号

中国思想家评传丛书
薛福成评传
丁凤麟　著

南京大学出版社出版发行
社址：南京市汉口路22号　邮编210093
电话：025-83596923　025-83592317　传真：025-83328362
网址：http://press.nju.edu.cn
电子邮件：nupress1@public1.ptt.js.cn
南京爱德发展有限公司　印刷
开本850×1168　1/32　印张16.75　字数360千
1998年12月第1版　2006年4月第3次印刷
印数2501—4500
ISBN 7-305-03198-4/B·194

定价：35.00元